SV

Paul Martin Neurath

Die Gesellschaft des Terrors

Innenansichten
der Konzentrationslager Dachau
und Buchenwald

Herausgegeben von Christian Fleck
und Nico Stehr
Mit einem Nachwort von
Christian Fleck, Albert Müller
und Nico Stehr

Aus dem Englischen übersetzt von
Hella Beister

Suhrkamp

Originaltitel:
Social Life in the German Concentration Camps Dachau
and Buchenwald by Paul Martin Neurath. Submitted in
partial fulfillment of the requirements for the degree of Doc-
tor of Philosophy in the Faculty of Political Science, Columbia University, June, 1951

Bibliografische Information Der Deutschen Bibliothek
Die Deutsche Bibliothek verzeichnet diese Publikation
in der Deutschen Nationalbibliografie;
detaillierte bibliografische Daten sind im Internet
über http://dnb.ddb.de abrufbar

Originalausgabe
Erste Auflage 2004
© Suhrkamp Verlag Frankfurt am Main 2004

Satz und Druck: Memminger MedienCentrum, Memmingen
Printed in Germany
ISBN 3-518-58397-2

1 2 3 4 5 6 – 09 08 07 06 05 04

Inhaltsverzeichnis

. . . und täuscht euch nicht: Das ist hier
kein Gefängnis und auch kein
Zuchthaus. Hier ist das Konzentrationslager
Dachau. Das ist ein Unterschied.
Ihr werdet den Unterschied bald merken.

Aus der Rede, die Baranofsky, der ehemalige
Kommandant des Konzentrationslagers
Dachau, vor Neuankömmlingen hielt.

Für Lucie

Für Oswald

Für Franz

LUCIE half mir durch die Hölle und hinaus. Sie tat alles, was ein Außenstehender für einen Häftling tun kann. Sie führte die entnervenden Verhandlungen über Visa und Schiffspassagen, Steuererklärungen und Ausreisegenehmigungen und ertrug alle Schikanen, die mit der Auswanderung aus einem Nazi-Land verbunden waren. Sie unternahm all die demütigenden Gänge zur Gestapo und den sonstigen Nazi-Stellen, die nötig waren, um die Entlassung eines Häftlings zu erwirken. Und all das tat sie mit solcher Umsicht und solcher Tatkraft, dass ich in meiner vollkommen hilflosen Lage niemals die Zuversicht verlor, dass sie, wenn überhaupt etwas getan werden konnte, es gewiss tun werde. Ohne sie wäre ich kaum durchgekommen.

OSWALD RICHTER war einer der führenden Anwälte der Sozialdemokratischen Partei in Wien. Er war ein alter Freund meiner Familie. Als ich während der Dollfuß-Ära von 1934 bis 1938 allein in Wien lebte, öffnete er mir sein Haus und behandelte mich wie einen Sohn. – Er bekämpfte den Faschismus von allem Anfang an. Als 1934 Dollfuß die österreichische Demokratie zerschlug und die Arbeiter den mühseligen Untergrundkampf gegen den Faschismus aufnahmen, verteidigte Oswald Richter sie immer wieder vor den faschistischen Gerichten. Als die Nazis in Österreich einmarschierten, kam er sofort ins Konzentrationslager. Wir waren dort vom ersten Tag an zusammen, bis er am 2. Januar 1939 starb.

FRANZ STEINBERG war ein unbekannter Student aus Berlin, ein großer junger Mann mit dem unschuldigen Gesicht eines Kindes, ein Träumer, der mehr dem Himmel als der Erde angehörte, aber gewiss nicht der Hölle. Gern unterhielt er sich mit mir über Vergil und Catull und sinnierte über Gott und das Gute im Menschen.

Eines Tages, die träumerischen Augen und die Gedanken weit, weit fort, fragte er mich plötzlich: »Sag, glaubst du an die ewige Gerechtigkeit?« Ich zuckte die Achseln: »Schau dich um. Vielleicht findest du sie ja.« »Aber genau deswegen frage ich. Irgendjemand muss das alles doch einmal rächen.« »Hör, Junge, wenn du es nicht selber rächst, wird es niemand für dich tun.« »Vielleicht hast du Recht. Aber ein Mensch kann vorher sterben.« »Jetzt red keinen Unsinn. Du stirbst nicht morgen. Und solltest du morgen sterben, dann werde ich dich rächen.«

Franz Steinberg starb am nächsten Tag.

Vorspiel

Es war der 13. März 1938, ein Sonntagabend; 48 Stunden nachdem Bundeskanzler Schuschnigg zurückgetreten war und das Radio seine Abschiedsrede gesendet hatte; 35 Stunden nach Eintreffen der ersten deutschen Truppen in Wien. Ich war gerade damit beschäftigt, den nazifeindlichen Teil meiner Bibliothek zu verbrennen. Der Ofen war glühend rot vor Hitze. Ich zerriss ein Buch nach dem anderen und warf es in die Flammen. Im Zimmer war es heiß und rauchig, und ich hatte nichts weiter an als einen dunklen Trainingsanzug und Turnschuhe.

Zwei Männer in Zivil, mit Gewehren über der Schulter, kamen über den Hof gerannt. »Den ober'n Ausgang ah besetzen«, hörte ich einen von ihnen sagen. Ich dachte, dass sie im Haus nach versteckten Waffen suchten, und dachte mir, es wäre besser, wenn sie mich nicht mitten in meiner Bücherverbrennung anträfen. Ich verließ das Zimmer und ging zur Haustür. Dort hielt mich ein SS-Mann mit einem Gewehr in der Hand auf. »Heil Hitler, wo gehen Sie hin?« »Ach, nur nach nebenan, einen Freund besuchen.« »Hm, bleiben Sie vorläufig hier.« »Warum, was ist los?« »Oh, nichts weiter, nur ein kleiner Zwischenfall.« Er brachte mich zu den beiden SS-Autos vor der Tür. Er durchsuchte meine Taschen und nahm mir meine Schlüssel ab. Ansonsten war er ganz freundlich und bot mir eine Zigarette an. Er plauderte mit mir, aber sein Gewehr war die ganze Zeit auf mich gerichtet. Er erzählte mir, wie sie Jagd auf ihre Feinde machten, Mann für Mann. Ich gab meiner Bewunderung Ausdruck und wünschte ihnen viel Glück, dass sie auch alle fänden. Ich gab mir Mühe, ruhig und gelassen und unschuldig dreinzuschauen. Vor Erregung und Kälte fiel es mir schwer, nicht zu zittern.

»Und jetzt sind wir gerade hinter einem her, Neumann oder so ähnlich heißt er.« Das verhieß nichts Gutes. Von irgendeinem Neumann im Haus war mir nichts bekannt. Ich war fast sicher, dass seine Genossen da drin nach mir suchten.

Auf einem Balkon über uns erschien Frau Merwarth. Ich kannte sie kaum, irgendeine Mitbewohnerin eben. »Um Gottes willen, was ist denn da los? Da wird ja g'schossen im Haus!« Nun, wenn geschossen wurde, konnten sie nicht hinter mir her sein. In meinem Zimmer war ja niemand. Mein Freund mit dem Gewehr beruhigte sie: »Nur keine Aufregung, es wird schon keine Schießerei geben. Muss irgendein Versehen sein.« Aber gleich darauf kam der ganze Trupp mit Gewehren im Anschlag aus dem Haus gerannt. »Wo is der Saukerl?« »Wo ist der verdammte Hund hin? Grad war noch a Licht drin, der kann net weit sein, den hau'n ma 's Hirn ei, wann ma eahm darwischn . . .« (Ich war genau zwei Meter von dem Sprecher und einen Meter von dem Gewehr entfernt.) Sie hatten mit den Kolben ihrer Gewehre meine Tür eingeschlagen – das war es, was wie Schüsse geklungen hatte.

Sie steckten die Köpfe zusammen und berieten. Der Anführer rief zu Frau Merwarth hinauf: »Sagen Sie, was wissen Sie denn eigentlich von diesem Neurath?« »I woass ja net; a Doktor soll er sein.« (Ich hatte drei Monate zuvor meinen Dr. jur. gemacht.) Wieder berieten sie.

Ich sah meine Chance und fragte in höchst unschuldigem Ton meinen Freund mit dem Gewehr: »No, und was ist jetzt mit mir?« »Sie können gehen, wohin Sie wollen.« Er gab mir meine Schlüssel zurück, und ich ging, »wohin ich wollte«.

Ich war vielleicht zehn Schritte in mäßigem Tempo gegangen, als Frau Merwarth plötzlich aufkreischte: »Da ist er ja, der Neurath!« – und mit einem wilden Satz raste ich los. Augenblicklich hatte ich den ganzen, mit Revolvern und Gewehren fuchtelnden Trupp hinter mir. Ein paar von ihnen sprangen in die Autos, die anderen rannten zu Fuß. Ich erwartete, jeden Augenblick Schüsse zu hören. Ich sprang rauf und runter, um kein leichtes Ziel abzugeben. Mit einem verzweifelten Spurt raste ich um die Ecke; noch ein Spurt – und weg war ich. Ich wusste, wie ich durch Hinterhöfe und Treppenhäuser kam, während die Autos den langen Weg um die Gebäude herum nehmen mussten.

An der nächsten Ecke trafen wir uns wieder. Mit dem Suchscheinwerfer ihres Wagens leuchteten sie die Passanten ab. Ich lümmelte mich an eine Wand, die Hände in den Hosentaschen, die Beine über Kreuz. Sie richteten den Scheinwerfer auf mich, dachten offenbar, ich wäre nur ein Spaziergänger, und fuhren weiter.

Sobald sie außer Sicht waren, rannte ich in Richtung Bahntrasse. Ich kletterte über einen zwei Meter hohen Zaun mit Stacheldraht oben drauf, sprang auf der anderen Seite hinunter und rannte die Böschung hinauf zu den Gleisen. Dort lief ich einem Bahnbeamten in die Arme. Wütend und in größter Hast schrie ich ihn an: »Haben Sie einen Mann über den Zaun klettern sehen?«»Nein, ich habe niemanden gesehen.« »Aber er muss über diesen Zaun gekommen sein, er kann gar nicht anders gelaufen sein. Er ist uns gerade entwischt, unten auf der Straße.« »Ich habe niemanden gesehen.« »Menschenskind, in Zeiten wie diesen muss man doch die Augen aufhalten!« »Ich komme gerade von daheim ...« »Sie sind vielleicht ein Trottel!« Und ich raste weiter, auf der Suche nach dem Mann, der über den Zaun gesprungen war.

Quer über die Gleise, über dieselbe Sorte Zaun auf der anderen Seite, über Höfe, Dächer, eine Brandmauer, bis ich mich plötzlich zwei Stockwerke hoch über der Straße wiederfand, ohne Abstieg nach unten. Jetzt musste ich den ganzen Weg wieder zurück: Dächer, Brandmauer, Höfe, Zaun. Ich ging neben den Gleisen auf den Bahnhof zu. Er war hell erleuchtet, so dass ich lieber von den Gleisen wegging. Ich kletterte wieder über den verflixten Zaun (zum vierten Mal an diesem Abend) und lief durch Gärten und Hinterhöfe, bis ich endlich auf einer Seitenstraße hinauskam.

Ich ging zu einer alten Tante, die in dieser Gegend wohnte. Dort kleidete ich mich irgendwie ein. »Irgendwie« – denn der gute alte Onkel, der schon vor Jahren gestorben war und dessen Kleider ich nun trug, war einen Kopf kleiner gewesen als ich. Alles war mir zu kurz und zu klein. Jacke, Hose, Mantel, Unterwäsche. Am schlimmsten waren die Schuhe. Sie waren fast vier Zentimeter zu kurz. Ich bekam meine Fersen nicht hinein.

Meine Tante wohnte am Stadtrand von Wien, und nach den letzten Häusern ging ich rechts hinauf über weite Wiesen und durch die Wälder. Ich wanderte die ganze Nacht. Am Morgen schlief ich ein wenig in einem Graben, dann ging ich weiter, nach Norden, Richtung Tschechoslowakei. Da ich keine Ausweispapiere bei mir hatte, wagte ich nicht, mit dem Zug zu fahren, denn ich befürchtete, dass man die Passagiere durchsuchen würde (was sich als richtig erwies).

Immer wieder gab es Zwischenfälle. Bauern hielten mich an und wollten mich der Polizei übergeben. Ich redete es ihnen aus. Ein Gastwirt wurde misstrauisch und ermahnte mich ernsthaft: »Wenn S' a Flüchtling sind, dann sagen S' es lieber gleich. Sie wären nicht der erste, den ich hier der Polizei übergebe.« Und ich antwortete so einfältig wie möglich: »Ich wäre ein verdammter Narr, wenn ich das täte.«

Ich hatte mir die Füße blutig gelaufen. Meine Fersen taten so weh, dass ich barfuß gehen musste. Nach zwei Tagen kam ich in eine Stadt, wo ich neue Schuhe kaufen konnte. In dieser Stadt kaufte ich mir auch zum ersten Mal etwas zu essen. Von dort aus fuhr ich neunzig Kilometer mit dem Postautobus.

Insgesamt verbrachte ich vier Tage und vier Nächte unter freiem Himmel. Jede Nacht gab es Raureif. Wenn ich einmal schlief, war der Boden um mich herum weiß von Eisnadeln; ebenso mein Mantel. Nur die Stelle unter mir war dunkel. Meine Hände und mein Gesicht begannen anzuschwellen. Aber ich näherte mich der Grenze.

Am Donnerstagabend hoffte ich, hinüber in die Tschechoslowakei zu kommen. Vor einem kleinen Grenzdorf ging ich in ein Feld hinein und wartete auf den Schutz der Dunkelheit. Plötzlich kam aus dem Dorf ein Auto auf mein Versteck zu gefahren. Ich dachte, dass es auf einer Straße führe, sagte mir, dass ein Auto in diesem einsamen Dorf nur die deutschen oder österreichischen Nazis bedeuten könne, und fürchtete, dass sie mich sofort verhaften würden, wenn sie mich entdeckten, wie ich da hinter einem Baum kauerte. Lieber wollte ich mein Glück mit Gelassenheit und forschem Auftreten versuchen, indem ich sie einfach nach dem Weg fragte. Als ich einen Schritt auf die »Straße« zu machte, richteten sie ihren Scheinwerfer auf mich und kamen direkt auf mich zu, so dass mich das grelle Licht blendete. Erst als sie etwa einen Meter vor mir anhielten, begriff ich, dass sie gar nicht auf einer Straße fuhren, sondern quer über das Feld gekommen waren. Es war klar, dass sie kamen, um mich zu holen. Das Spiel war aus.

Einer von ihnen sprang aus dem Auto und schrie: »Halt, stehen bleiben, Hände hoch!«, und drückte mir sein Gewehr mit dem aufgepflanzten Bajonett auf die Brust. Ich kann mich noch heute an dieses Bajonett erinnern, das gegen meine Brust drückte, ich erinnere mich noch heute, wie ich die Hügel sah, dort drüben in der Tschechoslowakei, drei Kilometer entfernt, die die Freiheit bedeuteten, und ich erinnere mich an den Mann, der das Gewehr hielt, erregt und aufgeputscht von dem Erlebnis, brüllend, schreiend, alle möglichen unverständlichen Fragen hervorstoßend. Ich sagte, ich hätte schon begriffen, dass das Spiel aus sei, er könne ebenso gut aufhören, mir Fragen zu stellen. Er fragte weiter. Ich fing an zu lachen. Das machte ihn fast wahnsinnig. Ich muss zugeben, dass ich nicht lachte, weil ich irgendetwas komisch fand. Ich lachte, weil es die einzige Art und Weise ist, ihnen klar zu machen, dass ich keine Angst vor ihnen hatte. Der Mann hatte wenig Sinn für Humor: Er brüllte und fuchtelte derart mit seinem Gewehr herum, dass er fast meinen Mantel durchbohrte.

Der Fahrer des Autos kam heran und stellte gescheitere Fragen. Ich gab kurze Erklärungen. Dann musste ich einsteigen. Auf dem Rückweg lehnte er sich aus dem Fenster und schrie über das Feld: »Geht's heim, geht's heim, wir haben ihn!« – und die Botschaft ging von Mann zu Mann und hallte und echote von allen Seiten wider: »Sie haben ihn ... haben ihn!« Es waren österreichische Bauern, die den Nazis halfen, Flüchtlinge zu fangen. Später erfuhr ich, dass mich Bäuerinnen gesehen hatten, als ich in das Feld hineingegangen war, und der SS Bescheid gegeben hatten, die die Grenze entlang auf der Lauer lagen: »Da ist ein Fremder in den Feldern, vielleicht ein Flüchtling.« Und sie hatten sich in ihren Wagen gestürzt und waren gekommen, das Wild zu jagen.

Zuerst wurde ich zum Kommandanten der SS-Truppe gebracht. Nach ein paar Minuten waren er und ich schon mitten in einer heftigen politischen Auseinandersetzung. Später am Abend brachte er mich in die kleine Stadt Raabs an der Thaya hinunter. Er übergab mich der Polizei.

Am nächsten Morgen setzte der Polizeiinspektor ein kurzes Protokoll über meine Verhaftung auf. Der Kommandant des Trupps kam, um es zu unterschreiben. Als er gerade den Raum verlassen wollte, rief ich ihn zurück: »Einen Augenblick, bitte. Sie haben mich überraschend anständig behandelt. Wie ist Ihr Name?« »Wozu brauchen Sie meinen Namen?« »Na ja, sehen Sie, heute bin ich der Gefangene, aber das kann sich einmal ändern, und dann wäre es ganz gut, wenn man sich erinnert, wer anständig zu einem war.« Er blickte mich erstaunt an, schüttelte den Kopf und murmelte: »Sie fangen ja früh zu hoffen an!« »Wann sollte ich denn sonst damit anfangen?« »Na gut, mein Name ist Hofstetter.« Er kam zurück und schüttelte mir die Hand. Dann verließ er den Raum.

In Raabs saß ich zwei Wochen lang in Einzelhaft. Ich

fühlte mich von Anfang an einsam in meiner Zelle und machte mir gleich am ersten Morgen eine Liste mit dreihundert Liedern, die ich fröhlich hinausschmetterte. Der Gefängniswärter kam die Treppe herunter: »Der Herr Rat lässt Ihnen sagen, Sie sollen nicht so laut singen. So kann er keine Verhandlung führen.« In diesem Gefängnis wurde ich nicht misshandelt, aber man ließ mich halb verhungern. Die normalen Insassen mochten mich aber und versorgten mich mit Essen.

Eines Morgens wurde ich nach Wien gebracht. Ich hatte eine schwere Eisenkette um die Handgelenke, schön blank, aber ansonsten unbequem und mit einem großen Schloss gesichert. Der begleitende Polizeibeamte war höflich und nicht gewalttätig. Im Zug ließ er mich am Fenster sitzen, und ich hatte einen letzten Blick auf den beginnenden Frühling in Österreich.

Mittags kamen wir in Wien an, und ich wurde auf der Polizeidirektion der Gestapo übergeben. Es war der 30. März 1938.

Ich wurde in eine Zelle mit etwa dreißig Häftlingen gesteckt. Alle rätselten ständig herum, warum sie wohl verhaftet worden waren. Die beste Vermutung war vielleicht die eines 72-jährigen Papiermühlenbesitzers: »Weil ich halt was besitze.« Aber niemand wusste etwas, und niemand bekam jemals etwas gesagt.

Am 1. April 1938 wurde ich ohne Vernehmung oder Prozess in das Konzentrationslager Dachau geschickt, als einer von 150 Häftlingen, auf dem ersten Transport von Österreichern, den die Nazis in ein deutsches Konzentrationslager brachten.

1. Teil
Die Szenerie

Vom Bürgerkrieg zum organisierten Terror

Als 1933 die Nationalsozialisten in Deutschland die Macht ergriffen, trat ein sonderbarer Bürgerkriegszustand ein: Die eine Seite kämpfte wie rasend, hinter sich die mächtige Unterstützung der Regierung, die ihr Handlungsfreiheit gab und jeden Gesetzesbruch zu legalisieren versprach. Die andere Seite fügte sich ohne irgendeinen Versuch zum physischen Widerstand.

Tausende und Abertausende von Menschen wurden verhaftet. Die meisten von ihnen waren aktive Sozialdemokraten, Kommunisten oder Gewerkschafter. Andere waren Mitglieder verschiedener konservativer Parteien, die sich von den Nazis noch nicht hatten gleichschalten lassen; und sehr viele, die keiner bestimmten Gruppe angehörten, wurden aus persönlichen Gründen verhaftet.

Dank neuer Gesetze konnte praktisch jedermann auf den bloßen Verdacht oder die bloße Behauptung hin verhaftet werden, er sei »gegen« die neue Regierung. Millionen von Menschen waren auf diese Weise mit einem Mal der Verfolgung ausgesetzt. Die tatsächliche Auswahl der zu Verhaftenden lag in den Händen der lokalen Parteiorgane und Polizeistellen. Geleitet vom »revolutionären Geist der nationalsozialistischen Erhebung« übersetzten sie in ihrer Machtvollkommenheit die romantische Parteiparole von der »Nacht der langen Messer« in eine blutige Wirklichkeit von Einkerkerung, Folter und Tod.

Grausamkeit und Rache gaben den Ton an, und im Namen dessen, was die Nazis gern die »unblutigste Revolution der Geschichte« nennen, wurden die entsetzlichsten Verbrechen und Gräuel begangen. Berichte über die Art und Weise, wie die Nazis mit ihren Opfern verfuhren, rüttelten das Gewissen von Menschen in aller Welt auf.

Bald waren alle Gefängnisse überfüllt, und es wurden provisorische Konzentrationslager errichtet. Die meisten waren in leer stehenden Fabrikgebäuden untergebracht: zum Beispiel in einer alten Brauerei in Oranienburg bei Berlin und in einer Munitionsfabrik in Dachau bei München. Aber als der Zustrom neuer Häftlinge nicht abriss, wurden die Behelfslager zu klein, und es mussten neue gebaut werden.

Die neuen Lager wurden entweder wie in Dachau an derselben Stelle wie die alten errichtet oder wie in Buchenwald völlig neu gebaut. Die Arbeit wurde mit äußerst primitiven Arbeitsgeräten und einem Minimum an mechanischen Hilfsmitteln von den Häftlingen selbst ausgeführt. Es war Sklavenarbeit im wörtlichen Sinne, verrichtet von ausgemergelten Sklaven, die von Sklaventreibern angetrieben wurden. Diese Arbeitsbedingungen wiesen eine auffallende Ähnlichkeit mit gewissen Berichten in der Bibel auf. Ein Mithäftling fragte mich an einem der ersten Tage: »Wissen Sie noch, wie wir damals diese Pyramiden gebaut haben?«

Als die Lager immer größer wurden, gliederte man ihnen Truppenlager der »SS-Verfügungstruppe« an, der Eliteeinheit der Nationalsozialistischen Partei. Die jungen Rekruten machten eine reguläre militärische Ausbildung durch, und der Dienst als Wache im Konzentrationslager gehörte zu ihren Routineaufgaben.

So wurden mehrere Zwecke auf einmal erfüllt. Die Häftlinge wurden beschäftigt, neue Lager wurden geschaffen, und das Reich brauchte für diese Lager keine besonderen Wachmannschaften abzustellen, da die SS-Rekruten ohnehin ausgebildet werden mussten.

Noch ein weiterer Zweck wurde erfüllt: Die SS-Verfügungstruppe war in erster Linie zu dem Zweck aufgestellt worden, spezielle militärische Verbände zur Verfügung zu haben, die in der Lage waren, potenzielle zivile Aufstände niederzuschlagen. Diese Truppen müssen nicht nur als militärische Verbände hervorragend, sondern auch vom Geiste äußerster Skrupellosigkeit besessen sein. Um diese Gemütsverfassung zu erzeugen, scheint der Dienst als Wache in einem Konzentrationslager das beste Mittel.

Zu erwähnen wäre vielleicht noch, dass die SS-Verfügungstruppe in jedes neu von der deutschen Wehrmacht besetzte Land geschickt wird, um »die Ordnung wiederherzustellen«. So wurden im März 1938 Einheiten der SS-Verfügungstruppe aus dem Konzentrationslager Dachau nach Österreich geschickt und im September 1938, nach dem Münchener Abkommen, Verbände aus dem Konzentrationslager Buchenwald in die Tschechoslowakei (Sudetenland).

Das Konzentrationslager war ursprünglich als politische Institution gedacht. Im Laufe der Jahre aber bekam es einen etwas anderen Charakter. Die verschiedenen für die öffentliche Sicherheit zuständigen Behörden, etwa die Gestapo und die Polizei, begannen, ihre Häftlinge ohne Gerichtsverfahren oder -urteil in die Lager einzuweisen. Später wurde es üblich, Zuchthausinsassen nach Verbüßung ihrer Strafe nicht freizulassen, sondern stattdessen in Konzentrationslager zu überführen. Dies gilt insbesondere für politische Häftlinge, professionelle Verbrecher und Juden (unabhängig davon, welches Vergehen die Letzteren begangen haben mochten). Weitere Häftlingskategorien kamen über die politischen Instanzen und über die Fürsorge hinzu. Wann immer eine dieser Institutionen jemanden ohne Gerichtsverfahren loswerden wollte, wann immer sie es für richtig hielten, Menschen zu Hunderttausenden zu verhaften, schickten sie sie ins Konzentrationslager.

Schließlich wurden alle Arten von Häftlingen zusammengeworfen: politische und unpolitische, schuldige und schuldlose, Kommunisten und abtrünnige Nationalsozialisten, Juden und Nichtjuden, Minister und Mörder, Zuhälter und Staatsekretäre, Landstreicher und Zeugen Jehovas, Kriminelle und Homosexuelle, »Asoziale« und Zigeuner.

Damit verwandelte sich das Konzentrationslager aus einer

vorübergehenden Bürgerkriegseinrichtung in einen festen Bestandteil des inneren Machtapparats des Reichs. Die Funktionen, die es erfüllt, sind die gleichen wie die der Zuchthäuser und Gefängnisse.

Zwischen den Mechanismen von Gericht-Zuchthaus und Gestapo-Konzentrationslager besteht jedoch ein wesentlicher Unterschied. Die Aufgabe des normalen Justizapparats ist die Verfolgung einzelner Gesetzesbrecher. Der Beschuldigte wird von einem Staatsanwalt vor Gericht angeklagt. Er wird nach Regeln verurteilt, die selber Teil des Rechts sind, und auch nur dann, wenn während des Verfahrens nachgewiesen wurde, dass ein Gesetzesverstoß vorliegt. Zuchthaus und Gefängnis sind dann die Vollzugsorgane der Justiz.

Die Hauptaufgabe der Gestapo ist es, Gruppen zu beobachten und zu verfolgen, welche die Regierung als gefährlich und unerwünscht betrachtet. Der Einzelne wird weniger wegen tatsächlich begangener Vergehen verfolgt als wegen seiner angeblichen oder tatsächlichen Zugehörigkeit zu einer Gruppe. Ein Sozialist, Kommunist, Jude, Zeuge Jehovas zu sein, setzt einen Menschen der Verfolgung aus, noch ehe die Frage nach seiner persönlichen Aktivität überhaupt gestellt wird. Die Gestapo als Teil des Machtapparats des Reichs ist die Repräsentantin von politischen Absichten und Staatsraison. Ihr Vollzugsorgan ist das Konzentrationslager.

Als Beteiligte am Machtkampf innerhalb Deutschlands hat die Gestapo noch weitere Funktionen. Sie repräsentiert eine bestimmte Gruppe innerhalb der Partei, die dort andere Gruppen bekämpft, und vertritt zugleich die Macht der Partei gegenüber anderen Mächten, vor allem der Wehrmacht. Immer ist eine gewisse Anzahl von Häftlingen nur deshalb im Konzentrationslager, weil sie der Gestapo bei diesem internen Machtkampf gerade im Weg standen: Angehörige der Röhm-Gruppe, hohe Parteifunktionäre, Gefolgsleute von Otto Strasser und andere.

Aber die übergroße Mehrheit aller politischen Häftlinge

in deutschen Konzentrationslagern befindet sich dort als Opfer des Kampfes, den die Gestapo im Namen des Dritten Reichs gegen dessen Gegner führt. Und die übergroße Mehrheit aller Häftlinge gehört ungeachtet des »Verbrechens«, das sie dorthin brachte, Gruppen an, die das Reich als solche loswerden möchte: politische Gegner, Kriminelle, so genannte »Asoziale« und Juden.

Aus diesen unterschiedlichen Funktionen der Mechanismen von Gericht-Zuchthaus und Gestapo-Konzentrationslager ergeben sich auch Unterschiede in Behandlung und Verfahren. Vor der Gestapo ist der Verhaftete kein »Beschuldigter« mehr, er wird gewöhnlich nicht einmal »angeklagt«. In den meisten Fällen informiert man ihn nicht einmal über den Grund seiner Verhaftung. Eines Morgens hämmert die Gestapo an seine Tür oder kommt an seinen Arbeitsplatz, nimmt ihn ohne weitere Erklärung mit, und bald darauf findet er sich in einem Konzentrationslager wieder. Warum er dort ist, kann er nur raten. Und nie wird ihm gesagt, wie lange er dort bleiben und ob er überhaupt jemals wieder entlassen wird.

Die Behandlung in Zuchthäusern und Gefängnissen basiert auf zwei grundlegenden Notwendigkeiten: Die Disziplin der Institution muss durchgesetzt und Revolte und Flucht müssen verhindert werden. Ein Häftling, der sich an die Disziplinarordnung hält und keine Flucht plant, wird im Großen und Ganzen in Ruhe gelassen.

Auch die Behandlung in den Konzentrationslagern beruht auf diesen beiden grundlegenden Notwendigkeiten, erfüllt aber zusätzlich noch einen weiteren Zweck. Das Konzentrationslager als Ganzes hat die Funktion, Furcht und Schrecken im ganzen Reich zu verbreiten. Das ganze deutsche Volk soll durch die Angst vor dem Konzentrationslager in Schach gehalten werden. Deshalb muss das Konzentrationslager eine regelrechte Hölle sein, in der Realität so gut wie in der Fantasie des deutschen Volkes, für alle ein Gegenstand von Angst und Grauen. Die SS hat sich als äußerst fähig erwiesen, diese Hölle zu schaffen und in Betrieb zu halten.

Über das zu sprechen, was man im Konzentrationslager gesehen und erlebt hat, ist verboten. Damit ist das Lager vom Schleier des Geheimnisses umgeben. Andererseits sickern genug Informationen über die Torturen durch, die die Häftlinge zu erleiden haben, um die Fantasie des durchschnittlichen Bürgers draußen anzuheizen. Nur mit äußerstem Grauen und Angst denkt er überhaupt an diesen Ort oder spricht über ihn.

Am Anfang ergab sich die Behandlung der Häftlinge aus der bürgerkriegsähnlichen Situation. Persönliche Gefühle und persönlicher Hass spielten eine viel größere Rolle als später. Jeder Wachposten kannte mindestens einige Häftlinge persönlich oder dem Namen nach und sah deshalb jeden Häftling als seinen persönlichen Feind an. Die Wachen waren in der Weimarer Republik groß geworden, viele von ihnen sogar noch vor dem Ersten Weltkrieg. Für alles, was ihnen während der Inflation nach dem Ersten Weltkrieg oder während der Depression bis zum Jahre 1933 an Üblem widerfahren war, gaben sie in irgendeiner Form den Häftlingen die Schuld. Waren die Häftlinge nicht als Repräsentanten der verhassten Weimarer Republik hier? Oder, schlimmer noch, waren sie nicht als Kommunisten hier, die eine Revolution gegen das Dritte Reich vorbereitet hatten? Waren nicht Tausende von ihnen verhaftet worden, weil sie den Reichstag in Berlin in Brand gesteckt hatten? Jede Misshandlung und jeder Übergriff stellte in den Augen der Wachen nur die gerechte und immer noch zu milde Strafe für diese Verbrechen dar.

Später, als das Konzentrationslager zu einer regulären Institution wurde und man gewöhnliche Rekruten als Wachen einsetzte, änderte sich das Bild. Die neuen Wachen waren junge Leute, die von den Licht- oder Schattenseiten der Weimarer Republik nichts wussten oder sich nicht an sie erinnerten. Wachen, die 1939 in Buchenwald achtzehn Jahre alt waren, waren bei Hitlers Machtergreifung zwölfjährige Kinder gewesen. Sie kannten die politischen Parteien der demokratischen Ära nicht aus eigener Erfahrung. Ihre Offiziere, die 1939 vierundzwanzig oder sechsundzwanzig Jahre alt waren, waren damals junge Männer von achtzehn gewesen, und Politik war für sie ein romantisches Spiel.

Deshalb brachte man den jungen Männern bei, die Häftlinge als Angehörige von gefährlichen Gruppen zu hassen, die angetreten waren, den nationalsozialistischen Staat ins Wanken zu bringen.

Die Konzentrationslager wurden größer und größer, bis sie im Grunde kleine Städte bildeten. Im Sommer 1938 gab es in Dachau 5.500 Häftlinge, im Herbst 1938 in Buchenwald 10.000 Häftlinge, zu denen während der Pogrome vom November 1939 noch 11.000 weitere hinzukamen. In Sachsenhausen bei Berlin waren zur selben Zeit 18.000 Häftlinge, und außerdem gab es eine Vielzahl kleinerer Lager mit jeweils 1.000 bis 5.000 Häftlingen.

Auch die SS-Lager wurden größer. 1938 waren in Dachau rund 6.000 und in Buchenwald rund 2.500 SS-Leute.

All dies trug dazu bei, dass die Beziehungen zwischen Wachen und Häftlingen ziemlich unpersönlich wurden. Die Wachen kannten die ihnen unterstellten Häftlinge nicht mehr persönlich. Ihr Dienst war nicht mehr Rache, sondern Alltagsroutine. Die Zahl der Häftlinge war so groß geworden, dass eine persönliche Behandlung und Misshandlung Einzelner gar nicht mehr in Betracht kam. Terror und Verfolgung wurden durchorganisiert und richteten sich eher gegen ganze Gruppen, entweder Arbeitskommandos oder Gruppen, die in einer Stube oder einem ganzen Block zusammen hausten. Die Misshandlungen nahmen die Form von Strafen für Verbrechen oder für Verstöße gegen die Lagerordnung an. Das frühere Leben oder Verbrechen des Häftlings spielte keine große Rolle mehr.

Das ganze System wurde zu einer Mischung aus Eigen- und Gruppenverantwortung. Kein Häftling wusste je, ob er beim nächsten Mal bestraft werden würde, weil er selber gebummelt hatte oder weil ein anderer Mann »faul« gewesen war; vielleicht wusste er nicht einmal, dass es diesen anderen Mann überhaupt gab.

Dies schuf vollkommene Unsicherheit.

Die Misshandlungen durch die Wachen wurden nun teilweise durch »Meldungen« ersetzt, die wegen Vergehen aller Art erstattet wurden. Die daraufhin erfolgende Misshandlung wurde vom Kommandanten als »Strafe« verhängt und von den Wachen vollstreckt.

Die »Strafe« bzw. die organisierte Misshandlung bestand aus einigen ordentlichen und einer Reihe von außerordentlichen Strafen, praktisch alles Körperstrafen. Die beherrschenden Merkmale dieses Systems sind die »Fünfundzwanzig«, bei denen das Opfer auf einen Bock geschnallt wird und fünfundzwanzig schwere Stockhiebe erhält, und der »Baum«, bei dem das Opfer an den Handgelenken an einen Pfahl oder auch wirklich an einen Baum gehängt wird, gewöhnlich eine Stunde lang.

Die von den Wachen direkt an Ort und Stelle und ohne die Vermittlung von »Meldung« oder »Urteil« vollzogenen Misshandlungen gingen dennoch in großem Umfang weiter.

Der Einzelne hatte seine Persönlichkeit und sein Ansehen verloren. Er war einfach zur Nummer geworden. Und dies wurde er endgültig, als ab 1938 jeder Häftling seine Häftlingsnummer auf die Kleider genäht bekam. Dies erhöhte die allgemeine Unsicherheit, denn jetzt musste die Wache den Häftling nicht mehr nach seinem Namen fragen, um eine Meldung zu schreiben. Es gab Wachen, die sich einen Spaß daraus machten, Meldungen zu erstatten, ohne die Häftlinge zu informieren, oder Häftlingen mit Meldungen zu drohen, die sie dann doch nicht erstatteten.

Mit der zunehmend unpersönlichen Behandlung schwanden auch die Unterschiede in der Behandlung der verschiedenen Gruppen. Nur einige Hauptgruppen waren an den farbigen Winkeln zu unterscheiden, die die Häftlinge auf Jacken und Hosen trugen. Rot, Grün, Schwarz, Gelb und noch ein paar andere Farben kennzeichneten einen Mann als politischen Häftling, Kriminellen, »Asozialen«, Juden oder sonst etwas; auch die genaue Bedeutung dieser Farbzeichen änderte sich im Laufe der Zeit. Zu Unterschieden in der Behandlung kam es gewöhnlich dann, wenn die judenfeindliche Politik außerhalb des Lagers einen neuen Höhepunkt erreichte. Dann verschärfte sich auch die Behandlung der Juden im Lager. Aber selbst dann richtete sie sich mehr gegen ganze Gruppen als gegen einzelne Juden. Während der Novemberpogrome von 1938 wurden allen Juden die Rationen gekürzt, verweigerte man allen Juden die Behandlung im Krankenbau, bekamen alle Juden sonntags kein Essen usw.

Nach und nach stellte die Lagerleitung fest, dass sie allein nicht in der Lage war, die Situation Tag und Nacht unter Kontrolle zu halten. In den Blocks und bei der Arbeit musste auch dann eine gewisse Disziplin aufrechterhalten werden, wenn die Wachen nicht da waren.

So wurde ein ganzes System aus »Ältesten« für Stuben und Blocks und »Kapos« (Vorarbeitern) für die Arbeit aufgezogen, denen man die Verantwortung für Arbeit und Disziplin übertrug. Sie arbeiteten nicht selbst, sondern waren für die Leistung und das Wohlverhalten ihrer Untergebenen verantwortlich. Sie konnten ihre Untergebenen zur Bestrafung melden, konnten sie aber auch nach Belieben auf genau die gleiche Weise misshandeln, wie es die SS-Wachen taten.

Arbeit und Alltag wurden immer mehr festen Abläufen unterworfen, für die ein ganzer Wust von Vorschriften und Reglementierungen galt. Das komplizierte System dessen, was man zu tun und zu lassen hatte, wurde zum Angelpunkt des Systems von Meldung und Strafe.

Immer mehr Funktionen im Alltag der Lagerverwaltung

wurden von Häftlingen erfüllt. Die Kleiderkammer, der Friseur, der Krankenbau und viele andere Sonderarbeitsplätze wurden Häftlingen übertragen, alles natürlich unter Aufsicht von SS-Leuten. Aber diese Aufsicht wurde nicht immer so gründlich ausgeübt, wie sie sollte, und so entstand ein gewisses Maß an Autonomie, das bei der Entwicklung der Häftlingsgemeinschaft, die sich unter der Oberfläche vollzog, sehr hilfreich war.

So macht das Konzentrationslager nach außen hin zunehmend den Eindruck einer reibungslos von oben nach unten durchorganisierten Hölle, in der jeder Schritt, den man tut, jede Folter, die man zu erleiden hat, berechnet ist und niemand ohne die formelle oder informelle Zustimmung der Teufel in den höheren Positionen misshandelt oder umgebracht wird.

Aber unter der Oberfläche wächst die Häftlingsgesellschaft heran und entwickelt ein Eigenleben, ein Leben, dessen Rahmenbedingungen mit den natürlichen und administrativen Bedingungen des Lagers vorgegeben sind, dessen menschlicher und sozialer Gehalt jedoch in hohem Maße von dem sozialen, politischen und religiösen Hintergrund der Männer bestimmt wird, die dieses Leben leben.

Erste Eindrücke

Wenn der Neuankömmling das Konzentrationslager zum ersten Mal betritt, sieht es für ihn vollkommen anders aus, als er es sich vorgestellt hatte. Er hat es sich vielleicht als eine Art Übergefängnis gedacht, mit dicken Steinmauern und Unmengen finsterer Zellen, in denen er von schwarz gekleideten Gestapo-Offizieren mit den ausgefeiltesten Methoden dritten Grades gefoltert wird, um ihn zum Geständnis seiner geheimsten Aktivitäten und Gedanken zu bringen.

Was er tatsächlich vorfindet, ist eine Art Militärlager. Er wird gewöhnlich nicht in eine Dunkelzelle oder in Einzelhaft gesteckt, sondern in eine helle Baracke, zusammen mit Hunderten von Mitgefangenen. Die SS-Leute, Soldaten in feldgrauen Uniformen mit Totenkopf und gekreuzten Knochen auf Kappe und Kragen, prügeln ihn, ohne sich Gedanken über die Feinheiten von Foltermethoden zu machen und ohne Fragen zu stellen oder sich für etwaige Antworten zu interessieren.

Er entdeckt, dass einem das Leben durch Vorschriften und Bedingungen unerträglich gemacht werden kann, denen der Glanz jener Romantik, mit der die freie Welt die Leiden ihrer Helden gern umgibt, gänzlich abgeht. Die Misshandlungen und Übergriffe, die er vorfindet, sind dermaßen standardisiert, dass sie ihm schließlich langweilig werden, sofern nicht gerade er selbst oder sein bester Freund derjenige ist, der sie erleidet.

Zu Beginn jedoch ist jede neue Erfahrung ein isolierter Vorfall, und seine neue Welt sieht aus wie ein verwirrendes Kaleidoskop, das alle Augenblicke Form und Farbe wechselt. Der einzig stabile Teil des Bildes ist sein Rahmen – Betonmauer und Stacheldraht.

Wenn der Häftling ins Lager kommt, ist er entweder schon im Zug entsetzlich misshandelt worden oder wird gewalttätig misshandelt, sobald er den Lastwagen verlässt. Er wird auf der Stelle in eine Geistesverfassung hineingeprügelt, die ihm zu einer systematischen Beobachtung seiner Umgebung gar keine Chance lässt. Ununterbrochen wird er gehetzt und geschlagen und dabei durch eine gut durchorganisierte Routine gescheucht – ausziehen, Fingerabdrücke nehmen, nummerieren, registrieren, in Häftlingskleidung stecken, Haare scheren und so weiter. Danach muss er mit den anderen Neuzugängen in Reih und Glied auf dem Appellplatz antreten, wo er steht, bis er nach dem Abendappell zu dem Block gebracht wird, der von nun an sein »Zuhause« ist.

Vielleicht ist das Erste, was ihm auffällt, wenn er das innere Lager von Dachau betritt, die Inschrift, die in das schwere Eisentor eingelassen ist und die lautet: »Arbeit macht frei«.

In Buchenwald geht er durch ein Tor mit pompösen Holzschnitzereien: »Jedem das Seine« und »Recht oder Unrecht, mein Vaterland«, was am Eingang zu einer »Justiz«-Anstalt nichts Gutes verheißt.

Vom Appellplatz aus bekommt er seinen ersten Eindruck von der Welt, in der er leben wird. Diese Welt überrascht ihn in Dachau mit der blitzblanken Reinlichkeit einer Puppenstube, mit Streifen grünen Grases und schönen Blumenbeeten mit Tulpen und Hyazinthen. In Buchenwald beeindruckt sie ihn mit ihrer absoluten Schäbigkeit und ihrem Dreck. Aber ob Puppenstube oder Dreck, ins Auge fallen ihm die vielen Maschinengewehrnester, die hoch über der Mauer thronen, die Schilder, die darauf hinweisen, dass der Stacheldraht unter Hochspannung steht, und weitere Schilder mit Totenkopf und gekreuzten Knochen, auf denen steht, dass er erschossen wird, wenn er hier weitergeht.

Das Lager selbst ist still. Die Häftlinge sind bei der Arbeit, meist außerhalb der Mauer. Gelegentlich sieht er Männer, die Schubkarren schieben oder schwere Steine auf den Schultern tragen und unter dem Gebrüll eines Mithäftlings, der ihr Vorarbeiter ist, in militärischer Ordnung vorbeimarschieren. Vielleicht hat er kurz den verblüffenden Anblick eines Wagens, der nicht von Pferden, sondern von Männern mit langen Seilen gezogen wird. SS-Leute mit Revolvern an der Hüfte schlendern herum, brüllen Befehle oder Beschimpfungen oder prügeln die Männer bei der Arbeit.

Er hat nicht viel Zeit, über all dies nachzudenken. Er wird in Trab gehalten. Da schlendert vielleicht ein SS-Mann vorbei: »He, Augen geradeaus, Drecksau, dreckige!« (Der Häftling wird bald lernen, dass die abschließende Wiederholung des ersten Schimpfwortes eine bayerische Form des

Fluchens ist.) Alle Häftlinge versuchen, starr geradeaus zu blicken. »Ja, du da in der zweiten Reihe, du!« Und er bearbeitet den Mann in der zweiten Reihe mit den Fäusten. Dann greift er sich vielleicht den Nebenmann: »Stramm gestanden, faule Sau, faule!« – und gibt ihm eine Ohrfeige. Als ein Freund von mir geschlagen wurde, zuckte es mir im Gesicht. Sofort wurde ich mit einer Ohrfeige belohnt: »Glotz nicht so mitfühlend.« Jetzt stehen alle stramm, Augen geradeaus.

Der SS-Mann fängt an, Fragen zu stellen: »Was bist du von Beruf?« »Ich bin Kaufmann, Herr Wachtmeister.« »So, du lausiger Gauner, lausiger, dir werden wir's schon beibringen, deine Kunden zu betrügen!«, und jetzt ist der Kaufmann mit Schlägen an der Reihe. Der nächste Mann hat vielleicht einen dicken Bauch. »Wo hast du denn den Wanst her, du Fettsau, fette? Warum bist du überhaupt hier?« »Weil ich Jude bin, Herr Wachtmeister.« »So, da hast du dir also deinen jüdischen Wanst angefressen, während deutsche Kinder gehungert haben? Das werden wir dir schon abgewöhnen, das Fett werden wir dir schon abschinden!«, und der Mann bekommt Fußtritte wegen seines dicken Bauchs. Ein anderer Mann trägt eine Brille oder hat große Ohren oder kleine Ohren oder eine große oder eine kleine Nase; er ist klein oder groß oder mager oder beleibt – alles kann ein Grund für Schläge sein.

Der Häftling lernt sein erstes Gesetz: Anderssein ist gefährlich.

Ein Mann wird geschlagen, weil er Arbeiter war: »So, du bist also Kommunist, du Verbrecher, du!« – ein anderer, weil er kein Arbeiter war: »So, du hast dir also am Schreibtisch ein schönes Leben gemacht, während andere geschuftet haben!« Einer bekommt einen Tritt, weil er ein Intellektueller war: »Du glaubst vielleicht, du bist wer? Das werden wir dir schon austreiben. Hier bist du niemand!« – und ein anderer bekommt den gleichen Tritt, weil er niemand war: »So, du hast also auf der faulen Haut gelegen, während wir geschuftet haben!« Als Krimineller eingewiesen worden zu sein, ist Grund für Prügel. Nicht zu wissen, warum man ins Lager geschickt wurde, ist ebenfalls Grund für Misshandlungen. Reich zu sein, ist schlecht, aber sich zu seiner Armut zu bekennen, ist auch nicht gut, denn es wäre natürlich gelogen.

Und der Häftling lernt sein zweites Gesetz: Die gewöhnliche Logik gilt im Lager nicht. Man wird nicht geprügelt, weil man eine bestimmte Antwort gegeben hat, sondern einfach um des Prügelns willen.

Bei mir folgte auf eine fürchterliche Ohrfeige die rätselhafte Frage: »Glaubst wohl, dass deine besten Zeiten jetzt vorbei sind?« »Jawohl, Herr Wachtmeister.« »Recht hast du, und ich werd's dir zeigen.«

Fragen und Antworten, Prügeln und Brüllen gehen den ganzen Tag weiter, nur unterbrochen von Zeiten, in denen man auf den nächsten Schlag wartet. Nachts, nach dem Appell, werden die Neuzugänge zu ihren Blocks geführt. Sie werden dem Blockältesten übergeben (einem Häftling, der für die Disziplin verantwortlich ist), der ihnen ihr Bett zeigt, ihren Platz am Tisch, ihren Spind. Sie bekommen ihr erstes Essen und machen erste Bekanntschaften.

Wenn der Neuankömmling ein Sozialdemokrat, Kommunist, Zeuge Jehovas oder Mitglied irgendeiner anderen wichtigen Gruppe ist, findet er sofort Gesinnungsgenossen, die versuchen, sich seiner anzunehmen. Sie erklären ihm, was die Dinge bedeuten, die er gesehen hat, und sagen ihm, was als Nächstes geschehen wird. Sie bereiten ihn auf die Tortur vor, die er während der ersten Tage durchzustehen hat. Vielleicht geben oder leihen sie ihm ein wenig Geld oder Nahrungsmittel aus der Kantine.

Gehört er keiner dieser Gruppen an, werden sich nicht viele Menschen um ihn kümmern. Ein oder zwei stellen ihm vielleicht eine Frage, aber im Großen und Ganzen wird er sich selbst überlassen.

Und er lernt ein neues Gesetz: Angehöriger einer Gruppe

zu sein bedeutet, dass sich jemand um ihn kümmert, dass er leicht Freunde findet, Vertrauen genießt und nicht vollkommen verloren ist. Irgendjemand ist bereit, sich seine Geschichte anzuhören. Und seine neuen Freunde sprechen mit dem Stubenältesten über ihn, der höchstwahrscheinlich ebenfalls ein Gesinnungsgenosse ist.

Kein Angehöriger einer Gruppe zu sein, macht es ihm schwerer, Freunde zu finden. Das ist verständlich, aber schwer zu ertragen.

Während der ersten Tage und Wochen kommt ein Ereignis zum nächsten.

Der neue Mann braucht lange, um seine Erfahrungen zusammenzustückeln. Aber allmählich und ohne dass er es richtig merkt, beginnt seine neue Welt, einen »Sinn« für ihn zu ergeben; er entwickelt sein eigenes Urteil, wenn er mit neuen Situationen konfrontiert ist, er lernt, wie er mit möglichst wenig Misshandlungen und vielleicht auch möglichst wenig Arbeit davonkommt. Nachdem die Benommenheit und Betäubung der Initiationszeit vorbei sind, kehrt in gewissem Umfang seine Eigeninitiative zurück. Er beginnt, ein eigenes Leben zu führen, mit Freundschaften, Feindschaften, Streit, Fehden, krummen Geschäften, Opfern, Gruppenbeziehungen. Die Vorurteile und Traditionen des Lagers werden ihm vertraut. Er begreift, dass er unter seinen Mithäftlingen einen bestimmten Status hat. Er spürt, dass er Mitglied einer Gemeinschaft ist.

Nach ein paar Wochen oder Monaten hat sich der Häftling vollkommen an das Leben im Konzentrationslager angepasst. Das heißt in manchen Fällen, dass er seinen Kampfgeist als politisch engagierte Person, in anderen, dass er seine Eigenpersönlichkeit wiedergefunden hat. In wieder anderen Fällen kann es heißen, dass er sein geistiges Leben auf den trivialen Lagerklatsch über Essen, Misshandlungen und Entlassung und sein persönliches Leben auf den engen Kontakt mit nur ein oder zwei Männern beschränkt.

Aber welche Form die Anpassung auch immer annimmt, der neue Mann wird Teil der Häftlingsgemeinschaft. Er lernt, genauso zu denken und zu urteilen wie die anderen, und macht sich die verdrehte Logik des Lagers zu eigen. Er lernt, wie er eine Situation der vollkommenen Unsicherheit bewältigt, in der man nie sagen kann, was als Nächstes passieren wird. Die Unsicherheit selbst wird Teil seines Alltags, so wie die Sicherheit vielleicht einmal Teil seines früheren Lebens war.

Gegen die erstaunliche Zahl der Überraschungen, die das Lager für ihn bereithält, hat er nur eine Waffe – sich von nichts überraschen zu lassen. Er erwartet jederzeit Ungewöhnliches, und wenn es eintritt, zuckt er die Achseln: »In Buchenwald ist alles möglich.«

Wir gewöhnten uns an harte Arbeit, Misshandlungen, fehlende Gerechtigkeit, mangelnde Logik. Wir gewöhnten uns daran, für lächerliche Vergehen ausgepeitscht und an den Handgelenken aufgehängt zu werden, auch wenn wir sie nicht begangen hatten und sie vielleicht überhaupt von niemandem begangen worden waren. Wir gewöhnten uns daran, um Mitternacht aus irgendeinem Grund aus den Betten getrieben zu werden und sonntags ohne jeden Grund kein Essen zu bekommen. Wir lernten, äußerlich ruhig zuzusehen, während ein Mann erschlagen wurde oder während er an einer Krankheit starb, an der er nicht hätte sterben müssen, wenn er in ärztliche Behandlung gekommen wäre. Wenn einer unserer Mithäftlinge am Galgen erhängt wurde, vermerkten wir es im Stillen und machten nicht viel Aufhebens davon. Wenn der Kommandant verkündete: »Ein Wolf ist an Schneebällen zugrunde gegangen«, verstanden wir zwar nicht ganz, was das heißen sollte, sagten uns aber: »Warum nicht? In Buchenwald ist alles möglich.«

Hat sich der Häftling diese ruhige Betrachtungsweise erst zu Eigen gemacht, beginnt er, das System der Verhältnisse zu verstehen. Er vergleicht Berichte von Mithäftlingen, die vorher in anderen Lagern waren, und beginnt zu begreifen, dass trotz aller Unterschiede zwischen einzelnen Lagern und trotz all der Einzelereignisse, die unerklärt bleiben, das Konzentrationslager ein bestimmtes Muster aufweist. Natürlich werden in manchen Lagern Schubkarren benutzt und in anderen Tragen; in dem einen Lager wird Kies geschippt, in einem anderen Sand, in einem dritten Lehm und in einem vierten Torf. Die Marotten der Kommandanten und SS-Offiziere variieren. Der eine hat einen Sauberkeitswahn, ein anderer ist ein Gesangsfanatiker; ein dritter legt Wert auf das Grüßen (wir hatten einmal einen, der 2.000 Mann vier Stunden lang ununterbrochen das Auf- und Absetzen der Mützen üben ließ); ein vierter und ein fünfter haben wieder andere Manien. Auch das System der Strafen variiert ein wenig. In dem einen Lager führen die »Fünfundzwanzig« den Strafkodex an, in einem anderen der »Baum« und in einem dritten die Einzelhaft im »Bunker«. Es gibt also durchaus Variationen. Aber überall in Deutschland und überall im eroberten Europa ist es im Wesentlichen die gleiche, sorgfältig entworfene und bis ins letzte Detail geplante und standardisierte Maschinerie des Terrors, ein integraler Bestandteil des Nazi-Machtapparats.

Die Anlage

Dachau wie Buchenwald (wie auch die meisten anderen deutschen Konzentrationslager bis 1939) sind nach dem gleichen allgemeinen Muster angelegt. Es gibt ein Häftlingslager und ein SS-Lager. Das Häftlingslager ist durch Mauern und Gräben, unter Hochspannung stehenden Stacheldraht und Maschinengewehre massiv gesichert. Innerhalb der Mauer ist das Lager von einem mehrere Meter breiten Grasstreifen umgeben, der so genannten »neutralen Zone«. Ein

Schritt auf dieses Gras bedeutet, dass man sofort und ohne Anruf »beim Fluchtversuch« erschossen wird. Der Zugang vom SS-Lager zum Häftlingslager erfolgt durch ein schweres Eisentor, Teil eines Korridors, der durch ein Verwaltungsgebäude, das »Tor« oder »Jourhaus«, hindurchführt.[1]

Vor dem »Tor« ist der Appellplatz, und jenseits des Platzes liegen die Häftlingsblocks. Diese sind niedrige Gebäude, ähnlich wie in vielen Militärlagern. Innerhalb des Häftlingslagers sind Küche, Bäder, Magazine, Bunker usw. in eigenen Gebäuden untergebracht. Ein oder zwei Blocks sind abgeteilt und dienen als Krankenbau.

Die meisten Arbeitsstellen liegen entweder innerhalb des Stacheldrahtbereichs oder in seiner unmittelbaren Nähe, da die Arbeit in erster Linie darin besteht, das Lager selbst und die umliegenden Straßen und Militäranlagen zu bauen. Nur manchmal liegen Arbeitsstellen weiter entfernt – zum Beispiel die Baustelle zwischen Buchenwald und Weimar, wo Mietskasernen für die Polizei errichtet werden.

Innerhalb des Lagers sind alle Blocks direkt von der Hauptstraße oder von den Seitenstraßen aus zugänglich. Allerdings gibt es bestimmte Verbote, die die freie Kommunikation behindern. Zum Beispiel müssen Juden und Nichtjuden jeweils im Bereich ihrer Blocks bleiben. Theoretisch dürfen die Häftlinge ohnehin keinen anderen Block als ihren eigenen betreten. Tatsächlich herrscht zwischen den Blocks jedoch immer starker Verkehr, und die Lagerleitung hat gewöhnlich kein allzu großes Interesse daran, die Gruppen strikt getrennt zu halten.

Das Konzentrationslager Dachau liegt auf einer Hochebene in der Nähe des Dorfs Dachau, eines bekannten bayerischen Künstlerorts rund zehn Kilometer von München entfernt. Die Sommer sind sehr heiß, die Winter sehr kalt,

---

1 Von Französisch »jour« oder vielleicht von »journal«, was bedeutet, dass dort das Journal oder der Tagesbericht geführt wird.

das Klima ganz allgemein extremer als in anderen Landesteilen. Der Boden besteht hauptsächlich aus Kies, mit einer dünnen Schicht Humus darüber.

Die SS-Leute sind teils in großen, mehrstöckigen Steinkasernen untergebracht, teils in flachen Holzbauten ähnlich den Häftlingsblocks. Zu dem eigentlichen SS-Lager gehören mehrere Fabriken (Porzellan, Möbel), große Felder und Wälder, in denen die militärische Ausbildung stattfindet, ein Park, ein Kräutergarten und verschiedene andere Einrichtungen. Gleich hinter der Mauer liegt eine moderne Gartenstadt für SS-Offiziere und -Unterführer und ihre Familien. Höherrangige Offiziere wohnen in nahe gelegenen Villen.

Arbeitsstellen gibt es innerhalb und außerhalb des SS-Lagers. Der gewöhnliche Häftling wird bestimmte Teile dieses Geländes niemals betreten, aber manche Arbeitskommandos kommen mehr herum als andere. Einschließlich des eigentlichen Häftlingslagers dürfte die gesamte Welt des Häftlings in jeder Richtung etwa drei Kilometer messen.

Das Häftlingslager ist ein Viereck von rund 350 mal 500 Metern. Die eine Schmalseite wird von einem großen Gebäude gebildet, das Küche, Bad, Magazine und so weiter enthält. Dahinter ist der »Bunker«. Vor dem großen Gebäude ist der Appellplatz. Jenseits des Platzes stehen dreißig Blocks in zwei Reihen, mit den Schmalseiten zur »Lagerstraße«. Hinter dem am weitesten entfernten Block gibt es ein Gewächshaus, Gemüsegärten und Blumenbeete.

Rund um das Lager verläuft die übliche »neutrale Zone«. Dahinter kommt ein mit Wasser gefüllter Kanal mit hohen Betonmauern, dann ein Stacheldrahtverhau, dann ein mehrere Meter hoher Elektrozaun. Außerhalb des Zauns ist ein Holzsteg für die Wachen, und dahinter eine etwa drei Meter hohe Betonmauer, gekrönt mit Stacheldraht, der unter Hochspannung steht.

Etwa alle zweihundert Meter gibt es einen hohen Turm in der Mauer, der Tag und Nacht mit vier Wachposten und zwei Maschinengewehren besetzt ist. Nachts kreisen ununterbrochen große Scheinwerfer auf den Türmen und suchen die weite Ebene und die Lagerstraßen nach jeder verdächtigen Bewegung ab.

Es entkommt praktisch nie jemand. Immer wenn Verwandten die Asche eines Häftlings mit der Notiz »beim Fluchtversuch erschossen« geschickt wird, kann man davon ausgehen, dass er in der »neutralen Zone« erschossen wurde. Sowohl Selbstmord als auch Mord werden auf diese Weise begangen. Ein Mann läuft in den Grünstreifen, oder wird in ihn hineingejagt, und wird erschossen. Vergleichbares geschieht auch manchmal an den Arbeitsstellen, wo die Wachen selbst eine Art »neutrale Zone« um die Häftlinge herum bilden.

Die Blocks sind einstöckige Holzbauten. Jeder Block hat eine Grundfläche von etwa zehn mal hundert Metern. Er besteht aus vier Abteilungen mit je zweiundfünfzig Häftlingen. Jede Abteilung besteht aus einem Tagesraum und einem Schlafraum, und je zwei Abteilungen teilen sich einen kleinen Vorraum, einen Waschraum und einen Abort mit etwa acht Wasserklosetts.

In der Mitte des Tagesraums steht ein großer Kachelofen. Es gibt sieben Tische mit zweiundfünfzig Stühlen ohne Lehne und vierundzwanzig Spinde (die jedoch nicht verschließbar sind). Der Älteste hat einen Spind und einen kleinen Extratisch für sich. Gewöhnlich teilen sich zwei Häftlinge einen Spind; manchmal müssen sie einen Spind zu dritt benutzen.

Im Schlafraum gibt es zweiundfünfzig hölzerne Betten in Doppelkojen, und jedes Bett ist mit einem Strohsack, einem Strohkopfkissen, einem Laken, einer Decke, karierten Bezügen für Kopfkissen und Decke und im Winter mit einer zusätzlichen Decke ausgestattet.

Alle Holzmöbel werden im Lager hergestellt. Die Möbel und die sanitären Einrichtungen sind erstklassig. Ebenso

Küche und Bad. Es gibt reichlich gutes Wasser. Man pflegte Nazi-Offizieren und -Funktionären das Konzentrationslager Dachau als »Modell-Lager« vorzuführen, mit gebührendem Stolz auf die Leistungsfähigkeit der Sklavenarbeit.

An die eine Seite des Häftlingslagers grenzt ein Park, der zum SS-Lager gehört. Hier hält sich der Kommandant Wild, Füchse (in einer von Häftlingen gebauten Anlage aus Beton) und einen Schwan, der majestätisch auf dem Kanal dahersegelt. Diese Menagerie wird vervollständigt durch die Dänische Dogge und den Affen des Kommandanten.

Das Konzentrationslager Buchenwald liegt oben auf einem kleinen, aber ziemlich steilen Berg, der sich mitten in einer weiten Ebene erhebt. Es ist etwa sieben Kilometer von der Stadt Weimar in Thüringen, Mitteldeutschland, entfernt. Das Klima ist weniger streng als in Dachau. Der Boden besteht hauptsächlich aus Lehm. Am Berghang gibt es ein paar Steinbrüche. Das Lager ist von Wäldern umgeben (daher der Name »Buchenwald«).

Die ersten Blocks wurden von den ersten Häftlingen errichtet, die 1937 dorthin kamen. Als man neues Baugelände brauchte, mussten erst Bäume gefällt werden, um Platz zu schaffen. Als wir jedoch 1938 von Dachau nach Buchenwald kamen, war ein erheblicher Teil der Arbeiten bereits abgeschlossen.

Das SS-Lager und das Häftlingslager in Buchenwald sind enger miteinander verbunden als in Dachau. Das ganze Gelände oben auf dem Berg einschließlich der beiden Lager und der Arbeitsstellen (Garagen für ein motorisiertes Regiment) erstreckt sich über eine Fläche von vielleicht drei Kilometern Durchmesser. Einige Arbeitsstellen liegen aber auch weiter entfernt: zum Beispiel Kläranlagen, Steinbrüche, eine Ziegelei und Baustellen für Mietskasernen.

Das Häftlingslager ist ein steil abfallendes, unregelmäßiges Viereck. Seine kürzeste Seite, oben auf dem Berg, misst rund 750 Meter, die anderen Seiten je rund 1.500 Meter. Nur ein kleiner Teil dieses Geländes wird tatsächlich von Blocks und gerodeten Flächen eingenommen. Der Rest ist Wald.

Oben auf dem Berg ist das »Tor«, in dessen einem Flügel auch der »Bunker« untergebracht ist. Unterhalb des »Tors« ist der Appellplatz, und unterhalb des Platzes liegen die Blocks. Im Sommer 1939 gab es achtundvierzig Blocks, die in acht Sechserreihen hintereinander standen. Unterhalb der letzten Blocks waren bereits die Fundamente für neue Blocks gelegt worden.

Etwa siebzig Meter unterhalb der letzten Blocks fängt der Wald an. Weiter unten im Wald liegen der zentrale Krankenbau und, noch weiter unten, der Hundezwinger, der Schweinestall und die Reitschule. Noch innerhalb des Häftlingslagers, aber durch einen Zaun von ihm getrennt, ist ein Gelände, auf dem die Sägemühle steht; Möbel für die Lebenden und Särge für die Toten sind die wichtigsten Erzeugnisse.

Ein hoher, elektrisch geladener Drahtzaun, ein Stacheldrahtverhau, eine »neutrale Zone« und eine Reihe von Maschinengewehrtürmen trennen das Lager vom Rest der Welt. Eine Flucht über den Zaun ist genauso unmöglich wie in Dachau. Aber das Fehlen einer Betonmauer und der Anblick des Waldes lässt fantasiebegabte Gemüter an Flucht denken. Doch wurden während meiner Zeit nur zwei ernsthafte Fluchtversuche unternommen, und auch diese nicht vom Lager aus, sondern von den weniger streng bewachten Außenkommandos.

Ein Block hat eine Grundfläche von etwa zehn mal fünfzig Metern. Die ersten sechs Blockreihen bestehen aus einstöckigen Holzbauten, die letzten aus zweistöckigen Ziegelbauten; die Holzbauten haben je zwei Abteilungen, die Ziegelbauten je vier. Zwei Abteilungen teilen sich einen Vorraum, einen Waschraum, einen Abort. Sie sind genauso angelegt wie in Dachau, aber weniger modern und weniger sauber. Ursprünglich war jede Abteilung für zweiundsiebzig Männer gedacht, aber im September 1938, als wir nach Buchenwald kamen, waren sie entsetzlich überfüllt. Es gab 108 Betten in dreistöckigen Kojen, in und zwischen denen 130 bis 170 Männer einen Platz zum Schlafen finden mussten. Gewöhnlich lagen drei Männer in zwei Betten, die anderen schliefen auf dem Fußboden. Die Tagesräume waren natürlich ebenso überfüllt. Nur rund zwei Drittel der Männer konnten einen Sitz- oder Stehplatz zum Essen finden. Der Rest musste draußen oder im Schlafraum warten, bis die ersten fertig waren. Es gab keine Spinde, nur ein paar kleine Schubladen, in die sich jeweils vier Mann teilen mussten. Hunderte andere hatten überhaupt keinen Platz, an dem sie ihre Habseligkeiten aufbewahren konnten.

Die meisten Möbel in Buchenwald stammen aus alten Wehrmachtsbeständen. Auf manchen steht übrigens Wöllersdorf, was darauf hindeutet, dass sie aus dem österreichischen Anhaltelager Wöllersdorf stammten, das in der Dollfuß-Ära eingerichtet wurde und auf dessen Abschaffung die Nazis so stolz waren.[2]

In Buchenwald herrschte schlimmster Wassermangel, teils weil noch keine Rohre verlegt worden waren, teils weil einfach nicht genug Wasser da war. Deshalb konnten keine Wasserklosetts benutzt werden. Stattdessen wurden im ganzen Lager offene Latrinen benutzt. Dazu wurden etwa dreieinhalb Meter tiefe Gruben ausgehoben, um die herum ein Balken und über die ein leichtes Dach kam. Das war alles, was es an Klosetts gab.

Auch Wasser zum Waschen war ein kostbares Gut. Es wurde nur für wenige Minuten angestellt, gewöhnlich morgens und manchmal abends. In dieser Zeit kämpften die

---

2 Kurz nach unserer Ankunft in Dachau bekamen wir ein Exemplar des *Völkischen Beobachters* mit Bildern von brennenden Blocks in Wöllersdorf zu Gesicht. In dem dazugehörigen Text rühmten sich die Nazis, dass sie die »Barbarei der Konzentrationslager« nicht brauchten und sie daher niederbrannten.

Männer miteinander, um sich wenigstens alle paar Tage ein wenig säubern zu können. Zeitweise hatten manche Blocks wochenlang überhaupt kein Wasser. (Das Wasserproblem wurde erst lange nach meiner Entlassung entschärft und schließlich behoben.)

Auch Buchenwald hatte seine Menagerien, eigentlich schon einen kleinen Zoo, neben dem »Tor«, direkt vor dem Appellplatz. Dort gab es einen großen Käfig für Raubvögel, mit einem einsamen Adler als Hauptattraktion; einen natürlichen Zwinger mit drei oder vier Braunbären; einen großen Auslauf für eine Herde Wildschweine; und eine Fuchsgrube.

Ein Tag im Konzentrationslager

Der Tag im Konzentrationslager beginnt lange vor Morgengrauen – im Sommer um zwanzig nach drei, im Winter um halb fünf. Als Erstes weckt der Stubenälteste die Männer, die den Kaffee holen. Sie stehen eilig auf und ziehen sich in Windeseile an. Dann springen die übrigen aus den Betten, greifen sich ihre Decken und rennen zum Tagesraum. Dort legen sie ihre Decken auf den Tischen auf die vorgeschriebene, komplizierte Weise zusammen. Es gibt nur wenige Tische, und sofort geht das Geschimpfe und Gerempel los. Inzwischen rennen andere zum Waschraum und zum Abort.

Ein paar Minuten später sind alle damit beschäftigt, ihre Betten zu »bauen«. Dies ist eine der kompliziertesten und wichtigsten Tätigkeiten im Leben eines Häftlings, geheiligt durch so manche fünfundzwanzig Stockhiebe, die dem Mann verabreicht werden, der nicht begreift, worauf es dabei ankommt. Ein Bett hat so ebenmäßig auszusehen wie eine Kiste, mit den Karos des Bettbezugs genau parallel zu den Kanten. Aber gewöhnlich ist zu wenig Stroh im Sack: Er hat eine Delle in der Mitte, die Kanten hängen durch, er wirft Falten. Damit das Bett besser aussieht, werden alle möglichen Tricks angewandt. Man nimmt Stöcke und so genannte »Bügeleisen« (Bretter mit Griffen) zu Hilfe, und manche neuen Männer greifen sogar zu der verbotenen Praxis, ein Seil oder einen Draht an den Kanten entlang in den Sack einzufädeln. Dies mag für Nichteingeweihte lächerlich klingen, nicht aber für den Mann, der eine Stunde lang an den Handgelenken aufgehängt werden kann, weil die Karos eine Spur schräg liefen.

Sobald sich die Männer gewaschen und angezogen haben, stellen sie sich für den »Kaffee« an, der inzwischen gebracht worden ist. Wir bekamen nie heraus, womit sie das Wasser färbten, aber es war immer willkommen, denn es war heiß. Alle setzen sich ein paar Minuten hin und schlingen das heiße Wasser und ein paar Bissen Brot hinunter. Dann stürzt alles zum Waschraum, um das Blechgeschirr zu reinigen, dann zurück, um die Spinde aufzuräumen und für die Inspektion fertig zu machen. Das klingt leichter, als es ist. Jeder Gegenstand hat einen ganz bestimmten Platz, an den er gestellt, gehängt oder geräumt zu werden hat, und muss auf eine bestimmte Weise zusammengelegt, herumgedreht oder hingestellt werden. Ein Messer, das da liegt, wo die Gabel sein soll, kann einen Mann an den »Baum« bringen, ebenso wie ein Hemd, das mit den Ärmeln nach vorn statt nach hinten zusammengelegt ist.

Sobald die Spinde fertig sind, werden die Männer aus den Blocks getrieben, gleichgültig, wie das Wetter ist, gleichgültig, ob der Appell in fünf Minuten oder erst in einer Stunde beginnt. Sofort fängt der Stubendienst an, die Stube für die Inspektion fertig zu machen.

Beim Anpfeifen treten die Männer aus jedem Block an und marschieren zum Appell. Der Älteste gibt das Tempo vor: »Links, links, links und links . . . auf Vordermann, auf Nebenmann, im Gleichschritt, Reihen ausrichten . . . links, links, links und links . . .«

Aber was ist mit dem Mann, der nicht aufstehen kann, weil er krank, verletzt oder alt ist? So einen Mann gibt es nicht.

Wenn ein Mann nicht aufstehen kann, helfen ihm seine Mitgefangenen. Wenn ihm sonst niemand hilft, hilft ihm der Älteste. Er zerrt ihn am Fuß aus dem Bett oder schlägt ihn mit dem Besen oder versucht es auf schonendere Weise; was er macht, ist eine Frage des Temperaments. Keine Frage des Temperaments ist jedoch, ob der Mann aufsteht. Er muss einfach. Wenn er nicht gehen kann, tragen ihn die anderen. Niemand wird zurückgelassen, außer denen, die schon im Krankenbau sind.

Ich habe Franz Steinberg getragen, als er starb, und Oswald Richter, als er vor Schmerzen ohnmächtig wurde. Andere haben ihre Freunde getragen. Niemand wird zurückgelassen. Nicht einmal die Toten. Wenn ein Mann in der Nacht gestorben und noch nicht von der Blockliste gestrichen ist, wird die Leiche auf einer Bahre mitgeführt. Dann meldet der Blockälteste: »Block VI angetreten mit 202 Mann, einer im Krankenbau, einer im Arrest, einer tot.« Niemand wundert sich. Warum auch?

Die diensthabenden SS-Offiziere zählen die Männer Block für Block. Fehler sind häufig, so dass sich der Appell oft lange hinzieht. Fehlt jemand, ist der erste Gedanke der Männer nicht »Flucht«, sondern »Selbstmord«. Geschieht dies in Buchenwald, wird der Befehl erteilt: »Stubendienst in den Wald, Vogel suchen!« Die Wälder innerhalb des Stacheldrahtbereichs werden durchsucht, und gewöhnlich wird die Leiche innerhalb von zwanzig Minuten an einem Baum hängend gefunden.

Stimmt endlich der Zählappell, kommt der Kommandant, um die Meldung entgegenzunehmen. Kommandant Rödl in Buchenwald lässt den Tag gern mit einem Lied beginnen. Er befiehlt dem Dirigenten, einem ehemaligen Sänger der Kölner Oper, auf einen hohen Kieshaufen zu steigen. Mit den

Armen rudernd, tut der Dirigent sein Bestes, zehntausend Stimmen zu dirigieren, die »Das Dörfchen« singen.

Die erste Strophe ist geschafft. Wird Rödl einschreiten? Nein, so weit ist alles in Ordnung. Die zweite Strophe beginnt – erst vorsichtig, aber dann laut und kräftig, voller Hoffnung, dass wir wieder einmal über die gefährliche Stelle in diesem Lied hinwegkommen, an der es eine Pause gibt und alles von der Fähigkeit von zehntausend Männern abhängt, im selben Augenblick zu singen aufzuhören. Diesmal sind wir nicht so erfolgreich. Rödls ärgerliche Stimme erschallt über den Lautsprecher: »Schluss mit dem Krach! Die erste Strophe ging ja noch, aber die zweite Strophe ist beschissen! Alle Mann hinlegen! Auf – Nieder – Auf – Nieder Auf – Nieder . . .«, und zehntausend Männer wälzen sich im tiefen Schlamm, Sand, Staub, Schnee oder was es sonst gerade ist. Die SS-Offiziere kommen wie tollwütige Wachhunde den Berg hinuntergestürmt und trampeln die Männer nieder, weil sie sich nicht schnell genug hinwerfen oder aufstehen.

Zehntausend Männer wälzen sich im Schlamm. Viertausend sind bloß dreckige Juden, also was soll's? Aber die anderen sechstausend sind Arier, Deutsche, die Blüte der Menschheit: Wenn in irgendeinem anderen Land der Welt irgendjemand wagen würde, einen von ihnen zu beleidigen, würde über diese unselige Nation der heilige Zorn der deutschen Nation hereinbrechen, allen voran der des Führers! Einstweilen jedoch wälzen sie sich im Schlamm, weil die zweite Strophe von »Das Dörfchen« beschissen war . . .

Mittlerweile marschieren zwei Kompanien SS-Leute auf, mit Gewehren und Seitenwaffen. Wir hören das Klappern beim Aufpflanzen der Bajonette, sind aber so gewöhnt daran, dass uns nicht mehr bewusst ist, dass sie auf uns gerichtet sind.

Der Befehl ertönt: »Neuzugänge und Rücküberstellte raustreten!« (Die Letzteren waren vorübergehend aus dem

Lager weggeschickt worden, zum Beispiel zu einem Ge-
richtsverhör.) Jetzt bilden sie ein Sonderkommando und
werden in den ersten paar Tagen besonders geschunden.

Nächster Befehl: »Arbeitskommandos antreten!« Die
exakten Reihen lösen sich auf, und ein paar Minuten lang
wirkt das Lager wie ein aufgestörter Ameisenhaufen. Alle
rennen, so schnell sie können, zu ihren Arbeitskommandos.
SS-Offiziere hasten kreuz und quer und schlagen und treten
auf jeden ein, der nicht schnell genug ist. Schließlich haben
sich die Arbeitskommandos formiert. Ein Kommando nach
dem anderen marschiert an dem für die Bauarbeiten zuständigen SS-Offizier vorbei. Der Kapo (das ist der verantwortli-
che Häftling) meldet die Zahl, der Offizier überprüft sie, die
nötigen SS-Leute werden abkommandiert; sie nehmen ihre
Gewehre von den Schultern, formieren sich entlang der
Häftlingskolonne, und das Kommando rückt aus durch das
»Tor« mit der eisernen Verheißung: »Arbeit macht frei.«

Die Häftlinge gehen zur Arbeit, bei welchem Wetter auch
immer. Wir haben gearbeitet, als Männer wie die Fliegen an
Sonnenstich starben, und wir haben gearbeitet, als Männer
vor Kälte tot umfielen. Wir haben in Schneestürmen gearbeitet, in denen wir einander nicht mehr erkennen konnten,
und im Nebel, der so dicht war, dass wir unsere eigenen
Hände nicht mehr sehen konnten. Wir haben bei Hagel und
Gewitter und endlos strömendem Regen gearbeitet. Der
Häftling legt sich in seinem nassen Hemd ins Bett und trock-
net es mit seiner Körperwärme, aber der Rest seiner Bekleidung ist am Morgen immer noch nass.

Sobald das Kommando durch das »Tor« hindurch ist, beginnen die ersten Wachen nach einem Lied zu brüllen. Wieder wird »Das Dörfchen« angestimmt und zum hundertsten
Mal von der alten Witwe gesungen, die von ihrem Mann
träumt, der für den Kaiser gefallen ist, oder die Ballade von
der »Försterstochter«, die in den fröhlichen Jägersburschen
verliebt war. Oft wird auch das sentimentale »Esterwegen-

lied« gesungen, und in Buchenwald das »Buchenwaldlied«. Einige Lieder sind gar nicht so übel, etwa die Wanderlieder der deutschen Jugendbewegung.

Während die Männer weiter marschieren, beginnen die Wachen sie zu beschimpfen, weil sie aus dem Tritt kommen, nicht laut genug singen oder mit ihren Nachbarn reden, und gelegentlich schlagen sie zu, aber nicht zu oft, denn das könnte Unordnung in die Reihen bringen.

Nach zehn bis dreißig Minuten Marsch (in manchen Fällen auch erst nach einer Stunde) kommt das Kommando an seiner Arbeitsstelle an. Ist die Arbeitsstelle den Männern neu, weist der Kapo ihnen ihre Aufgaben zu. Ist es eine alte Arbeitsstelle, brüllt er nur: »An die Arbeit, los, los, los!«, und alle rennen an ihre Plätze oder zum Geräteschuppen. Dort entsteht Gerangel um die guten Arbeitsgeräte, von denen es nicht so viele gibt. Ein schlechtes Arbeitsgerät kann einem Mann den Tag statt zu der gewöhnlichen Hölle, die jeder Tag ist, zu einer unerträglichen Hölle machen.

Männer mit handwerklichem Geschick lernen schnell, auf einen Blick ein gutes von einem schlechten Arbeitsgerät zu unterscheiden. Sie lernen, wie sie an einen besseren Arbeitsplatz kommen, der vielleicht Schutz vor der Sonne oder Deckung vor den Wachen bietet. Es gibt zahllose Unwägbarkeiten, die ein Mann im Auge haben muss. Wer sich ihrer bewusst ist und sie möglichst geschickt zu nutzen versteht, hat bessere Überlebenschancen.

Als ich am 2. April 1938 mit den ersten einhundertfünfzig Häftlingen aus Österreich nach Dachau kam, war die erste Arbeit, die wir bekamen, der Abriss des alten Bunkers, das Auffüllen der Fundamente und der Bau einer Straße an der Stelle, wo das Gebäude gestanden hatte. Am Morgen nach unserer Ankunft wurden wir zu einem Sonderkommando zusammengestellt. Mit einem ungewöhnlich starken Aufgebot von SS-Offizieren und Kapos marschierten wir zur Arbeitsstelle. Jemand brüllte: »An die Arbeit, los, los, los!« –

und sofort brach ein Hagel von Schlägen und Tritten über uns herein. Wir waren völlig verwirrt und wussten nicht, was wir eigentlich tun sollten. Jeder griff sich irgendeines der herumliegenden Arbeitsgeräte. Die meisten von uns hatten nicht die leiseste Ahnung, wie sie zu handhaben waren. Es gab Schaufeln, um Schutt durch Maschengitter zu werfen und den Sand auszusieben, Schubkarren, um Material wegzuschaffen, Vorschlaghämmer, um Zementblöcke in Stücke zu schlagen, Spitzhacken, um die Erde zu lockern. Die Kapos begannen, etwas Ordnung in das Durcheinander zu bringen. Manche Männer bekamen die Aufgabe, Ziegel wegzutragen oder in langen Ketten von Hand zu Hand weiterzureichen. Andere wurden angewiesen, sich Schubkarren zu nehmen und Material zu holen, um das Loch aufzufüllen. Wieder andere mussten auf den Schultern Zementbrocken wegschleppen. Das Gebrüll und die Schläge gingen stundenlang ununterbrochen weiter.

Die ersten Tage waren die schlimmsten. Zur Feier unserer Initiation wurden wir noch schlimmer geschunden als die übrigen Häftlinge, und wir waren die Arbeitsgeräte nicht gewöhnt und wussten nicht, wie wir sie handhaben sollten. Die Haut an unseren Händen und Schultern war noch empfindlich. Innerhalb weniger Stunden waren unsere an Spitzhacke, Schaufel und Schubkarre nicht gewöhnten Hände mit Blasen übersät. Da sie nicht versorgt wurden, platzten die Blasen auf, und die Haut ging ab. In die offenen Wunden kam Staub und Dreck. Sie begannen zu eitern, und es entstanden große Wundflächen. Erst wenn unsere Hände so geschwollen waren, dass wir nicht mehr mit ihnen arbeiten konnten, wagten wir, zum Krankenbau zu gehen. Dort tat man ein paar Tropfen Jod darauf – und schickte uns wieder an die Arbeit. Nach ein paar Minuten waren die Wunden wieder schmutzig. Manche von uns hatten Glück und bekamen keine ernsthaften Entzündungen. Andere, deren Wunden schlimmer wurden, bekamen die Hände schließlich verbunden, mussten aber weiterarbeiten. Zwei aus unserer Gruppe verloren gleich in den ersten Wochen eine Hand.

Die Steinträger hatten unter Wunden anderer Art zu leiden. Die schweren Zementbrocken, die sie auf den Schultern trugen, waren ausgezackt und hatten messerscharfe Kanten. Die Männer wurden ständig vorwärts getrieben und durften die Steine nicht ablegen, um sich auszuruhen oder sie sich besser aufzuladen. Bald schnitten ihnen die scharfen Kanten durch die dünne Kleidung hindurch in die Haut und das Fleisch ihrer Schultern. Wenn sie versuchten, ihre Mützen als Polster zu benutzen, wurden sie geschlagen.

Noch schlimmer wurde das Ganze dadurch, dass morgens, wenn wir ankamen, immer noch Frost war. Mit unseren Fingern tauten wir das Eis von Loren und Geräten. Dadurch wurden unsere Finger immer empfindlicher, und innerhalb weniger Tage waren sie uns allen doppelt so dick angeschwollen.

Eine der Hauptarbeiten in Dachau ist Kiesgraben. Kies wird für fast alles gebraucht – zum Straßenbau, zum Auffüllen von Gruben, zum Bau von Betonmauern, Heizschächten, Blocks und für viele andere Zwecke. Und es gibt jede Menge Kies für alle diese Zwecke. Man braucht nur irgendwo die Oberfläche aufzukratzen, und nach dreißig oder vierzig Zentimetern Humus stößt man auf Kies. Wenn mehr Kies gebraucht wird, wird ein bestimmtes Gebiet ausgewiesen. Mehrere hundert Mann marschieren hin und tragen mit Schaufel und Spitzhacke den Humus ab. Dann fangen sie einfach an zu graben. Bloß zu graben, und immer weiter zu graben, tagelang, wochenlang, monatelang, jahrelang. Die Kiesgruben werden schließlich zu tiefen Trichtern, Wunden im Antlitz der Erde rund um das Lager. Sie bohren sich tiefer und tiefer ein, aber es ist immer noch mehr Kies darunter. Wenn das Loch mehrere Meter tief ist, beginnt sich darin Grundwasser zu sammeln. Egal, grab weiter. Zieh die Schuhe aus und stell dich ins Wasser, aber grab weiter. Wenn das Wasser weiter steigt, kannst du immer noch die Hosen hochkrempeln. Aber grab weiter. Wenn es noch höher steigt, dann lass dir auch deine Hosen egal sein, grab einfach weiter. Ich habe in Wasser gearbeitet, das mir bis über die Knie ging, und andere in Wasser, das ihnen noch viel höher reichte.

Und die Männer stehen im Wasser, fünf Stunden ohne Pause am Morgen und fünf Stunden ohne Pause am Nachmittag und fünf Stunden am nächsten Morgen und fünf Stunden am nächsten Nachmittag. Sie stoßen ihre Schaufeln tief in das gelbe Wasser und fischen nach Kies. Sie können nicht sehen, wohin sie stoßen, und sie machen einen schlechten Fang – egal, es wird weiter gefischt, irgendwo ist immer noch Kies übrig. Die ganze Hoffnungslosigkeit unseres Daseins verdichtete sich zu dem grimmigen Scherz: »Wie lange soll das denn noch so weitergehen?« »Mensch! Bis der Kies alle ist!«

Da die Grube viele Meter tief ist, muss der Kies nach oben geschafft werden. Hohe Terrassen werden in die Wände der Grube geschnitten, und der Kies wird Schaufel für Schaufel hinaufgeworfen. Es ist ein aberwitziger Anblick: Hunderte von Männern, die ein Loch in die Erde graben und darin nach Kies fischen und ihn von Mann zu Mann weiterreichen, als wäre es der kostbarste Stoff der Welt.

Schließlich wird der Kies dahin gebracht, wo er gebraucht wird, mit Schubkarren, mit von Männern gezogenen Wagen oder mit Loren. SS-Offiziere und Kapos achten darauf, dass die Karren voll beladen sind und immer schnell genug am Rollen bleiben. Das besorgt manchmal ein Fluch, manchmal ein Stein, der jemandem an den Kopf geworfen wird, manchmal ein Faustschlag oder ein Tritt mit einem schweren Stiefel; oft reicht schon die bloße Angst. Hat ein Mann am Kieshaufen Erbarmen mit seinem Bruder an der Schubkarre und macht sie nicht ganz voll, wird er selber an die Schubkarre gestellt, und der andere Mann bekommt seinen Platz.

Vor dem Bau des neuen Lagers in Dachau wurde der Kies

zu einem Haufen aufgeschüttet, bis er einen zehn bis fünfzehn Meter hohen Hügel mit einer Grundfläche von rund 130 Metern bildete. Als wir nach Dachau kamen, wurde dieser Kies verarbeitet. In den Hügel wurde ein Pfad geschlagen, der sich in einer riesigen Spirale nach oben wand und Terrassen bildete, über die Männer verteilt waren, die nun zu Hunderten genau das Gegenteil dessen taten, was die anderen in den Kiesgruben machten – sie reichten den Kies in Tausenden von Schubkarrenladungen und Millionen von Schaufeln von Terrasse zu Terrasse nach unten weiter. Im April hatte der Hügel noch so ausgesehen, als wäre er für die Ewigkeit gebaut, und im August war kein einziger Kiesel mehr übrig.

In Buchenwald gibt es keinen Kies – aber dafür gibt es Lehm. Wo man die Fundamente für Gebäude legt, wird ausgeschachtet. Erst kommt eine zähe Schicht Lehm und Humus, dann eine Schicht trockener Lehm, der leicht bricht. Darunter sind Schichten, die immer dicker und härter werden. Ganz unten in der Ausschachtung sind die Schichten regelrecht versteinert, fünfzig bis sechzig Zentimeter Stein. Mit nichts als großen Vorschlaghämmern hauen die Männer auf den Stein ein – und früher oder später bricht er.

Nach dem Morgenappell, während die anderen Häftlinge bei der Arbeit sind, ist der »Stubendienst« damit beschäftigt, die Blocks zur Inspektion fertig zu machen. Sie bohnern, wischen Staub und putzen Waschraum und Abort, bis sie glänzen. Ein guter Ältester sieht die Betten und Spinde seiner Männer nach und korrigiert Fehler. Ein schlechter Ältester lässt zu, dass sie erwischt werden.

Gegen acht oder neun Uhr kommt der Blockführer (das ist der für den Block zuständige SS-Offizier). Alle Spinde werden ihm aufgemacht, und er erblickt, was das Herz eines SS-Mannes erfreut: fünfzig Teller, fünfzig Näpfe, fünfzig Gläser, fünfzig Löffel, Messer, Gabel, Unterwäsche, Hemden, Hausschuhe – alle gleich, alle in genau derselben Anordnung. Die Spinde sehen so gleich aus, dass oft nicht einmal ihre eigenen Besitzer in der Lage sind, sie zu identifizieren. Dieselbe Gleichförmigkeit herrscht im Schlafraum – fünfzig Kissen, fünfzig Decken, alle genau gleich ausgerichtet. Etwaige Unregelmäßigkeiten sind so unbedeutend, dass sie kaum wahrnehmbar sind. Es hängt vollkommen von der augenblicklichen Laune des Offiziers ab, ob er mit dem, was er sieht, zufrieden ist oder in Wut gerät, die Stube zum Saustall erklärt, die Betten auseinander reißt und gegen den Block Meldung wegen Unbotmäßigkeit erstattet.

Dies ist der Moment, in dem ein guter Blockältester seinen Männern oft die größte Hilfe ist. Er versucht, den Offizier in ein Gespräch zu verwickeln, eine freundliche Atmosphäre zu schaffen, vielleicht ein paar seiner Lieblingszeitschriften vor ihm aufzustapeln. Manchmal kann er auch geschickt eine Zigarette oder ein Stück Kuchen anbringen – aber immer so, dass der Offizier nicht den Eindruck hat, er werde bestochen.

Zusätzlich zu der offiziellen Inspektion durch den für einen bestimmten Block zuständigen Blockführer gibt es zahlreiche weitere Inspektionen durch andere SS-Offiziere. Diese informellen Besuche sind sogar noch gefährlicher, weil es dabei nicht die Vertrautheit gibt, die zwischen dem Ältesten und dem zuständigen SS-Offizier entsteht. Ein Block kann den einen Inspektor zufrieden stellen und vom nächsten wegen »empörender Unordnung« gemeldet werden.

In Dachau marschieren die Häftlinge um elf Uhr zum Mittagessen nach Hause. Unterwegs singen sie wieder. Vor Betreten der Blocks müssen sie ihre Schuhe ausziehen (der Boden ist gebohnert). Es gibt nur einen kleinen Korridor, und bei schlechtem Wetter, wenn die Männer ihre Schuhe nicht draußen ausziehen können, kommt es zu Gerangel und Geschimpfe. Auch um einen Platz auf dem Abort und in den Waschräumen wird gekämpft. Es ist nicht genügend

Platz, und jeder will so schnell wie möglich fertig werden, damit er sich noch ein paar Minuten ausruhen kann.

Aus jeder Stube werden ein paar Männer zur Küche abgeordnet. Sie marschieren in Reih und Glied los, holen die Kübel mit dem Essen und marschieren in Reih und Glied wieder zurück. Das ist gar nicht so einfach. Es gibt rund 320 Essensholer, und jeweils drei Mann tragen zusammen zwei Kübel mit etwa 40 Litern. Die heiße Suppe schwappt über die Ränder und verbrennt ihnen die Hände. Aber sie dürfen die Kübel nicht absetzen. Ein SS-Offizier auf einem Fahrrad treibt sie an, und wenn es zu viel Unordnung gibt, lässt er sie exerzieren. Einmal mussten wir mit den vollen Kübeln um den großen Platz herummarschieren. Ein anderes Mal mussten wir zehn Minuten lang stramm exerzieren – »Auf – Nieder – Laufen – Niederwerfen« –, während das Lager auf sein Essen wartete.

Der Älteste gibt das Essen aus. Nach meinen Beobachtungen gibt er sich gewöhnlich größte Mühe, gerecht zu sein. So gut er kann, verteilt er die herausfischbaren Stücke gerecht.

Das Essen zu holen und die leeren Kübel zurückzubringen nimmt einen großen Teil der kostbaren Mittagspause in Anspruch und ist außerdem schwere Arbeit. Manche Blocks haben rotierende Schichten. Andere lassen die Arbeit von Freiwilligen tun, verbunden mit einer kleinen Belohnung: Wenn etwas übrig bleibt, nachdem alle ihren Anteil haben, bekommen sie als Erste davon.

Die Männer essen hastig. Sobald sie ihr Essen hinuntergeschlungen haben, rennen sie zum Waschraum, um ihre Näpfe zu reinigen. Es gibt zwölf Wasserhähne mit kaltem Wasser für hundert Männer, deren Blechnäpfe spiegelblank sein müssen.

Die Unglücklichen, deren Betten der inspizierende SS-Offizier auseinander gerissen hat, bringen den größten Teil ihrer Mittagspause damit zu, sie neu zu machen. Oft sind ganze Blocks betroffen und verlieren damit ihre Ruhepause.

Sobald das Essgeschirr gesäubert ist, werden die Männer aus den Blocks gejagt. Sie verbringen den Rest der Mittagspause im Freien, auch wenn es regnet oder hagelt. Der Stubendienst beginnt sofort, die Stube für die Nachmittagsinspektion zu putzen.

Auch manche Besorgungen müssen in der Mittagspause erledigt werden, im Krankenbau, beim Friseur, in der Kleiderkammer, der Kantine und so weiter. Es ist nicht viel Zeit, um sich wirklich auszuruhen.

Um 12.30 Uhr ertönt das Anpfeifen, und der Zählappell wird wiederholt, aber diesmal sehr viel informeller. Dann rücken die Häftlinge wieder zur Arbeit aus.

In Buchenwald dauert die Mittagspause nur eine halbe Stunde und wird an der Arbeitsstelle verbracht. Braunes Wasser wird ausgeteilt (ein halber Becher pro Mann), und die Männer essen, was von ihren »Rationen« an Wurst, Käse oder Fisch und dem bisschen Brot noch übrig ist. Diese »Rationen« werden am Abend zuvor mit dem Abendessen ausgegeben. Nur wenige Arbeitskommandos haben das Glück, die Mittagspause unter einem Dach zu verbringen. Die meisten Männer müssen essen, wo sie gerade stehen, auch wenn es die ganze Zeit regnet.

Auch der Nachmittag zieht sich wieder hin, aber im Vorgefühl des Abends scheint er ein wenig schneller vorbeizugehen. Die Häftlinge sollen eigentlich nicht wissen, wie spät es ist. Aber der Tag vergeht schneller, wenn man die Zeit verfolgen kann. Zu diesem Zweck lassen sich die Männer alle möglichen Methoden einfallen. Sie zählen die Zahl der Fuhren von Loren, Wagen oder selbst Schubkarren. Sie beobachten die Länge der Schatten und den Sonnenstand. Wenn es irgend geht, bauen sie regelrechte Sonnenuhren. Sie schicken Männer unter irgendwelchen Vorwänden ins Lager, um Arbeitsgeräte zu holen oder dergleichen, tatsächlich aber zum »Uhrzeit holen«. Unter den Häftlingen kursiert der Spruch: »Zwei Wünsche hat der Mensch im Konzentrationslager: vormittags, dass es bald Mittag wird, und nachmittags, dass es bald Abend wird.«

In Dachau ist der offizielle Arbeitstag um 18:00 Uhr zu Ende, in Buchenwald um 16:30. Die Männer marschieren ins Lager zurück, unterwegs wieder singend. Dieses ewige Singen ist genauso Teil ihres Lebens, wie es Teil des Militärlebens ihrer Wachen ist, von denen sie dazu gezwungen werden.

In Buchenwald muss jeder Mann, der abends von irgendeinem Außen-Arbeitskommando zurückkommt, einen schweren Stein mitbringen, der den Spitznamen »Gute-Nacht-Stein« hat. Die Steine werden für den Bau der Straßen im Lager gebraucht. Rund 5.000 Steine werden auf diese Weise jeden Tag ins Lager gebracht. Mit den Steinen auf den Schultern müssen die Männer beim Marschieren singen und werden am Tor vom Geschmetter einer Blaskapelle begrüßt, die Militärmärsche und das Buchenwaldlied spielt.

Die Kapelle entstand, als Häftlinge aus Strafanstalten eingeliefert wurden, in denen sie Musikinstrumente haben durften. Kommandant Rödl, der ein begeisterter Musik- und Gesangsliebhaber ist, organisierte mit ihnen eine Kapelle. Später erlaubte er gelegentlich sogar den Kauf neuer Instrumente. Als er jedoch einmal im ganzen Lager sammeln ließ, um neue Instrumente zu kaufen, und viele Tausend Mark zusammenkamen, wurden keine neuen Instrumente gekauft, und wir erfuhren nie, was mit dem Geld passierte.

Sofort nach der Rückkehr von der Arbeit gibt es wieder einen Zählappell. Er dauert erheblich länger als der Morgenappell. Ansagen werden durchgegeben. Der Kommandant kommt spät. In Dachau werden Männer, die zu einer Stunde »Baumhängen« verurteilt wurden, während des Appells aufgehängt. Fünfeinhalbtausend Männer hören ihrem Schreien zu. In Buchenwald werden während des Appells die »Fünfundzwanzig« verabreicht. Zehntausend Männer stehen in Habtacht-Stellung, während einige andere vor Schmerzen schreien – oder schweigend dulden. Oft müssen die Zehntausend muntere Lieder singen, während die Urteilsvollstreckung ihren Lauf nimmt.

Nach dem Appell gehen die Essensholer zur Küche, die Strafarbeiter, die Überstunden machen müssen, und die »Torsteher«, die zur Strafe den ganzen Abend über beim Tor Aufstellung nehmen müssen, melden sich bei ihren Peinigern, und dann ist der offizielle Tag vorüber. In Buchenwald allerdings gibt es im Sommer nach dem Abendessen noch einmal zwei Stunden Arbeit innerhalb des Zauns, so genannte »Nachtarbeit«. Diese Arbeit ist weniger anstrengend als die Arbeit bei Tage. An vielen Arbeitsstellen arbeiten die Männer überhaupt nicht, sondern stehen bloß herum. Der Grund ist, dass die SS-Offiziere nach dem Abendessen nicht gern noch einmal ins Lager herunterkommen, um die Männer zu beaufsichtigen. Sie wollen ihre freie Zeit haben – und selbst die Antreiberei wird langweilig und lästig, wenn man sie in der Freizeit tun muss.

Wenn der Appell vorbei und die Arbeit getan ist, verbringen die Häftlinge den Rest des Abends entweder in ihren Blocks oder auf den Straßen im Gespräch mit ihren Freunden. Wie mittags gibt es noch eine Reihe von Dingen zu erledigen, etwa zum Krankenbau gehen, zur Kleiderkammer und so weiter. Aber abends sind die Schlangen viel länger, und es kann sein, dass man seine freie Zeit großteils oder sogar ganz mit Warten zubringt.

Kurz vor neun Uhr werden die Strafarbeiter und die »Torsteher« nach Hause geschickt. Das Abpfeifen ertönt, und alle eilen zu ihren Blocks. Kurz danach ertönt ein zweites Abpfeifen. Es bedeutet »Licht aus«. Jeder, der nach »Licht aus« seinen Block verlässt, wird ohne Anruf »beim Fluchtversuch« erschossen. Dies ist auch eine Art, Selbstmord zu begehen, so gut wie jede andere.

Und nun schläft das Lager.

So etwas wie eine ungestörte Nachtruhe gibt es jedoch in einem Konzentrationslager nicht. Immer wieder kommt es zu Unterbrechungen. In den Anfangszeiten geschah es oft, dass die Wachen auf den Maschinengewehrtürmen mit oder ohne erkennbaren Grund in das Lager hineinfeuerten. Zu meiner Zeit geschah dies nur einmal. In Dachau machte eines Nachts Kommandant Schneider stockbetrunken die Runde durch die Blocks und ließ alle Männer, die schmutzige Füße hatten, zur Bestrafung melden. In einer anderen Nacht tauchte Kommandant Rödl auf und drohte, jeden zu erschießen, der sich rührte. Er versuchte, Homosexuelle zu erwischen.

In Buchenwald begannen eines Nachts die Sirenen zu heulen. Über den Lautsprecher kam Kommandant Johnnys Stimme: »In fünf Minuten will ich die ganze Belegschaft hier oben sehen.« Es war etwa zwei Uhr morgens. Wir nahmen in Zehnerreihen Aufstellung, fassten uns an den Händen, um nicht im Schlamm auszurutschen, und stolperten den Appellplatz hinauf. Im Schein der riesigen Suchscheinwerfer wurde ein blutiger Leichnam hochgehoben. Johnny verkündete über den Lautsprecher: »Und das blüht jedem Vogel, der versucht, in die Freiheit zu fliegen. Wegtreten!« Und wir marschierten zurück ins Bett, ohne einen Gedanken an den toten Mann zu verschwenden – wir wussten ja nicht einmal, ob es ein echter Fluchtversuch war oder ein Selbstmord –, nur murrend, weil man uns beim Schlafen gestört hatte. Unseretwegen hätte er sich ruhig den Morgen zum Sterben aussuchen können.

Die Alltagsroutine

Arbeit

Der größte Teil der Arbeit in einem Konzentrationslager besteht darin, Kies, Sand, Humus und Steine auszugraben und davonzukarren und andere Baumaterialien wie Zement, Ziegel, Kalk, Trümmer usw. zu transportieren. Gegraben wird mit Schaufel und Spitzhacke, weggeschafft in Schubkarren, Tragen, von Männern gezogenen Wagen und auf menschlichen Schultern.

Da keinerlei Können erforderlich ist, wird auch keine Sorgfalt auf die Auswahl der Männer für diese Arbeit verwendet. Jeder, der durch seine Anwesenheit auf dem Appellplatz bewiesen hat, dass er in der Lage ist, dorthin zu gelangen, wird automatisch auch als fähig angesehen, die Arbeit eines Schwerarbeiters zu verrichten. Fernbleiben dürfen nur die wenigen, denen nach einem rigorosen Selektionsprozess vom Krankenbau bescheinigt wurde, dass sie arbeitsunfähig sind. Alte und schwache Männer und Invaliden mit einer entsprechenden Bescheinigung bekommen bestenfalls leichtere Arbeiten zugewiesen, offenbar um für die leichteren Arbeiten nicht etwa körperlich noch rüstige Männer einsetzen zu müssen. Bestätigt wird dies auch dadurch, dass alte Männer und Invaliden, die gerade keine leichteren Arbeiten bekommen haben, beim Graben genauso scharf angetrieben werden wie die starken und jungen.

Manche Arbeiten setzen ein gewisses Maß an Können voraus: Zement mischen, beim Mauern helfen, zerbrechliches Material wie Schiefer transportieren und so weiter. Hier wird in gewissem Umfang eine Auswahl vorgenommen, da die Lagerleitung ein Interesse daran hat, dass diese Arbeiten gut ausgeführt werden. Auch die Kapos versuchen dann, soweit sie die Auswahl beeinflussen können, fähige Männer zu bekommen, denn wenn irgendein Gebäude einstürzt, werden sie zur Verantwortung gezogen.

Es gibt eine Reihe von Facharbeitern, die beim Bau von Blocks und anderen Gebäuden sowie in den Reparaturwerkstätten eingesetzt werden: Maurer, Zimmerleute, Möbeltischler, Fliesenleger, Kunsttischler (in Dachau gibt es eine mit modernen Maschinen ausgerüstete Fabrik), Schuhmacher und Schneider (die für das ganze Lager die Flickarbeiten ausführen) und so weiter. Zusätzlich gibt es natürlich eine Reihe von Fachleuten, die mit allen möglichen beim Bau anfallenden Arbeiten beschäftigt werden: Elektriker, Rohrleger, Heizer und so weiter; aber von diesen gibt es unter den Tausenden von Männern so wenige, dass es kaum der Erwähnung wert wäre, außer als Hinweis darauf, dass das ganze Lager tatsächlich von den Häftlingen gebaut wird.

Zu den Arbeiten, die keine besonderen Fähigkeiten voraussetzen und doch Sonderarbeiten sind, gehören die Lagerküche und das Hauspersonal für die SS-Offiziere.

Es gibt auch Arbeiten, die vorzugsweise nur Invaliden und alten oder verletzten Männern gegeben werden. Ein Beispiel ist die »Nagelbank«, wo Männer mit einem Hammer oder irgendeinem Stück Eisen alte Nägel wieder gerade schlagen. Sie arbeiten auf einem Eisentisch, und der Krach, der dabei entsteht, ist unglaublich. Es gibt nicht allzu viele Nägel, und die Männer versuchen, mit ihrem kleinen Vorrat hauszuhalten. Wenn keiner aufpasst, hämmern sie stunden- und sogar tagelang an ein und demselben kleinen Nagel herum. Der Krach hindert sie daran, miteinander zu reden, nachzudenken oder Tagträumen nachzuhängen. Ihre Hirne werden leer und stumpf. Aber das Leben, das liebe Leben, wird wieder ein bisschen verlängert. In Dachau sind immer etwa zehn bis fünfzehn Männer mit dieser Arbeit beschäftigt.

Die »Ziegelputzer« klopfen von alten Ziegeln den Mörtel ab, so dass sie wieder verwendbar sind. Dies geschieht mit einem Brecheisen. Der Lärm ist weniger unerträglich, sie können miteinander reden, und die Arbeit ist begehrt. Auch sie müssen mit ihrem Vorrat haushalten. Sorgfältig vermeiden sie es, zu viel Mörtel auf einmal abzuklopfen. Ich erinnere mich an einen Mann, der drei Tage lang einen einzigen Ziegel putzte und ihn jede Nacht versteckte, damit niemand ihn stehlen konnte. Als der traurige Augenblick gekommen und auch das letzte Krümelchen Mörtel herunter war, nahm er ein letztes Mal Abschied von seinem Freund dreier Tage und schlug dann mit einer feierlichen kleinen Rede den Ziegel entzwei.

Nagelbank und Ziegelputzen sind eher charakteristisch für Dachau. In Buchenwald ist eine der typischsten Invalidenarbeiten das Steinklopfen. Die Steinklopfer sitzen in Hütten oder im Freien und schlagen kleinere Steine mit größeren Steinen in kleine Stücke, um Material zur Verzierung von Blumenbeeten zu gewinnen. Andere Invaliden tragen ihr Produkt in Blecheimern (alten Marmeladenbehältern von etwa fünf Litern Fassungsvermögen) davon. Wenn es nicht genug zu tragen gibt, schleppen sie normale Steine aus dem Steinbruch, nehmen aber nur die kleinen und werden von den SS-Offizieren, wenn sie nur überhaupt in Bewegung bleiben, nicht ganz so gequält. Die Aufzählung dieser verschiedenen Tätigkeiten sollte den Leser allerdings nicht dazu verleiten zu meinen, dass »Häftlinge im Konzentrationslager alles Mögliche machen, Ausbessern, Bauen, Graben usw.«. Allenfalls zulässig wäre eine einzige Verallgemeinerung, nämlich: »Die allermeisten Häftlinge graben, graben, graben und graben. Wenn sie nicht graben, schieben sie Schubkarren und schieben und schieben und schieben, und wenn sie nicht Schubkarren schieben, dann schleppen sie Tragen und schleppen und schleppen. Nur ganz wenige haben eine etwas bessere Arbeit. Die seltene Ausnahme, dass jemand eine qualifizierte Arbeit hat oder in einem geschützten Raum arbeitet, könnte ebenso gut unerwähnt bleiben, vor allem, was die Juden angeht.«

Denn es gibt ein oberstes Gesetz: Kein Jude an eine qualifizierte Arbeit; kein Jude unter ein Dach. Die einzige Ausnahme sind eine kleine Zahl von Invaliden sowie diejenigen Juden, die sich eine Zeit lang in eine bessere Arbeit einschmuggeln können, ohne aufzufallen. Sobald ein SS-Offizier sie entdeckt, sind sie wieder draußen und graben.

Zusätzlich gibt es ein paar ganz allgemeine Regeln, die

manche der Sonderarbeiten betreffen. Das Küchenpersonal besteht in beiden Lagern fast ausschließlich aus »Asozialen«. Qualifizierte Arbeiten werden in Dachau praktisch alle von politischen Häftlingen ausgeführt, vor allem die Arbeit in den Möbelwerkstätten. In Buchenwald sind alle qualifizierten Arbeiten und alle Sonderarbeiten auf Kriminelle und Politische aufgeteilt. Und das Mess- und Hauspersonal für die SS-Offiziere wird in Dachau von den Politischen, in Buchenwald von den Politischen und den Zeugen Jehovas gestellt.

Kleidung und persönlicher Besitz

Die Verwaltung gibt an jeden Häftling einen Satz Kleidung aus, der aus Hose, Jacke, Hemd, Unterwäsche, Strümpfen, Schuhen und einer schirmlosen Mütze besteht. Sie gibt außerdem einen Satz Geschirr aus, zu dem in Dachau Blechnapf, Blechteller, Blechbecher, Gabel, Messer, Löffel und ein Trinkglas gehören. In Buchenwald gibt es nur einen Blechnapf, einen Blechbecher und einen Löffel, aber keine Gabel und kein Messer. In beiden Lagern wird ein Handtuch ausgegeben. Zahnbürste, Zahnpulver oder Zahnpasta und Seife müssen sich die Häftlinge selber kaufen. Manchmal werden an Männer, die kein Geld haben, Zahnbürsten ausgegeben, manchmal auch Seife. Man scheint davon auszugehen, dass Männer ohne Geld diese Dinge von Männern mit Geld bekommen können. Das Gleiche gilt für Schuhkrem und Schuhöl, die gewöhnlich ebenfalls in der Kantine gekauft, gelegentlich aber auch vom Block ausgegeben werden. In Dachau erhält jeder Mann ein oder zwei Schuhbürsten. In Buchenwald gibt es nur ein paar Bürsten für die ganze Stube. In Dachau hat jeder Häftling Hemd, Unterwäsche und Socken zum Wechseln in seinem Spind. Er darf sie jedoch unter keinen Umständen anziehen, ehe der reguläre Zwei-

Wochen-Zeitraum vergangen ist, egal wie schmutzig oder wie nass er in der Zwischenzeit wird. Wenn sein Hemd zwischendurch zu schmutzig wird, muss er es waschen, oder er wird bestraft. In Buchenwald, wo es keine Spinde gibt, wird an einem bestimmten Tag die Wäsche zum Wechseln ausgegeben, und die Männer ziehen sich direkt am Tisch aus und wieder an.

Tag und Nacht wird dasselbe Hemd getragen. Wenn Kleidungsstücke zerrissen sind, kann man sie in der Kleiderkammer gegen geflickte Stücke eintauschen.

In Buchenwald wurden im Winter, nachdem viele Männer an der Kälte gestorben waren und andere wegen Erfrierungen Hände und Füße verloren hatten, Pullover, Handschuhe und Schals ins Lager gebracht. Juden mussten sie auf eigene Rechnung kaufen; Nichtjuden bekamen sie umsonst. Männer, die mehr Geld hatten, kauften die Bekleidung für diejenigen, die keines hatten. Nie, auch nicht im kältesten Winter und bei Schneestürmen, bekamen wir Mäntel.

Um uns vor der Kälte zu schützen, legten wir Zeitungen in unsere Schuhe und »schneiderten« uns Zementsäcke zurecht, die aus kräftigem Papier waren, und trugen sie unter unseren Jacken. Das war verboten, und wer erwischt wurde, wurde hart bestraft. Trotzdem war die Praxis weit verbreitet – ein Zementsack konnte oft ein Leben retten. Zusätzlich zu diesem offiziellen Besitz gibt es noch verschiedene andere Dinge, die der Häftling in der Kantine kauft oder auf andere Weise erwirbt. Die üblichsten waren in Dachau ein Paar Holzschuhe, in Buchenwald ein Brotsack; außerdem einige Taschentücher, in vielen Fällen allerdings bloß alte Lumpen; Reinigungsmaterial wie Putzlappen, Stahlwolle und Sandpapier; vielleicht Nadel und Faden, nur gelegentlich eine Schere; mitunter ein Maschinchen zum Zigarettendrehen; in Buchenwald vielleicht ein Messer, das aus einer Blechbüchse zurechtgeschnitten wurde; etwas Kleinkram wie Strippen oder Seile, ein kleines Stück Holz, das so zurechtgeschnitzt wurde, dass man sich damit den Dreck von den Hosen abschaben konnte, irgendein Stück Draht vielleicht, oder der Gummistöpsel einer Glasflasche. Die Häftlinge entwickeln einen verblüffenden Instinkt für alles mögliche Material, das sie aufheben, weil es noch irgendwie von Nutzen sein könnte. Nur ganz wenig davon aber kann man behalten, denn sonst kann es sein, dass man an den Handgelenken aufgehängt wird, weil man »aus seinem Spind einen Müllhaufen gemacht« hat.

In Dachau heben die Häftlinge in den Spinden, in Buchenwald in den Brotsäcken alles auf, was sie an Nahrung und Tabak in der Lagerkantine kaufen und was das Lager an »haltbarer« Verpflegung ausgibt, etwa die Brotration für drei Tage oder in Buchenwald die Käseration für das Mittagessen am nächsten Tag.

Darüber hinaus gibt es ein Minimum an persönlicheren Habseligkeiten, in erster Linie die letzten Briefe von zu Hause (offiziell ist nur ein Brief erlaubt, aber die Männer schaffen es gewöhnlich, drei oder vier aufzuheben); Bleistift und Papier und Briefmarken. Dann gibt es noch außergewöhnliche Besitztümer wie das Hufeisen, das ein Mann fand und mit nach Hause brachte, weil er hoffte, es würde ihm Glück bringen. Ich selbst trug als eines meiner kostbarsten Besitztümer zwei Abschnitte aus Joseph Conrads *Youth* bei mir, die mir Lucie auf meine Bitte hin in einem Brief abgeschrieben hatte, aber das war ein ungewöhnlicher Fall von persönlichem Eigentum.

Geld hat man gewöhnlich in einer kleinen Börse, die man entweder in einer Tasche oder an einem Bindfaden um den Hals bei sich trägt. Die Börse kann in der Kantine gekauft werden.

Post

Der Häftling darf monatlich zwei vierseitige Briefe schreiben und empfangen. Die Briefe, die er auf Lager-Briefpapier schreibt, haben pro Seite elf Zeilen von zwölf Zentimeter Länge. Aber dies ist nur ein theoretisches Maximum. In Buchenwald zum Beispiel, wo die ausgehende Post vom Blockführer zensiert wird, lehrte uns die Erfahrung, nur zwei Seiten zu schreiben – sonst ging die Post erst nach Wochen hinaus. Sehr oft ist nur eine Postkarte (acht Zeilen) erlaubt, und gelegentlich fällt ein Posttag ganz aus.

Jeder Brief trägt einen Aufdruck mit detaillierten Bestimmungen für die Post, darunter Sätze wie die folgenden:

4) Pakete jeglichen Inhalts dürfen nicht empfangen werden ... *es kann im Lager alles gekauft werden.*

5) Anträge an die Lagerleitung betreffs Entlassung aus der Schutzhaft sind zwecklos.

6) Eine Gesprächs- oder Besuchserlaubnis wird Häftlingen im Konzentrationslager unter keinen Umständen erteilt.

Auch auf dem Briefpapier von Buchenwald steht oben noch einmal der Satz:

Der Tag der Entlassung kann jetzt noch nicht angegeben werden. Besuche im Lager sind verboten. Anfragen sind zwecklos.

Der Häftling muss den Namen einer Person angeben, mit der er korrespondieren möchte, und wenn er mit irgendjemand anderem Kontakt aufzunehmen wünscht, muss es über diese Person geschehen. Direkt mit Menschen im Ausland zu korrespondieren, ist praktisch unmöglich. Häftlinge, die dies möchten, adressieren ihre Briefe gewöhnlich an eine Person in Deutschland, die dann eine Abschrift ins Ausland schickt.

Der Häftling darf keine Auskünfte über die Schritte erbitten oder erhalten, die seine Verwandten unternommen haben, um seine Entlassung zu erwirken. Während unseres gesamten Aufenthalts in Dachau durften wir nicht über das Thema Emigration korrespondieren. In Buchenwald wurden wir angewiesen, dies zu tun. Beide Themen fielen unter die Zensur, wie natürlich auch jede Art von Bericht über die Behandlung oder die Lebensverhältnisse. Auch über seine Gesundheit darf der Häftling nichts verlauten lassen. Als ich eine schwer verletzte Hand hatte und mir meine Briefe von einem Freund schreiben lassen musste, konnte ich nicht einmal eine Kleinigkeit sagen wie: »Keine Sorge, die Hand ist noch dran.« Wochenlang dachten meine Angehörigen, sie wäre mir amputiert worden, bis ich endlich in der Lage war, durch Umschreibungen anzudeuten, wie es sich wirklich verhielt.

Die Zahl der Schliche, die die Häftlinge anwenden, um Informationen hinein- und hinauszuschleusen, ist Legion. Legion ist aber auch die Zahl der Briefe, die einbehalten oder entzweigeschnitten werden oder von denen nichts weiter zugestellt wird als eine Zeile mit »Lieber Reini« und vielleicht eine weitere Zeile mit »Deine Mutter«.

Die Zensur der ausgehenden Post erstreckt sich auch auf Gefühlsäußerungen. Sentimentalität, »Überschwänglichkeit«, aber auch Äußerungen von Seelenstärke und Widerstandskraft fallen häufig der Zensur zum Opfer. Der ideale Brief enthält nichts weiter als: »Danke für das Geld, danke für die Post, mir geht es gut, es ist alles in Ordnung, Dein Hans.« Damit ist der Kontakt mit der Außenwelt sowohl der Häufigkeit als auch der Intensität nach auf ein Minimum beschränkt, und was immer der Häftling erzählen oder herausfinden möchte, muss er über scharfsinnige Interpretationen jedes einzelnen Wortes zuwege bringen. Dadurch bekommt er ein völlig verzerrtes Bild von den Menschen, die ihm nahe stehen; jede Mutter oder Freundin verwandelt sich in einen gerissenen Anwalt, bei dem jedes Wort mehrdeutig, doppelsinnig wird; nichts wird wörtlich genommen; noch in der kleinsten Zeile wird nach verborgenen Bedeutungen gesucht. Die fantastischsten Gerüchte über bevorstehende Massenentlassungen oder Veränderungen der politischen Lage oder sonst irgendetwas sind oft auf nichts anderes zurückzuführen als auf die Missdeutung des freundlichen Grußes eines Angehörigen.

Bad und Friseur

Einmal in der Woche können die Häftlinge in einem großen Badesaal mit Duschen für mehrere Hundert Menschen duschen. Gewöhnlich gehen zwei oder drei Blocks gleichzeitig duschen. Das Wasser läuft etwa drei Minuten lang. In Dachau stellte der Kommandant selbst das Wasser an und ab, weil es ihm Spaß machte, den Mechanismus zu betätigen. Aber seine Anwesenheit bedeutete, dass vielleicht dreihundertundfünfzig Männer in eisigem Schweigen zu duschen und ihre Kleider zu wechseln hatten. Wurde ein Wort gesprochen, musste der ganze Block, der als Urheber ausgemacht werden konnte, gleich nach dem Bad strafexerzieren: »Auf – Nieder – Auf – Nieder – Sprungauf – Im-Dreck-Wälzen – Auf – Nieder« – und die Wirkung des Bades war dahin.

In beiden Lagern wurde das Badehaus lange nach unserer Ankunft errichtet. In Buchenwald konnten sich wegen des Wassermangels in den Blocks viele Männer in den ersten Wochen überhaupt nicht waschen. In dem allgemeinen Schmutz in Buchenwald gediehen die Läuse. Im Bad wurde eine Entlausungsmaschine aufgestellt. Die Männer aus den Blocks, in denen man Läuse gefunden hatte, mussten ins Bad marschieren und eine Dusche nehmen. In der Zwischenzeit wurde ihre Kleidung in der Maschine sterilisiert. Aber da nichts zur Reinigung der Blocks selbst getan wurde, trat die Plage immer wieder auf.

In Dachau ist ein Block für den Friseursalon reserviert.

Etwa fünfzehn Häftlinge arbeiten als Friseure. Die Ausstattung ist angemessen. Jeder Häftling geht mindestens einmal in der Woche zum Friseur, denn wenn er sich den Bart zu lang wachsen lässt, wird er bestraft. Obwohl es gegen die Bestimmungen ist, ist es üblich, dem Friseur ein kleines Trinkgeld zu geben. Da die Männer in ihrer freien Zeit hingehen und lange anstehen müssen, ist ihnen das Ganze sehr lästig.

Deshalb werden in den Blocks illegale Friseurgeschäfte eingerichtet. Für ein paar Pfennige kann sich ein Häftling in seinem Block rasieren lassen und sich damit eine kostbare halbe Stunde Schlangestehen ersparen. Die Gerätschaften kommen jedoch nicht aus dem Friseursalon, denn dort werden Rasiermesser benutzt, während man in den Blocks mit Rasierapparaten arbeitet. Die meisten werden über die SS eingeschmuggelt.

In Buchenwald hat jeder Block seinen eigenen Friseur, der zum Stubendienst gehört.

Der Friseur schneidet den Häftlingen auch die Haare. Jedem, der sein Haar länger als zwei Millimeter wachsen lässt, droht eine Strafe wegen Fluchtversuchs. In Dachau wurde das nicht besonders ernst genommen, in Buchenwald hingegen sehr.

Es scheint drei Gründe dafür zu geben, dass die Haare abgeschnitten werden mussten: Es ist hygienisch; es verhindert die Flucht (der Fluchtversuch eines Häftlings scheiterte zum Beispiel daran, dass der Mann so kurz geschoren war); und es soll die tiefe Demütigung des Häftlings noch einmal vertiefen. Traditionellerweise werden nur dem Sklaven die Haare abgeschnitten, während der freie Mann sie lang trägt.

Verpflegung

Die Verpflegungssituation ist in den beiden Lagern ganz unterschiedlich. Dachau liegt in einem Agrargebiet mit reichlichem Nahrungsangebot. Buchenwald liegt in einer Industrieregion. Auch die Zeit, zu der ich jeweils in den beiden Lagern war, machte einen Unterschied. In Dachau war ich im Frühjahr und Sommer 1938, in Buchenwald vom Herbst 1938 bis zum Ende des Frühjahrs 1939. In Buchenwald kamen wir während der Tage von München an, die bereits vom bevorstehenden Krieg überschattet waren. Die deutsche Wirtschaft wurde fast gänzlich auf Kriegsproduktion umgestellt, und Nahrungsmittel, besonders Fleisch und Fett, waren knapp.

In Dachau ist (jedenfalls um 1938 herum) die Verpflegung etwa so wie in einem normalen Gefängnis. Gewöhnlich ist sie sowohl der Quantität als auch der Qualität nach ausreichend, um den Häftling unter der Belastung von Schwerarbeit am Leben zu erhalten. Morgens gibt es »Kaffee« und Brot; mittags etwa einen Liter irgendeines Eintopfgerichts, das heißt einer dicken Suppe aus Kartoffeln, Erbsen oder Bohnen mit noch einem weiteren Gemüse und Fleisch oder Fisch, alles zusammen gekocht. Abends gibt es »Tee« (ein süßliches Gebräu, dessen Bestandteile wir nie identifizieren konnten) mit Brot und einem der folgenden Dinge: Hering, Käse, Würstchen, Pflaumen mit Reis, Haferbrei usw.

In Buchenwald ist die Verpflegung im Prinzip genauso, aber die Qualität ist viel schlechter. Der »Eintopf« ist in Wirklichkeit nichts weiter als eine dicke Suppe mit wenigen festen Bestandteilen pro Liter. Ein identifizierbares Stück Fleisch gilt als Sensation.

Die unterschiedliche Verpflegungssituation zeigt sich auch in der Kantine; die Häftlinge dürfen von ihren Angehörigen ein wenig Geld empfangen und sich damit in der Kantine zusätzliche Verpflegung und verschiedene Bedarfsartikel wie Zahnbürste, Schnürsenkel, Seife usw. kaufen. Die Kantine in Dachau ist mit Butter, Zucker, Keksen, Schokolade, Fischkonserven, Marmelade und Kunsthonig (Melasse) wohl versorgt. In Buchenwald ist die Kantine schlecht bestückt. Ihre Hauptartikel sind Fischkonserven und altbackenes Brot, Überreste aus einer Weimarer Bäckerei.

Kurz, in Dachau gibt es mehr oder weniger genug zu essen, wenn man berücksichtigt, dass die Lebensmittel aus der Kantine in gewissem Maße umverteilt werden; das heißt, diejenigen, die sich zusätzliche Lebensmittel in der Kantine kaufen können, verschenken oft einen Teil ihrer regulären Lagerverpflegung. Aber »genug« heißt natürlich nur, dass es gerade ausreicht, um die Männer am Leben zu erhalten. Der Einzelne ist sehr oft hungrig.

In Buchenwald gibt es viel zu wenig zu essen, und die Kantine bietet kaum etwas zur Ergänzung. Die Männer sind ständig hungrig. Hunger und Essen sind bei den meisten Häftlingen die Hauptgesprächsthemen. Wenn sie sich ihre Entlassung ausmalen, hört sich das meist so an: »Wenn ich nach Weimar komme, kaufe ich mir als Erstes einen Laib Brot und esse ihn auf der Stelle auf. Das schafft erst mal eine gute Grundlage. Dann kommt eine solide Mahlzeit mit zwei Portionen Fleisch und jede Menge Kartoffeln und dann . . .« Frau oder Freundin treten erst peinlich spät in Erscheinung – zu groß ist der Hunger.

Nicht nur die Quantität, sondern auch die Qualität des Essens ist unzureichend. Es hält die Männer *nicht* am Leben. Hunger ist gewöhnlich nicht die direkte Todesursache, aber da durch die schlechte Verpflegung die körperlichen Abwehrkräfte geschwächt sind, fallen die Männer den erstbesten Krankheiten oder Infektionen zum Opfer, Krankheiten, bei denen sie unter normalen Umständen allenfalls ein oder zwei Tage das Bett hüten müssten.

Geld

Die Häftlinge erhalten für die im Konzentrationslager geleistete Arbeit natürlich keinen Lohn. Das Geld, das sie haben, kommt von Angehörigen, die es per Postanweisung schicken. Der Häftling bekommt es entweder direkt ausgezahlt, wobei genau Buch geführt wird, damit niemand mehr als den wöchentlich erlaubten Betrag erhält, oder auf ein persönliches Konto überschrieben, von dem er es in festgesetzten Abständen abheben kann. In Dachau wird nach der ersten Methode verfahren, in Buchenwald nach der zweiten. In Dachau dürfen die Häftlinge bis fünfzehn Mark pro Woche (65 Mark pro Monat) empfangen; in Buchenwald alle zehn Tage zehn Mark (30 Mark pro Monat). Tatsächlich bekommt nur ein kleiner Teil der Männer den vollen Betrag, der erlaubt ist. Zehn oder fünfzehn Mark ist ziemlich viel Geld, ein gelernter Arbeiter oder ein Büroangestellter zum Beispiel verdient etwa 35 bis 40 Mark pro Woche. Die »Zehn-und-Fünfzehn-Mark-Empfänger« sind die »Reichen«.

In Dachau kaufen die Männer direkt in der Kantine ein, die in einem Block am Appellplatz untergebracht ist. In Buchenwald, wo die Kantine außerhalb des Zauns liegt, hat jeder Block seinen »Kantiner«, der die Aufträge und das Geld entgegennimmt und für den ganzen Block einkauft. Er gehört zum Stubendienst. Zu einer bestimmten Uhrzeit kommen alle Blockeinkäufer zusammen und marschieren unter Führung des »Lagereinkäufers« zur Kantine, um ihre Einkäufe zu erledigen. Da sie nur einen Bruchteil dessen bekommen, was bestellt wurde, muss das magere Angebot willkürlich aufgeteilt werden, und es kommt zu Auseinandersetzungen. Schieberkartelle werden aufgezogen, und Artikel werden verkauft und wiederverkauft, bis schließlich der Endverbraucher oft ein Vielfaches des ursprünglichen Preises bezahlt.

Um zu verdeutlichen, was ein paar Mark für einen Mann bedeuten können, seien hier die Preise der am häufigsten gekauften Kantinenartikel aufgeführt (eine Mark sind einhundert Pfennig). In Dachau sind die Preise einigermaßen konstant; in Buchenwald schwanken sie je nach Angebotslage beträchtlich. Die Kantine selbst verlangt zu unterschiedlichen Zeiten unterschiedliche Preise, und die Anzahl der Wiederverkäufe bis zum Endverbraucher schwankt je nachdem, wie knapp das Angebot ist.

Würfelzucker, zehn Stück, 10 Pfennig.

Kekse, ½ Pfund, 30 Pfennig. (Hierbei handelt es sich um billige, gewöhnliche Kekse, die in Dachau, wo es in der Kantine kein Brot gibt, in großen Mengen verkauft werden.)

Kekse in Dosen, etwa eine Mark pro Dose (½ bis ¼ Pfund). Dies sind bessere Kekse, die in Buchenwald verkauft werden.

Fisch in Dosen, Größen wie auf dem amerikanischen Markt, gewöhnlich geräucherter Hering, Hering in Tomatensauce oder Sardinen, 40 Pfennig bis eine Mark. Die übliche große, ovale Dose, die in Buchenwald ein Standardartikel war, kostet eine Mark. Bei knappem Angebot kann eine solche Büchse bis zu zwei Mark kosten.

Marmelade im Glas, Größen wie auf dem amerikanischen Markt, etwa anderthalb Mark, Verkauf nur in Dachau.

Zwei Brötchen aus Weißmehl, 5 oder 10 Pfennig, Verkauf nur in Buchenwald.

Butter, ½ Pfund, 50 Pfennig, Verkauf nur in Dachau.

Kunsthonig (Melasse), 70 Pfennig.

Zigaretten, 25er-Packung, oder die entsprechende Menge Tabak, 70 Pfennig bis eine Mark, wobei die Preise in Buchenwald höher sind und auf dem schwarzen Markt bei knappem Angebot, oder wenn Rauchen verboten ist, auf 30 und sogar 50 Pfennig pro Zigarette steigen können.

Zigarren, kleine und billige Sorte, je 5 Pfennig, deren Schwarzmarktpreise bei knappem Angebot ebenfalls in fantastische Höhen stiegen.

So kann in Dachau ein Mann, der fünf Mark pro Woche (70 Pfennig pro Tag) empfängt, vielleicht die folgenden Dinge kaufen:

Sonntag: eine Packung Zigaretten	0.70
Montag: ½ Pfund Butter, ½ Pfund Kekse	0.80
Dienstag: eine Büchse Fisch	0.50
Mittwoch: Kunsthonig	0.70
Donnerstag: ein paar persönliche Artikel wie	
Seife, Schnürsenkel oder Zahnpasta	0.30
Zigaretten	0.70
Freitag: Kekse	0.30
Sonnabend: Fisch	0.50
	4.50

Damit bleiben ihm etwa 50 Pfennig, von denen er noch einmal fünf oder zehn Pfennig als Extratrinkgeld für seine wöchentliche Rasur bezahlt (oder sogar 20 Pfennig, wenn er sich von einem Stubenfriseur rasieren lässt).

Den Rest verwendet er vielleicht für einige außerordentliche Ausgaben, etwa für eines der Dinge, die illegal gekauft werden müssen (Holzschuhe, Gürtel, »Geräte« zum Bettenmachen, Stahlwolle oder Sandpapier usw.). Zu den außerordentlichen Ausgaben können auch Bestechungsgelder gehören, obwohl dies in Dachau nicht so gang und gäbe war wie in Buchenwald.

Tatsächlich würde der Mann nicht jeden Tag einen Artikel kaufen, sondern seine Einkäufe an zwei Abenden der Woche und am Sonntagvormittag erledigen, damit er nicht so oft anstehen muss.

Ein Mann, der regelmäßig zehn Mark geschickt bekommt, kauft nicht einfach doppelt so viel Verpflegung. Einen Teil seines zusätzlichen Geldes wendet er vielleicht für ein Zeitungsabonnement oder für andere »außerordentliche« Ausgaben auf oder kauft sich Dinge, die sich der Mann mit den fünf Mark praktisch nie leisten kann, etwa ein Glas Marmelade. Und natürlich kann er viel mehr rauchen.

Wenn ein Mann jede Woche acht bis zehn Mark bekommt, kann er in der Kantine Zusatzlebensmittel kaufen und sie statt der normalen Verpflegung essen. Männer, die genug Geld haben, verschenken ihren Salzhering oder ihre Kutteln oder anderes, weniger beliebtes Essen. Ebenfalls ab acht bis zehn Mark beginnt auch Bestechung eine größere Rolle zu spielen, ebenso wie regelmäßige bezahlte Dienstleistungen. Ein Mann, der wöchentlich fünfzehn Mark empfängt, kann es sich leisten, einem anderen Mann zwei Mark dafür zu bezahlen, dass er ihm das Bett macht oder die Schuhe putzt oder einige seiner regelmäßigen Putzarbeiten übernimmt. In einem politischen Block wird er einen Teil seines Geldes vielleicht auch in einen Fonds einzahlen, aus dem diejenigen unterstützt werden, die gar kein Geld empfangen.

In Buchenwald, wo sieben Mark pro Woche der höchste Betrag ist, den jemand empfangen darf, ist der Unterschied zwischen »reich« und »arm« viel geringer, vor allem auch angesichts des äußerst knappen Kantinenangebots. Diese Knappheit kann, was die Geldverhältnisse betrifft, zweierlei bewirken: Entweder gibt es keine Waren, dann ist das Geld fast nutzlos; oder die Waren sind sehr teuer und werden auf dem Schwarzmarkt verkauft, dann ist das Geld noch weniger wert.

Der durchschnittliche wöchentliche Geldbetrag, den jemand empfängt, ist je nach Häftlingskategorie sehr unterschiedlich, ebenso die Regelmäßigkeit, mit der die Überweisungen eingehen. Zigeuner erhalten fast gar kein Geld. Bei den Asozialen empfangen nur wenige überhaupt Geld, und dann auch nur in unregelmäßigen Abständen. Auch viele politische Häftlinge bekommen kein Geld, aber wer Angehörige hat, die es sich überhaupt leisten können, Geld zu schicken, bekommt es in sehr regelmäßigen Abständen, sei es auch noch so wenig. Männer aus den ökonomisch besser gestellten Schichten, vor allem die Freiberufler, empfangen regelmäßig zehn bis fünfzehn Mark pro Woche. Die große Masse der Kriminellen bekommt wenig oder gar nichts, aber einige von ihnen erhalten regelmäßig ziemlich hohe Überweisungen. Im Durchschnitt bekommen Juden mehr Geld als Nichtjuden, da sich unter den jüdischen Häftlingen mehr Männer aus der Mittel- und Oberschicht befinden. Dieser Tatbestand, im Verein mit der weit verbreiteten Überzeugung, dass Juden reich und korrupt sind, hat schwerwiegende Folgen für die Beziehungen zwischen den Gruppen, insbesondere in Buchenwald, wo die Korruption ohnehin viel weiter verbreitet ist.

Der Gesamtbetrag des Geldes, das sich an einem beliebigen Tag im Herbst 1938 in den Händen der Dachau-Häftlinge befindet, kann auf rund 3.500 Mark geschätzt werden.[3]

In Buchenwald schwankt die Geldmenge erheblich, weil das Geld nicht über regelmäßig eingehende Postanweisungen, sondern zu bestimmten »Zahltagen« verteilt wird. Diese werden in unregelmäßigen Abständen angesetzt, etwa einmal alle vier bis sechs Tage. Sobald sich die Nachricht ver-

---

3 Zu diesem Schätzwert gelange ich wie folgt: Es gab zu dieser Zeit 5.500 Häftlinge. Davon erhalten die 500 Häftlinge in der Strafkompanie fast gar kein Geld (ihnen sind nur alle drei Monate zehn Mark erlaubt). Vielleicht die Hälfte der übrigen erhält nie Geld oder so selten, dass sie fast immer keines haben. Die 2.500, die tatsächlich regelmäßige Überweisungen empfangen, bekommen selten weniger als zehn Mark pro Monat; die meisten bekommen mindest fünfzehn, während eine ganze Anzahl zwanzig und mehr erhalten, bis hin zur vollen Höchstmenge von 65 Mark pro Monat. Man kann also für diese 2.500 Männer mit einiger Sicherheit von einem Durchschnittsbetrag von fünf Mark pro Woche ausgehen. Damit bleiben ihnen 70 Pfennig pro Tag. Nimmt man an, dass im Durchschnitt jeder Mann einschließlich derer, die gerade kein Geld mehr haben bzw. gerade fünfzehn Mark empfangen haben, zwei Tagesmengen Geld zum Ausgeben übrig behält (also rund 1,40 Mark), gibt es rund 3.500 Mark im Lager.

breitet, dass der Kassierer Geld auszahlt, versammeln sich die Häftlinge, die Konten haben, nach dem Abendappell vor seinem Block. Manchmal wird das Geld nach dem Motto: »Wer zuerst kommt, mahlt zuerst« ausgegeben, manchmal werden auch bloß diejenigen bedient, deren Namen mit bestimmten Buchstaben des Alphabets anfangen. Da nie vorher angekündigt wird, nach welchem System verfahren wird, versammeln sich Tausende von Männern vergeblich und werden in dem daraufhin entstehenden Durcheinander mit Drohungen und Schlägen wieder weggejagt. Hunderte von Männern, die an einem bestimmten Abend eigentlich zum Geldempfang berechtigt waren, bekommen es unter Umständen deswegen nicht, weil sie mit den übrigen davongejagt werden. Und sobald dem Kassierer das Kleingeld ausgeht (im Lager sind nur Münzen, keine Scheine erlaubt), ist der Zahltag beendet, und wer dann noch wartet, wird weggejagt.

Damit zirkuliert am Zahltag eine große Menge Geld, die dann bis zum nächsten Zahltag erheblich abnimmt. Am Zahltag dürften es schätzungsweise 14.000 Mark sein, die bis zum nächsten Zahltag auf 2.000 Mark zusammenschrumpfen.[4] Wenn der Abstand zwischen den Zahltagen länger als

---

4 Zu dieser Schätzung gelange ich wie folgt: Es gab 9.800 Häftlinge. Davon bekamen die 400 »Rückfälligen«, die 400 Zeugen Jehovas und die 400 Mann in der Strafkompanie fast kein Geld (ihnen sind höchstens zehn Mark alle drei Monate erlaubt). Von den übrigen 8.600 bekommen nur rund 4.000 regelmäßig Geld. Verglichen mit Dachau ist das weniger als die Hälfte, weil in Buchenwald rund ein Viertel der Häftlinge nichtjüdische Asoziale und Zigeuner sind, die sehr wenig Geld bekommen, während diese Gruppen in Dachau nur rund ein Fünftel aller Häftlinge ausmachen.

Diejenigen, die regelmäßig Geld empfangen, erhalten selten weniger als zehn Mark pro Monat. Niemand erhält mehr als 30 Mark (im Unterschied zu 65 Mark in Dachau). Damit dürfte der Durchschnitt bei 17 oder 18 Mark pro Monat (in Dachau bei 22,50 Mark) bzw. bei einer Gesamtsumme von 70.000 Mark für das ganze Lager liegen.

etwa fünf Tage beträgt (mitunter sind es zwei oder drei Wochen) und dann innerhalb einer Woche dreimal Zahltag ist, können durchaus 30.000 Mark oder mehr gleichzeitig in Umlauf sein – wobei die Betonung auf dem Wort Umlauf liegt. Die Kantine verdoppelt an solchen Tagen weder ihren Warenbestand noch ihre Preise. Also beginnt das zusätzliche Geld, unter den Häftlingen zu zirkulieren. Die Waren, die hereinkommen, werden häufiger wiederverkauft, die Preise steigen, Bestechungen sind häufiger und höher, und es kommt zu einer regelrechten Inflation im Stacheldrahtbereich.

Krankheit und Tod

Die Sterberate im Lager ist extrem hoch, aber die Zahl der Männer, die direkt an Misshandlungen sterben oder erschossen werden, ist erheblich kleiner, als die Menschen draußen annehmen dürften. Das Lager bringt seine Opfer gewöhnlich auf weniger spektakuläre Weise um. Es gleicht weniger einem wüsten Mörder, der Amok läuft, als einer furchtbaren Maschine, die ihre Opfer langsam, aber gnadenlos zermalmt.

Die größte Zahl der Todesfälle ist auf die allgemeinen Bedingungen zurückzuführen: Gewöhnlich kann man nicht einmal genau sagen, woran jemand gestorben ist. Wenn man

---

Verteilt man diesen Betrag auf die sechs Zahltage, dann fließen an einem solchen Tag rund 12.000 Mark ins Lager.

Jeder der 4.000 Geldempfänger hat damit im Durchschnitt etwa 50 oder 60 Pfennig pro Tag. Nimmt man an, dass am Zahltag jeder Mann etwa eine Tagesmenge Geld zum Ausgeben übrig hat, dann bleiben rund 2.000 Mark, was zusammen mit dem neuen Geld 14.000 Mark ergibt.

Diese Schätzungen wurden mit denen von ehemaligen Mithäftlingen verglichen. Danach könnte die tatsächliche Geldmenge bis zu einem Drittel unter und bis zum Anderthalbfachen über meinen Schätzungen liegen.

vom Tod eines Mannes hört und fragt: »War etwas Besonderes mit ihm ?«, lautet die Antwort in den allermeisten Fällen: »Nein, nichts Besonderes. Der Buchenwald hat ihn geschluckt.«

Die Männer sind überarbeitet, zu dünn gekleidet und unterernährt. Sie arbeiten bei jedem Wetter, bei Regen und Schnee und glühender Sonne. Wunden und Krankheiten werden nicht behandelt, bis sie ein Stadium erreicht haben, in dem man sie nicht mehr ignorieren kann, und die Behandlung wird eingestellt, ehe der Patient wirklich geheilt ist. Innere Krankheiten werden fast gar nicht behandelt, weil diejenigen, die sich über Krankheiten beklagen, die man nicht sehen kann, als Simulanten gelten. Für Männer mit Erkrankungen der Verdauungsorgane gibt es keine besondere Diät, außer für die wenigen Fälle, die in den Krankenbau aufgenommen werden. Für Zuckerkranke gibt es weder Insulin noch sonst eine Behandlung, ebenso wenig für Herzkrankheiten oder für Erkrankungen der Atemwege. Nur eine voll entwickelte Lungenentzündung wird anerkannt, und bei dieser beträgt die Sterberate sechzig bis siebzig Prozent. Arthritis ist eine unbekannte Krankheit, weil man sie nicht sehen kann, ebenso wie praktisch alle Nervenkrankheiten. Nur tatsächlicher Irrsinn wird in gewissem Maße anerkannt – und auch dann nicht in Form von Behandlung, sondern in Form von Absonderung. Die unbestreitbar Irren werden in besondere Gruppen gesteckt und arbeiten auch zusammen.

Wegen der geschwächten körperlichen Widerstandskräfte entwickeln sich Verletzungen und kleine Infektionen sofort zu großen, eiternden Wunden. Die Männer müssen weiter im Schmutz arbeiten, bis der betreffende Körperteil schließlich nicht mehr funktionsfähig ist. Eine Blutvergiftung tritt ein, und das infizierte Zellgewebe beginnt zu verfaulen. Dies ist eine der typischsten KZ-Krankheiten: »Zellulitis« oder »Phlegmone«. Dann greift der Krankenbau ein und schneidet. Manchmal bringt das den Verfaulungsprozess zum Stillstand. Wenn nicht, werden Finger, Hände, Arme, Füße amputiert.

Wenn die Männer Erkältungen haben, bei denen man normalerweise ein paar Tage das Bett hüten oder sich vielleicht auch nur ein paar Tage lang nicht wohl fühlen würde, müssen sie weiter arbeiten, bis das Fieber auf mindestens 39,4° gestiegen ist. Dann kommen sie, wenn sie Glück haben, in den Krankenbau – aber dann ist es oft auch schon zu spät, und es ist bereits eine Lungenentzündung daraus geworden. Im Winter nahmen die Erfrierungen katastrophale Ausmaße an. Die Männer kamen zu Hunderten mit Erfrierungen an, mehr, als der Krankenbau behandeln konnte. Die meisten wurden wieder weggeschickt. Manche erhielten die einzig verfügbare Behandlung: täglich eine Stunde Baden der Hände in lauwarmem Wasser. Dann zurück zur Arbeit. In Ausnahmefällen wurden ihnen ein paar Tage Arbeitsbefreiung gewährt.

Den Sommer über durften die Häftlinge kein Wasser trinken. Stattdessen wurden sie zu schnellerer Arbeit angetrieben. Viele starben an Sonnenstich oder an allgemeiner Erschöpfung.

Erstaunlich ist, dass es unter diesen Bedingungen nicht mehr Epidemien gab, als es tatsächlich der Fall war. In Dachau gab es, während ich dort war, gar keine. In Buchenwald kam es im Frühjahr 1939 zu einer Typhusepidemie. Sie wütete zwei Monate lang im Lager. Die Häftlinge im Krankenbau fochten einen erbitterten Kampf, um die Tatsache, dass es eine Epidemie gab, vor der Lagerleitung geheim zu halten. Sie wussten, dass bei Bekanntwerden sofort alle Entlassungen eingestellt würden. Aber auf Dauer konnte sie nicht verborgen bleiben. Sechs Monate lang gab es keine Entlassungen mehr.

Die Lagerleitung, die fürchtete, dass die Krankheit auf das SS-Lager und das Umland übergreifen könnte, ließ alle Männer im Lager dreimal impfen. Ein paar Krankenwärter standen auf dem Appellplatz und impften die Männer, die sich zu Tausenden anstellten. Die Spritzen wurden zwischen den einzelnen Impfungen weder ausgetauscht noch sterilisiert. Die Lagerleitung fürchtete, dass dies zur Verbreitung von Geschlechtskrankheiten führen könnte, und sie fürchtete auch, dass Männer, die Angst vor der Impfung hatten, sich ihr entziehen könnten. Die einzige Maßnahme, die sie ergriff, war zu drohen: »Jeder, der Syphilis hat und sich nicht impfen lässt, kriegt ›Fünfundzwanzig‹. Jeder, der sich nicht impfen lässt, kriegt ebenfalls ›Fünfundzwanzig‹«. Tatsächlich bekam nie jemand aus einem dieser beiden Gründe »Fünfundzwanzig«, aber viele Männer, unter anderem Syphilitiker, wurden beim Anstehen wegen »ungebührlichen Benehmens« verprügelt; und andere, vor allem Zigeuner, die vor der Spritze Angst hatten und sich deshalb im Wald versteckten, wurden wegen Bummelei bestraft.

Es war eine relativ leichte Typhus-Attacke. Es gab nur etwa 350 Fälle (also rund vier Prozent aller Häftlinge), von denen etwa 180 starben. Die Erreger machten am Zaun nicht Halt, und auch die SS-Männer und einige der benachbarten Dörfer bekamen ihren Anteil vom Typhus ab.

Im Dezember 1938 brach eine Epidemie mit einer Darmkrankheit aus. Sie war nicht tödlich und endete von selbst, als der schwere Frost einsetzte, der offenbar die Erreger abtötete. Eine Meningitis-Epidemie wurde im Januar 1939 zum Stillstand gebracht, nachdem sie fünfzehn Menschenleben gekostet hatte. Diesmal reagierte die Lagerleitung wirksam und stellte erstklassiges Serum zur Verfügung. Die Gefahr war zu groß.

Zu Beginn der Typhus-Epidemie wie auch bei anderen Anlässen bestand der erste Versuch des SS-Arztes, die Krankheit aufzuhalten, stets darin, die Bazillenträger zu töten, indem er ihnen eine Überdosis Morphin spritzen ließ. Diese Strategie des individuellen Mordes wurde fortgesetzt, bis entweder die Krankheit verschwunden war oder die Epidemie das ganze Lager erfasst hatte. Über diesen Tatbestand, der vielen Häftlingen unbekannt war, wurde ich von einem Mann aufgeklärt, der im Krankenbau arbeitete und wiederholt Zeuge war, wenn der SS-Arzt den Häftlings-Krankenwärter anwies, einen bestimmten Bazillenträger zu töten; fand er den Kranken bei der nächsten Visite noch am Leben, gab ihm der Arzt selber die letzte Spritze.

In Dachau besteht der Krankenbau aus zwei Blocks mit rund 80 Betten; in Buchenwald aus drei Blocks mit rund 170 Betten. In Buchenwald ist er in zwei ganz voneinander getrennte Einheiten aufgeteilt, eine für Nichtjuden (120 Betten) und eine für Juden (50 Betten). Der nichtjüdische Krankenbau liegt innerhalb des Stacheldrahtbereichs im Wald unterhalb vom Lager; der jüdische Krankenbau ist einer der regulären Lagerblocks.

In beiden Lagern untersteht der Krankenbau der Oberaufsicht des SS-Arztes, der auch für die SS-Lazarette zuständig ist. Aber entweder hat er nicht viel Zeit oder der Häftlingskrankenbau interessiert ihn nicht besonders. Tatsächlich wird der Krankenbau in Dachau von zwei SS-Krankenwärtern und einigen Häftlingen, in Buchenwald fast ausschließlich von Häftlingen betreut. Diese Häftlinge sind gewöhnlich keine ehemaligen Ärzte, obwohl viele zur Verfügung stünden, sondern Männer mit anderen Berufen: zum Beispiel ein Drucker, ein Schreiner und so weiter. Diese Männer bilden einander in der Behandlung von Wunden und Krankheiten aus und erwerben durch jahrelange Übung erstaunliche Fähigkeiten. Sie führen selbst größere Operationen wie Arm- und Beinamputationen durch. Wie der Erste von ihnen dies jemals gelernt hat, weiß ich nicht.

Während meiner Zeit war der Oberkrankenwärter des Krankenbaus in Buchenwald ein ehemaliger Drucker, und der Mann, der die kompliziertesten Operationen durchführte, ein ehemaliger Kunsttischler. Es ist nicht ganz klar, warum praktisch niemals ehemalige Ärzte zu Krankenwärtern gemacht werden. Die oft angegebene Begründung, die Lagerleitung wolle verhindern, dass sie sich für etwas Besseres hielten als der Rest der Häftlinge, klingt nicht sonderlich überzeugend.

Jedenfalls entwickeln die Männer im Krankenbau großen Berufsstolz und einen Zunftgeist, der es ihnen schwer macht, sich bei den ehemaligen Ärzten unter den Häftlingen Rat zu holen. Solche Konsultationen finden nur gelegentlich und über persönliche Verbindungen statt.

Der Krankenbau behandelt ambulant und stationär. Es gibt ein Minimum an Sanitätsbedarf und Instrumenten und Arzneimitteln. Die Zahl der Verletzten, die Hilfe suchen, ist gewöhnlich größer, als während der Mittagspause, am Abend oder an den Sonntagen behandelt werden kann, und diejenigen, für die es keine Behandlung gibt, werden einfach weggeschickt. Wenn sie wiederkommen, werden sie geschlagen, vielleicht mit Stöcken und Prügeln – und wenn sie aus Angst erst dann wiederkommen, wenn die Wunde zu schlimm geworden ist, werden sie beschimpft, weil sie nicht früher gekommen sind, als die Behandlung noch nicht so lange gedauert hätte.

Der Krankenbau stellt auch Bescheinigungen aus, die besagen, dass der Inhaber nicht zu arbeiten braucht. Die so gewonnene freie Zeit muss er gewöhnlich damit zubringen, auf einer Lichtung im Wald herumzusitzen, bei jedem Wetter. Im Winter wurde den Kranken immerhin ein Block überlassen. Solche Bescheinigungen bekamen natürlich nur die schlimmsten Fälle. Wer sich durch Simulieren oder Bestechung einschlich, wurde bei den häufigen Überprüfungen durch SS-Offiziere wieder ausgesiebt. Andere Bescheinigungen gaben bestimmten Männern ein Anrecht auf Sonderarbeiten, etwa Socken stopfen, Schuhe flicken usw., Arbeiten, die ebenfalls getan werden müssen, aber leichter sind als die normale Arbeit, und die deshalb nur die Invaliden bekommen.

Der Umgangston im Krankenbau ist rau und grob. Die Männer sind »abgebrüht«. Sie haben das Äußerste an menschlichem Leiden gesehen. Kein Mensch kann mit ansehen, was sie mit ansehen müssen, ohne entweder zusammenzubrechen oder abzustumpfen. Mit den meisten Patienten gehen sie nicht gerade zimperlich um. Aber wenn besonderer Einsatz gefordert ist, wachsen sie über sich selbst hinaus. Wenn es darum geht, ein Leben zu retten, das sie unbedingt retten wollen, gehen sie jedes Risiko ein. Sie sind dann um nichts weniger grob, aber um den Mann zu retten, stehlen und schmuggeln sie, was immer gebraucht wird, und setzen die eigene gute Stellung aufs Spiel. Gewöhnlich geschieht dies mit äußerster Diskretion, in erster Linie bei politischen Häftlingen. Aber als während der November-Pogrome von 1938 die schlimmste Katastrophe von allen über das Lager hereinbrach, nämlich der wochenlange Ausschluss aller Juden von jeder Behandlung, gewährten diese Männer ihre volle Hilfe unterschiedslos auch den Tausenden von Juden.

Die Gesamtzahl der Todesfälle ist unbekannt, aber ein paar Zahlen, die von Männern stammen, die im Krankenbau gearbeitet haben, können vielleicht eine Vorstellung von ihrem Umfang vermitteln. Zwischen dem 12. November 1938 und dem 22. Februar 1939 starben in Buchenwald rund 900 Männer. Zu Beginn dieses Zeitraums gab es rund 20.000 Häftlinge im Lager, am Ende waren es rund 10.000. (Die Differenz erklärt sich durch die Juden, die während der Pogrome eingewiesen und meist innerhalb von ein oder zwei Monaten wieder entlassen wurden.) Während der zweiten Novemberhälfte, als die Juden ins Lager gebracht wurden und nicht im Krankenbau behandelt werden durften, gab es pro Tag rund fünfzehn Tote. Etwa dieselbe Zahl starb pro Tag während der ersten Dezemberhälfte, als es eine schlimme Kältewelle gab. Das Maximum waren 32 Tote an einem einzigen Tag, als die Häftlinge die halbe Nacht auf dem Appellplatz stehen mussten, während nach zwei

Flüchtlingen gesucht wurde. Sieben Männer brachen, noch
während wir auf dem Platz waren, vor Kälte tot zusammen.
Während des Sommers 1938 wurden etwa 1.600 Juden aus
Berlin nach Buchenwald gebracht, von denen 130 im Laufe
des Monats Juli starben.

Wenn jemand stirbt, schreibt einer der Männer im Krankenbau einen Krankenbericht. Aus dem in medizinischen
Begriffen abgefassten Bericht geht hervor, dass der Mann an
einer Herzkrankheit oder an Arteriosklerose oder Tuberkulose oder sonst irgendeiner inneren Krankheit gestorben ist.
Detailliert wird geschildert, wie er mit bestimmten Sympto-
men in den Krankenbau eingeliefert wurde, wie sich an einem bestimmten Tag sein Zustand verschlechterte, eine Kri-
sis eintrat und er dann starb. Dieser Krankenbericht wird
geschrieben, ganz egal, woran der Mann gestorben ist. Er
kann bei einem Unfall umgekommen, erschossen, erschlagen
oder zum Selbstmord gezwungen worden sein; er kann nach
einer Verletzung an Blutvergiftung oder an den Folgen einer
Beinamputation oder an sonst etwas gestorben sein. Die einzige Verbindung zwischen dem Kranken und seiner angeblichen Krankheit besteht darin, dass ihm meistens Krankheiten
zugeschrieben werden, die im Hinblick auf sein Alter einigermaßen plausibel erscheinen, etwa Arteriosklerose bei einem
alten und Tuberkulose bei einem jungen Mann.

Dieser Krankenbericht wird dann zur Personalakte gegeben, und von nun an ist der Mann für alle späteren Nach-
fragen an einer Herzkrankheit gestorben oder an Arteriosklerose oder an was sonst sich der SS-Arzt für ihn zusam-
menfantasiert hatte. Die Männer im Krankenbau müssen
diese Berichte natürlich so schreiben, wie sie angewiesen werden.

Diese Informationen über die gefälschten Krankenbe-
richte bei Todesfällen, die selbst den meisten ehemaligen
Häftlingen unbekannt sind, erhielt ich von einem der Männer, die solche Berichte schrieben. Er konnte mir sowohl den

tatsächlichen Krankheitsverlauf der Gestorbenen als auch die gefälschten Berichte zitieren, die er über sie schrieb und die nun in Buchenwald in der Kartei sind.

Es ist der gleiche merkwürdige Hang zur Legalität, der sich durch allen Nazi-Terror zieht. Alles muss seinen Platz in einem Karteikasten haben, wo jeder nachsehen und sich selbst davon überzeugen kann, dass alle einschlägigen rechtlichen Bestimmungen eingehalten und keine illegalen Mittel angewendet wurden, um einen Menschen vom Leben zum Tode zu befördern – schließlich war es sein Pech, dass er zufällig herzkrank war; das kann man nun nicht dem Konzentrationslager anlasten!

Die Häftlinge

Die Häftlinge sind je nach der Art des »Verbrechens«, das sie begangen haben, in Kategorien unterteilt: zum Beispiel politische Häftlinge, Kriminelle, Asoziale. Diese Kategorien werden durch farbige Winkel gekennzeichnet, die zusammen mit der Häftlingsnummer auf Jacke und Hose getragen werden. Jüdische Häftlinge tragen zusätzlich einen gelben Winkel, der zusammen mit dem anderen Winkel einen sechszackigen »Davidstern« bildet.

Später scheint sich die Bedeutung der Kategorien verändert zu haben und sich nicht mehr auf die Art des begangenen Verbrechens zu beziehen, sondern auf die für die Einweisung ins Lager zuständige Instanz, etwa Gestapo, Kriminalpolizei, Gericht oder Fürsorge.[5]

---

5 Diese Veränderung wurde nie offiziell bekannt gegeben, war aber aus vielen Beobachtungen abzuleiten. Als im Mai 1938 die Gestapo in Wien 2.000 Juden von der Straße weg verhaftete, nur weil sie Juden waren, erhielten diese den roten oder »politischen« Winkel. Die »Arbeitsscheuen« wurden von der Lagerleitung auch als »Fürsorgehäft-

Innerhalb der einzelnen Kategorien sind die Häftlinge homogener als das Lager insgesamt. Diese Homogenität ist weniger auf die Art des begangenen Verbrechens zurückzuführen als auf den gemeinsamen sozialen und politischen Hintergrund der Männer innerhalb einer Kategorie. Sie wird noch auffälliger dadurch, dass Männer derselben Kategorien gewöhnlich auch in denselben Blocks untergebracht sind.

Als sich mit der Zeit die Bedeutung der Kategorien änderte, wurden auch bei den Häftlingen, die unter ein und dieselbe Kategorie fielen, die Homogenität nach Hintergrund und Verhalten immer geringer. Die Lagerleitung aber benutzte im Allgemeinen weiter die alten Begriffe, was viel Verwirrung unter den Häftlingen stiftete. Männer mit schwarzen Winkeln wurden immer noch als »Asoziale« bezeichnet, obwohl nun viele von ihnen gelernte Arbeiter waren, die zum Beispiel wegen Arbeitsverweigerung oder unentschuldigten Verlassens des Arbeitsplatzes verurteilt worden waren, oder auch weil sie »Alimentendrückeberger« waren. Männer, die aus einer Strafanstalt kamen, erhielten einen grünen Winkel und wurden als »Kriminelle« behandelt, obwohl viele von ihnen »Politische« waren. Von Zeit zu Zeit mussten die Juden Karteikarten ausfüllen und ihre Vorstrafen angeben. Wer überhaupt irgendwie vorbestraft war, bekam den grünen Winkel des »Kriminellen«, selbst wenn die Vorstrafe vielleicht nur die Folge eines Verkehrsunfalls oder eines Bankrotts war.

Noch größere Verwirrung herrschte in Bezug auf den roten oder »politischen« Winkel. Ursprünglich bekamen ihn die politischen Häftlinge, später aber jeder, der von der Gestapo verhaftet worden war. Das schloss nicht nur ernst zu

---

linge« bezeichnet, um deutlich zu machen, dass sie auf Anforderung eines Fürsorgeamtes im Lager waren. Juden, die im Juni 1938 von der Kriminalpolizei aufgrund geringfügiger Vorstrafen verhaftet worden waren, bekamen einen braunen oder schwarzen Winkel und wurden als »Kripo-Häftlinge« bezeichnet.

nehmende politische Gegner der Nazis ein, sondern auch jeden unpolitischen kleinen Geschäftsmann, der seiner Unzufriedenheit mit irgendeiner der zahlreichen lokalen Wirt-
schaftsinstanzen Luft gemacht hatte, oder Arbeiter, die mit
der Arbeitsfront in Konflikt geraten waren. Auch Nazis, die
im Laufe von parteiinternen Auseinandersetzungen verhaftet worden waren, oder SS-Leute, die man wegen Verstoßes
gegen die Disziplinarordnung ins Lager schickte, bekamen
den roten Winkel. Die echten Politischen fanden es immer
schwieriger, ihre Distanz zu dem zu wahren, was sie als
»Abschaum« betrachteten, und ihre eigene beherrschende
Stellung aufrechtzuerhalten.

Die schlimmste Verwirrung entstand, als die 2.000 Wiener
Juden den roten Winkel bekamen. In dieser Flut von roten
Winkeln gingen die älteren politischen Häftlinge fast vollständig unter. Das Lager begann, den roten Winkel mit den
unpolitischen Juden zu identifizieren. Nur die politischen
Häftlinge selbst machten einen scharfen Unterschied zwischen einem »Juden«, das heißt einem unpolitischen Juden
mit einem roten Winkel, und einem »Genossen«, das heißt
einem Sozialisten oder Kommunisten.

Politische Häftlinge (roter Winkel;
von der Gestapo verhaftet)

Sozialdemokraten und Kommunisten

Zu Beginn (1933) waren die meisten Häftlinge Mitglieder
der Arbeiterparteien, der Gewerkschaften oder einer der
zahlreichen mit ihnen zusammenhängenden Organisationen. In Mitteleuropa erfüllten die Arbeiterparteien neben
ihren unmittelbaren politischen Zwecken auch noch eine
Reihe von sozialen und kulturellen Funktionen, die dem politischen Ziel nur indirekt dienten. Das einzelne Parteimit-

glied fand ein breites Spektrum von Unterorganisationen vor; gewöhnlich war es Mitglied in zwei oder drei von ihnen gleichzeitig und verbrachte den größten Teil seines sozialen Lebens in ihnen. Es gab Organisationen aller Art: Kinderheime, Freizeitgruppen für Jungen und Mädchen, Frauenvereine, Reisevereine, Einkaufsgenossenschaften, Tanz- und Theatergruppen, philosophische Zirkel, Studiengruppen für Wirtschaft und Geschichte, Mineralogie und Medizin, Vereine für alle möglichen Bildungsziele oder Steckenpferde, für jeden Zeitvertreib vom Angeln bis zur Kanarienzucht.

Politische wie unpolitische Organisationen wurden von den Mitgliedern selbst verwaltet und hatten einen hohen Grad an lokaler Autonomie. Sie wählten ihre eigenen Funktionäre und respektierten sie, weil diejenigen, die kein Amt hatten, früher selber eines gehabt hatten oder in Zukunft eines haben könnten oder zumindest die Macht hatten, den jeweiligen Amtsinhaber abzusetzen, wenn sie nicht mehr mit ihm zufrieden waren. Und jedes Mitglied konnte, wenn es wollte, aus der Organisation auch wieder austreten.

Das ganze System bedeutete für seine Mitglieder eine hochgradige Schulung in Kooperation. Seine Grundvoraussetzungen waren die freiwillige Unterordnung unter die selbst gewählten Führer sowie die Opfer, die man ihnen immer wieder für die Organisation oder für das gemeinsame politische Ziel abverlangte.

Als die Mitglieder dieser Parteien in die ersten Konzentrationslager kamen und dort unter beengten und desorganisierten Verhältnissen leben mussten, handelten sie in Übereinstimmung mit dieser früheren Kooperationserfahrung. Sie wählten (wenn auch ganz informell) Älteste oder Sprecher und begannen unter ihrer Führung, die Routineabläufe in der Zelle, der Stube, dem Block zu organisieren.

Die ersten Führer wurden vielleicht noch gewählt, weil sie den Männern aus ihrem früheren politischen Leben bekannt waren. Stellte sich jedoch heraus, dass ein fähiger politischer

Führer nicht unbedingt auch ein fähiger Ältester im Lager war, wählte man neue Männer. Diese Männer organisierten nicht nur die täglichen Routineabläufe wie Stubeputzen, Essenholen usw., sondern entwickelten bald auch in anderen Angelegenheiten eine gewisse Autorität. Man wandte sich an sie, um Streitigkeiten beizulegen oder die neuesten Anordnungen der Lagerleitung zu interpretieren; man fragte sie auch nach ihrer Meinung zu Entwicklungen in der Außenwelt. Sie machten es sich zur Pflicht, denjenigen Mut zuzusprechen, die dessen bedurften, und den Kampfgeist all ihrer Mithäftlinge lebendig zu erhalten.

Um den Ältesten herum, der auf diese Weise zum Führer wurde (oder um den Führer herum, der zum Ältesten gewählt wurde), bildete sich gewöhnlich eine Clique, die die herrschende Elite der kleinen Gemeinschaft bildete. Und wenn diese Clique sich abschloss, bildeten die übrigen Männer Gruppen und Untergruppen.

So entwickelte sich in den frühen Stadien des Konzentrationslagers ein soziales Leben, dessen Wurzeln in erster Linie im früheren, von der Organisation bestimmten Leben der Häftlinge und in dem kooperativen Verhalten lagen, das sie dort gelernt hatten. Die gemeinsame Ideologie und die Tatsache, dass sie gemeinsam wegen dieser Ideologie verfolgt wurden, hielt sie zusammen.

Als später andere Gruppen von Häftlingen eingewiesen wurden, unpolitische Gegner der Nazis, Berufsverbrecher und so weiter, waren die politischen Häftlinge die am besten organisierte Gruppe. Als die Lagerleitung ihr System von Blockältesten und Arbeitskapos einführte, nahmen sie dafür als Erstes die politischen Häftlinge, weil diese sich bereits auskannten. Die ganze mit diesen Positionen verbundene Macht kam so in die Hände der Politischen. Sie entwickelten sich auch rasch zur moralischen Elite des Lagers. Sie beherrschten die übrigen Häftlinge sowohl aufgrund ihrer Zahl als auch aufgrund ihrer besseren Organisation. Gewöhnlich wurde diese Herrschaft von den anderen Gruppen nicht in Frage gestellt.

Die Mehrheit der Sozialdemokraten und Kommunisten sind qualifizierte Industriearbeiter und Angestellte sowie Funktionäre von Partei- und Gewerkschaftsorganisationen. Bei den Kommunisten ist der Anteil der ungelernten Arbeiter größer, bei den Sozialdemokraten der Anteil der Angestellten. Bei den Sozialdemokraten sind das Einkommensniveau und der Bildungsstand etwas höher, da sie über eine größere Anhängerschaft in der Mittelschicht verfügen.

Die Industriearbeiter sind gewöhnlich schon von ihrer Arbeit her sehr gut geschult und auf Gruppenarbeit eingestellt. Angestellte und Angehörige der Mittelklassen haben von dieser Art Schulung an ihren Arbeitsplätzen weniger mitbekommen, waren aber gewöhnlich in der Organisation ziemlich aktiv. Die Freiberufler unter ihnen wiesen manchmal mehr individualistische Züge auf, aber ideologisch waren sie, wenn sie sich erst einmal entschlossen hatten, den Arbeiterparteien beizutreten, allesamt gut auf die freiwillige Unterordnung eingestellt.

Das intellektuelle Niveau und der Bildungsstand der Politischen einschließlich der Konservativen und Liberalen ist höher als bei jeder anderen Gruppe im Lager. Nur einige unpolitische Juden haben den gleichen hohen Stand.

Konservative und Faschisten

Die konservativen Parteien in Mitteleuropa waren erheblich weniger durchorganisiert als ihre sozialistischen Gegenspieler. Der Parteialltag stellte für ihre Mitglieder keine entsprechend intensive Kooperationserfahrung dar. Wenn sie ins Konzentrationslager kamen, bildeten sie unter den gut organisierten Massen der Linken eine kleine Minderheit. Die Sozialisten begegneten ihren früheren Gegnern anfangs mit großem Misstrauen. Der Einzelne wurde nicht wie die eigenen politischen Genossen von vornherein akzeptiert, sondern musste seine Zuverlässigkeit erst unter Beweis stellen. Viele wurden nie akzeptiert und blieben recht isoliert.

Die meisten konservativen Häftlinge sind hochrangige Parteifunktionäre, von Beruf Anwälte, Lehrer, Ärzte, Führungskräfte aus der Wirtschaft, Journalisten. Im Alltag sind sie eher daran gewöhnt, selber zu herrschen, als sich einem größeren Kooperationszusammenhang unterzuordnen. Daher fällt ihnen auch die Anpassung an die Bedingungen im Lager schwerer. Die meisten sozialistischen Häftlinge sind dagegen einfache Parteimitglieder und an freiwillige Unterordnung gewöhnt. Dieser Unterschied kommt daher, dass die Nazis natürlich solche Leute verhafteten, die ihnen als Mitglieder bestimmter Parteien bekannt waren oder genannt wurden. Sozialisten und Kommunisten traten häufig auf öffentlichen Versammlungen oder bei Straßendemonstrationen in Erscheinung; oft trugen sie auch Uniformen. Damit waren sie leicht zu erkennen, und um als »Roter« an die Gestapo verraten zu werden, musste man nicht als »führende Persönlichkeit« bekannt sein. Konservative traten erheblich seltener in der Öffentlichkeit auf, marschierten selten durch die Straßen und trugen fast nie Uniformen. Also musste man schon eine »Führungsrolle« haben, um Menschen außerhalb der eigenen Partei überhaupt bekannt zu sein; infolgedessen verhafteten die Nazis mehr führende Persönlichkeiten und weniger einfache Parteimitglieder.

Anders war die Situation bei den Mitgliedern der faschistischen Organisationen Österreichs, die das Land regiert hatten, ehe die Nazis die Macht übernahmen. Sie waren in Uniformen herummarschiert und leicht zu erkennen gewesen, und daher wurde auch ein größerer Anteil einfacher Parteimitglieder verhaftet. Sie hatten zwar keine solche Kooperationserfahrung durchgemacht wie die Mitglieder der demokratischen Organisationen, waren aber wenigstens durch die militärische Ausbildung auf die Unterordnung in den Organisationen eingestellt, denen sie aus freien Stücken beigetreten waren. Dies machte ihnen die Anpassung etwas leichter.

Ein wichtiger Unterschied zwischen Sozialisten und Konservativen war, dass bei den Ersteren immer noch die Hoffnung lebendig war, Teil einer kommenden Revolution zu sein, während die Letzteren eine vollständig besiegte Gruppe darstellten. Die Sozialisten, die sich als Repräsentanten der Arbeiterklasse betrachteten, gründeten ihre Hoffnung darauf, dass die Faschisten die Arbeiter als politische Gruppe zwar verbieten, aber nicht vernichten konnten – sie brauchten sie in ihren Fabriken. Dort aber konnten sie sich für einen künftigen Kampf neu organisieren. Die meisten Konservativen im Lager hatten dagegen ihr politisches Ziel verloren. Sie konnten sich nicht, wie zum Beispiel die Konservativen in anderen besetzten Ländern, als die eingekerkerten Repräsentanten einer Klasse betrachten, die außerhalb des Stacheldrahts immer noch den nationalen Feind bekämpfte. Sie repräsentierten nur einen Flügel einer Klasse, der von den übrigen, die sich den Nazis angeschlossen hatten, ausgestoßen worden war. Sie waren wahrhaft besiegt.

Die Liberalen

Die Liberalen hatten in ihrem früheren Leben gewöhnlich einige Kontakte zu den Arbeiterparteien gehabt, sehr oft zu deren Kultur- und Bildungsorganisationen. Viele von ihnen waren ihren prominenteren politischen Mithäftlingen daher bekannt. Ihr Leben war individualistischer gewesen als das des durchschnittlichen sozialistischen Parteimitglieds, aber sie hatten den Arbeiterorganisationen positiv gegenübergestanden und sie oft auch unterstützt. So fiel ihnen die Einordnung in kooperative Gruppen, die von Männern geführt wurden, deren allgemeine politische Ansichten sie billigten, nicht allzu schwer. Die Politischen wiederum akzeptierten im Allgemeinen die Liberalen, die mit ihnen ins Lager geworfen wurden, weil diese viele ihrer Ideen und Ideale teilten. Sie halfen ihnen, so gut sie konnten. Die Liberalen repräsentieren das höchste intellektuelle Niveau und den höchsten Bildungsstand im Lager. Die meisten von ihnen sind Akademiker und gehören hoch spezialisierten Berufen an.

Andere

Unter diese Klassifizierung fallen die vielen unpolitischen Menschen, die verhaftet wurden, weil sie an steigenden Preisen und sinkenden Löhnen und der allgemeinen Einschränkung der Bewegungs- und Handlungsfreiheit Anstoß genommen hatten. Dies sind die so genannten »Miesmacher und Kritikaster«.

Die Gestapo verhaftete auch Menschen, gegen die keine konkreten Anschuldigungen vorlagen, die jedoch ganz allgemein im Verdacht standen, nazifeindliche Aktivitäten zu billigen. Andere wurden ins Konzentrationslager geschickt, wenn bei einem regulären Gerichtsverfahren militärische oder politische Geheimnisse zur Sprache gekommen wären und dies nicht ratsam schien. Oft landeten auch Männer im Lager, die irgendwelche kleineren Konflikte am Arbeitsplatz gehabt hatten, gewöhnlich nicht mehr als ein verhaltenes Murren – es schien die sicherste Methode zu sein, mögliche Weiterungen im Keim zu ersticken. Bei politischen Krisen verhaftete die Gestapo Tausende von Menschen, von denen bekannt war, dass sie vor Jahren einmal an politischen Bewegungen beteiligt gewesen waren, selbst wenn sie seither jede Aktivität aufgegeben hatten.

Immer mehr SS-Leute wurden wegen Korruption, Verstößen gegen die Disziplinarordnung und manchmal auch wegen politischer Unzuverlässigkeit eingeliefert. Andere Nazis kamen aufgrund innerparteilicher Fraktionskämpfe ins Lager: Röhm-Gefolgsleute, Strasser-Gefolgsleute und andere eingefleischte Nazis, die dem pseudo-sozialistischen Jargon ihres Führers Glauben geschenkt und ihrer Enttäuschung über das, was aus ihren Hoffnungen geworden war, allzu freimütig Ausdruck verliehen hatten.

Den roten Winkel bekamen auch alle 300 Männer der ersten beiden Häftlingstransporte aus Österreich, obwohl viele von ihnen unpolitisch waren. Und schließlich bekamen ihn die 2.000 Wiener Juden.

Der soziale, ökonomische und kulturelle Hintergrund dieser verschiedenen Gruppen, die außer der Tatsache, dass sie von der Gestapo verhaftet worden waren, fast nichts gemeinsam hatten, kann nicht anhand bestimmter sozialer Gruppen beschrieben werden. Sie kamen aus allen Schichten der Bevölkerung. Aber die Politischen unter ihnen schafften es mit Hilfe aller möglichen stillschweigenden Übereinkünfte und Tricks, die Mehrheit ihrer eigenen Leute in ein paar »politischen« Blocks zusammenzuhalten. So sicherten sie sich die technische Basis für ihre Organisation als führende Gruppe im Lager.

Berufsverbrecher (grüner Winkel;
vom Gericht eingewiesen)

Die Bezeichnung »Berufsverbrecher« oder »Kriminelle« wurde ursprünglich auf Männer angewendet, die ein- oder mehrmals wegen schwerer Verbrechen im Gefängnis gewesen waren: Mörder, Gewohnheitsdiebe, Zuhälter, Falschmünzer, Betrüger, Vergewaltiger, Totschläger und andere. Die meisten von ihnen wurden im Lager festgehalten, um sie nach Verbüßung ihrer Strafe von der Bevölkerung abzusondern.

Die allermeisten kommen aus den unteren und untersten Bildungs- und Einkommensschichten; viele von ihnen hatten nie eine reguläre Arbeit. Aber viele sind geistig wach und haben stark entwickelte Persönlichkeiten. Obwohl sie hauptsächlich aus städtischen Regionen kommen, ist die Zahl der gelernten Arbeiter unter ihnen erstaunlich gering.

Die meisten von ihnen sind nicht, wie man aus der Bezeichnung »Berufsverbrecher« eigentlich schließen würde, Gewohnheitsverbrecher und gehören auch keiner organisierten Bande an. Sie haben bloß eines oder mehrere Verbrechen begangen, mit oder ohne Komplizen. Es sind jedoch auch ein paar Mitglieder von berühmten Berliner Banden darunter.

Gewöhnlich gehörten sie früher keiner der großen politischen oder sozialen Organisationen an. Viele waren Mitglieder kleiner Box-, Ring- oder ähnlicher Vereine; sie hatten eine ganze Anzahl von sozialen Kontakten, aber nicht von der Art, bei der man kooperatives Verhalten lernt. Dies gilt, falls überhaupt, auch für ihre Arbeit.

Später bekamen die meisten Häftlinge, die aus einer Strafanstalt kamen, den grünen Winkel, obwohl zu ihnen oft auch Politische gehörten, die sich an Straßenkämpfen beteiligt hatten und, wenn es dabei Tote gab, als »Mörder« verurteilt worden waren. Wenn die Gestapo von Zeit zu Zeit beschloss, das deutsche Vaterland von kriminellen Elementen zu »säubern«, verhaftete sie jeden, der eine größere Vorstrafe hatte, ohne Rücksicht darauf, welcher Art sein Vergehen war und ob er sich in der Zwischenzeit wieder als Mitglied seiner Gemeinschaft bewährt hatte. Noch spätere Verhaftungswellen galten »kriminellen Juden«, und Vorstrafen waren nicht länger der Grund, sondern nur noch ein Vorwand für die Verhaftung. Jede Vorstrafe war ihnen recht, gleichgültig wie geringfügig das Vergehen war.

Auch immer mehr SS-Leute, die wegen Korruption ins Lager kamen, wurden zu »Berufsverbrechern« erklärt.

So wurde aus den Kriminellen eine immer weniger homogene und vielleicht auch weniger bösartige Gruppe, als sie ursprünglich gewesen waren. Im Lager aber wurden sie sowohl von der Lagerleitung als auch von den Häftlingen aufgrund der ursprünglichen Bedeutung der Bezeichnung und aufgrund des Verhaltens, das bei denjenigen zu beobachten war, die die Bezeichnung zu Recht trugen, weiterhin als Gruppe behandelt.

Als Gruppe werden sie vom Lager im Allgemeinen abgelehnt. Diese Ablehnung hat nichts mit ihren Vergehen zu tun – so etwas kümmert dort niemanden –, sondern mit der weit verbreiteten und oft wohl begründeten Annahme, dass eine Kooperation mit ihnen wegen ihrer mangelnden Schulung schwierig ist, und zwar eine Zeit lang gut gehen kann, aber immer gefährlich bleibt. Kommt es zu einer Krise, sind sie nicht bereit, persönliche Opfer zu bringen, um die Gruppe zu retten, sondern opfern stattdessen die Gruppe, um die eigene Haut zu retten.

Wenn ein großer Skandal auffliegt, zum Beispiel Korruption oder eine organisierte Bummelei oder Schmuggel, ist immer wieder das Gleiche zu beobachten. Sind hauptsächlich Politische beteiligt, verläuft die Untersuchung rasch im Sande. Keine Folter, keine Erpressung wird mehr als fünf, sechs oder sieben Beteiligte zutage fördern. Sind hauptsächlich Kriminelle beteiligt, verraten sie einander dutzendweise. Während den Politischen das Prinzip »Nie die Gruppe verraten« in Fleisch und Blut übergegangen ist, hält die Kriminellen nur die Angst vor der Rache der Gruppe ab.

Die pauschale Behandlung durch die Lagerleitung und die allgemeine Ablehnung durch die Häftlinge trägt dazu bei, die Kriminellen aus einer atomisierten Ansammlung von Männern, die nichts gemeinsam haben als den grünen Winkel, in eine Gruppe mit einem gut entwickelten »Wir«-Gefühl zu verwandeln. Dies wird noch dadurch verstärkt, dass die »Grünen« als Gruppe nicht die unterste Position auf der sozialen Stufenleiter einnehmen. Der einzelne Kriminelle kann, indem er sich als Mitglied seiner eigenen Gruppe fühlt, immer noch auf die große Masse der »Arbeitsscheuen« hinabblicken. Würden beide Kategorien bloß als eine Ansammlung von Individuen behandelt, käme er kaum in den Genuss dieses Privilegs. Dann nämlich könnte sich oft genug herausstellen, dass er einem dieser »Arbeitsscheuen« durchaus unterlegen ist.

Kripo-Häftlinge (brauner Winkel;
von der Kriminalpolizei verhaftet)

Die Bedeutung dieser Kategorie war uns nie ganz klar, der Lagerleitung allerdings auch nicht. Die »Braunen« nahmen eine Zwischenstellung zwischen den Kriminellen und den »Arbeitsscheuen« ein. Die meisten wurden als unerwünschte Personen von der Polizei verhaftet, anscheinend aufgrund kleinerer Vorstrafen. Dies gilt besonders für eine Gruppe von 1.600 Juden aus Berlin. Aber andere bekamen den braunen Winkel auch ohne jede Vorstrafe. Die Lagerleitung warf sie gewöhnlich mit den »Arbeitsscheuen« in einen Topf, und wenn die Kleiderkammer nicht genug Uniformen mit braunen Winkeln hatte, bekamen sie schwarze und gelegentlich sogar grüne.

»Arbeitsscheue«, »Asoziale« (schwarzer Winkel;
von der Fürsorge oder manchmal auch von
der Gestapo eingewiesen)

Ursprünglich wurden mit dieser Kategorie Obdachlose, Arbeitsverweigerer, Landstreicher, Bettler und so weiter bezeichnet. Diesem ursprünglichen Spektrum verdankt die Gruppe ihren Namen und ihre soziale Stellung im Lager.

Diese Männer stellen nach Einkommen, Bildung und Intelligenz die unterste Stufe dar, obwohl sich unter ihnen auch einigermaßen gewitzte Individuen befinden.

Später, als sich die Bedeutung der Kategorien änderte, fielen unter diese Gruppe auch immer mehr Männer, die nicht für den Unterhalt ihrer Familie, ihrer geschiedenen Frauen oder ihrer unehelichen Kinder aufgekommen waren und sonst in Arbeitshäuser geschickt worden wären; außerdem Trinker und Unruhestifter. Diese Gruppe besteht vornehmlich aus ungelernten Arbeitern, mit einem gewissen Anteil an gelernten Arbeitern.

Als »Arbeitsscheue« kamen auch Männer ins Lager, die in Konflikt mit der »Deutschen Arbeitsfront« geraten waren, Männer also, die ohne Erlaubnis ihren Arbeitsplatz gewechselt hatten oder eine Zeit lang arbeitslos gewesen waren oder Auseinandersetzungen am Arbeitsplatz gehabt hatten. Bei solchen Verhaftungen wegen geringfügiger Konflikte am Arbeitsplatz spielten immer häufiger semi-politische Motive eine Rolle.

Als die Nazis begannen, Menschen in die wachsende Rüstungsindustrie zu zwingen, wurden plötzlich und ohne Vorwarnung bestimmte Berufe geächtet und Hunderte von Menschen, die in diesen Berufen gearbeitet hatten, ins Konzentrationslager gesteckt, um die übrigen in Angst und Schrecken zu versetzen: Tänzer, Kellner, Nachtclubbesitzer, kleine Ladenbesitzer und Handwerker, die allzu lange an den letzten Resten ihrer Unabhängigkeit festgehalten hatten, und so weiter. Mit ihnen zusammen kamen Männer, die nie irgendetwas getan hatten, als vom Geld ihrer Väter zu leben.

Als all diese neuen Gruppen ins Lager kamen, stieg das intellektuelle und ökonomische Niveau der »Asozialen« etwas an. Aber die überwältigende Mehrheit gehörte immer noch der untersten Stufe an, und der Anteil der geistig Zurückgebliebenen unter ihnen blieb hoch.

Von allen bis jetzt beschriebenen Häftlingen waren sie die Gruppe mit der geringsten Übung in kooperativem Verhalten. Dennoch wäre es falsch zu meinen, sie seien die individualistischste Kategorie. Sie sind von allen Häftlingsgruppen die apathischste, mit dem am schwächsten entwickelten Sinn sowohl für kooperatives Verhalten als auch für individuelles Handeln. Im Lager hören sie mehr oder weniger auf, menschliche Wesen zu sein; sie führen eine Art animalischer Existenz und versuchen, physisch am Leben zu bleiben, ohne über das Warum und Wozu nachzudenken.

Aber bei ihren Mithäftlingen gelten sie als die unzuverlässigste und dümmste Gruppe im Lager. Dies ist nicht immer gerechtfertigt, denn es gibt Hunderte ganz normaler Bürger unter ihnen, die nur zufällig irgendeiner Autorität im Wege waren; für die große Mehrheit jedoch ist es gerechtfertigt. »Schwarze« bei irgendeiner verbotenen Aktivität dabeizuhaben, etwa organisierte Bummelei oder Schmuggel, wird gewöhnlich als gefährlich angesehen. Sie sind weniger gewitzt als andere und werden deshalb häufig erwischt. Und treibt man sie in die Enge, sind sie schnell bereit, ihre Komplizen zu verraten, nicht nur um die eigene Haut zu retten, sondern schon aus schierer Dummheit und Hilflosigkeit.

Die mangelnde Individualität der meisten »Asozialen« hindert sie daran, irgendeine Form von »Wir«-Gefühl zu entwickeln, obwohl sie zusammen untergebracht sind und genau wie die Kriminellen als Gruppe pauschal abgelehnt werden. Sie sind vollkommen unfähig, ihr Gruppenleben über das Minimum der von der Lagerordnung vorgeschriebenen Abläufe hinaus in irgendeiner Form selbst zu organisieren. Diejenigen unter ihnen, die sich über ihre eigene soziale Stellung im Lager ärgern, versuchen sie zu verbessern, indem sie Freundschaften mit anderen, vorzugsweise politischen Häftlingen schließen und sich vom »Abschaum« in ihrer eigenen Kategorie absetzen.

Den schwarzen Winkel bekommen auch die Zigeuner.

Aufgrund ihres Lebens am äußersten Rand von Gesetz und Gesellschaft sind sie ein Element der Unordnung, das die Gestapo nicht dulden konnte. Die Zigeuner wurden ins Konzentrationslager geschickt, um sie »sesshaft zu machen«. Die meisten von ihnen kamen aus der Umgebung von Berlin. Aus dem Burgenland (dem ehemals ungarischen Teil Österreichs) kamen die Männer eines ganzen Stammes (300 an der Zahl). Das Oberhaupt war ein alter Mann von über neunzig Jahren, der fast blind war und von seinen beiden weit über siebzigjährigen Söhnen herumgeführt wurde.

Die Zigeuner fügten sich noch schlechter als die anderen »Schwarzen« in irgendeine Art von Kooperation. Sie begriffen kaum, warum sie im Konzentrationslager waren, und kümmerten sich um niemanden sonst. Wenn sie einen Vorteil für sich selbst sahen, denunzierten sie bedenkenlos andere. Deshalb lehnten die anderen Häftlinge die Zigeuner ab und nahmen sich vor ihnen in Acht.

Praktisch alle bisher genannten »Asozialen« sind Nichtjuden. Juden wurden von der Gestapo meist ohne Ansehen der Person verhaftet und bekamen den roten Winkel. Aber Hunderte jüdischer Kripo-Häftlinge aus Berlin, die ursprünglich den braunen Winkel bekommen hatten, hatten am Ende den schwarzen. Sie wurden vom Lager nicht als normale »Schwarze« behandelt, sondern eher auf die gleiche Weise wie die anderen unpolitischen Juden.

Zeugen Jehovas (violetter Winkel;
von der Gestapo verhaftet)

Die Zeugen Jehovas werden in erster Linie verhaftet, weil sie aus Gewissensgründen den Kriegsdienst verweigern. Zudem stellt ein religiös begründeter Widerstand gegen totalitäre Ansprüche auf die Seelen der Menschen, sobald er als

Religionsgemeinschaft organisiert ist, immer eine latente politische Bedrohung dar.

Die meisten Zeugen Jehovas sind Kaufleute und kleine Ladenbesitzer aus Kleinstädten; sie gehören einem sozialen Milieu an, das den Individualismus begünstigt, aber dieser Individualismus wird aufgewogen durch ihre Mitgliedschaft in einer religiösen Gemeinschaft, zu deren Grundprinzipien Kooperation und Opferbereitschaft gehören. Ihr Bildungsstand ist nicht hoch. Sie sind durchschnittlich intelligent und werden wegen der eigentümlichen Vorstellungen, die sie von der Welt und den politischen Zuständen haben, oft unterschätzt. Im Lager sind sie eine der moralisch integersten Gruppen, da Hilfsbereitschaft gegenüber ihren Mitmenschen ein Teil ihrer religiösen Überzeugungen ist. Sie organisieren sich selbst und bilden eine reibungslos kooperierende Gemeinschaft.

Von der Lagerleitung wird ihnen eingeredet, dass sie entlassen werden, wenn sie aus ihrer Organisation austreten. Tatsächlich sind nur wenige Fälle bekannt, in denen Männer entlassen wurden, nachdem sie ihren religiösen Grundsätzen abgeschworen hatten. Andere, die ebenfalls austraten, wurden nicht entlassen. Dennoch wurde dieser Fiktion lange Glauben geschenkt, und wird es vielfach noch heute; trotzdem unterschreibt praktisch niemand die »Verpflichtungserklärung«. Es hieß auch, die wenigen, die dennoch unterschrieben, seien gar keine Mitglieder der Organisation gewesen, sondern Leute, die von den Nazis nur deshalb mit den Zeugen Jehovas verwechselt wurden, weil sie ebenfalls Kriegsgegner waren.

Ich habe Zeugen Jehovas wiederholt gefragt, warum sie sich weigerten, das Papier zu unterschreiben. Sie geben verschiedene Erklärungen: »Es ist eine Sünde, den Herrn zu verraten; man kann seine Überzeugungen nicht wie das Hemd wechseln; wozu soll es gut sein, die lassen uns sowieso nicht frei; bald wird der Herr sein Reich auf Erden errichten, und da wollen wir dabei sein; die Nachbarn würden mit dem Finger auf mich zeigen und sagen: ›Der war mal ein Zeuge Jehovas, aber er hat Ihn verleugnet.‹«

Die letzten beiden Gründe wurden am häufigsten genannt. Der zweite lässt auf den ungeheuren sozialen Druck schließen, unter dem jemand steht, der als Kämpfer für ein bestimmtes Ideal bekannt ist. Gibt er unter Druck klein bei, wird ihn seine Gemeinschaft als Verräter behandeln, selbst wenn sie seine Überzeugungen nicht teilt.

Der andere Grund verweist auf die Quelle, aus der ein Zeuge Jehovas seine Stärke bezieht – die absolute Gewissheit, dass Jehovas Tausendjähriges Reich nahe ist. Die Zeugen führen lange Passagen aus der Bibel an, interpretieren Prophezeiungen, teilen die Zahl der Propheten durch die Zahl der Buchstaben ihrer Namen und berechnen schließlich das genaue Jahr, in dem der Herr kommen wird. Es gibt viele Methoden, auf das richtige Jahr zu kommen. Da es immer nahe bevorsteht, sind manchmal Korrekturen nötig. Sie werden durch erneute Interpretation der Heiligen Schrift vorgenommen.

Diese Männer sind nicht so pazifistisch, wie es auf den ersten Blick scheint. Sie warten auf den Tag des Jüngsten Gerichts, wenn Er in seinem Zorn mit Feuer und Schwert über diese Schurken »da oben« kommen und sie in einer letzten, grauenvollen Schlacht zwischen Gut und Böse vernichten wird. Aber dieses Wissen um den nahenden Tag des Jüngsten Gerichts und der feste Glaube an ihre Rolle als Werkzeuge Seines Willens verleihen den Zeugen Jehovas eine moralische Widerstandskraft, die weit größer ist als die jeder anderen politischen oder religiösen Gruppe. Jede Härte, jede Folter, der sie unterworfen werden, ist nur eine Prüfung Jehovas, bei der Er die wahrhaft Getreuen erkennt. Und sie erweisen sich als getreu, einer wie der andere.

Die Zeugen Jehovas sind die einzige ideologische Gruppe im Lager, die von der Lagerleitung mehr oder weniger als solche behandelt wird. Sie werden als »Bibelforscher« bezeichnet, wie sie sich selbst nennen, oder als »Bibelhengste« oder »Himmelskomiker« verspottet.

Sie sind zusammen untergebracht und unterliegen bis zu einem gewissen Grade einer Sonderbehandlung. Ihnen sind nur alle drei Monate ein Brief und zehn Mark erlaubt, und sie dürfen nicht rauchen. In Dachau sind sie in der »Strafkompanie«. Sieht man von diesen Einschränkungen ab, werden sie manchmal besser behandelt als das übrige Lager. In Buchenwald wurden viele von ihnen bei bestimmten qualifizierten Arbeiten oder beim Küchendienst oder als Personal für die SS-Offiziere eingesetzt. In der Strafkompanie in Dachau werden sie nicht so geschunden wie andere, die wegen Verstößen gegen die Disziplinarordnung dort sind.

Manchmal allerdings ergeht es ihnen auch schlechter. Eines Morgens zum Beispiel ließ Kommandant Rödl in Buchenwald die Kartoffelschäler antreten. Mit drohendem Unterton in der Stimme fragte er: »Glaubt ihr immer noch an euren Jehova? Alle Mann vortreten, die nicht an ihn glauben!« Kein einziger trat vor. »Jetzt werde ich euch lehren, an euren ... Jehova zu glauben. Alle ab in den Steinbruch, los, los, los!«

Ein anderer Kommandant pflegte zu sticheln: »Wo bleibt er denn, euer Jehova? Warum holt er euch denn nicht hier raus? Er hat doch nicht etwa Angst vor uns? Oder vor dem Stacheldraht?«

Solche Vorfälle erreichten das Gegenteil dessen, was sie sollten. Sie bestärkten diese Männer in dem Gefühl, Vorposten des Reiches Gottes zu sein – für den Kommandanten hatten sie nur schweigende Verachtung übrig.

Sozialdemokraten und Kommunisten könnten technisch ebenfalls als eigene Gruppen behandelt werden. Aber das ist nicht der Fall. Sie werden nicht als Gruppe angesprochen. Nur die Bezeichnung »die Politischen« ist gebräuchlich, was für die Lagerleitung jeden einschließt, der einen roten Winkel trägt. Wörter wie »Sozialist« oder »Kommunist« waren zu unserer Zeit für die Lagerleitung praktisch tabu.

Die unterschiedliche Behandlung hat politische Gründe. Die Nazis betrachten Sozialdemokraten und Kommunisten als eine starke Bedrohung ihrer Herrschaft. Würde man sie im Lager als eigene Gruppen behandeln, käme dies ihrer Anerkennung als organisiertem Gegner gleich. Genau das aber wollen die Nazis vermeiden. Sie wollen in diesen Männern das Gefühl auslöschen, dass sie Repräsentanten einer Gruppe sind, einer immer noch kämpfenden Kraft. Deshalb versuchen sie, sie gerade nicht als Personifizierung dieser Kraft anzusprechen.

Die Zeugen Jehovas stellen eine erheblich schwächere Bedrohung dar. Es gibt nicht allzu viele von ihnen. Bevor man sie zu verfolgen begann, gab es in allen größeren Regionen Deutschlands nie mehr als ein paar Tausend. Vom Durchschnittsbürger und von den Behörden werden sie lediglich als ein wenig sonderbar und verschroben betrachtet. Wäre da nicht ihre Verweigerung des Kriegsdienstes und die latente Gefahr, die mit der Existenz unabhängiger Organisationen verbunden ist, käme niemand auf die Idee, sie zu verfolgen.

Homosexuelle (rosa Winkel;
von Strafgerichten eingewiesen)

Häftlinge in dieser Kategorie haben eine Strafe wegen Homosexualität verbüßt und wurden danach in ein Konzentrationslager eingewiesen. Praktisch alle sind Nichtjuden. In Dachau leben sie in einem Block zusammen. Die wenigen Juden unter ihnen leben mit den anderen Juden zusammen. In Buchenwald gehören sie zur Strafkompanie.

Homosexuelle werden von ihren Mithäftlingen auf etwa die gleiche Weise behandelt wie in der Außenwelt: Man akzeptiert sie individuell und begegnet ihnen allgemein mit einem gewissen Vorurteil.

Neben den Homosexuellen mit dem rosa Winkel gibt es natürlich auch noch Häftlinge, die unter andere Kategorien fallen und zufällig außerdem homosexuell sind. Und es gibt noch andere, die unter den abnormen Bedingungen einer reinen Männergesellschaft homosexuell werden. Die Lagerleitung weiß, dass es das gibt, vermeidet aber ein Eingreifen. Anscheinend weiß sie nicht genau, wie sie mit dem Problem umgehen soll. In flagranten Fällen gelten fünfundzwanzig Stockhiebe als angemessene Lösung.

Im Dezember 1937 wurden die Juden in Dachau viele Wochen lang bei verdunkelten Fenstern in ihren Blocks eingeschlossen. Man zwang sie, Briefe nach Hause zu schreiben und mitzuteilen, dass für sie jetzt verschärfte Haftbedingungen galten, die noch viel schlimmer werden würden, wenn ihre Angehörigen nicht aufhörten, im Ausland »Gräuelmärchen« zu verbreiten.

Die Blocks waren entsetzlich überbelegt und ungelüftet, es wurde nicht genug Essen ausgeteilt, und viele starben an Krankheiten. Die Politischen unter den Häftlingen begannen, Kurse für Sprachen, Geschichte, Politik zu organisieren. Zwischen einigen Männern kam es zu homosexuellen Praktiken, was unter den herrschenden Umständen den anderen Männern im Block nicht verborgen bleiben konnte.

Als die so genannte »Isolation« im Januar 1938 aufgehoben wurde, kam die Geschichte heraus. Statt nun direkt zuzugeben, dass es im Lager politische Aktivitäten gab, griff die Lagerleitung lieber in Sachen Homosexualität durch und versuchte, die politischen Anführer mit hineinzuziehen. Zwei der Anführer begingen Selbstmord. Sechs andere angebliche Homosexuelle bekamen »Fünfundzwanzig« und wurden später im Frühjahr in München vor Gericht gestellt. Das Gericht sah in Anbetracht der besonderen Umstände, unter denen die »Homosexualität« aufgetreten war, davon ab, das Gesetz in voller Strenge anzuwenden. Die Männer wurden zu einigen Monaten Gefängnis verurteilt, was sie als Abwechslung zu dem viel härteren Leben im Konzentrationslager mit Freuden begrüßten. Sie wurden jedoch nach dem Prozess wieder nach Dachau gebracht und dort monatelang in den Bunker gesteckt. Im Herbst schickte man sie zusammen mit anderen Häftlingen nach Buchenwald, und erst im Frühjahr 1939 wurden sie in ein Gefängnis eingewiesen, um ihre paar Monate Haft zu verbüßen.

Remigranten (blauer Winkel; von der Gestapo verhaftet)

Die meisten dieser Männer sind Juden, die aus dem Ausland zurückkehrten, entweder weil es ihnen nicht gelungen war, dort Fuß zu fassen, oder auch einfach nur im normalen Verlauf einer Geschäftsreise. Zum damaligen Zeitpunkt (1934/1935) erschien ihr Handeln natürlich weniger töricht als aus heutiger Sicht. Manche wurden von Nachbarländern ausgeliefert, weil sie den Nazis zufällig entkommen waren, ehe sie sich bei der Gestapo einen Pass holen mussten. Zu meiner Zeit sorgten vor allem die Niederlande auf diese Weise für KZ-Nachschub. Andere wurden aus ihren Gastländern ausgewiesen, weil Bürger des Gastlandes aus Deutschland ausgewiesen worden waren. Waren sie Juden, endeten sie im Konzentrationslager. Leider sorgten auch hier wieder vor allem die Niederlande für neue Insassen. Andere Remigranten waren reguläre Politische, Männer also, die als Propagandisten gegen die Nazis gearbeitet hatten und von der Gestapo gefasst worden waren. Nichtjuden in dieser Gruppe waren in erster Linie frühere Angehörige der französischen Fremdenlegion. In Buchenwald trugen diese Legionäre den roten (politischen) Winkel.

Rasseschänder (schwarze Umrandung; vom Strafgericht oder von der Gestapo eingeliefert)

Männer in dieser Kategorie wurden aufgrund der Nürnberger Gesetze inhaftiert, die den Geschlechtsverkehr zwischen Juden und »Ariern« verbieten. Natürlich werden nur Juden verfolgt, die gegen diese Gesetze verstoßen. »Rassenschande« scheint nur dann als unmoralisch betrachtet zu werden, wenn sie von Juden begangen wird. Der einzige »Arier« in dieser Kategorie war ein früherer SS-Mann. Sogar er bekam eine spezielle Klassifikation: »Artvergessen«.

Viele von denen, die »Rassenschande« begangen haben, sind alte Männer von sechzig oder siebzig Jahren, die aus irgendeinem Grund die Frauen, mit denen sie Jahrzehnte lang gelebt hatten, nicht geheiratet hatten. Andere waren junge Männer, die sich aus romantischen oder anderen Gründen über das Gesetz hinweggesetzt hatten. Einer der bewegendsten Fälle war ein Maurer, ein ausnehmend hässlicher Mann, gutmütig, aber sehr dumm. Jahrelang hatte er ohne Geschlechtsverkehr gelebt. Eines Abends war er zu einer Prostituierten gegangen. Am nächsten Morgen denunzierte diese ihn bei der Gestapo. Er kam ins Konzentrationslager, weil er, ein Jude, die Ehre einer deutschen Frau verletzt hatte.

Die meisten dieser Männer kamen nach Verbüßung ihrer Zuchthausstrafe ins Lager. Praktisch alle sind unpolitische Männer aus der Mittelklasse. Wenn viele von ihnen in einer Stube zusammenleben, haben sie entsprechend ihrem individualistischen Hintergrund Schwierigkeiten mit der Selbstorganisation. Leben nur ein paar von ihnen mit anderen Häftlingen in einer Stube zusammen, fallen sie nicht durch Anderssein auf.

Was ihr »Verbrechen« angeht, so kümmert sich kein Mensch darum. Schließlich haben sie nur getan, was alle anderen auch tun, und zum »Verbrechen« wird es nur durch einen besonderen Winkelzug im deutschen Recht.

In Dachau lebten sie mit anderen Häftlingen zusammen. Auch in Buchenwald war dies lange so. Im Frühjahr 1939 wurden sie dann ebenso wie die Homosexuellen in die Strafkompanie gesteckt.

»Rückfällige« (gleichfarbiger Balken über dem Dreieck; von der Gestapo verhaftet)

Ein Balken in derselben Farbe wie der Winkel zeigt an, das jemand zum zweiten Mal im Lager ist. Praktisch alle »Rückfälligen« sind Sozialdemokraten oder Kommunisten. Anfänglich waren auch einige Juden darunter. Später kamen keine Juden mehr hinzu, da Juden nur unter der Bedingung aus dem Lager entlassen wurden, dass sie außer Landes gingen.

Diese »Rückfälligen«, 150 in Dachau, 400 in Buchenwald und Hunderte und Aberhunderte in anderen Lagern, sind mehr als alle Worte ein Beweis für den unbezwinglichen Kampfgeist des Menschen. Diese Männer sind durch die Hölle von Dachau gegangen und haben trotzdem weiter für ihre Ideale gekämpft. In Ländern, in denen oft bezweifelt wird, dass es in Deutschland überhaupt eine nazifeindliche Bewegung gegeben hat, scheint gerade über sie viel zu wenig bekannt zu sein.

Im Lager stellen sie die eigentliche Häftlingselite dar; ihr farbiger Balken wird als »Ehrenabzeichen« bezeichnet. In Dachau sind sie in der Strafkompanie; in Buchenwald haben sie einen Block zwischen anderen, unterliegen aber den gleichen Einschränkungen wie die Zeugen Jehovas (nur alle drei Monate ein Brief und zehn Mark, Rauchen verboten).

»Blöde« (weiße Armbinde mit Aufdruck »Blöd«)

Die meisten »Blöden« sind nichtjüdische »Arbeitsscheue«, Schwachsinnige und Zurückgebliebene, die die Fürsorge loswerden wollte. Die wenigen Juden unter ihnen haben ihren Verstand bei den Misshandlungen auf dem Weg ins Lager oder im Lager selbst verloren. In Buchenwald sind etwa 25 Männer in dieser Kategorie. In Dachau gibt es die Kategorie nicht.

Sie leben in einer Stube zusammen und bekommen einfache Arbeiten zugewiesen. Niemand kümmert sich weiter um sie. Mit leerem Blick trotten sie hinter ihrem Kapo her, dem einzigen Menschen, der wirklich mit ihnen reden kann. Die meisten haben nicht die leiseste Ahnung, wo sie sind und wie ihnen geschieht. Dennoch sind sie reguläre Häftlinge in einem Konzentrationslager.

Juden (gelber Winkel, in Kombination mit jeder anderen Farbe)

Die Definition eines Juden ist nicht sehr klar. Wenn Häftlinge eingeliefert werden, die nicht als Juden, sondern aufgrund anderer Anschuldigungen verhaftet wurden, wird der Befehl gegeben: »Juden, Halbjuden, Vierteljuden und so weiter getrennt aufstellen.« Und die Männer stellen sich getrennt auf, entsprechend ihrem bereits mitgebrachten Wissen darüber, was nach Meinung der Nazis ein Jude ist.

Der Begriff »Jude« wird von den Nazis nicht religiös, sondern rassisch begründet. Ein Halbjude ist ein Mann mit zwei jüdischen Großeltern. Bei einem Vierteljuden ist einer seiner Großeltern Jude, und das halb mechanisch dahergesagte »und so weiter« schließt Kombinationen wie drei jüdische Urgroßeltern ein; gelegentlich genügt schon, dass einer der Urgroßeltern Jude war.

Die Männer stellen sich getrennt auf, weil sie offensichtlich annehmen, dass die Gestapo alles weiß. Menschen, die seit Generationen Katholiken oder Protestanten waren und deren engste Freunde nichts von ihren jüdischen Großmüttern wussten, treten gehorsamst aus den Reihen und werden zu Juden. Nur ganz wenige Fälle sind bekannt, in denen Männer, die unter diese Klassifikation fallen, dem Befehl nicht Folge leisteten.

Das Lager stellt seine eigenen Rasseregeln auf und orientiert sich dabei an den strengeren Standards der SA. Vor normalen Nazi-Gerichten wird ein »Vierteljude«, sofern er sich nicht zur jüdischen Religion bekennt und nicht mit einer Jüdin verheiratet ist, als Nichtjude behandelt. Im Konzentrationslager ist er »Jude«.

So sind die »Juden« eine unter rassischen Gesichtspunkten höchst gemischte Gruppe. Erst recht sind sie gemischt, was ihren religiösen und kulturellen Hintergrund angeht. Es gibt Hunderte von getauften Christen unter ihnen, und weitere Hunderte, die überhaupt keiner Religion angehören. Hunderte und Tausende gehören zwar nach dem Gesetz dem jüdischen Glauben an, weil ihre Eltern Juden waren, haben aber praktisch keinerlei Kontakt mit der jüdischen Religion oder Kultur. Nur eine kleine Minderheit sind orthodoxe Juden.

In manchen Teilen Deutschlands ist der Assimilationsprozess zwischen Juden und Nichtjuden so weit fortgeschritten, dass selbst die Nazis Schwierigkeiten haben, sie auseinander zu halten. Dies gilt besonders für Wien. Hunderte dieser jetzt als Juden ausgesonderten Männer sind mit nichtjüdischen Frauen verheiratet oder sind Söhne aus gemischten Ehen, und ihre Kinder werden außerhalb des Lagers als Nichtjuden behandelt. Die Vermischung der Rassen geht so weit, dass manche der Männer, die jetzt im Lager gezwungen werden, den »Davidstern« zu tragen, draußen glühende Antisemiten waren; einige waren während der

Dollfuß-Ära sogar Mitglieder der Nazi-Untergrundbewegung in Österreich. Ich erinnere mich immer noch an den grotesken Anblick eines Mannes mit dem Davidstern des jüdischen Berufsverbrechers an der Hose – die ihrerseits vom Gürtel jener SA-Einheit zusammengehalten wurde, der er angehört hatte, ehe er in Dachau landete.

Da die Juden eine derart gemischte Ansammlung von Menschen darstellen, ist die Tatsache, dass sie Juden sind, kein Anreiz zur Selbstorganisation. Ihre Gruppenbeziehungen kommen aufgrund anderer gemeinsamer Interessen zustande. Die Politischen halten zusammen; desgleichen die Liberalen, die einander schon vorher persönlich oder dem Namen nach kannten; desgleichen die orthodoxen Juden, die ein religiöses Glaubensbekenntnis teilen (und sich darüber ärgern, dass die anderen nicht zum Glauben ihrer Väter zurückkehren, während sie dafür leiden müssen); und ebenso die wenigen Antisemiten unter ihnen.

Die Beziehungen zwischen Juden und Nichtjuden im Lager folgen so gut wie nie dem Rassenbegriff; die meisten Beziehungen beruhen auf der Mitgliedschaft in bestimmten Gruppen wie Sozialdemokraten oder Kommunisten, oder einfach auf den persönlichen Beziehungen zwischen Individuen, die sich an den Arbeitsstellen kennen lernen. In Dachau, wo die politischen Häftlinge in der Mehrheit sind, spielt Antisemitismus eine sehr geringe Rolle. In Buchenwald hat er mehr Bedeutung. Die damit einhergehenden Probleme werden noch in einem eigenen Kapitel behandelt. Vorwegnehmend sei gesagt, dass es der Lagerleitung nicht gelingt, im Lager mehr Antisemitismus aufzubauen, als von bestimmten Gruppen bereits von draußen mitgebracht wird.

Die Wachen

Die normalen Wachen

In Dachau gibt es rund 6.000 Männer der SS-Verfügungstruppe, in Buchenwald 3.000. Aus diesem Reservoir werden
täglich die Wachen und Posten genommen. (Das ständige
Personal des Häftlingslagers wird speziell für diese Arbeit
ernannt.)

Außenstehende fragen sich oft, wie es möglich war, 6.000
Sadisten an einem Ort zusammenzubekommen. Aber sie bekommen sie nicht zusammen. Sie machen sie. Die Bedingungen, unter denen diese SS-Leute ausgebildet werden, machen
das System unabhängig von dem verfügbaren Vorrat an individuellen Psychopathen. So wird er unerschöpflich. Eine gewisse Selbstselektion von Sadisten findet allerdings statt:
Nicht jeder bewirbt sich zum Dienst bei der SS.

Die SS wurde 1925 als Leibwache für führende Parteimitglieder gegründet, ein Schlägertrupp zum Einsatz bei
Straßenkämpfen und bei der Auflösung politischer Versammlungen. Ende der zwanziger Jahre entwickelte sie sich
zu einer schlagkräftigen militärischen und politischen
Truppe, die bei den Kämpfen innerhalb und außerhalb der
Partei eingesetzt wurde. Nach 1933, als die Machtapparate
von Reich und Partei zusammengelegt wurden, übernahm
die SS zunehmend auch die politischen Aufgaben der Polizei.

Ursprünglich bestand die SS hauptsächlich aus Leuten, für
die dieser Dienst vor allem ein Zeitvertreib war. Als es notwendig wurde, eine zuverlässige, bei eventuellen Unruhen
in der Bevölkerung stets einsatzbereite Truppe an der Hand
zu haben, wurde ein militärischer SS-Verband geschaffen,
die SS-Verfügungstruppe.

Gegen 1938 dann war die Aufnahme in die SS nicht mehr
ein Auswahlprozess, bei dem man möglichst hartgesottene

einzelne Schläger suchte, sondern ein geordnetes Verfahren, bei dem bestimmte Zugangsvoraussetzungen erfüllt sein mussten, wie es für militärische Eliteeinheiten überall üblich ist.

Der künftige SS-Rekrut ist etwa 18 oder 19 Jahre alt. Er zieht oft den Dienst bei der SS dem Wehrdienst vor, weil die SS bestimmte Privilegien und eine geachtete Stellung im Nazi-Staat bietet. Er muss seine körperliche Eignung, seine »arische« Abstammung zurück bis 1800 und vier Jahre Mitgliedschaft in der Hitlerjugend und anderen Parteiorganisationen nachweisen. Seiner Bewerbung liegen Empfehlungsschreiben seiner Vorgesetzten bei, die ihn als guten Nazi schildern.

Dies nun stellt allerdings ein Auswahlkriterium dar: Ein »guter« Nazi ist ein besonders harter Kämpfer, ein Draufgänger und Teufelskerl. Er ist angeblich durchdrungen von »idealistischer Gesinnung« und bereit, zum Ruhme von Partei und Reich auf Vater und Mutter zu schießen und Bruder und Schwester zu verraten.

Anwärter auf den Dienst in der SS wissen gewöhnlich nicht, ob sie in einem Konzentrationslager Dienst tun werden. Einige werden von ihren Freunden ganz genau wissen, wie es in den Lagern zugeht, während andere vielleicht überhaupt keine Ahnung davon haben und es als einen Haufen Lügen abtun würden, wenn man es ihnen erzählte. Aber alle von ihnen wissen eines ohne jeden Zweifel: dass sie der härtesten Truppe im Deutschen Reich angehören werden, derjenigen, die am schärfsten gegen Juden und Rote und all die anderen Gegner des Nazi-Systems vorgeht. Denjenigen also, die sich trotzdem freiwillig um die Aufnahme bewerben, kann man ohne weiteres unterstellen, dass sie zum hartgesottensten Teil der deutschen Jugend gehören. Man kann außerdem mit einiger Wahrscheinlichkeit davon ausgehen, dass die in Aussicht stehenden Grausamkeiten und Misshandlungen einen höheren Anteil echt pathologischer Fälle und Sadisten anziehen, als dies bei jeder anderen Organisation der Fall ist.

Der soziale Hintergrund der SS-Leute ist je nach Region etwas anders. In Dachau sind die meisten (vielleicht 80 oder 90 Prozent) Söhne von bayerischen Bauern oder Landarbeitern. Sie sind eine der ungebildetsten sozialen Gruppen, die man sich in einem modernen Staat überhaupt vorstellen kann, mit einem eingefleischten Hass auf alles, was nach »Stadt« und »Intelligenz« riecht. Dies steigert noch einmal ihren Hass auf die Häftlinge, die in ihrer übergroßen Mehrheit »Stadtfräcke« sind.

Auch in Buchenwald stammt ein hoher Anteil der SS vom Land, aber es gibt auch eine gewisse Anzahl von Leuten aus der unteren Mittelklasse sowie Arbeiter. Thüringen, wo sie herkommen, ist stärker industrialisiert als Bayern.

Die jungen Rekruten machen im SS-Lager eine reguläre militärische Ausbildung durch, nur vielleicht mit etwas mehr Gewicht auf der Nazi-Indoktrinierung als in den gewöhnlichen Ausbildungslagern der Wehrmacht. Ist das Lager noch dazu mit einem Konzentrationslager verbunden, gehört der Wachdienst im Häftlingslager zu ihren Routineaufgaben.

Das Leben des SS-Mannes ist von Armut geprägt. Ihr Lohn erlaubt es ihnen nur gelegentlich, ein Wochenende in München oder Weimar zu verbringen; ihre übrige Freizeit verbringen sie im Lager. Tatsächlich ist ihr Leben fast genauso eng mit dem Lager verbunden wie das der Häftlinge, und es hilft ihnen auch nicht viel, dass sie vor dem Zaun sitzen und die Häftlinge dahinter. Sie sind immer noch die meiste Zeit dicht am Zaun.

Mit der Jugend in der Nachbarschaft stellen sie sich gut – die Burschen sehen nur zu, dass ihnen die SS-Leute nicht die Mädchen wegschnappen. Dadurch ist deren Sexualleben auf ein Minimum beschränkt; vielleicht einmal eine Prostituierte in der nächstgelegenen Stadt, aber gewöhnlich auch das nicht, denn dazu reicht der Sold nicht. Und in der Zwischenzeit warten sie monatelang auf Urlaub und träumen von ihrem Mädchen zu Hause.

Die gewöhnlichen Wachen kommen mit den Häftlingen an den Arbeitsstellen in Berührung. Dort bilden sie um einen mehr oder weniger großen Bereich herum Postenketten, hauptsächlich um eine Revolte oder eine Flucht zu verhindern. Wenn sie dicht genug bei den Häftlingen stehen, betätigen sie sich auch als Antreiber, misshandeln sie, brüllen sie an, lassen sie alle möglichen Turnübungen machen, bewerfen sie mit Steinen oder tun, wonach auch immer ihnen der Sinn steht. Manchmal lassen sie die Männer auch in Ruhe. Ein Posten darf seinen Platz eigentlich nicht verlassen. Will er jemanden misshandeln, wartet er entweder ab, bis der Mann im Zuge seiner Arbeit dicht genug an ihn herankommt, oder er ruft ihn zu sich.

Besonders in Dachau stehen die Posten die ganze Zeit über sehr dicht bei den Männern. Jedes Arbeitskommando außerhalb des Stacheldrahtbereichs hat seine eigene Postenkette, sehr oft nicht mehr als anderthalb Meter, selten weiter als zehn oder fünfzehn Meter entfernt. Und gewöhnlich können alle Wachposten gleichzeitig einander und alle Häftlinge überwachen. Dadurch erhält jede Handlung ein hohes Maß an Öffentlichkeit – und diese Öffentlichkeit scheint für das Ausmaß der Misshandlungen oder Schikanen, mit denen die Posten die Häftlinge quälen, eine große Rolle zu spielen. Offensichtlich wollen sich die einzelnen Wachposten vor ihren Freunden und Kameraden und manchmal auch vor ihren Vorgesetzten hervortun und beweisen, was für harte Burschen sie sind.

Manche Wachposten misshandeln die Häftlinge aus offenkundig sadistischen und pathologischen Motiven. Man kann sehen, wie sich ihr Blick trübt, während sie jemanden schlagen oder treten. Manche von ihnen erfinden die ausgefeiltesten Varianten für dieses Spiel. Für andere ist das, was sie mit dem Häftling machen, weniger ein Akt teuflischer Grausamkeit als ein Dummejungenstreich: Man kann einen Mann anbrüllen, und der Mann beginnt zu rennen. Man brüllt ein bisschen mehr, und er bekommt Angst und rennt noch ein bisschen schneller. Man kann sich wie ein junger Hund fühlen, der voller Vergnügen irgendein Objekt anbellt, das sich bewegt.

Die meisten Wachposten misshandeln und schikanieren die Häftlinge, weil sie sich langweilen. Vier Stunden lang stehen sie in der glühenden Sonne oder im Regen, das Gewehr in der Hand, und sehen den Elendsgestalten von Häftlingen zu, wie sie Kies schaufeln oder Schubkarren schieben. Womöglich beneiden sie den Häftling sogar um die paar Schritte vor und zurück, die er Bewegungsfreiheit hat. Und sie fangen an, die Häftlinge herumzukommandieren, nur damit die Zeit vergeht. Manche lassen ihre Opfer schneller, schneller, immer schneller arbeiten. Andere lassen sie schwierige Turnübungen machen, fünfzig Kniebeugen, Rolle vorwärts, Rolle rückwärts und so weiter. Vor unserer Zeit war es ein beliebtes Spiel, einen Häftling so lange Rolle vorwärts, Rolle rückwärts machen zu lassen, bis er die Orientierung verlor, ihn dann mit einer Rolle vorwärts durch die Postenkette zu schicken – und »beim Fluchtversuch« zu erschießen. Zu unserer Zeit kam das selten vor: Das Morden war inzwischen besser geregelt.

Die meisten dieser Spiele haben wenig mit dem zu tun, was sich der Außenstehende unter Folter vorstellt. Wenn zum Beispiel ein Häftling »austreten« will, geht er zum nächsten Wachposten, steht im vorgeschriebenen Abstand von fünf Metern stramm, nimmt die Mütze ab und sagt: »Schutzhäftling Soundso bittet Herrn Wachtmeister gehorsamst um die Erlaubnis, austreten zu dürfen.« Gewöhnlich erteilt der Wachposten mit einem Nicken seine Genehmigung. Manchmal tut er aber auch so, als hätte er nichts gehört. Der Häftling wiederholt seine Bitte. Der Wachposten hört immer noch nicht. Der Häftling brüllt aus vollem Hals – umsonst. Er kann sich nicht einfach umdrehen und aufgeben, denn dann könnte der Posten ihn zurückrufen, und es erginge ihm noch schlechter. Also brüllt er weiter, bis der Herr Wachtmeister endlich so gnädig ist, ihm seine Bitte zu gewähren.

Dieses Spiel lässt sich verfeinern. Der Häftling muss dem Wachposten genau gegenüberstehen. Dreht sich der Wachposten nach links, muss der Häftling in einem Bogen von fünf Metern Radius um ihn herumrennen, bis er ihm wieder gegenübersteht. Daraufhin dreht sich der Wachposten nach rechts, und der Häftling rennt wieder im Halbkreis um ihn herum. In Kombination mit dem Brüllspiel sorgt dieses Laufspiel immerhin zehn Minuten lang für »Unterhaltung«.

Die Sprache der SS-Leute bewegt sich auf dem gleichen Niveau. Sie besteht aus nicht wiederzugebenden Obszönitäten, aber ohne jenen Funken Originalität, der das Merkmal des Slangs der Großstädte ist. Die wenigen, immer gleichen Flüche und Obszönitäten werden in endloser Wiederholung hinausgebrüllt; nicht einmal die Wörter werden nennenswert variiert. Es beginnt mit »dreckige Judensau, dreckige ...« und endet nach einer Reihe weiterer, nicht wiederzugebender Beschimpfungen mit einer von wenigen Standardbemerkungen wie: »Warum hängst du dich nicht gleich auf? Soll ich dir einen Strick holen?« oder: »Soll ich dir eine Kugel durch den Kopf jagen?« Einmal gab ein 72-jähriger Mann zur Antwort: »Jawohl, Herr Wachtmeister, ich bitte gehorsamst, das zu tun.« Aber der Herr Wachtmeister änderte seine Meinung. »Kostet ein paar Groschen. Das bist du nicht wert.«

Wenn die Wachen den Häftlingen nicht als Glieder einer langen Postenkette, sondern einzeln und direkt gegenüberstehen – etwa zwei Wachposten, die eine kleine Abordnung von Häftlingen bei irgendeiner Sonderarbeit durch das Lager begleiten –, bekommt der Kontakt zwischen Wachen und Häftlingen oft ein völlig anderes Gesicht. In dieser Situation misshandeln oder schikanieren die Wachen die Häftlinge selten. Meistens lassen sie sie in Ruhe, und oft entwickeln sich längere Gespräche, gewöhnlich mit dem Kapo der Gruppe, manchmal auch mit einzelnen Mitgliedern. Fehlt der Tat die Öffentlichkeit, scheint das Bedürfnis eines Mannes, die ihm unterstellten Personen zu misshandeln, erheblich nachzulassen.

Die Haltung der SS-Leute zu den ihnen unterstellten Häftlingen ist stark von der Art und Weise beeinflusst, wie sie selbst behandelt werden. Sie leben unter strengster militärischer Disziplin, werden von ihren Offizieren grob angefasst und haben es beim Strafexerzieren aus Anlass der üblichen kleinen Verstöße, wie sie in jedem Militärlager vorkommen, auch nicht viel leichter als die Häftlinge. In voller Bewaffnung, mit Gewehr und schwerem Gepäck, werden sie herumgehetzt und durch das gleiche »Auf-Nieder-Auf-Nieder« gescheucht, mit dem auch die Häftlinge immer wieder gequält werden. Ihr Drill ist umso härter, als sie nicht körperlich bestraft werden dürfen und aller Zwang, der aufgewendet werden muss, in diesen Drill gesteckt wird. Ist der Drill vorbei, sind die SS-Männer genauso erschöpft wie die Häftlinge nach ihrem Drill, und schleichen auf die jämmerlichste Weise davon.

Aber am nächsten Tag, wenn sie sich wieder erholt haben, halten sie sich an den Häftlingen schadlos. Eine Kompanie, die am Nachmittag strafexerzieren musste, ist am nächsten Morgen eine sehr gefährliche Truppe. Naive Gemüter fragen sich manchmal, warum die Männer, nachdem sie auf diese Weise misshandelt worden sind, nicht stärker mit den Häftlingen sympathisieren. Sie tun es nicht. Das Misshandeln von Häftlingen scheint ihre Art des Spannungsabbaus nach erlittener Demütigung zu sein.

In Buchenwald hatten wir für kurze Zeit zwei Kompanien österreichischer SS-Leute, die meisten aus Wien. Sie legten eine gewisse Neigung zur Fraternisierung mit den österreichischen Häftlingen an den Tag. Nicht, dass sie keine guten Nazis waren. Aber sie mochten das deutsche Regime nicht und verachteten ihre SS-Genossen als verdammte Preußen. Es war viel Unzufriedenheit zu beobachten, vom Streit über das miserable Essen bis zu einem Verhalten, das schon an Meuterei grenzte. Wenn Häftlinge den vertrauten Wiener Dialekt sprachen, rührte das an ihre Sentimentalität, und eine Zeit lang hatten die Wiener Häftlinge ein etwas leichteres Leben.

Auch Ereignisse in der Außenwelt beeinflussen bis zu einem gewissem Grade das Verhalten der Wachen. Spitzt sich die politische Situation wieder einmal zu, werden die Wachen nervös, und Misshandlungen sind häufiger und gewaltsamer.

Unter den Tausenden von Wachen gibt es alle Schattierungen von Persönlichkeiten, von ausgemachten Sadisten bis zu relativ gutmütigen Burschen, wobei die Sadisten und die Brutalen in der Mehrheit sind. Manche Wachen prügeln nur, wenn sie wissen, dass sie von ihren Kameraden beobachtet werden; manche prügeln nur gelegentlich; die meisten prügeln oft und hetzen die Häftlinge herum. Einige davon sind pathologische Fälle, denen es augenscheinlich tiefe Befriedigung bereitet, einen Menschen zu misshandeln.

Für die Häftlinge sind die Wachen ein großes Rudel Tiere ohne jede Individualität. Gewöhnlich vergehen Wochen, ehe man dieselben Wachposten ein zweites Mal zu Gesicht bekommt. Und wenn man von ihnen nicht gerade auf einigermaßen spektakuläre Weise misshandelt worden ist, erkennt man sie dann gewöhnlich nicht wieder. Schließlich erinnert man sich auch nicht an jeden Hund, der einen auf der Straße anbellt, aber bestimmt an den, der einen gebissen hat.

Das feste Personal

Das feste Personal einschließlich des technischen Personals (Küchenleiter, Postamt, Baubüro usw.) besteht aus dreißig bis vierzig Unterführern und einigen SS-Offizieren. Die meisten Unterführer sind jeweils für mehrere Blocks zuständig und werden dann »Blockführer« genannt.[6] Die meisten Blockführer sind »alte Kämpfer«, die sich im politischen Zwielicht zwischen sterbender Demokratie und aufsteigendem Faschismus als wertvolle Bandenführer erwiesen haben. Um 1938 herum waren sie Ende zwanzig oder Anfang dreißig, mit ein paar älteren Männern darunter. Andere waren nach 1933 aus den Reihen der gewöhnlichen Wachmannschaften aufgestiegen und waren 1938 Anfang zwanzig.

Anfänglich (1938) holte man sich das Personal aus den lokalen SS- und SA-Einheiten, die die ersten Verhaftungen vorgenommen hatten. Später jedoch waren die zentralen SS-Stellen für die Besetzung der Stellen zuständig. Es ist nicht genau bekannt, nach welchen Prinzipien die Auswahl dieser Männer erfolgt. Anhand der Stichproben, mit denen wir es in Dachau und Buchenwald zu tun hatten, gelangt man zu der Überzeugung, dass sie äußerst sorgfältig nach Härte, Brutalität und Sadismus ausgesucht werden und dass es reiner Zufall ist, wenn gelegentlich einmal ein minderer Teufel mit durchrutscht. Für diese Annahme spricht auch der furchtbare Eifer, den neue Blockführer an den Tag legen, vor allem solche, die ihren Posten noch nicht fest haben. Große Beflissenheit bei der Misshandlung der Häftlinge scheint ihre Aufstiegschancen zu erhöhen.

Die Haupttätigkeit der SS-Offiziere ist die Beaufsichtigung der Arbeit. In Dachau hat jedes Arbeitskommando ei-

---

6 Nicht zu verwechseln mit dem »Blockältesten«, dem für die Disziplin verantwortlichen Häftling.

nen oder zwei Offiziere, die gewöhnlich bis zum Abschluss des jeweiligen Arbeitsauftrags für es zuständig sind. Sie treiben und hetzen, prügeln und brüllen, werfen mit Steinen, erstatten Meldungen, stacheln den Kapo an, damit er seine Leute antreibt; sie beaufsichtigen aber auch den technischen Teil der Arbeit, zumindest so weit, wie er ohne Fachausbildung beaufsichtigt werden kann. Die fachlich anspruchsvolleren Arbeiten stehen unter der Aufsicht besonderer Offiziere. Wenn eine bestimmte Arbeit Wochen dauert, entwickelt sich zwischen dem Offizier und dem Kapo eine ähnliche Beziehung wie zwischen dem Offizier und dem Ältesten in einem Block. Aber der Kontakt ist nicht so eng, weil die Postenkette und die zufällig vorbeikommenden höheren Offiziere und (was wichtiger ist) alle Häftlinge sehen, was vorgeht.

In Buchenwald ist der ganze Arbeitsbereich von einer einzigen, langen Postenkette umgeben. Die Häftlinge stehen nicht unter der Aufsicht der Posten, es sei denn, sie arbeiten gerade in ihrer Nähe. Die Aufsicht liegt in den Händen der Kapos und eines Dutzends SS-Offiziere, die den ganzen Tag lang in dem riesigen Bereich herumlaufen und von einer Stelle zur anderen gehen – und dabei natürlich müde werden. Gelegentlich haben sie dann vielleicht das Gefühl, dass es ihnen reicht, und ziehen sich in einen der zahlreichen Geräteschuppen zurück. Einer der mächtigeren Kapos setzt sich vielleicht auf einen kleinen Plausch und eine Zigarette dazu, und die Arbeit geht eine Zeit lang relativ ruhig vonstatten. Dann beschließen Offizier und Kapo, dass es wieder einmal Zeit ist, den Häftlingen die Hölle heiß zu machen, kommen aus dem Schuppen, toben sich unter den Häftlingen aus und ziehen sich danach womöglich wieder zurück.

Da in Buchenwald der einzelne SS-Offizier viel weniger unter Beobachtung steht als in Dachau (die Postenkette ist weit weg im Wald), hängt sehr viel mehr von seiner persönlichen Laune ab. Ist er ehrgeizig, wird er viel Energie darauf verwenden, die Abläufe möglichst zu beschleunigen, vor allem wenn er weiß, dass die Kapos das Prügeln und Brüllen für ihn besorgen, so dass keine Gefahr besteht, dass der Kommandant bei seinen gelegentlichen Inspektionsrunden etwas zu beanstanden findet.

Wenn der Kommandant seine Runden macht, fallen alle SS-Offiziere und Kapos wie wild über ihre Häftlinge her, denn nun stehen sie selbst unter Beobachtung. Sind Offizier und Kapo »in Ordnung«, werden sie von den Häftlingen gewarnt, wenn der Kommandant naht.

SS-Offiziere, die für Sonderarbeitsstellen wie Küche, Schreinereien, Sägemühle zuständig sind, haben gewöhnlich ein relativ gutes Verhältnis zu ihren Häftlingen und vor allem zu ihren Kapos. Schließlich arbeiten sie monate-, ja, manchmal jahrelang zusammen; und sie haben eine qualifizierte Arbeit, die nicht beschleunigt werden kann, wenn sie ordentlich gemacht werden soll.

SS-Offiziere, die viele Jahre lang beim KZ-Personal sind, sind für die Häftlinge klar umrissene Persönlichkeiten, obwohl viele von ihnen, vor allem diejenigen, die erst vor kurzem aus den unteren Rängen aufgestiegen sind, nicht viel mehr sind als rohe Tiere, denen man in der Außenwelt kaum Beachtung schenken würde. Einige SS-Offiziere allerdings, vor allem unter den »alten Kämpfern«, sind selbst gemessen an den Standards des bürgerlichen Lebens sehr ausgeprägte Persönlichkeiten. Keiner von ihnen ist ein gefährlicher Killer, manche sind grausame Sadisten, andere sind einfach reizbar und nervös oder gelangweilt – und ab und zu ist auch einmal einer darunter, der relativ gutmütig ist, das heißt, der nicht mehr prügelt, als ihm notwendig scheint, um seine eigene Stellung zu sichern. Und es gibt die weißen Raben – einen in Dachau und einen in Buchenwald –, die niemals schlagen. Dies ist so außergewöhnlich, dass sich immer, wenn eines dieser raren Exemplare auftaucht, sofort eine ganze Mythologie um ihn herum bildet. Von dem betreffenden Offizier in Buchenwald zum Beispiel hieß es, er sei eine Art Geisel und nur zur SS gegangen, um seine aristokratische Familie von dem Verdacht zu reinigen, sie sei gegen die Nazis.

Manche der berüchtigteren unter ihnen, die noch einmal von den anderen abstechen, etwa Lutgemeier, Zeuss, Hoppe und Sommer, werden in all ihrer ausgesuchten Teufelei von anderen Autoren beschrieben.[7]

Im Folgenden will ich nur einige ihrer Besonderheiten schildern.

Da gibt es den Mann, der an keinem Arbeitskommando vorbeigehen kann, ohne die Leute ein paar Übungen machen zu lassen, etwa »Froschhüpfen« durch eine Kiesgrube, die anstrengendste Übung, die je erfunden wurde. Ein anderer kann die Häftlinge beim Appell nicht zählen, ohne beim Abschreiten der Reihen jedem fünften Häftling einen Fußtritt oder Faustschlag zu versetzen. Wieder ein anderer hat einen juristischen Sparren: Immer wenn er eine Meldung zur Bestrafung schreibt, lässt er sie sich von dem Mann, den er meldet, gegenzeichnen. Ein anderer SS-Offizier, der sehr klein ist, hat ein besonderes Vergnügen daran, Männer zu ohrfeigen, die einen Kopf größer sind als er. Ein anderer schleicht in Buchenwald im Wald herum, beobachtet hinter einem Baum versteckt die Häftlinge und gibt sich, wenn er einen bei einem Vergehen ertappt, pädagogisch. Er fragt den Mann, ob er etwas Verbotenes getan hat. Wenn der Mann gesteht, vielleicht gegessen oder gesprochen oder gebummelt zu haben, lässt er ihn laufen. Gesteht er nicht, meldet er den Häftling als Lügner. Einer hat ein lyrisches Gemüt und lässt sich von bekannten Komponisten oder Autoren etwas vorsingen oder vorsprechen. Der Verfasser des beliebten Lieds

7 Bruno Heilig: *Men Crucified*, London, 1941; Peter Wallner: *By Order of the Gestapo*, London, 1941.

»Ich hab mein Herz in Heidelberg verloren« musste oft auf der Stelle eine Vorstellung geben.

Einer der SS-Offiziere in Dachau ist relativ ruhig, gelegentlich sogar hilfreich, wenn Häftlinge bei Unfällen verletzt werden. Ich war erstaunt und fragte langjährige Häftlinge, wie das sein konnte. »Ach, der hat in der Vergangenheit so viele von uns umgebracht – er war immer einer der Schlimmsten. Vielleicht hat er das Prügeln und Töten inzwischen satt.« Politische Häftlinge, die ein wenig Kontakt mit ihm hatten, meinten, er habe vielleicht auch den Nazismus inzwischen satt, aber das war bloße Vermutung.

Diejenigen, die solche Eigenheiten haben, sind sich ihrer wohl bewusst und pflegen sie sorgfältig als Teil ihrer Persönlichkeit. Sie sind sehr stolz darauf, sich durch irgendeine Idiosynkrasie vom Gros der Truppe abzuheben. Selbst ihre Sprache weist mitunter eine gewisse Originalität auf. Lutgemeier pflegte die deutsche Sprache immer wieder um eigene Prägungen zu bereichern. Juden zum Beispiel waren »Jordanplanscher«.

In Dachau war zu meiner Zeit einer der übelsten Killer ein Mann, den wir im Frühjahr als Wache kennen gelernt hatten und der dann zeitweilig zum Blockführer aufgerückt war. Er brachte gleich zu Beginn seiner Karriere mehrere Männer um. Einen seiner Morde beobachtete ich selbst. Es war in den Tagen, als die Wiener Juden ins Lager gebracht wurden. Einer dieser Männer eilte mit einer voll beladenen Schubkarre an ihm vorbei. Direkt vor dem Killer brach er zusammen. Ein Stiefeltritt brachte ihn wieder auf die Beine. Er stolperte ein paar Schritte weiter und brach wieder zusammen. Er bekam wieder einen Tritt. Brach wieder zusammen. Das wiederholte sich dreimal. Das Ganze spielte sich dicht an der »neutralen Zone« ab. Schließlich schrie der Killer: »Warum springst du nicht in den Kanal und machst ein Ende damit?« Ich wusste nicht, ob der Neuankömmling wusste, was die »neutrale Zone« bedeutete. Mein Eindruck war, dass er einfach Angst hatte und ging, wohin ihn die Kopfbewegung seines Peinigers wies. Er machte zwei Schritte auf das Gras in Richtung Graben, woraufhin der Killer seinen Revolver zog und drei Schüsse abgab, die den Mann auf der Stelle »beim Fluchtversuch« töteten.

Im Ganzen scheint der Schluss gerechtfertigt, dass das Personal eine Gruppe böser Dämonen ist, trotz der Tatsache, dass der eine oder andere nicht mehr als den ihm zukommenden Anteil an Bösem tut.

Die Kommandanten

Das SS-Lager steht unter dem Kommando eines Offiziers, dessen Rang der Anzahl seiner Truppen entspricht. Die 6.000 Mann in Dachau werden von einem SS-Gruppenführer (Generalleutnant bzw. Major General*) befehligt, die 3.000 Mann in Buchenwald von einem SS-Standartenführer (Oberst).

Das Häftlingslager hat seinen eigenen Kommandanten und stellvertretenden Kommandanten, deren militärischer Rang offenbar nichts mit ihrem jeweiligen Posten zu tun hat. In Dachau war der Kommandant einmal ein SS-Hauptsturmführer (Hauptmann bzw. Captain) und sein Stellvertreter ein SS-Sturmbannführer (Major). In Buchenwald ist der Kommandant ein SS-Obersturmbannführer (Oberstleutnant bzw. Lieutenant Colonel), sein Stellvertreter ein SS-Untersturmführer (Leutnant bzw. Second Lieutenant).

Der Kommandant des SS-Lagers ist auch der oberste Kommandant des Häftlingslagers. Er ist weniger für den Häftlingsalltag zuständig als für die allgemeine Lagerpolitik.

---

* Alle Rangbezeichnungen werden hier in ihrer ungefähren Entsprechung zu den Rangstufen in der US Army bzw. Deutschen Wehrmacht angegeben. (A. d. Hg.)

SS-Brigadeführer (Generalmajor bzw. Brigadier General) Loritz in Dachau mischte sich relativ selten ein, da Kommandant Koegel in höchstem Grade fähig war, die Häftlinge zu Tode zu organisieren. In Buchenwald, wo Kommandant Rödl mit seiner primitiven Brutalität nicht ganz den Standards des organisierten Massenmords genügte, war SS-Oberführer (Oberst) Koch ein häufiger Gast beim Appell.

Die Kommandanten sind sorgfältig ausgewählte Exemplare, erfahrene Bluthunde und Killer. Um über Menschen herzufallen, mussten sie mit Sicherheit nicht erst misshandelt und indoktriniert werden. Das Verbrechen des Nationalsozialismus besteht in diesen Fällen nicht darin, solche Männer geschaffen, sondern sie zu Führern gemacht zu haben. Die Gangster sind selbst die Schöpfer.

Brigadeführer Loritz in Dachau ist der Sohn eines früheren hohen Staatsbeamten in München. Uns Häftlingen erschien er als brutaler und ungebildeter Mann, der auf seinem Motorrad wie ein Orkan durch das Lager fegte, hier und da Verwüstungen anrichtete und wieder verschwand. Er liebte seinen Hund und seinen Schwan, und einmal beobachteten wir ihn, wie er einen Häftling halb tottrampelte und dann, noch während er sich das Blut vom Stiefel wischte, nach seinem geliebten Hund pfiff und ihn tätschelte.

Von Hauptmann Koegel (SS-Hauptsturmbannführer), dem Kommandanten des Häftlingslagers in Dachau, hieß es, er sei früher ein kleiner Angestellter bei der Stadt Augsburg gewesen. Er ist ein sehr fähiger Organisator, der die Hölle von Dachau wie ein gut geprobtes Stück durchorganisierte. Er inspizierte häufig selbst die Blocks, und wenn er kein einziges Staubkörnchen finden konnte, nahm er eine Nagelfeile und kratzte Staub aus den Dielenritzen. Dann ließ er die Männer strafexerzieren, weil ihr Block ein Saustall war. Als einer unserer Freunde Selbstmord beging, indem er sich an einem Fensterbalken aufhängte, kam Koegel, um die Lage zu begutachten. Der Boden unter der Leiche war verschmutzt, und ehe wir noch wussten, wie uns geschah, drohte er uns mit allen Strafen der Hölle, wenn so etwas noch einmal vorkäme. Während des Röhm-Putsches von 1934 befehligte Koegel das entsprechende Gemetzel in Dachau. Er dürfte der kaltblütigste Massenmörder sein, mit dem wir es zu unserer Zeit im Lager zu tun hatten.

Koegels Stellvertreter, SS-Sturmbannführer (Major) Schneider, war ein schweigsamer Mann, der nicht viel eingriff. Gelegentlich hatte ein Häftling bei ihm das Glück, ohne Strafe davonzukommen. Dies ließ ihn nahezu menschlich erscheinen, und es entspann sich um ihn die Legende, er sei nach Dachau geschickt worden, um Koegels Blutherrschaft bis zu einem gewissen Grade einzudämmen, weil zu dieser Zeit die Nazis in Paris und London nicht allzu viel Skandal erregen wollten. Diese Legende erschien mir nicht sehr überzeugend.

Der Mann, der Koegel ablöste, war ein Preuße, an dessen Namen ich mich nicht erinnere, ein früherer Kommandant des Konzentrationslagers Sachsenhausen. Wir hatten keine Gelegenheit, ihn näher kennen zu lernen, weil wir kurz nach seiner Ankunft nach Buchenwald abtransportiert wurden. Aber die wenigen Tage mit ihm ließen uns fürchten, dass es trotz allem, was wir durchgemacht hatten, immer noch Möglichkeiten gab, Koegel zu übertreffen.

Sturmbannführer Schneider wurde von SS-Hauptsturmführer Grünewald abgelöst. Im Gegensatz zu Koegel schien er fast menschlich, und deshalb bildete sich auch um ihn eine Legende: Er sei ein ehemaliger Reichswehroffizier, der seine Mitkommandanten verabscheue. Auf jeden Fall wies ihn sein Ärmelabzeichen als »alten Kämpfer« aus. Seine erste Amtshandlung war, durch das Lager zu gehen, ohne etwas zu sagen, und sich gründlich mit den Verhältnissen vertraut zu machen. Erst nach einigen Wochen begann er, in unser Leben einzugreifen. Er war ein fähiger Organisator. In den Tagen, als die 2.000 Juden aus Wien eingeliefert wurden und es nicht genug Arbeitsgeräte gab, um sie zu beschäftigen, organisierte er Schubkarrenstaffeln und hielt auf diese Weise mit ein paar Hundert Schubkarren Tausende von Männern in Trab.

Im Großen und Ganzen tat er nur Dinge, die er mit seinem eigenen Ehrenkodex vereinbaren konnte. Menschen zu Tode zu organisieren, sie Arbeiten tun lassen, die sie umbrachten, einen Mann zweieinhalb Stunden lang am Baum hängen zu lassen, weil er sich weigerte, einen Freund zu verraten, das Wasser auszuschütten, das ein Mitgefangener ein paar Juden zu geben versuchte, die in der Sonnenhitze starben, all das war mit diesem Kodex zu vereinbaren, und er tat es. Aber jemanden in aller Form für etwas zu verurteilen und zu bestrafen, das er eindeutig nicht getan hatte, das war mit seinem Kodex nicht zu vereinbaren, und deshalb tat er es nicht. Ich erfuhr das am eigenen Leibe, als ich einmal der Sabotage, Meuterei und Befehlsverweigerung gegenüber Kapo und Wachposten beschuldigt worden war. Als ich die Anschuldigung bestritt, brüllte mich der Kommandant an, ich sei ein Lügner, aber als ich sie standhaft erneut bestritt (was an sich schon außergewöhnlich war und bei Koegel nie geschehen wäre), ließ er mich gehen. Mein ruhiges Eingeständnis, dass ich, als mich ein erboster Kapo von einem Wagen warf, mit dem Absatz einen Sack Gips aufgerissen hatte, überzeugte ihn offenbar davon, dass die ganze Geschichte von Sabotage und Meuterei von Anfang bis Ende erfunden war.

SS-Standartenführer (Oberst) Koch, oberster Kommandant in Buchenwald, gehört zu einer sehr vornehmen Sorte Killer. Er ist aus Berlin, und seine Art zu sprechen ließ uns vermuten, dass er irgendeine Form von höherer Bildung genossen haben musste. Er scheint ein pathologischer Sadist zu sein, mit einer sonderbaren Gruß-Manie, derentwegen viele Häftlinge, die ihn nicht schnell genug gegrüßt hatten, ihre »Fünfundzwanzig« bekamen. Er griff häufig in die täglichen

Abläufe ein; Essensentzug, Geiselbestrafung und andere Dinge entsprangen oft seinem Interesse an unserem Leben.

Obersturmbannführer (Oberstleutnant bzw. Lieutenant Colonel) Rödl, Kommandant des Häftlingslagers, ist seiner Erscheinung nach das genaue Gegenteil von Koch, ein roher, ungebildeter Mann, der kein einziges Wort Hochdeutsch sprechen kann. Wegen seines unverständlichen Dialekts hatte er bei uns in Anspielung auf einen bestimmten Typ von Sprachlehrbuch den Spitznamen »1000 Worte Bayerisch«. Von Beruf ist er Zementmischer, und in diesem Beruf wäre er wahrscheinlich gar nicht schlecht; die Woche über wäre er vielleicht ganz gutmütig, und am Samstag würde er sich dann betrinken und seine Frau verprügeln. Dank Rödls häufiger Betrunkenheit kam es immer wieder zu gänzlich unvorhersehbaren Ereignissen. Dann konnte es zum Beispiel sein, dass er durch den Wald ging und nach Drückebergern suchte. Zwei Männer hatten mit einem Bock hinter ihm her zu gehen, und wenn er jemanden beim Bummeln erwischte, legte er ihn selber über den Bock und zog ihm mit seiner Reitpeitsche »Fünfundzwanzig« über. Fand er keinen, griff er sich jeden, der ihm über den Weg lief. So etwas machte auch ein Obersturmbannführer (Koegel) in Dachau. Aber bei ihm war es eine sorgfältig geplante Terrorkampagne, und er achtete peinlichst darauf, sich nicht selber die Hände schmutzig zu machen. Zum Prügeln war Blockführer Wagner da. Rödl aber spendierte uns in seiner Betrunkenheit auch einmal eine doppelte Ration Wurst und zu Weihnachten ein Paar Frankfurter Würstchen für jeden Häftling. Er liebt Lieder und lässt das ganze Lager neue einüben. Er mag die Musikkapelle, und sonntags lässt er den Dirigenten manchmal über den Lagerlautsprecher sentimentale Schlager singen.

Als Organisator ist er vollkommen unfähig. Offensichtlich begreift er nicht einmal die Größe der Stadt, in der er Herr über Leben und Tod ist. Dies demonstrierte er dem Lager einmal auf höchst erstaunliche Weise, als er wollte, dass ein Haufen von etwa zwei Millionen Ziegelsteinen vom Appellplatz abgeräumt werden sollte. Er kommandierte zwei jüdische Blocks (600 Mann) an einem Sonntagmorgen für die Arbeit ab und versprach ihnen, dass sie, wenn sie fertig waren, in ihre Stuben zurückgehen konnten. Tatsächlich brauchte das ganze Lager sechs Wochen, um den Haufen abzutragen.

Rödls Stellvertreter Johnny Hackmann dürfte das wohl raffinierteste Produkt dieser Hölle sein, ein Teufel *de luxe* sozusagen. Er spricht stolz das präziseste Deutsch der Welt, das Hannoveraner Deutsch, und bringt die allersorgfältigst gedrechselten Sätze hervor, während er Häftlinge ohrfeigt. Er achtet sorgfältig darauf, dass er sich bei allem, was er tut, niemals schmutzig macht, und sieht immer so aus, als käme er gerade vom Schneider.

Johnny war 1939 ein junger Mann von etwa fünfundzwanzig Jahren. Manche Veteranen hatten ihn Jahre zuvor noch als gewöhnlichen Wachposten im Torfmoor-Lager Esterwegen gekannt. Wie es zu seiner spektakulären Karriere kam, ist nicht ganz klar. Eines der Gerüchte lautete, er sei mit einem Nazi-Gauleiter verwandt, ein anderes, er sei der homosexuelle Partner eines hohen Nazi-Funktionärs.

Ich sah Johnny einmal bei folgendem Spiel: Auf einer Waldlichtung hingen etwa fünfundzwanzig Häftlinge mit den Handgelenken an den Bäumen. Manche schrien nach Vater und Mutter, andere flehten Johnny an, sie herunternehmen zu lassen, und versprachen ihm, sich in Zukunft gut zu benehmen. Johnny, die Arme verschränkt und das Gesicht eine steinerne Maske, beobachtete sie sorgfältig und rührte sich nicht. Besonders beobachtete er einen Mann, dessen Füße ziemlich dicht über dem Boden hingen. Mit ungeheurer Anstrengung gelang es diesem Mann, einen kleinen Stein unter seinen Fuß zu bekommen und dadurch seine Handgelenke ein wenig zu entlasten. Sobald der Mann den

Stein unter seinem Zeh hatte, gab ihm Johnny eine furchtbare Ohrfeige. Der Mann baumelte in der Luft hin und her und gab keinen Laut von sich. Sobald er wieder ruhig hing und dachte, dass Johnny ihn nicht mehr beobachtete, brachte er den Stein wieder unter seinen Zeh. Aber auf genau diesen Moment hatte Johnny gewartet. Kaum war der Stein in der richtigen Position, erhielt der Mann wieder eine fürchterliche Ohrfeige. Ich sah, wie sich die Szene noch ein weiteres Mal wiederholte.

Bei einer anderen Gelegenheit, zu der Zeit, als die Sterberate einen Höchststand erreicht hatte, erschien Johnny im jüdischen Krankenbau. Mehrere tote Juden lagen im Abort, zwei noch in ihren Betten, einer wurde gerade weggetragen. Sprach Johnny: »Es ist ein wahres Vergnügen, zuzusehen, wie diese Söhne Abrahams verrecken.«

Insgesamt steht außer Zweifel, dass diese Kommandanten, ob mit oder ohne intellektuelle und organisatorische Fähigkeiten, hoch spezialisierte, gnadenlose Mörder sind, die sich dessen, was sie selbst tun und was auf ihren Befehl getan wird, voll bewusst sind.

Verbrechen und Strafe

Keine Institution, in der Menschen mit Gewalt zusammengehalten werden, ist zu verstehen, wenn man nicht die Art der Vorschriften kennt, gegen die ein Insasse verstoßen kann, und die Art der Strafen, die ein solcher Verstoß nach sich zieht.

In normalen Gefängnissen und Zuchthäusern wird dem Häftling eine Anstaltsordnung ausgehändigt, die ihn kurz darüber belehrt, was erlaubt und was verboten ist und welche Strafen er bei einem Verstoß zu gewärtigen hat. Sie skizziert das Verfahren, das zu Urteil und Strafe führt, und führt die wenigen Rechte auf, die dem Insassen bleiben, um sich vor völliger Willkür zu schützen. Was man zu tun und zu lassen hat, wird in erster Linie festgelegt, um Ordnung und Disziplin zu wahren, und wer Ordnung und Disziplin wahrt, wird größtenteils in Ruhe gelassen. Selten enthalten die Vorschriften Regeln, die der Gefangene notwendig brechen muss, wenn er als Mensch überleben will. Gewöhnlich hat er eine echte Wahl zwischen Regelbefolgung oder Regelverstoß und eine einigermaßen klare Vorstellung von den etwaigen Konsequenzen. Die häufigsten Regelverstöße, etwa bei der Arbeit rauchen, Essen mit in die Zellen nehmen, Gegenstände aus einer Zelle in eine andere schmuggeln, werden gewöhnlich mit dem vorübergehenden Entzug bestimmter Privilegien wie Rauchen, Korrespondenz oder Hofgang bestraft. Dunkelhaft und Körperstrafen werden gewöhnlich nur bei schweren oder sich ständig wiederholenden Verstößen verhängt. Innerhalb des beschränkten Rahmens der Institution besteht zwischen Tat und Folge ein gewisses Gleichgewicht.

In einem Konzentrationslager werden Regeln und Strafen nicht nur aufgestellt, um Ordnung und Disziplin aufrechtzuerhalten, sondern auch um die Menschen drinnen wie draußen zu terrorisieren. Da es eine der Hauptaufgaben des Konzentrationslagers ist, den Häftling als Mensch zu brechen, werden ihm zwei der obersten Vorrechte eines Menschen entzogen: das Recht, zu erwarten, dass in der Art und Weise, wie er behandelt wird, eine gewisse Vernunft waltet, und das Recht, sein eigenes Schicksal durch vernünftiges Verhalten zu beeinflussen. Stattdessen ist er einer vollkommen willkürlichen Behandlung ausgesetzt. Benimmt er sich gut, hat er keinen Anspruch darauf, in Ruhe gelassen zu werden; und benimmt er sich schlecht, hat er keinen Anspruch auf ein faires Verfahren. Er hat auf überhaupt nichts Anspruch, nicht auf Essen, nicht auf Bekleidung, nicht auf eine Unterkunft, nicht auf Leben oder Tod. All dies wird ihm gegeben, wenn es zweckmäßig erscheint, und entzogen, wenn sich diese Zweckmäßigkeit gerade anders darstellt, oder einfach aus einer momentanen Anwandlung heraus. Ordnet der Kommandant aus einer Laune heraus einen Tag Essensentzug an, gibt es kein Essen. Möchte ein SS-Offizier einen Mann eine Stunde lang an den Handgelenken am Baum hängen lassen, weil ihm seine Nase nicht gefällt – hängt er am Baum. Will der Wachposten einen Mann in den Selbstmord treiben, schikaniert er ihn, bis er es nicht mehr aushält; will er ihn gleich umbringen, tut er es; aber wenn er den Selbstmord verhindern will, bekommt der Mann, der den missglückten Versuch unternommen hat, fünfundzwanzig Stockhiebe.

Welchen Einfluss der Häftling auf sein eigenes Schicksal hat, hängt nicht von seiner Regeltreue ab, sondern von Schlauheit und Glück und von bestimmten technischen Beschränkungen, die sich aus den Verhältnissen ergeben. In einem Lager mit vielen Tausend Häftlingen gibt es nur ein paar Dutzend SS-Offiziere, und diese Offiziere haben ausgedehnte Überwachungsaufgaben, die es ihnen nicht gestatten, allzu lange an einem Ort zu verweilen und dort einzelne Männer zu misshandeln. Daher kann die Lagerleitung nur eines tun, nämlich dafür sorgen, dass die Lebensbedingungen allgemein sehr hart sind, und sich für individuelle Schikanen so viele Individuen herausgreifen, wie zu misshandeln technisch möglich ist. Und zu diesem Zweck ziehen sie es vor, sich Männer herauszugreifen, denen sich irgendetwas anlasten lässt. Damit bleibt die Fiktion von Gerechtigkeit gewahrt, was mehr nach ihrem Geschmack zu sein scheint. (Dass dies nur eine Frage des Geschmacks und nicht des Prinzips ist, wird klar, wenn man an die bereits erwähnte Inschrift über dem Tor denkt: »Recht oder Unrecht, mein Vaterland.«)

In Anbetracht der lächerlichen Regeln und der entsetzlichen Strafen, die jeder Verstoß nach sich zieht, liegt es auf der

Hand, dass diese Regeln gemacht wurden, um gebrochen zu werden und auf diese Weise diese Maschinerie einer Pseudo-Justiz mit einem niemals versiegenden Zustrom von Männern zu versorgen, denen man irgendetwas anhängen kann.

Unter diesen Umständen sind Regeln und Strafen nicht mehr das, was diese Wörter im bürgerlichen Leben suggerieren: Vorschriften, die man nach reiflicher Überlegung einhalten oder brechen kann, und angekündigte Strafen für den Fall, dass man beschließt, sie zu brechen. Im Konzentrationslager bedeuten die meisten Regeln nichts außer einer vage kanalisierten Willkür, und Strafe nichts außer organisierter Misshandlung. Dies wird immer dann besonders deutlich, wenn die Kapos und Ältesten nicht schnell genug neue Häftlinge zur Bestrafung melden. In solchen Zeiten geschah es häufig, dass sie vor den Kommandanten zitiert wurden und vor dem ganzen Lager gesagt bekamen: »Ich will Meldungen sehen!«, unter Androhung von Strafen, sollten sie diesem Befehl nicht Folge leisten.

Wo Willkür ein Ziel an sich ist, sind Regeln für das Verfahren, das zur Bestrafung führt, überflüssig. So weit überhaupt eine Art Verfahrensordnung zu beobachten ist, sind es Rituale, die sich aus Gründen der Zweckmäßigkeit oder aus schierer Gewohnheit entwickelt haben. Und irgendein geregeltes Beschwerdeverfahren bei willkürlichen Misshandlungen wäre natürlich erst recht sinnlos.

Der normale Zivilverstand scheint außerstande, einen solchen Zustand der völligen Willkür zu begreifen. Der Bürger eines freien Landes wird nun einmal »Warum?« fragen und eine vernünftige Antwort erwarten. »Wenn jemand bestraft wird, muss er auch etwas begangen haben. Wenn er sich an die Regeln und Vorschriften nicht halten kann, ist das sein Fehler. Er weiß schließlich, an was für einem Ort er sich befindet.« Das ist ungefähr so logisch wie der Spruch, den man von SS-Offizieren und Wachmannschaften im Lager Dutzende von Malen zu hören bekommt: »Ihr seid hier nicht im

Sanatorium« – was alles einschließt, von der Schwerstarbeit über den Nahrungsmangel bis zum langsamen Erschlagenwerden. Und nur zu gern hält sich dieser Zivilverstand an den wenigen Fällen fest, bei denen es tatsächlich einen schweren Verstoß gegen eine vernünftige Regel gab. Als sich drei Männer jeden Morgen in einen Heizschacht eingruben und dort bis zum Abendappell liegen blieben, wäre das in jeder Institution bestraft worden. Aber der Zivilverstand verallgemeinert auf seiner Suche nach Schlüssigkeit und Vernunft sofort diese wenigen Fälle – die gewöhnlich romantische Ausnahmen darstellen – und sagt: »Siehst du, ich wusste doch, dass sie die Leute nicht ohne Grund bestrafen.« Aber sie bestrafen die Leute eben doch ohne Grund.

Die folgende Aufzählung von Gründen, aus denen Männer bestraft werden, sollte den Leser nicht zu der Annahme verleiten, dass auch nur diese unbedeutenden Gründe immer angegeben werden. Sie herauszugreifen und in Worte zu fassen, ist bereits ein Zugeständnis an den Außenstehenden, der unmöglich einer Beschreibung der Trostlosigkeit dieses den ganzen Tag über anhaltenden, sinnlosen Brüllens und Prügelns und Schikanierens folgen kann. Die SS-Wachen oder der Offizier brauchen keinen Grund, um einen zu schlagen. Die Tatsache, dass man da ist, ist Grund genug. Schlägt er den einen Mann und nicht auch gleich noch seinen Nachbarn, dann weil er nur zwei Hände hat und weil er denjenigen misshandelt, der seine Aufmerksamkeit erregt. Langsamer zu arbeiten als der nächste Mann ist nur eine zufällige Art, Aufmerksamkeit zu erregen. Andere Arten sind, einen dicken Bauch zu haben oder sehr groß zu sein und so weiter. Hart und schnell, aber unnötig hastig zu arbeiten, zieht mehr Aufmerksamkeit und infolgedessen auch mehr Prügel auf sich, als wenn man langsam, aber gleichmäßig arbeitet. So weit haben die Häftlinge ganz Recht mit ihrer überstrapazierten Verallgemeinerung: »Wenn du Angst hast, wirst du geschlagen.« Es müsste aber heißen: »Wenn du Angst hast, wirst du nervös. Wenn du nervös bist, wirst du fahrig. Wenn du fahrig bist, ziehst du Aufmerksamkeit auf dich. Wenn du Aufmerksamkeit auf dich ziehst, wirst du geschlagen. Oder ›zur Bestrafung gemeldet‹.«

Der Leser sollte jedoch eines nicht vergessen: Die zahllosen, an Ort und Stelle verabfolgten Schläge und Misshandlungen, bei denen Männer halb totgetrampelt und ihnen Glieder und Schädel durch schwere Hiebe mit Stöcken und Steinen und Gewehren verletzt und gebrochen werden, haben keinen Namen. Sie alle gehen mehr oder weniger als »Unfälle« durch; der betroffene Häftling ist meistens sogar froh, dass er wenigstens nicht »zur Bestrafung gemeldet« wurde. Den Namen »Strafe« erhält eine Misshandlung nur dann, wenn sie, nach dreißig bis sechzig Sekunden »Anhörung« vor dem Kommandanten, in einer der standardisierten Formen verabreicht wird, etwa »eine Stunde Baumhängen« oder »Fünfundzwanzig.«

Die üblichsten Strafen

»*Überstunden*«: Strafarbeiten in der Freizeit.
»*Torstehen*«: am Tor stehen in der Freizeit.
»*Baumhängen*«: an den Handgelenken an einem Pfahl oder Baum hängen.
»*Fünfundzwanzig*«: fünfundzwanzig schwere Stockhiebe.

Spezielle und weniger übliche Strafen

»*Strafarbeitskommando*«: ein Kommando, das unter besonders harten Bedingungen arbeitet.
»*Strafexerzieren*«.
»*Strafkompanie*«: ein abgetrennter Teil des Lagers oder

besondere Blocks, deren Insassen noch härteren Lebensbedingungen unterworfen sind.

»Essensentzug am Sonntag«.

»Bunker«: Dunkelzellenarrest.

»Schwarzer Bunker«: verdunkelter Block mit besonders harten Lebensbedingungen.

»Überstunden«: Zwei zusätzliche Arbeitsstunden am Abend und Arbeit am Sonntag, wenn das übrige Lager frei hat. Diese Strafe wird in Buchenwald fast nie verhängt. An den Wochentagen arbeitet das ganze Lager bis zur Dämmerung, und auch sonntags wird ein Teil der Zeit gearbeitet. Außerdem wäre es schwierig, diese Art Sonderarbeit zu überwachen. In Dachau wurden im Sommer 1938 die »Überstunden« wegen Arbeitsmangel durch »Strafexerzieren« ersetzt. »Überstunden« werden gewöhnlich für einen Zeitraum von sechs bis zehn Wochen angeordnet, häufig auch »bis auf weiteres«, was Monate und oft Jahre bedeutet.

»Torstehen«: Männer, die zu dieser Strafe verurteilt werden, müssen nach dem Abendappell bis »Lichter aus« sowie den größten Teil des Sonntags barhäuptig in Habtachtstellung beim »Tor« stehen. Sie bekommen kein Abendessen. In der Sonnenhitze von Sommersonntagen werden sie ohnmächtig und bekommen einen Sonnenstich. Im Winter erleiden sie Erfrierungen. In Buchenwald werden Männer, die während des Tages bei irgendeinem Vergehen erwischt werden, zum »Tor« gebracht und stehen dort bis zum Abendappell, zu dem sie »Fünfundzwanzig« bekommen. Danach haben sie dort weiter bis »Licht aus« zu stehen, oft mit hinter dem Kopf verschränkten Händen, manchmal gleichzeitig auch noch in der Kniebeuge.[8] Torstehen ist eine reguläre

---

8 Dies nennt sich »Sachsengruß.« Offenbar herrscht die Vorstellung, dass Karl der Große die besiegten Sachsen diese demütigende Haltung einnehmen ließ. Ich bin jedoch nicht sicher, ob diese Erklärung stimmt.

Strafe, die in Dachau häufiger verhängt wird als in Buchenwald, gewöhnlich sechs Wochen hintereinander. Manchmal werden größere Gruppen, vor allem ganze Blocks, zum Torstehen in Kombination mit Strafexerzieren verurteilt.

»*Baumhängen*«: Dem Opfer werden die Hände hinter dem Rücken zusammengebunden, dann wird es an den Handgelenken aufgehängt. In Dachau werden die Männer an besonderen Pfählen im Bunkerhof aufgehängt; in Buchenwald an Bäumen auf einer Lichtung im Wald. Die größte Belastung geht auf die Hand- und Schultergelenke. Die Sehnen und Nerven der Hände sind oft auf Wochen und Monate, ja Jahre hinaus geschädigt. Zu meiner Zeit war »Baumhängen« eine reguläre Strafe, die gewöhnlich für die Dauer von einer Stunde verhängt wurde. Außerdem war es, wenn wieder einmal irgendeine Untersuchung im Gang war, das übliche Mittel, um Geständnisse zu erpressen. In den Anfangszeiten ging es beim »Baumhängen« weniger regulär zu, Männer wurden an den nächsten Baum gehängt, wann immer einem SS-Offizier dies angeraten schien. Man ließ sie oft stundenlang hängen, mitunter bis sie starben.

»*Fünfundzwanzig*«: Das Opfer wird auf einen Bock geschnallt und erhält fünfundzwanzig schwere Stockhiebe. Die Hiebe werden von den Blockführern (SS-Offizieren) verabreicht; manchmal schlägt nur ein Mann das Opfer, manchmal wechseln sich zwei dabei ab. Manchmal wird dem Opfer eine Decke über den Kopf gezogen, damit man seine Schreie nicht hört.

In Dachau werden die »Fünfundzwanzig« mit schwereren Geräten verabreicht, und gewöhnlich mit vier Tagen Bunker mit nur einer Mahlzeit pro Tag kombiniert. Sie gelten als die schwerste der gewöhnlichen Strafen. Die Lagerleitung begeht sie mit großem Pomp. Gewöhnlich werden sie im Bunker vollzogen, in Anwesenheit eines Pelotons von acht SS-Männern in voller Kriegsmontur, mit Stahlhelm und Gewehr. Manchmal finden sie auf dem Appellplatz oder auf der Hauptstraße statt. Das ganze Lager oder ein paar ausgewählte Blocks müssen auf drei Seiten eines Vierecks antreten, dessen vierte Seite von einer Kompanie SS-Leute eingenommen wird. Trommelwirbel ertönen, und ein formelles Urteil wird verlesen, Soundso sei wegen »empörender Faulheit bei der Arbeit« zu »fünfundzwanzig Hieben auf Rücken und Gesäß« verurteilt worden. Wenn das Opfer schreit, werden es mehr. Einmal zählten wir 33 Hiebe. Während des Vollzugs müssen alle zum Bock hin schauen. Wer dies nicht tut, erhält sofort die gleiche Strafe.

In Buchenwald sind die »Fünfundzwanzig« eine weniger feierliche, alltägliche Angelegenheit. Keine Wachen, keine Trommeln, kein Urteil. Männer, die während des Tages bei irgendeinem Vergehen erwischt wurden, werden zum »Tor« gebracht, und wenn Rödl abends beim Appell über ihre Vergehen informiert wird, sagt er: »Gebt's ihm einfach fünfundzwanzig«, und sie werden sofort verprügelt, während die anderen noch das »Dörfchen« singen. Auf diese Weise wird keine Zeit verschwendet.

In Buchenwald sind die »Fünfundzwanzig« die am häufigsten verhängte Strafe. Jeden Abend wird sie an gut einem halben Dutzend, manchmal aber auch an bis zu zwanzig Männern vollzogen. Bei außerordentlichen Anlässen gehen noch erheblich mehr Opfer »über den Bock«.

Da die Hiebe »auf Rücken und Gesäß« gehen, werden dabei oft die Nieren der Männer verletzt. Die Folgen machen sich manchmal noch nach vielen Jahren bemerkbar.

»Strafarbeitskommando«: In jedem Lager gibt es eine Arbeitsstelle, an der besonders harte Bedingungen herrschen und die unter der Aufsicht eines besonderen Satans von Kapo steht. In Buchenwald ist das der Steinbruch, in Dachau die Kiesgrube von Kapo Sterzer, einem der berüchtigtsten Killer, die es überhaupt gab.

Verurteilungen zu dieser Art Strafe erfolgen nach keinem regulären Schema. Ein Kommandant kann über die »Faulheit« eines Mannes in Wut geraten und ihn auf der Stelle in die Kiesgrube versetzen. Ein Kapo kann einen Mann dorthin schicken und damit eine Art Selbstjustiz üben. Häufig werden Neuzugänge während ihrer ersten Tage oder Wochen im Lager dorthin geschickt, damit sie lernen, was ein Häftling ist.

Der Kapo für diese Stelle wird nur nach seiner Brutalität und seinem Sadismus ausgesucht. Seine Funktion ist nicht, die Arbeit in Gang oder auch nur die Männer in Trab zu halten; seine Funktion ist, ihren Widerstandsgeist zu brechen.

In anderen Teilen des Lagers wird die Fiktion aufrechterhalten, dass einer, der hart arbeitet, von Misshandlungen verschont bleiben kann. Auch das stimmt nicht immer, funktioniert aber bis zu einem gewissen Grade. Nicht so unter Sterzer in der Kiesgrube. Andere Kapos vermeiden es im Großen und Ganzen, jemanden mit Absicht umzubringen oder ihm die Knochen zu brechen (obwohl es oft genug geschieht). Sterzer kümmert das nicht. Den ganzen Tag lang hetzt er herum, prügelt seine Opfer, brüllt, flucht, prügelt wieder, mit einem Ochsenziemer, mit einem schweren Stock, mit einer Eisenkette. Kein noch so hartes Arbeiten kann diesen Teufel besänftigen. Dem Opfer muss eingebläut werden, dass es ein Nichts und ein Niemand ist und sein Geschick auf keine Weise beeinflussen kann, weder durch gutes noch durch schlechtes Verhalten. Es wird einfach geprügelt.

Hier ein typischer Fall: Ein Mann aus unserer ersten Gruppe von Österreichern wurde nach ein paar Tagen im Lager krank. Selbst der Krankenbau erkannte seine Krankheit an. Er bekam die Hände dick verbunden und geschient und erhielt Arbeitsbefreiung. Am allerersten Tag, als er, die Arme noch nicht geheilt, wieder zur Arbeit erschien, wurde er zu Sterzer geschickt. Er wurde den ganzen Morgen geprügelt. Beim Mittagessen klagte er ein wenig, sagte aber nicht viel. Er war völlig verzweifelt und wusste nicht, wie er den Nachmittag überleben sollte. Nach der Mittagspause fehlte er beim Appell. Er hatte sich an einem Fensterbalken im Schlafraum erhängt.

»*Strafexerzieren*« ist eine Form von verschärftem Drill, eine wahre Hölle. Gewöhnlich werden große Gruppen dazu verurteilt, etwa ganze Blocks. Einer der SS-Offiziere kommandiert, manchmal assistieren ihm andere. Wenn Rödl das Exerzieren für das ganze Lager kommandiert, wird er von dem ganzen Rudel seiner Chargen unterstützt.

Die Offiziere brüllen die Befehle und die Menge führt sie aus. »Niederwerfen! Aufstehen! Laufschritt, marsch! Auf den Bauch! Raupe (das heißt, auf Ellbogen und Bauch vorwärts kriechen)! Nach links rollen! Nach rechts rollen! Aufstehen! Knie beugen! Froschhüpfen (das heißt mit gebeugten Knien vorwärts hüpfen)! Vorwärts hüpft! Rechtsum! Linksum! Geradeaus! Auf! Nieder! Auf! Nieder! Aufstellen in der rechten Ecke! Antreten im Tor! Ausschwärmen! Niederwerfen! Auf! Nieder! Auf! Nieder! Dies tun! Jenes tun! Dies tun! Jenes tun!«

Es ist schwer zu beschreiben, was daran so besonders höllisch ist und warum es sich ganz erheblich vom gewöhnlichen militärischen Drill unterscheidet. Manchmal ist es die Grausamkeit der Übungen, etwa Froschhüpfen, Rollen, Raupe. Manchmal ist es der Boden: tiefer Matsch, Wasserlachen, Sand, Kies oder Schnee. Das Schlimmste ist das furchtbare Tempo. Auf – Nieder – Auf – Nieder – Auf – Nieder. Manchmal genügt es schon, in diesem Tempo rennen zu müssen, um den Männern den letzten Funken Leben auszutreiben. Und zu alledem kommt noch die vollkommene Willkür und Sinnlosigkeit des Vorgangs hinzu.

Noch schlimmer ist der Drill, wenn alte und invalide Männer nicht weggehen dürfen. Sie sind ein Hindernis für die übrigen. Sie brechen zusammen und werden ohnmächtig und bringen damit die rennende Menge durcheinander. Manchmal sterben sie.

»*Strafkompanie*« ist eine Gruppe von Häftlingen, die –

aus disziplinarischen oder sonstigen Gründen – gezwungen sind, unter noch härteren Bedingungen zu leben als das übrige Lager. In Dachau sind ihre Blocks und Arbeitsstellen durch Stacheldraht von den anderen getrennt: Jeder, der mit ihnen spricht, wird selber in die Strafkompanie geschickt. In Buchenwald sind ihre Blocks nicht abgesondert, und in der freien Zeit dürfen sie mit den anderen verkehren.

Häftlinge in der Strafkompanie dürfen nur alle drei Monate einen Brief schreiben und bekommen und zehn Mark empfangen (im Gegensatz zum übrigen Lager, wo in Buchenwald monatlich zwei Briefe und bis zu dreißig Mark erlaubt sind, in Dachau doppelt so viel Geld). Sie dürfen nicht rauchen. Sie bekommen weniger zu essen. In Buchenwald bekommen sie sonntags kein Abendessen und müssen »Torstehen«, wenn die anderen womöglich den Nachmittag frei haben. In Dachau dürfen sie während der Arbeitsstunden nicht miteinander sprechen. (Theoretisch gilt dies für das ganze Lager, aber nur in der Strafkompanie wird es wirklich eingehalten.) In Buchenwald ist dies aufgrund der Arbeitsbedingungen technisch nicht durchsetzbar. Vergehen werden härter bestraft. »Fünfundzwanzig« und »Baumhängen« sind praktisch ihre einzigen Strafen, und sie werden häufiger verhängt.

Häftlinge können aus drei Gründen in der Strafkompanie sein: a) *Verstöße gegen die Lagerordnung.* Unter diese Kategorie fallen hauptsächlich Männer, die schwere Vergehen begangen oder zuvor bereits mehrere gewöhnliche Strafen erhalten haben. Aber gelegentlich landen dort auch Männer bei geringfügigen ersten Verstößen. b) *Zugehörigkeit zu einer bestimmten Häftlingskategorie.* In Dachau waren die Zeugen Jehovas und die »Rückfälligen« in der Strafkompanie, in Buchenwald die Homosexuellen und die »Rasseschänder«. (In Buchenwald galten für die Zeugen Jehovas und die »Rückfälligen«, wie bereits erwähnt, Einschränkungen beim Geld, bei der Post und beim Rauchen, aber sonst lebten sie wie das übrige Lager.) c) *Neuzugänge, die in die Strafkompanie geschickt werden, ohne überhaupt in das normale Lager zu kommen.* Vermutlich war das »Verbrechen«, das sie ins Lager brachte, besonders schwer. In Buchenwald lernte ich jedoch sehr viele Männer kennen, die in Dachau seit ihrem Eintreffen im Lager in der Strafkompanie gewesen waren, ohne dass an ihrem »Verbrechen« irgendetwas Besonderes zu sein schien. Es waren österreichische Nazi-Gegner, genau wie wir, die wir gleich zu Anfang verhaftet worden waren.

In Dachau bedeutet die Versetzung in die Strafkompanie einen vollkommenen Bruch mit dem bisherigen Leben. Alle Beziehungen, von denen manche vielleicht schon seit Jahren bestehen, werden gekappt. Es ist eine Art sozialer Tod, weil selbst der erfahrene Häftling Schwierigkeiten hat, sich vorzustellen, dass auch hinter diesem Stacheldraht das Leben noch einmal neu beginnen könnte. Denn das tut es natürlich. Auch dort gibt es ein soziales Leben, das ihn genauso absorbiert wie zuvor das Leben im allgemeinen Lager. Wie lange man in der Strafkompanie sein wird, ist unbekannt; gewöhnlich sind es Jahre.

In Buchenwald ist die Veränderung nicht so radikal. Männer, die aus disziplinären Gründen in die Strafkompanie geschickt werden, kommen vielfach nach ein paar Monaten wieder zurück. In ihrer freien Zeit können sie ihre früheren Freunde treffen, die ihnen manchmal mit zusätzlicher Verpflegung und anderen lebensnotwendigen Dingen aushelfen. In Buchenwald gehören ihr Block- und ihre Stubenältesten wie auch der gesamte Stubendienst selber nicht der Strafkompanie an. Über sie haben die sozialen Kräfte im Lager bis zu einem gewissen Grad auch Einfluss auf das Leben in der Strafkompanie. Dies ist in Dachau kaum der Fall. (Doch da die Gesellschaft in der Strafkompanie die gleiche Art Hintergrund hat wie im allgemeinen Lager, entwickelt sie sich ähnlich.)

»*Essensentzug am Sonntag*« kam in Buchenwald regelmäßig, in Dachau aber zu meiner Zeit überhaupt nicht vor. An solchen Tagen wurde vierundzwanzig Stunden lang mit Ausnahme von ein wenig braunem Kaffee-Wasser keine wie auch immer geartete Verpflegung ausgegeben.

Anfänglich ging diesen Fastentagen irgendeine Drohung voraus, etwa: »Das Lager hat (oder die Juden haben) diese Woche lausig gearbeitet. Wenn sich das nicht um hundert Prozent verbessert, kriegt ihr nächsten Sonntag nichts zu fressen.« Die Kapos nahmen diese Aussage zunächst ganz ernst und trieben ihre Leute zu größerer Eile an. Aber nach einigen Malen war klar, dass diese Fastentage durch keinerlei Anstrengung abzuwenden waren. Von da an machten die Kapos mit ihren Leuten gemeinsame Sache, und die Androhung eines Fastentages wurde nur noch als Ankündigung und als Aufforderung zu einer allgemeinen Verlangsamung des Arbeitstempos betrachtet. Die Lagerleitung begriff, was ablief, und kündigte diese Tage nicht mehr an. Es war dann einfach so, dass am Samstagabend die Essensholer von der Küche weggeschickt wurden und gesagt bekamen, sie sollten sich bis Sonntagabend nicht wieder blicken lassen.

Woraufhin es das Lager nach einiger Erfahrung als gegeben ansah, dass mit schöner Regelmäßigkeit etwa jeder dritte Sonntag im Monat ein Fastentag war. Wir versuchten, uns für solche Tage eine Büchse Fisch oder ein Stück Brot aufzuheben, und hörten im Übrigen auf, uns den Kopf darüber zu zerbrechen. Über solche regelmäßig wiederkehrenden Ereignisse kann man sich nicht den Kopf zerbrechen. Wir nahmen an, dass die Fastentage mit irgendwelchen Unregelmäßigkeiten »da oben« zu tun hatten, denn ein Tag Essen für 10.000 Häftlinge ist, wie wenig man ihnen auch gibt, eine hübsche Summe Geld. Tage ohne Essen wurden dann im Lager damit erklärt, dass »Kochs Schimmel wieder mal Hafer braucht«.

»*Der Bunker*«, wie die Arrestzellen im Lagerjargon heißen, besteht aus Dunkelzellen für die Einzelhaft. In Dachau ist er in einem eigenen Gebäude untergebracht, in Buchenwald in einem Flügel des »Tors«. Arrest im Bunker wird gewöhnlich nicht als reguläre Strafe verhängt; vielmehr hält man Männer dort fest, die man im Zuge irgendeiner im Lager laufenden Untersuchung zu Geständnissen zwingen will. In Dachau gehen, wie bereits erwähnt, die »Fünfundzwanzig« gewöhnlich mit vier Tagen Bunker einher.

Wenn Männer in den Bunker gebracht werden, um ihnen irgendwelche Geständnisse zu entreißen, werden die grausamsten Foltermethoden angewendet. Dies ist der Ort, an dem sich jene Folter »dritten Grades« abspielt, die Außenstehende gewöhnlich meinen, wenn sie an Konzentrationslager denken. Männer, die sie durchgemacht haben, äußern sich ihren Mithäftlingen gegenüber mit der gleichen Zurückhaltung, mit der ein Häftling zu einem Außenstehenden in Deutschland über seinen KZ-Aufenthalt spricht.

Viele Menschen sterben im Bunker. Die genauen Zahlen sind nicht bekannt, da die Männer, die dorthin gebracht werden, von ihren Blocklisten gestrichen werden. Die gerüchteweise genannten Zahlen dürften übertrieben sein, aber gerade diese Ungewissheit macht den Bunker für die Lagerleitung zu einer starken Waffe. Der Häftling denkt an ihn mit dem gleichen Grauen und der gleichen Angst, mit der die ganze deutsche Nation an das Konzentrationslager denkt – ein Ort, an dem man über alles Vorstellbare hinaus gefoltert wird, an dem es den Menschen als Menschen nicht mehr gibt und an dem seine tiefsten Geheimnisse aus ihm herausgepresst werden.

Ein Freund von mir kam im Zuge einer Brief-Schmuggel-Affäre in den Bunker. Bei seiner Rückkehr nach vier Tagen bot er einen erbarmungswürdigen Anblick. Er vermied es, über die Behandlung zu sprechen, die er durchgemacht hatte, beschrieb mir aber folgendermaßen seine Zelle: »Es gibt vier Wände und den Boden und die Decke. Das Fenster ist durch ein Brett von außen verdunkelt. Es gibt einen Strick, der vom Fensterbalken hängt, und es gibt den Gefangenen – und der ist nackt. Er und der Strick sind die ganze Einrichtung.« Er erzählte mir, dass er der Versuchung, von jenem Strick den ihm zugedachten Gebrauch zu machen, wohl kaum noch einen fünften Tag widerstanden hätte.

Manchmal verschwinden Neuankömmlinge sofort im Bunker, um ihn nur noch als Leichen wieder zu verlassen. Einer von ihnen war der Scharfrichter von Wien, der Henker jener Nazis, die Dollfuß ermordet hatten.

Die »Vogelfreien«: Anfang 1939 war die Disziplin in Buchenwald auf einem Tiefstand. Der Kampf gegen die Berufsverbrecher war in vollem Gange, und die Korruption hatte ungeahnte Höhen erreicht. Die Häftlinge hatten sich zu sehr an die »Fünfundzwanzig« gewöhnt. Neue Strafen wurden erfunden, zwei davon vom Lagerältesten Hubert Richter, einem Berufsverbrecher.

Die eine bestand darin, Häftlinge für bestimmte Vergehen für vogelfrei zu erklären. Der Blockälteste sollte die Strafe verkünden, und von da an sollte kein Häftling mit dem Mann mehr sprechen dürfen. Ihm sollten das Rauchen verboten und die Kantinenprivilegien entzogen werden.

Die ersten Versuche wurden mit Häftlingen gemacht, die niemand leiden konnte. Aber es funktionierte nicht. Die Männer verstanden nur zu gut, was geschah. Sie begriffen, dass dies eine Bedrohung für die Gesellschaft als Ganzes darstellte. Alle sprachen mit den »Vogelfreien«, um zu demonstrieren, dass es unmöglich war, irgendeinen Mann innerhalb dieser Gesellschaft gegen den Willen der anderen zu isolieren, wie unbeliebt er auch sein mochte.

Die neue Strafe wurde rasch fallen gelassen und vergessen. Dennoch lohnt es sich, an sie zu erinnern. Der Mann, der sie erfand, hatte den Punkt getroffen, an dem seine Mithäftlinge verwundbar waren: Schneide einen Mann von seinen sozialen Beziehungen ab, isoliere ihn innerhalb seiner Gesellschaft, und du wirst in der Lage sein, seine Widerstandskraft, seinen Lebenswillen zu brechen.

Der »schwarze Bunker«: Hubert Richters zweite Erfindung wurde in die Tat umgesetzt. Ein ganzer Block wurde vollkommen leer geräumt, die Fenster verdunkelt. Die Opfer erhielten nur leichte Sommeruniformen (es war bitterkalter Winter mit tiefen Minusgraden in der Nacht), keine Unterwäsche, keine Betten, keine Decken, nichts als die Wände. Sie bekamen eine Mahlzeit pro Tag, die aus der Hälfte einer normalen Abendration bestand. Nichts zu trinken. Nichts zu rauchen. Keine Post. Einmal in der Woche wurden sie ins Freie gelassen, zum Tor geführt, mit »Fünfundzwanzig« traktiert und zurück in die Finsternis gebracht. Abgeschnitten von Licht und Leben. Lebendig begraben.

Sie konnten in der Kälte nicht schlafen. Um sich ein wenig zu wärmen, liefen sie im Kreis in der Finsternis herum. Wir wissen nicht, wie sie es fertig brachten, nicht zu schlafen. Wir hörten sie Tag und Nacht laufen. Wer müde wurde, fiel in einer Ecke zusammen, wurde aber bald von irgendjemand anderem in der Finsternis totgetrampelt. Sie liefen wochenlang. Sie wurden krank. Sie bekamen vor Vitaminmangel Furunkulose. Übersät mit entsetzlichen Geschwüren, wurden sie in den Krankenbau gebracht, dort verbunden – und gingen zurück in die Finsternis.

Eines Tages sollte einer dieser Unglücklichen aus dem Lager entlassen werden. Er trug schon seine Zivilkleidung, genau wie die anderen, die an diesem Tag entlassen werden sollten. Aber das war ausgerechnet der Tag, an dem das ganze Lager wegen Typhus unter Quarantäne gestellt wurde. Die entlassenen Männer wurden wieder in gestreifte Kleidung gesteckt und zurück zur Arbeit geschickt. Und dieser Mann wurde zurück in die Finsternis geschickt.

Wir waren viele Grausamkeiten gewöhnt – aber dieser Vorfall schockierte uns. Dieser Mann war ja tatsächlich von der Gestapo entlassen worden. Es war reiner Zufall, dass seine Mithäftlinge gerade an Typhus starben und er also seine Freiheit nicht genießen konnte. Trotzdem wurde er für irgendeinen Verstoß gegen die Disziplinarordnung eines Lagers, aus dem er entlassen worden war, in die schlimmste Strafe zurückgeschickt.

Dieses Martyrium dauerte Wochen und Wochen. Eines Tages war es vorüber. Die Häftlinge wurden zurück in ihre Blocks geschickt, die Fenster wurden geöffnet, die Räume gereinigt und wieder eingerichtet. Die ganze Sache gehörte der Vergangenheit an. Warum, wissen wir nicht.

Verbrechen

Sehr wenige Dinge im Konzentrationslager sind ausdrücklich verboten. Und wenige Dinge ausdrücklich befohlen. Man scheint allseits anzunehmen, dass ein Häftling von Natur aus weiß, wie er sich zu benehmen hat; wenn er irgendetwas tut, was einem SS-Mann gerade nicht passt, dann war es verboten. Sollte es Fragen geben: Im Konzentrationslager ist alles verboten.

Die folgende, grob in ein paar Hauptgruppen unterteilte Aufzählung einiger Verstöße soll nicht heißen, dass es so etwas wie Strafbestimmungen gab; sie soll nur einen allgemeinen Eindruck davon vermitteln, was real vorkommt.

Verstöße gegen die allgemeine Disziplin im Lager und in den Blocks

Ein Mann marschiert nicht zackig genug. Er grüßt nicht schnell genug. Er presst seine Finger während des Appells nicht stramm genug an die Hosennaht. Seine Schuhe sind schmutzig. Sein Hemd ist schmutzig. Seine Kleider sind zerrissen. Seine Haare sind zu lang. Er ist unrasiert. Er spricht während des Appells mit seinem Nachbarn (das tun alle, oder versuchen es). Er singt nicht laut genug. Sein Bett ist schlecht gemacht. Sein Blechnapf ist »schmutzig« (der Offizier kann sich nicht darin spiegeln). Seine Zahnbürste ist schmutzig (sie weist ein Staubkorn auf). Sein Hemd ist falsch zusammengelegt, oder seine Unterwäsche. Sein Wasserglas steht da, wo sein Teller sein sollte. Seine Socken liegen rechts statt links vom Hemd.

Er hat im Block geraucht. Er hat gelacht, als ein Offizier vorbeiging. Er hat behauptet, krank zu sein, und wird für einen Simulanten gehalten. Er hat dies . . . Er hat das . . . Er hat jenes . . . Irgendetwas hat er immer getan.

Verstöße gegen die Disziplin bei der Arbeit

Ein Mann ist faul. Zwischen zwei Schaufeln Kies versucht er, einmal Luft zu holen. Er setzt eine voll beladene Schubkarre einen Augenblick ab. Er schaufelt nicht genug Kies nach oben. Er nimmt vier Ziegelsteine, wenn er fünf nehmen soll. Er nimmt fünf, wenn er sechs nehmen soll. Er rennt nicht schnell genug mit der leeren Schubkarre oder dem leeren Wassergefäß. Er bekommt einen Tritt, fällt über seine Schubkarre, kann sich nicht schnell genug hochrappeln. Er ist faul.

Man ist immer faul, sobald sich die Frage stellt. Niemand kann den ganzen Vormittag über sein Tempo beschleunigen. Nach ein paar Minuten Beschleunigung hat man seine Höchstgeschwindigkeit erreicht. Aber ein achtzehnjähriger Bengel kann einen Mann stundenlang mit »Schneller, schneller!« anbrüllen, wenn er nur ein Gewehr in der Hand und den Befehl erhalten hat, ihm nicht von der Seite zu weichen.

Ein 63-jähriger Mann erzählte uns eines Abends ein seltsames Erlebnis. Er hatte sich eine Atempause gegönnt. Ur-

plötzlich stand ein SS-Offizier neben ihm: »Bist du übergeschnappt! Ich beobachte dich jetzt seit einer ganzen Minute!
Eine ganze Minute lang hast du nicht einen Handschlag getan!« Der Häftling, der ganz weiße Haare hatte, antwortete:
»Ich bin ein alter Mann.« Daraufhin ließ der Offizier von
ihm ab. Aber sein Erstaunen war typisch. Ein weißhaariger
alter Mann hatte es gewagt, eine Minute lang innezuhalten!

Es gibt genauer definierte Vergehen, etwa Rauchen und
Essen während der Arbeitszeit. (Frühstück ist um vier Uhr
früh und Mittagspause um zwölf!)

Und es gibt eine unbegrenzte Zahl von Leuten, die wirklich faul sind und sich drücken, wann immer sie Gelegenheit
dazu haben. Warum auch nicht? Es ist nicht ihre Arbeit, sie
bekommen keinen Lohn, sie können nicht einmal sicher
sein, dass sie nicht geprügelt werden. »Im Konzentrationslager«, hieß es immer, »muss man mit den Augen und den Ohren arbeiten.« Dem ist leider hinzuzufügen, dass der Neuling, der diesen schlauen Spruch zu wörtlich nimmt, bald
merkt, dass auch seine Hände und Füße und Schultern und
sein Rücken und sein ganzer Körper dazugehören. Aber bei
der allgemeinen Tendenz zum Bummeln findet natürlich jeder Offizier immer irgendjemanden, der tatsächlich bummelt.

Vergessene Regeln

In allen bis jetzt genannten Fällen ist der äußere Schein von
»Gerechtigkeit« gewahrt; ein Mann hat wirklich gegen irgendeine Regel verstoßen, als er zumindest eine gewisse
Chance hatte, dies nicht zu tun. Aber es gibt zahlreiche Regeln, gegen die er wegen der schieren Notwendigkeiten des
Lebens einfach verstoßen muss. Und andere, gegen die er
verstößt, weil es alle tun, ganz offen, vor den SS-Offizieren
und den Wachen, bis plötzlich einer von ihnen aus einer blo-

ßen Laune heraus den Mann wegen Verstoßes gegen eine vergessene Regel meldet.

Praktisch jeder redet bei der Arbeit mit Mithäftlingen. Gewöhnlich achtet niemand darauf. Dann wird eines Tages ein Mann gemeldet, weil er »sich unterhalten« hat. Ein Mann, der gerade nichts zu tragen hat, geht, statt zu rennen. Niemand kann die ganze Zeit rennen. Gewöhnlich ist die Sache mit einem Fluch erledigt, vielleicht mit einem Stein, den der Sünder abbekommt, oder mit einem Hieb. Aber gelegentlich taucht es als Meldung wegen »aufreizend langsamen Herumschlenderns« auf.

Unter diese Kategorie fallen auch die Regeln, die die Herstellung von und den Handel mit einer großen Zahl von Artikeln wie Holzschuhen, »Bügeleisen« zum Bettenmachen, Sandpapier zum Spindreinigen, Stahlwolle zum Geschirrpolieren, Brotsäcke und so weiter verbieten. Die Herstellung ist illegal, da sie bei der Arbeit und mit gestohlenem Material erfolgt; der Handel ist illegal, da aller Handel verboten ist; gewöhnlich ist auch der Transport der Artikel vom Herstellungsort zum Lager illegal; ihr Besitz aber wird gewöhnlich als legal betrachtet. Niemand kommt ohne diese Artikel aus. Die SS-Offiziere sehen sie Tausende von Malen. Aber eines Tages fliegt ohne Vorwarnung ein Korruptionsskandal auf, bei dem es um diese Artikel geht, und Leute werden bestraft, weil sie sie hergestellt, geschmuggelt, verkauft oder gekauft haben.

Dann gibt es noch ein paar völlig vergessene Regeln: Niemand darf mehr als einen Brief von seinen Verwandten aufheben. Aber wer wirft schon das Liebste weg, was er besitzt? Monatelang kümmert sich niemand darum. Dann gibt es eines Tages eine Generalinspektion, und die Männer werden bestraft. In Buchenwald darf niemand mehr als zehn Mark bei sich tragen. Aber wenn man zufällig mehr Geld besitzt, hat man keinen Ort, um es aufzubewahren. Gewöhnlich kümmert sich niemand darum. Aber eines Tages wird man vielleicht bestraft. In Dachau ist es verboten, während der Arbeitszeit Tabak oder Essen in der Tasche zu haben. Niemand kümmert sich darum. Dann kommt eines Tages vielleicht ein SS-Offizier dahergeschlendert und hat die hervorragende Idee, die Taschen durchsuchen zu lassen. In Buchenwald stellen die Männer Schlingen her, mit denen man die Tragen transportieren kann. Sie werden aus Draht, Seil, Kartoffelsäcken gemacht. Manchmal ist ihr Gebrauch erlaubt. Dann wieder ist er verboten, aber außer denen, die bestraft werden, weil sie welche benutzen, weiß niemand davon. Aber auch das interessiert im Grunde keinen.

Theoretisch ist es verboten, irgendeinen anderen Block als den eigenen zu betreten. Jeder tut es, keinen interessiert es. Aber eines Tages wird man vielleicht dafür bestraft.

Soziale Vergehen

Es gibt immer eine Reihe von wirklichen Verstößen gegen feststehende Regeln, bewusst geplante, auf raffinierte Weise begangene Verstöße. Wegen der großen Zahl der Häftlinge wiederholen sich all diese besonderen Vergehen im Laufe der Zeit und werden Teil eines Musters. Aber der Einzelfall liegt immer außerhalb der Norm. Hierher gehören die berühmtesten Lagergeschichten.

In Dachau gab es kurze Zeit Milch zu kaufen. Mit Hilfe von hohen Preisen und viel Wasser verdiente ein Blockältester ein wenig Geld damit. Die Folge: Strafkompanie und Selbstmord.

In Buchenwald bildeten zwanzig Mann ein Pseudo-Arbeitskommando. Mit leeren Tragen wanderten sie durch den Wald. Die Folge: »Fünfundzwanzig«.

Ein Mann brach einem toten Mithäftling einen Goldzahn aus. Es war ein wertvolles Zahlungsmittel. Die Folge: »Fünfundzwanzig« und Strafkompanie.

Ein Nichtjude wurde zwischen den Juden entdeckt. Zwei Jahre lang hatte er so getan, als wäre er ein Jude. Irgendjemand hatte ihm eingeredet, dass er auf diese Weise bessere Entlassungschancen hätte. Die Folge: Strafkompanie.

Ein Mann mit dicken Verbänden wurde als Simulant entlarvt. Die Folge: Strafkompanie.

Hierher gehören auch alle berühmten Korruptions- und Schmuggelskandale.

In Buchenwald machte die Lagerleitung den Winter über einen ungeheuren Profit, indem sie uns Pullover, Handschuhe, Schals, Ohrenschützer verkaufte. Viele Älteste wurden reich, indem sie auf die Preise noch etwas aufschlugen.

Und endlos ist der Schmuggel mit Artikeln aus dem Krankenbau. Die Aufzählung der besonderen Vergehen ließe sich noch lange fortsetzen. Doch sollte man nie vergessen, dass diese interessanteren Fälle nur einen kleinen Teil der Vergehen darstellen, für die man bestraft wird. Die Masse der Häftlinge lässt sich nichts weiter zuschulden kommen als eines der Standardvergehen, etwa schlecht gemachte Betten oder das Staubkorn auf der Zahnbürste oder Faulsein.

Unterschiede

Nach einem halben Jahr Dachau, wo alles reibungslos und sauber funktioniert und die Lagerleitung die Disziplin fest im Griff hat, so dass kaum ein Atemzug unbemerkt bleibt, ist man höchst überrascht, in Buchenwald genau entgegengesetzte Bedingungen vorzufinden. Alles ist dort schmutzig und desorganisiert, die Lagerleitung weiß kaum, was vorgeht, und es fehlt an Disziplin. Das heißt nicht, dass der Terror in Buchenwald schwächer wäre als in Dachau. Er ist nur weniger gut durchorganisiert.

Zu den besonderen Unterschieden, die uns bei unserer

Ankunft in Buchenwald sofort auffielen, gehört die Tatsache, dass in Dachau die Politischen eine fest etablierte Herrschaft über das übrige Lager ausübten, während in Buchenwald im Herbst 1939 die meisten wichtigen Führungspositionen in der Hand von Kriminellen waren. Wir waren überrascht über das Ausmaß an Autonomie, das die Häftlinge in Buchenwald beim Betrieb bestimmter Abteilungen wie dem Krankenbau, den Spezialwerkstätten, der Kleiderkammer und den sonstigen Magazinen hatten – und über den ungeheuren Umfang der Bestechungen und Schiebereien, die damit verbunden waren. In Dachau stand alles unter strenger Aufsicht, und Schiebereien unter den Häftlingen hielten sich in relativ engen Grenzen.

Nach einiger Zeit fanden wir heraus, dass auch die soziale Organisation in Buchenwald viel komplizierter war. Hier gab es oft innerhalb der einzelnen Häftlingskategorien Spaltungen zwischen denen, die sich auf die Seite der Politischen schlugen, und denen, die es eher mit den Kriminellen hielten, während es in Dachau eine ziemlich starre Hierarchie zwischen den verschiedenen Kategorien gegeben hatte.

Unterschiede, die mit den natürlichen Bedingungen, dem Hintergrund der Häftlinge und dem Stand der Bauarbeiten im Lager zu tun hatten, zogen Unterschiede in der gesamten Lagerorganisation nach sich – das heißt bei der Zeiteinteilung, den Arbeitsbedingungen und dem Bewachungssystem. Die Kombination dieser Faktoren kann weitgehend für die unterschiedliche soziale Struktur der beiden Lager verantwortlich gemacht werden. Darüber hinaus wurden diese Unterschiede noch durch weitere, sekundäre Faktoren modifiziert oder verstärkt, etwa die Fähigkeiten des Lagerkommandanten, die Größe des Lagers, die geographische Lage.

In Dachau hat jedes Arbeitskommando außerhalb des Stacheldrahtbereichs seine eigenen Wachen, die rund um die Arbeitsstelle herum postiert sind. Auf dem ebenen Wiesengelände können alle Wachen gewöhnlich alle Häftlinge gleichzeitig im Auge haben, da sie den ganzen Tag dicht in ihrer Nähe sind. Die Wachposten schikanieren, misshandeln, quälen und hetzen die Männer, soviel es ihnen beliebt. Die Aufsicht über die Arbeit und die technische Leitung liegt gewöhnlich bei einem SS-Offizier. Der Kapo ist hauptsächlich dazu da, das Ganze durch Schreien, Fluchen und Prügeln in Gang zu halten. Nur bei besonderen, qualifizierten Arbeiten muss er die Arbeit auch anleiten.

Dieses Wachsystem, bei dem sich die Wachen den ganzen Tag dicht bei den Männern befinden, führt zu dem berühmtberüchtigten »Dachauer Tempo«, das den Häftling zwingt, ununterbrochen auf Trab zu sein, immer im Eiltempo, niemals auch nur für einen Atemzug innehaltend.

In Buchenwald mit seinem Wald wäre bei diesem System eine ungeheure Anzahl von Wachen erforderlich, um jede einzelne Arbeitsstelle abzuriegeln und wirksam zu überwachen. Stattdessen wird der ganze Bereich auf der Kuppe des Berges, in dem auch die wichtigsten Arbeitsstellen liegen, mit einer einzigen langen Kette von rund sechshundert Wachposten umgeben, die in jeweils zehn bis fünfzehn Metern Entfernung voneinander stehen. Innerhalb der Postenkette gibt es nur ein paar SS-Offiziere, die den ganzen Tag herumlaufen, um die Häftlinge zur Arbeit anzuhalten. Dadurch sind nur diejenigen Gruppen, die gerade dicht bei der Postenkette arbeiten, in direktem Kontakt mit den Wachen; die meisten Häftlinge bekommen sie den ganzen Tag lang nicht zu Gesicht. Auch scheinen die Wachposten strenger angewiesen zu sein, ihren Platz nicht zu verlassen, als dies in Dachau der Fall ist. Ihr Hauptvergnügen besteht darin, die

Häftlinge mit Steinen zu bewerfen oder ihnen aus der Ferne gymnastische Übungen zu befehlen (etwa fünfzig Kniebeugen usw.)

Da die SS-Offiziere nicht überall zugleich sein können, liegt die Beaufsichtigung der Häftlinge bei der Arbeit tatsächlich in den Händen der Kapos und eines ausgeklügelten Systems von Unter- und Hilfskapos. Auch die technische Anleitung der Arbeit ist größtenteils Sache der Kapos, mit einem Offizier vom Baubüro als Oberaufsicht.

Unter diesen Umständen ist Bummeln, besonders das organisierte Bummeln ganzer Gruppen, viel häufiger als in Dachau, und auch die Schiebereien erreichen wegen der ungeheuren persönlichen Macht, die in den Händen der Kapos und ihrer Gehilfen liegt, ein viel größeres Ausmaß.

Die Lagerleitung und die SS-Offiziere wissen natürlich, dass all dies vorgeht und dass das Arbeitstempo an den meisten Stellen langsam ist (das heißt langsam für ein Konzentrationslager!), und als Gegenmaßnahme verlängern sie die Arbeitszeiten (im Sommer 13 Stunden statt 10 Stunden wie in Dachau) und üben ihren Terror, da die Entdeckung und Bestrafung einzelner Sünder viel schwieriger ist, meist unterschiedslos über ganze Arbeitskommandos aus.

Als wir aus Dachau kamen und das langsamere Arbeitstempo sahen, dachten wir, wir hätten einen guten Tausch gemacht. Aber wir merkten bald, dass die langen Arbeitszeiten (mit nur einer halben Stunde Mittagspause gegenüber zwei Stunden in Dachau) einen Mann genauso gründlich erschöpfen konnten wie das furchtbare Tempo in Dachau, vor allem da die Verpflegung in Buchenwald so viel schlechter war und es praktisch kein Trinkwasser gab. Wir wussten nie, was uns lieber war; vielleicht war in Buchenwald die Zahl der Todesfälle aus schierer Erschöpfung etwas größer und in Dachau die Zahl der Todesfälle infolge von Misshandlungen.

Ein wichtiger Unterschied bei den Arbeitsbedingungen ergibt sich daraus, dass Dachau auf ebenem Gelände liegt und Buchenwald auf einem steilen Berg. In Dachau wird der Transport von großen Massen Material wie Kies, Sand und Steine über kurze Entfernungen mit Schubkarren, über weite Entfernungen mit Rollwagen bewerkstelligt, die von Männern gezogen werden. In Buchenwald wird beides wegen der Steilheit des Berges nur in unwesentlichem Umfang benutzt. Stattdessen wird das meiste Material in Tragen befördert, Holzkisten an zwei langen Stangen, die von zwei Männern wie eine Sänfte getragen werden. Manchmal tragen auch vier Männer einen Kasten auf den Schultern.

Daraus ergeben sich Unterschiede bei der Arbeitsorganisation und bei der Behandlung der Leute. Über Männer, die Kies in Schubkarren über kurze Entfernungen transportieren, kann man leicht individuell herfallen, ohne das übrige Lager aufzuhalten. Ein SS-Offizier oder Kapo kann sich auf einen Mann stürzen, ihn treten und prügeln, dass er über seine Schubkarre fällt. Selten wird dabei Material verschüttet. Einen Mann mit einer leeren Schubkarre kann man doppelt so schnell rennen lassen, und wenn er sein Tempo nicht erhöht, kann man ihn mit einer voll beladenen Karre rennen lassen.

Zwei Männer mit einer Trage kann man nicht zu einem wesentlich schnelleren Tempo zwingen, weil dann Material aus dem Kasten fallen würde. Daher wirken sie auf den einzelnen SS-Offizier weniger einladend als Männer mit Schubkarren. Hinzu kommt, dass das Material in Buchenwald gewöhnlich über weite Entfernungen transportiert wird, durch den Wald und zwischen den vielen Seitenstraßen des Lagers. Wenn die Häftlinge diese Entfernungen einzeln rennen müssten, wäre so gut wie keine Aufsicht möglich, es sei denn, man setzte buchstäblich ganze Wachkompanien ein. Daher werden lange Kolonnen von fünfzig bis hundert oder mehr Trägern unter der Führung eines Kapos und/oder eines oder zweier Unterkapos gebildet. Die Kolonnen marschieren im Gänsemarsch. SS-Offiziere greifen selten einzelne Männer in einer Kolonne an, weil dies Unordnung in die Reihen bringen würde. Aus diesem Grund gilt der Dienst in einer Trägerkolonne gewöhnlich als eine nicht allzu üble Arbeit.

Da die Kolonnen oft Entfernungen von einem Kilometer und mehr zurücklegen, müssen nach Ermessen des Kapos Ruhepausen eingelegt werden, damit den Männern die Tragen nicht herunterfallen und der Inhalt verstreut wird; diese Pausen dauern normalerweise nicht lange – wenn ein SS-Offizier in der Nähe ist, gewöhnlich eine Minute oder so –, aber sie sind erwähnenswert, weil sie die Grundlage für das Bummeln ganzer Gruppen bilden. Eine Kolonne kann ihre Pause erheblich verlängern, wenn sie auf der Hut und bereit ist, beim Auftauchen eines SS-Offiziers gleich wieder loszumarschieren. Wenn eine Kolonne einem Kommandanten begegnet oder durch das Tor marschiert oder von irgendeinem Offizier etwas gefragt wird, muss der Kapo Ziel und Zweck ihres Marsches melden. Ein geistesgegenwärtiger Kapo, der eine einigermaßen gut organisierte Kolonne hat, kann sie mit den leeren Tragen fast überallhin führen. Das heißt nicht, dass das Leben in einer Trägerkolonne nur aus gemächlichem Herumspazieren in der Sonne (oder im Schneesturm, was das betrifft) besteht. Aber es heißt doch, dass es Möglichkeiten zu gelegentlichen Ausflügen und Ausflüchten gibt; und zusammengenommen bilden alle diese Möglichkeiten in den verschiedenen Arbeitskommandos die Basis dafür, dass die Verwaltung außerstande ist, alles unter Kontrolle zu halten. Zum Beispiel wurde einmal eine Pseudo-Kolonne von zwanzig Mann mit zehn Tragen und einem Pseudo-Kapo beim Herumwandern im Wald angetroffen. Sie waren etwa drei Arbeitstage lang herumspaziert, bis ein SS-Offizier Verdacht schöpfte, weil er sie nie mit irgendetwas in ihren Kästen sah, aus welcher Richtung sie auch gerade kamen. Sie erhielten umgehend ihre »Fünfundzwanzig«. Dieser Fall war eine Ausnahme – aber er ist bezeichnend, weil er deutlich macht, wie wenig Kontakt es gab. Selbst ganz ohne Tragen kann fast jede Kolonne »auf dem Weg zum Holzlager« sein, um »Bretter für den Bau der ›Truppengaragen‹« zu holen.

Dieser Vorteil wird durch die ständigen Versuche der SS-Offiziere wettgemacht, Kolonnen mit Pseudo-Aufträgen zu erwischen. Kolonnen ohne Tragen sind besonders oft Verdächtigungen und oft auch Misshandlungen ausgesetzt. Manchmal müssen sie Extra-Übungen machen, wenn sie einem Offizier begegnen, selbst wenn sie mit einem vollkommen legalen Auftrag unterwegs sind.

In Dachau wird das Material gewöhnlich unter den Augen der die Arbeitsstelle umstellenden Wachen transportiert, und noch der leiseste Versuch, mit einer leeren Schubkarre Geschäftigkeit vorzutäuschen, ist unmöglich. Ist Material über lange Strecken zu befördern, wird jeder Wagen, den die Männer ziehen, von zwei Wachposten begleitet. Jede List, die die Mannschaft anwendet, um ihr Los zu erleichtern, muss entweder in stillschweigender Übereinkunft mit den beiden Wachen durchgeführt werden oder indem man sie täuscht, während sie dabei sind und zuschauen, was schwierig ist und selten gelingt.

In Buchenwald haben Arbeitskommandos, die außerhalb der Postenkette arbeiten, eigene Wachen und stehen deshalb unter der gleichen strengen Überwachung wie in Dachau, während sie zugleich die langen Arbeitszeiten von Buchenwald durchhalten müssen.

Eine indirekte Folge des Wachsystems ist die Gestaltung der Mittagspause. In Dachau bleiben die Wachen über einen Zeitraum von fünf Stunden bei den Häftlingen, marschieren dann zum Mittagessen mit ihnen zurück ins Lager und werden für den Nachmittag von anderen Wachen abgelöst. In Buchenwald kann die Postenkette, um sicher zu gehen, dass niemand geflohen ist, ihre Plätze nicht verlassen, ehe nicht alle Häftlinge innerhalb des Zauns sind und der Appell beendet ist. Dies würde mittags zu viel Zeit in Anspruch nehmen, und deshalb wird die Mittagspause an der Arbeitsstelle verbracht.

Daraus ergibt sich ein weiterer auffälliger Unterschied. In Dachau ist jede Verpflegung und jeder Tabak, der während der Arbeitszeit im Besitz eines Häftlings gefunden wird, Schmuggelware. Dies ist häufig Anlass zu Bestrafungen. In Buchenwald hat jeder Häftling einen Brotsack, in dem er seine »Ration« für den Mittag bei sich trägt. Misstrauen kommt deshalb nur auf, wenn jemand sehr viel Verpflegung und Tabak bei sich hat. Mit Hilfe des Brotsacks wird über das ganze Gebiet Schmuggel und Handel in ungeheurem Umfang betrieben, und die Lagerleitung ist praktisch machtlos, dies zu unterbinden. Es ist schlicht unmöglich, täglich zehntausend Brotsäcke zu durchsuchen.

Zwei besonders auffällige Unterschiede zwischen den beiden Lagern haben damit zu tun, dass Dachau im Sommer 1938 ein praktisch fertiges Lager war, während sich Buchenwald noch im Bau befand.

In Dachau gab es innerhalb des Stacheldrahtbereichs fast keine Arbeit mehr. Wenn die Lagerleitung keine Wachen abkommandieren wollte, um Männer zu den Außen-Arbeitsstellen zu eskortieren, musste man die Leute sich selbst überlassen. So gab es seit Ostern 1938 im Grunde keine Sonntagsarbeit mehr. (Zuvor hatte es über Jahre hinweg nicht einen einzigen freien Tag gegeben.) Daher wurden die Häftlinge sonntags und im Sommer abends nach dem Appell zu Arbeiten innerhalb des Zauns geschickt, so dass sie beschäftigt waren, aber von lediglich ein paar Dutzend SS-Offizieren beaufsichtigt werden konnten.

Die anderen wichtigen Unterschiede betreffen die Art der Arbeit. In Dachau sind rund 3.500 der 5.000 Männer mit nichts anderem als Graben, Schubkarrenschieben und primitiven Straßenbauarbeiten beschäftigt. Rund 500 Männer arbeiten in der Möbelfabrik und rund 1.000 beim Bau, das heißt, als Maurer und Maurergesellen, Schreiner, Dachdecker, Klempner, Zement- und Ziegelträger und bei allen möglichen anderen Arten von angelernter Arbeit und Facharbeit. Die letztgenannten Arbeiten sind sämtlich den Nichtjuden vorbehalten, und die begehrtesten Arbeiten sind sämtlich in den Händen der Politischen. Durch die bloße Tatsache, dass es nur eine kleine Zahl »besserer Arbeiten« gibt, stellen die Inhaber solcher Arbeitsplätze eine Elite dar, die im Lager eine höhere Position als alle übrigen Häftlinge hatte. Bestimmten Gruppen (vor allem den Politischen) anzugehören, ist fast gleichbedeutend damit, eine gute Arbeit zu haben. Zum Beispiel ist die Möbelfabrik fast ausschließlich mit Politischen besetzt – und fast jeder nichtjüdische Politische, der nicht irgendwo anders eine Sonderarbeit oder Sonderstellung hat, wird in den Möbelwerkstätten untergebracht.

In Buchenwald ist die Hauptarbeit nicht Straßenbau, sondern der Bau von Häusern und Garagen. Dafür werden natürlich ungeheuer viele Arbeitskräfte gebraucht, die nichts weiter tun als graben: Fundamente graben, Schächte graben, graben, um Gelände für den Häuserbau zu planieren. Aber auch für den Häuserbau selbst wird eine ungeheure Zahl von Arbeitern gebraucht. Der Bedarf an Bauarbeitern ist so groß, dass weder die Lagerleitung noch die Häftlinge ihre Präferenzen immer durchsetzen können. Die Lagerleitung will die Juden von aller Arbeit, die nicht Graben ist, fern halten. Aber es gibt weniger Grabearbeiten, als es Juden gibt. Und es gibt mehr Arbeitsplätze für Angelernte, die besetzt werden müssen, als es Nichtjuden gibt. Dies heißt nicht nur, dass eine gewisse Anzahl Juden Arbeitsplätze für Angelernte und gelegentlich sogar Facharbeiter bekommt, sondern auch, dass es keine Kontrolle über die Verteilung der Arbeitsplätze gibt. Auch hier ist die Lagerleitung machtlos und kann nur versuchen, die besten Arbeitsplätzen möglichst nie mit Juden zu besetzen, die schlechtesten Arbeitsplätze dafür möglichst immer. Die Mobilität, teils aus individuellem Antrieb, teils durch organisiertes Handeln bestimmter Häftlingsgruppen, ist groß.

Vielleicht 6.000 der 10.000 Häftlinge in Buchenwald haben auf die eine oder andere Weise mit Bauarbeiten zu tun, und im Gegensatz zu Dachau gibt es viel weniger Männer, die schon aufgrund ihres Status als Juden oder Angehörige anderer Gruppen von ihnen ausgeschlossen sind. Daher gibt es auch keine solche offenkundige Elite von mehr oder weniger qualifizierten Arbeitern, und nur die Facharbeiter bilden eine einigermaßen geschlossene Elite. Die Politischen und die Kriminellen, die dank ihrer Organisation Einfluss auf die Verteilung der Arbeit haben, können sich nicht um all die Tausende von Arbeitsplätzen kümmern, die für Angelernte sind oder aus anderen Gründen Vorzüge aufweisen. Damit sind Tausende von Arbeitsplätzen mehr oder weniger auf dem Markt – das heißt, sie werden ohne organisierte Einflussnahme seitens der Lagerleitung oder der Häftlinge besetzt. Hauptsächlich in diesem Bereich der Arbeit für Angelernte findet auch der größte Teil der arbeitsplatzbezogenen Schiebereien statt. Die Kapos und Unterkapos werden bestochen oder fordern Tribut; die Männer nutzen alle möglichen privaten Verbindungen und Listen, um aus einer Arbeitsstelle oder einem Arbeitskommando heraus, und in ein anderes hineinzukommen. Ein Wechsel des Arbeitsplatzes ohne Genehmigung des für die Bauarbeiten zuständigen SS-Offiziers oder zumindest eines der führenden Kapos ist in beiden Lagern verboten. In Dachau kann meist auch für die Einhaltung dieses Gesetzes gesorgt werden, und es wird nur ausnahmsweise gebrochen. In Buchenwald ist seine Durchsetzung praktisch unmöglich, ganz gleich, wie furchtbar einzelne Männer, die dagegen verstoßen, gelegentlich bestraft werden. Jeden Tag wechseln Hunderte von Männern ihre Arbeitsplätze. Das bedeutet natürlich nicht, dass es eine einheitliche Bewegung hin zu den besseren Arbeitplätzen gibt.

Wenn ein Kapo mit 150 schlechten Arbeitsplätzen eines Morgens merkt, dass er vielleicht dreißig Mann zu wenig hat, geht er zum Offizier, bittet um dreißig Mann und bekommt gesagt, er solle sie sich »von Trägerkolonne Nummer II« oder einem anderen bestimmten Kommando holen. Also geht er hin, sagt dem Kapo Bescheid (oder macht sich vielleicht nicht einmal die Mühe, ihm Bescheid zu sagen) und nimmt dreißig Männer mit, ohne auf ihre Proteste zu hören. Dies geschieht jeden Tag in fast jedem Arbeitskommando außer bei den allerschlechtesten Kommandos und bei den Facharbeitern. Diese extreme Unsicherheit in Bezug auf den Arbeitsplatz ist mehr als alles andere bezeichnend für die allgemeine Unsicherheit in Buchenwald. Hat man einmal einen guten Arbeitsplatz für sich ergattert, weiß man nicht, ob man ihn morgen noch hat oder nicht, und ohnehin bleibt man selten länger als ein paar Wochen an ein und demselben Arbeitsplatz. Ist man aber auf einer schlechten Stelle gelandet, besteht natürlich immer auch Hoffnung, wieder von ihr wegzukommen. In Dachau geht es erheblich stetiger zu. Gute Arbeitsplätze sind schwerer zu bekommen, aber leichter zu behalten. Und wer auf einer schlechten Stelle landet, sitzt länger auf ihr fest.

Ordnung und Hygiene

In Dachau werden die Häftlinge mit Überregulierung und Übersauberkeit gequält, in Buchenwald mit Desorganisation und Schmutz. Deshalb ist es für einen Häftling auch so schwierig, die Frage zu beantworten, welches der beiden Lager schlimmer war. Sie sind in so vielen Hinsichten so unterschiedlich. Sie waren beide »schlimmer«.

Der Unterschied von Sauberkeit und Schmutz ist in erster Linie darauf zurückzuführen, dass Dachau einen Untergrund aus Kies hat, einem Material, mit dem sich relativ sauber arbeiten lässt, und viel gutes Wasser, so dass auch alles sauber gehalten werden kann. Buchenwald dagegen hat einen Untergrund aus Lehm, der schmiert und klebt und alles durchdringt, und außerdem so wenig Wasser, dass sich die Häftlinge nicht einmal jeden Tag die Hände waschen können, vom Sauberhalten der Kleidung ganz zu schweigen. In Dachau sind die Straßen ein paar Stunden nach einem Regenguss wieder trocken; in Buchenwald verwandelt sich der Lehm in Morast und bleibt es tagelang, knöcheltief. Den ganzen Winter über wurde der Schlamm nie ganz trocken, außer an Tagen, an denen er gefroren war.

Aus diesen Gründen lassen sich in Dachau sehr viele Sauberkeitsregeln durchsetzen, die in Buchenwald schlicht nicht anwendbar sind. In Dachau müssen die Schuhe ausgezogen werden, ehe man eine Stube betritt, und unter dem Wasserhahn gewaschen werden, ehe man sie wegräumt. Es ist strikt verboten, in schmutziger Kleidung oder schmutzigen Schuhen zum Appell zu kommen. Der Häftling verschwendet einen ungeheuren Teil seiner freien Zeit darauf, sich sauber zu halten, sein Hemd abzukratzen und zu waschen, dann seinen Spind zu waschen oder zu schrubben, sein Geschirr und so weiter. Und da es überhaupt möglich ist, die Blocks sauber zu halten, wird auch daraus eine Tortur gemacht. Die Männer aller Blocks bringen den größten Teil ihrer freien Zeit an Samstagnachmittagen und Sonntagvormittagen damit zu, den Dielenboden, die frisch lackierten Bettgestelle und so weiter spiegelblank zu polieren.

In Buchenwald gibt es weder genug Wasser noch genug Platz für so viel Saubermachen. Die Bekleidung kann erst dann vom Schlamm gereinigt werden, wenn sie trocken ist – aber wann ist sie je trocken? Die Schuhe sauber zu halten, ist unmöglich, allenfalls kann man an Tagen, an denen Inspektion ist, eine so dicke Schicht Schuhkrem über den Lehm auftragen, dass sie die zwei Stunden Inspektion überdauert.

Dieser ewige Schlamm, der an Schuhen und Kleidern kleben bleibt, zwischen Strumpf und Fuß, Hemd und Körper kriecht, frisst sich schließlich auch in die Hirne der Männer. Wenn man sich auf keine Bank setzen, keinen anderen Mann am Arm fassen, nicht in den Waschraum oder sonst irgendwohin gehen kann, ohne schlammig zu werden, dann schleicht sich der Schlamm in die Gespräche, Gedanken, Gewohnheiten ein, in alles. Die übergroße Mehrheit der Häftlinge ergibt sich geistig und körperlich dem Schlamm. Nur eine Minderheit macht eine Frage der Moral daraus, sich sauber zu halten.

Der Wassermangel wirkt sich auch auf Gesundheit und Hygiene aus, nicht nur weil sich die Häftlinge nicht sauber halten können, sondern auch weil sich kleine Wunden nicht versorgen lassen. In Dachau konnte so manche kleine und oft auch größere Verletzung mit Hilfe von Wasser und ein paar Stückchen sauberen Leinens versorgt werden. In Buchenwald führen Wunden sehr viel häufiger zu Blutvergiftung. Dachau ist frei von Ungeziefer in jeder Form, während in Buchenwald immer wieder in irgendeinem Block Läuse auftreten.

Der Wassermangel trägt auch zur Verlangsamung des Arbeitstempos bei. Man kann Menschen, für die es kein Wasser gibt, nicht unbegrenzt zu schnellerem Arbeiten antreiben. Sie brechen in der sengenden Sonne zusammen und sterben wie die Fliegen, und die Arbeit wird nicht getan. Im Juli 1938, als 1.600 Juden aus Berlin nach Buchenwald kamen, zeigte sich das zur Genüge. Dieses Mal war die Verwaltung nämlich weniger an der Arbeit interessiert als daran, die Männer zu quälen. Einhundertunddreißig von ihnen starben innerhalb der ersten Monate, die meisten davon an schierer Erschöpfung.

Der Zahl der Häftlinge wie dem Umfang der Bauvorhaben nach ist Buchenwald weitaus größer als Dachau. Im Herbst 1938 hatte Buchenwald 10.000 reguläre Häftlinge, zu denen nach den Pogromen um den 10. November 1938 herum noch einmal 10.000 Juden hinzukamen (die in einem eigens abgezäunten Bereich untergebracht wurden). Dachau hatte im Frühjahr 1938 rund 2.400 Häftlinge und im Herbst desselben Jahres rund 5.500 Häftlinge. Diese plötzliche Zunahme um 3.000 Mann führte dazu, dass die Lagerleitung beinahe die Kontrolle über die Disziplin verlor und in gewissem Umfang ähnliche Verhältnisse eintraten, wie wir sie später in Buchenwald vorfanden.

Das Häftlingslager in Dachau besteht aus 30 flachen Baracken. Der Zaun steht dicht um sie herum und umschließt nur die Baracken, den Appellplatz, ein großes Gebäude am Kopfende des Platzes und das Gewächshaus am hinteren Ende. Die Baracken stehen in zwei Reihen, und jede Seitenstraße lässt sich von den Maschinengewehrtürmen aus überwachen. Ein einziger SS-Offizier, der die Hauptstraße herunterschlendert, kann in zehn Minuten das ganze Lager inspizieren.

In Buchenwald stehen die 48 Baracken in 8 Reihen, der Zaun umschließt einen großen Bereich, und die Wachposten auf den Maschinengewehrtürmen können nicht in das Lager hineinsehen. Im Gewirr der Seitenstraßen können ganze Arbeitskommandos oder in der freien Zeit auch einzelne Personen Begegnungen mit SS-Offizieren einfach dadurch vermeiden, dass sie um eine Ecke biegen. Während der freien Zeit sind die Häftlinge praktisch allein, denn kein SS-Offizier geht gern ins Lager hinunter, wo er sich seine Uniform und seine gewichsten Stiefel schmutzig macht. Dies trägt viel dazu bei, dass sich das soziale Leben unter den Häftlingen freier entwickelt.

In Dachau waren die wichtigsten Projekte am Ende des Sommers 1938 der Bau von Straßen rund um das Lager herum, die Fertigstellung einiger Wohnbauten für SS-Offiziere und das Planieren von Gelände, vor allem für Exerzierplätze. All diese Projekte waren leicht zu beaufsichtigen, sie lagen gewöhnlich getrennt voneinander, und die Arbeitskommandos waren in der Regel nicht größer als fünfzig bis hundertfünfzig Mann. Nur ein oder zwei bestanden aus drei- bzw. vierhundert Mann. Selbst ein unerfahrener Beobachter konnte ohne weiteres verstehen, was an den meisten Arbeitsplätzen geschah und ob die Männer auch das taten, was sie tun sollten.

In Buchenwald waren die wichtigsten Projekte innerhalb des Zauns der Bau von großen Steingebäuden für die Häftlinge und außerhalb des Zauns der Bau von 36 großen Garagen und einer großen Reparaturwerkstatt für die Lastwagen eines motorisierten Regiments sowie von 16 zweistöckigen Häusern für jeweils eine Kompanie; von ein paar großen Kasernen, in denen mehrere hundert SS-Leute untergebracht werden sollten; von Magazinen, der Küche, dem Krankenbau und so weiter, die für alle diese SS-Leute benötigt wurden; von Villen für die SS-Offiziere; und außerdem von sämtlichen Straßen, Abwasserkanälen usw. sowohl im Häftlings- als auch im SS-Lager. Alle diese Projekte lagen oben auf dem Berg, innerhalb der Postenkette. Die Arbeitskommandos waren selten kleiner als 100 Mann; viele von ihnen hatten sogar 300 Mann und einige bis zu 500 und 600 Mann. Die Arbeitsstellen überschnitten sich, und die Arbeit bestand aus so vielen unterschiedlichen und an sich schon einigermaßen komplizierten Tätigkeiten und Projekten, dass abgesehen von den Grabearbeiten niemand außer dem für die Bauarbeiten zuständigen, erfahrenen SS-Offizier sagen konnte, ob die Männer auch die Arbeit taten, die sie tun sollten.

Die Folge war, dass in Buchenwald den Kapos und bestimmten organisierten Unterkommandos erheblich mehr Verantwortung übertragen wurde. Aus diesem Grund konnten Gruppen, die innerhalb des Zauns Einfluss hatten, diesen Einfluss in viel höherem Maße als in Dachau auch direkt an den Arbeitsstellen geltend machen. Und die Gewitztheit und Kühnheit einzelner Männer ging ebenfalls viel weiter – wodurch so viele jener unglaublichen Vorkommnisse möglich wurden, die sich schließlich zu dem Satz verdichteten: »In Buchenwald ist alles möglich.«

Häftlinge

Die Hauptursache für die unterschiedlichen sozialen Strukturen der beiden Lager ist die unterschiedliche Verteilung der Häftlinge, bezogen auf die Kategorien ihrer Vergehen.

Das Konzentrationslager Dachau wurde 1933 als Lager für politische Gefangene errichtet. Selbst nach dem Zustrom aller möglichen Arten von Häftlingen blieben die Politischen viele Jahre lang die größte Gruppe. Deutlich anders wurde dies erst im Sommer 1938, als die 3.300 Österreicher zu den 2.200 Deutschen hinzukamen.

Die folgende Tabelle zeigt die Verteilung für März 1938, also vor Eintreffen der ersten Österreicher, und September 1938, nach dem Eintreffen der Österreicher und vor dem Abtransport der Juden nach Buchenwald.

März 1938		September 1938
900	Politische Häftlinge	1.250
300	Unpolitische mit rotem Winkel	2.100
200	Kriminelle	850
400	Asoziale (schwarzer oder brauner Winkel)	900
50	Remigranten	50
150	Homosexuelle	150
150	Zeugen Jehovas	150
50	Rasseschänder	50
2.200		5.500

Die Zahlenverhältnisse der beiden wichtigsten Untergruppen – Juden und Nichtjuden, Politische und Unpolitische – veränderten sich so, dass die Juden, die im März nur eine kleine Gruppe gewesen waren, im September bereits die Hälfte des Lagers ausmachten, während die Politischen (Juden oder Nichtjuden), die über ein Drittel der Gesamtzahl ausgemacht hatten, nur noch etwas über ein Fünftel bildeten.

März 1938		September 1938
300 – 2.200	Juden – Nichtjuden	2.300 – 3.200
900 – 1.600	Politische – Unpolitische	1.250 – 4.250
0 – 2.200	Österreicher – Deutsche	3.300 – 2.200

Zwischen diesen wichtigsten Untergruppen wiederum gab es erhebliche Überschneidungen, da zum Beispiel auch 1.250 unpolitische österreichische Juden einen roten (politischen) Winkel trugen.

Das Konzentrationslager Buchenwald wurde 1937 mit 1.000 nichtjüdischen Kriminellen als ersten Insassen errichtet. In den Jahren 1937 und 1938 wurden mehrere hundert von ihnen in andere Lager geschickt, während politische Häftlinge und eine große Anzahl nichtjüdischer »Asozialer« und mehrere tausend Juden nach Buchenwald kamen. Im Herbst 1938 war die Verteilung wie folgt:

1.450	Politische
2.650	Unpolitische mit rotem Winkel
900	Kriminelle
3.900	»Asoziale« mit schwarzem oder braunem Winkel
100	Remigranten
400	Zeugen Jehovas
150	Fremdenlegionäre
100	Rasseschänder
9.650	

Die drei wichtigsten Untergruppen, die sich in Dachau während des Sommers herausgebildet hatten, waren anders gewichtet als in Buchenwald:

Juden – Nichtjuden:	3.500 – 6.000
Politische – Unpolitische:	1.450 – 8.350
Österreicher – Deutsche:	2.300 – 7.500

Hinzu kam noch eine weitere Unterteilung, die in Dachau keine besondere Rolle spielte: Kriminelle gegen Politische. Ihre Gesamtzahlen (900 gegen 1.450) geben die Verhältnisse nicht exakt wieder, weil sie Österreicher und Juden einschlossen, die jeweils nur in geringem Maße in den Konflikt einbezogen waren: die Österreicher nicht, weil sie zu einer Zeit eintrafen, als sich der Kampf zwischen den kriminellen und den politischen Häftlingen bereits seinem Höhepunkt näherte; und die Juden nicht, weil sie nicht genug Macht hatten, um sich am Kampf zu beteiligen. So wurde der Konflikt in erster Linie zwischen rund 400 Kriminellen und rund 1.000 Politischen ausgetragen, beides Gruppen, die aus deutschen Nichtjuden bestanden.

Kaleidoskop

Entlassene Häftlinge sind meist vollkommen außerstande, die Monotonie des Lageralltags in Worte zu fassen. Wie soll man das Immergleiche eines Fünfzehnstundentages schildern, der im Wesentlichen aus nichts besteht als 120 Ladungen Kies, die man 100 Meter weit transportiert, oder 1.500 Schaufeln Lehm, die man aus einem Schacht nach oben wirft? Wie soll man das ununterbrochene Gebrüll beschreiben, wenn das einzig Bemerkenswerte daran der Wechsel von »Fauler Sack, fauler«, zu »Faule Sau, faule«, und vielleicht »Dreckige Judensau, dreckige«, war; wenn sich jede dieser Varianten täglich rund dreihundert Mal wiederholte? Was soll man über das Prügeln sagen, wenn es an einem durchschnittlichen Tag bloß aus ein paar Tritten bestand oder man an einem Glückstag vielleicht überhaupt nicht geprügelt wurde und der Nachbar auch nur eine einzige Ohrfeige und einen Steinwurf abbekommen hatte, und der Stein nicht einmal besonders groß war, so dass nicht einmal Blut floss?

Der Druck der Verhältnisse besteht nicht so sehr aus den tatsächlichen Misshandlungen, die man ertragen muss (und die immerhin nach ein paar Minuten oder ein paar Stunden vorbei sind), sondern aus ihrer Allgegenwart: Wird man nicht selber geprügelt, dann sieht man doch, wie jemand anders geprügelt wird, und weiß, dass man nur Glück gehabt hat, wenn man nicht selber von dem SS-Offizier herausgegriffen wurde; und Augen und Ohren und jeder Gedanke und jeder Nerv sind angespannt und wachsam; jede Faser des Leibes ist auf ein einziges Ziel gerichtet: so ruhig und so unauffällig wie möglich vor sich hin zu arbeiten, um nur ja nicht die Aufmerksamkeit eines der vielen Teufel um einen herum auf sich zu ziehen; und doch kann sich jeder von ihnen jederzeit auf einen stürzen – und es gibt nichts, was man dagegen tun könnte. Trifft es einen, ist das nicht wie das reinigende Gewitter, nach dem man sich dann eine Zeit lang sicher glauben kann: Viel eher ist es eine Mahnung zu doppelter Wachsamkeit, denn solange der Mann da ist, der einen geschlagen hat, behält er einen im Auge. Geschlagen zu werden ist an sich schon ein Grund, um noch mehr geschlagen zu werden. Geht er weg, haben ihn andere vielleicht schlagen gesehen und hacken nun ihrerseits auf einem herum. Hat man aber Glück und der erste Mann geht weg und keiner hat ihn beobachtet, dann ist man auch nur wieder in der gleichen Lage wie zuvor. Man sieht, wie andere Leute misshandelt werden, und ist auf der Hut, um nicht selber der

Nächste zu sein. Und man weiß, dass man es sowieso nicht verhindern kann.

Diese Situation ist Außenstehenden, die etwas erzählt bekommen wollen, schwer zu vermitteln. Noch schwerer wird dies dadurch, dass der frühere Häftling und der Außenstehende nicht dieselbe Sprache sprechen. Wenn der Außenstehende fragt: »Hat man dich sehr schlimm geprügelt?«, denkt er dabei vielleicht an eine mildere Form von Prügeln als der Mann, der sie tatsächlich durchgemacht hat. Aber der ehemalige Häftling, der immer noch die verkehrte Logik und die völlig anderen Standards des Lagers im Kopf hat, sagt womöglich: »Nein, ich bin sehr billig davongekommen.« Er wird sich dazu nicht weiter äußern. Tatsächlich kann das heißen, dass er im Laufe mehrerer Monate im Lager rund dreißig Mal persönlichen Attacken von SS-Offizieren und Wachmannschaften und Kapos ausgesetzt war, bei denen er jedes Mal herumgestoßen, mit einem Stock geprügelt, in die Seite getreten oder geohrfeigt wurde; jede einzelne Attacke kann zwischen einer und zehn Minuten gedauert haben; aber keine davon hat sichtbare Spuren hinterlassen. Im Lager zählen nur die Standardformen wie »Fünfundzwanzig« oder »Baumhängen« oder »Bunker« oder irgendeine außergewöhnliche Misshandlung. Der ehemalige Häftling würde sich vor seinen Mithäftlingen schämen, wenn er herumginge und Aufhebens von dem bisschen Blut machte, das er unter dem Stiefel eines SS-Offiziers vergossen hat.

Also versucht er sich an Geschichten zu erinnern, die einen Anfang und ein Ende und eine Pointe haben. Und davon gibt es wahrlich genug. Er erzählt von den »großen Sachen«, als Peter Forster am Galgen gehängt wurde, und als der Wolf an Schneebällen zugrunde ging, und als man sie nicht freilassen wollte, ohne ihnen ein Paar Hosenträger zu verkaufen, weil sie daran eine Mark pro Stück verdienten; wie die Juden während der Pogrome hereinkamen und man rund sechzig von ihnen die Schädel einschlug, weil sie unter den Misshandlungen wahnsinnig geworden waren. Er erzählt von den kleinen Listen, die er anwendete, um sich ein oder zwei Wochen lang einen kleinen Druckposten zu verschaffen – »Na ja, und dann fand ich einen Unterkapo, der ein ganz netter Kerl war, der hat mich erst gar nicht bemerkt, aber dann habe ich einen Freund von ihm kennen gelernt, und über den sind wir miteinander bekannt geworden, und er hat mir eine Pseudo-Arbeit zugewiesen – oh, Mann! Da ging es uns gut! Eine ganze Woche lang haben wir nichts gemacht als mit einem halben Sack Sägemehl im Wald herumzuwandern. Und wenn uns jemand fragte, wo wir hingingen, haben wir ganz ernsthaft gemeldet: ›Wir bringen Sägemehl vom Holzlager zum Krankenbau, da wird was umgepackt.‹«

»Und einmal hatte ein Mann gerade die Warnung gegeben, ›Acht-sehn, acht-sehn‹, als mit einem Mal ein SS-Offizier hinter ihm stand und sagte: ›. . . und sieben macht fünfundzwanzig‹, und ihn meldete. Und als sie ihn öffentlich verprügelten, musste er jedes Mal, wenn der Ochsenziemer durch die Luft sauste, ›achtzehn, achtzehn‹ brüllen. Und wenn er auf ihn niederkrachte, dann hat er gestöhnt, aber er musste immer wieder ›achtzehn, achtzehn‹ brüllen.«

»Und einmal haben sie einen Mann ausgepeitscht, der aus dem Garten des Kommandanten ein paar Enteneier gestohlen hatte. Und der Kommandant hat bei jedem Hieb geschnattert: ›Quack, quack, quack‹, und: ›Hast du diese Eier gelegt?‹ und: ›Was für einen Luxusgeschmack unser Kleiner doch hat.‹«

»Und einen Mann gab es, der flehte und schrie immer, dass sie ihn nicht schlagen sollten. Die SS-Offiziere kannten ihn schon, und wenn sie ihm irgendwo begegneten, drohten sie ihm. Dann brach er immer in Tränen aus, fiel auf die Knie, warf die Arme hoch und flehte: ›Lieber guter kleiner Herr Blockführer, haben Sie Erbarmen mit mir, schlagen Sie mich nicht, bitte, ich flehe sie an‹, und rutschte auf den Knien herum und versuchte, den Offizieren die Stiefel zu küssen. Und wenn der Offizier seinen ›Spaß‹ mit ihm gehabt hatte, entließ er ihn gnädig mit nur einem Tritt oder vielleicht auch gar keinem. Und der Mann kam dann zurück, grinste von einem Ohr zum anderen und prahlte: ›Seht Ihr, ich bin wieder mal davongekommen.‹«

Leute, die diese Geschichten hören, bekommen ein vollkommen verzerrtes Bild vom Leben im Konzentrationslager. Nicht diese Geschichten beherrschen das Leben des Häftlings, sondern die 120 Ladungen Kies und der Appell und das Bettenbauen und andere Routinearbeiten. Ich habe im Rahmen dieses Buches bewusst vermieden, solche Geschichten zu erzählen, damit sie nicht das Übergewicht über die Alltagsroutine bekommen. Aber natürlich dürfen sie auf keinen Fall ganz übergangen werden. Sie gehören genauso zur Situation wie die Routine.

Immer wieder wird die trostlose Monotonie von primitiver Arbeit und Misshandlungen durch irgendein außergewöhnliches Ereignis durchbrochen. Es gibt Höhepunkte im Leben eines Häftlings, wo sich alle Grausamkeit der Hölle oder aller Wahnsinn eines Irrenhauses zu einer einzigen Stunde des Grauens oder des Wahnsinns verdichtet. Manchmal bilden Hölle und Irrenhaus eine derart groteske Mischung, dass es nur noch zum Lachen wäre, ginge es dabei nicht um das Leiden und den Tod von Menschen. Und tatsächlich ergreifen die Häftlinge, die an Misshandlungen und Tod gewöhnt sind und jede Stunde und jede Minute mit beidem für sich selber rechnen müssen, diese Gelegenheit und lachen. Sie sind froh, dass es etwas Außergewöhnliches gibt, über das sie reden können und das ein wenig Würze in den armseligen Lagerklatsch bringt.

Manches, was für einen Häftling, der erst ein paar Wochen oder Monate im Konzentrationslager verbracht hat, noch Höhepunkte sind, wird für den Mann, der schon ein paar Jahre dort ist, schließlich zum typischen Ereignis. Da ich vierzehn Monate dort verbrachte, waren für mich bestimmte

Dinge bereits typisch geworden, die für andere, die erst drei Monate im Lager waren, aufregende Ausnahmen darstellten. Eine öffentlich vollzogene Prügelstrafe in Dachau mit all ihrem Pomp ist für einen Mann, der sie nur einmal erlebt hat, etwas Unvergessliches, das über die gewöhnliche Grausamkeit des Lagers weit hinausgeht. Ich habe mehrere erlebt und sprach von ihnen nur noch mit dem Spitznamen, den sie bei den Veteranen haben.[9] Aber ich habe nur einmal gesehen, wie ein Mann am Galgen gehängt wurde, während Männer, die schon fast sechs Jahre im Lager waren, mit den Zähnen knirschten und Rache schworen, weil »sie es wieder mal geschafft haben«.

Nach etwa einem Jahr Lager beginnt man zu verstehen, dass das Außergewöhnliche selber Teil der Routine ist. Die einzelnen Ereignisse mögen aufregend sein, aber im Ganzen gesehen sind sie nur die verdichtete Form eines charakteristischen Bestandteils der Situation – der Unsicherheit und vollständigen Unvorhersehbarkeit. Dadurch, dass das Außergewöhnliche in jedem Augenblick eintreten kann und auch eintritt, wird es so sehr zu einem Teil des Häftlingsalltags, dass der Veteran es mit einem Achselzucken abtut: »Irgendwas passiert immer«; und wenn es selbst in seinen Augen ein wenig ausgefallen ist, fügt er vielleicht noch hinzu: »In Buchenwald ist alles möglich.«

Für ihn ist es Kraftverschwendung zu versuchen, zwischen den verschiedenen Ereignissen zu unterscheiden und sich über neue aufzuregen. Für ihn gibt es nichts Neues unter der Sonne. Er hat ein paar Hinrichtungen erlebt, ein paar Fluchten, er hat mehrmals mit angesehen, wie Menschen öffentlich totgetrampelt wurden, er hat ein paar Winternächte

---

9 Dieser Spitzname ist »Öffentlicher Schlageter«, ein gegen die Nazis gerichtetes Wortspiel; Schlageter war ein Mann, der von den Franzosen während der Ruhr-Besetzung 1923 wegen Sabotage erschossen wurde. Die Nazis machten ihn später zum Helden.

auf dem Appellplatz gestanden; Selbstmorde von Häftlingen sind ein alter Hut für ihn; Männer, die sich in einem Heizschacht eingraben und damit die komplizierteste Faulenzergeschichte des Jahres zustande bringen, entlocken ihm nur ein Lächeln; er weiß, dass dies jedes Mal geschieht, wenn ein neuer Heizschacht gegraben wird. Er hat Kommandanten kommen und gehen sehen, und zu jeder neuen Superbestie fällt ihm eine ein, die noch schlimmer war. Er hat erlebt, wie die größten Schmuggelskandale aufflogen, und er weiß von Dingen, die nie ans Licht kamen und derentwegen, wären sie ans Licht gekommen, Leute dutzendweise erschossen worden wären. Manchmal gehören zur Lagerüberlieferung Sagen aus alter Zeit, das heißt zwei oder drei Jahre vor der Zeit des Erzählenden, die so grauenhaft und so grotesk sind, dass ich sie in diesem Buch nicht zu erwähnen wage, weil ich nicht weiß, wie ich ihren Wahrheitsgehalt überprüfen soll. Aber ich habe Veteranen im Lager befragt, und sie alle sagen: »Klar, so was hat es gegeben«, und erzählen sofort ähnliche Geschichten, die sie selbst miterlebt haben.

Im Folgenden werde ich ein paar von diesen besonders ungewöhnlichen Ereignissen schildern. Sie alle geschahen während meiner Zeit, und ich selbst war Zeuge bei jeder einzelnen von ihnen.

Buchenwald, Winter 1938

Während des Appells ließ uns Rödl das »Dörfchen« singen. Die »Rückfälligen« sangen offenbar nicht laut genug. Ohnehin waren sie in der letzten Zeit ein wenig zu mächtig geworden, und Rödl beschloss, ihnen einen Denkzettel zu verpassen.

Nach dem Appell mussten sie auf dem Platz bleiben. Eine volle Stunde lang kommandierte er persönlich ein Strafexerzieren, eines der fürchterlichsten, von denen ich je gehört habe. Eine volle Stunde lang hörten wir seine Befehle über das Mikrophon. »Auf – Nieder – Auf – Nieder – Rollen – Sprungauf – Nieder . . .«

Als er dachte, sie hätten genug und hätten ihre Lektion gelernt, schickte er sie davon. Sie stellten sich in Marschordnung auf, alle 450, und marschierten durch das Lager. Ihr Block war ganz hinten in der letzten Reihe. Auf dem Marsch begannen sie das »Seeräuberlied« zu singen. Das ist eines der romantischen Lieder, die deutsche Jugendliche gern sangen, mit einem flotten Rhythmus, der Leben in den müdesten Haufen bringen kann. Der Text ist unpolitisch, und im Lager wird das Lied gelegentlich auf Befehl gesungen.

Aber die »Rückfälligen« machten eine politische Demonstration daraus. Statt mit der ersten Strophe begannen sie mit der letzten, die auf diese Weise sofort symbolische Bedeutung erhielt:

> Und ist der letzte Schuss getan,
> Ist die blutige Schlacht vorbei,
> So lenken wir unsern morschen Kahn
> In die Hölle frank und frei.
> Und wenn es dem Teufel nicht gefällt
> Ei, so heizen wir selber uns ein.
> Wir waren die Herren der Welt
> Und wollen's beim Teufel noch sein!

Es hallte wie Sturmläuten durch das Lager.

Rödl tobte vor Wut. Er befahl sie zurück und ließ sie weitere zehn Minuten auf die fürchterlichste Weise exerzieren. Aber als er sie erneut wegschickte, marschierten sie wieder in voller Schlachtordnung durch das Lager und wiederholten mit mächtigen Stimmen die dritte Strophe:

> Wir waren die Herren der Welt
> Und wollen's beim Teufel noch sein!

Es war das erhebendste Erlebnis meines ganzen Lageraufenthalts. Selbst die Veteranen waren beeindruckt. Nachdem die Marschierenden ihr Lied beendet hatten, verstreuten sie sich über das ganze Lager und riefen in Hochstimmung Grüße und Scherze in die Blocks. Die Stimme eines von ihnen habe ich immer noch im Ohr. Er war ein Hüne von Mann mit einer Stimme wie ein Wasserfall, und er steckte seinen Kopf zu unserem Fenster herein und sagte, von tief innen heraus lachend: »Uns kann det alles nich erschüttern!«

Buchenwald, 4. Januar 1939

In der Woche zwischen Weihnachten und Neujahr war es ziemlich verrückt zugegangen. Zu Weihnachten bekamen wir zwei Tage frei – zum ersten Mal seit Jahren. Also erlaubte man uns, zusätzliches Geld von unseren Konten abzuheben und in der Kantine zusätzliche Verpflegung zu bestellen. Am ersten Weihnachtstag bekamen wir jeder ein Paar Frankfurter Würstchen und sogar so etwas Ähnliches wie Kakao. Während der nächsten Arbeitstage war das allgemeine Klima lockerer als sonst; schließlich stand ja noch ein Feiertag bevor. Zu Sylvester gaben einige von Österreichs besten Kabarettisten, die sich ebenfalls unter den Häftlingen befanden, eine Vorstellung, die auch das Interesse der SS erregte. Das Lager war geradezu in gehobener Stimmung. Ich erinnere mich, wie an jenem Abend ein österreichischer SS-Mann sturzbetrunken durch das Lager stolperte. Er brüllte einem Häftling etwas Unverständliches zu. Der Mann stand stramm: »Jawohl, Herr Blockführer.« »Wo kommst du her?« »Aus Österreich, Herr Blockführer.« »Von wo da?« »Aus Wien, Herr Blockführer.« Woraufhin der betrunkene SS-Offizier dem Mann auf den Rücken haute: »Lass das verdammte ›Herr Blockführer‹ weg, nenn mich einfach Joe. Aber erzähl den gottverdammten Preußen nichts davon!«

Schnaps wurde eingeschmuggelt, und die Herren Kapos gossen sich einen hinter die Binde. Das Lager war voller Gerüchte über das Ereignis, aber ohne Kommandant Kochs Gruß-Manie wäre es nie herausgekommen. Er stieß auf zwei Kriminelle, die ihn nicht grüßten. Er wurde wütend und ließ den beiden auf der Stelle »Fünfundzwanzig« verabreichen. Es stellte sich heraus, dass sie überhaupt nicht begriffen, worum es ging. Sie waren stockbetrunken.

Koch ließ sie erst nüchtern prügeln, dann in den Bunker werfen und dort Geständnisse aus ihnen herausprügeln.

Und am 4. Januar verkündete er nach dem Abendappell über Mikrofon: »Ein paar von euch haben gemeint, sie brauchten eine kleine Sylvesterfeier. Sie haben sogar gemeint, sie brauchten Schnaps zu diesem Anlass. Gut, ihr habt euren Teil gehabt. Jetzt will mal ich eine kleine Feier veranstalten.«

Er befahl mehrere Arbeitskommandos zum Tor. Kartoffelschäler, Klempner, Tellerwäscher, Elektriker und so weiter – rund 250 Männer. Wegen ihres engen Kontakts mit der SS hatte er sie offenbar im Verdacht, den Schnaps eingeschmuggelt zu haben. Er ließ sie in Fünfergruppen abzählen. Und jeder Fünfte ging »über den Bock«.

Und da er zufällig auch mit ein paar anderen Gruppen noch ein Hühnchen zu rupfen hatte, etwa den Schuhmachern und Schreinern, bei denen es irgendeine noch nicht völlig aufgeklärte Korruptionsaffäre gab, beschloss er, das gleich mit zu erledigen, und ließ auch sie in Fünfergruppen abzählen.

Und da sowieso schon wie üblich ein paar Männer ihre »Fünfundzwanzig« zu bekommen hatten, wurden an diesem Tag alles in allem rund achtzig Männer verprügelt, während zehntausend Mann zwei Stunden lang in Habtachtstellung dabeistanden.

Dachau, Sommer 1938

Vierhundert SS-Funktionäre machen eine Besichtigung. Koegel führt die eine Gruppe, Grünewald eine andere. Stolzgeschwellt führen sie vor, wie sauber *ihre* Häftlinge die Blocks halten, wie spiegelblank die Blechnäpfe und der Boden sind, wie blitzsauber die Spinde. Die Vorführung wird ein wenig gestört, als Grünewald ein besonders gut gemachtes Bett präsentiert: »Und dabei wird nichts benutzt als das Stroh in dem Sack, wie Sie leicht sehen können.« Er schlägt mit der Faust auf die Kante des Bettes – und stößt einen Fluch aus. Er hat sich an einer Holzlatte verletzt, die der Häftling in den Strohsack geschoben hatte, um die Kante gerade zu bekommen.

Aber sonst ist alles wunderbar. Die Besucher sind in der Welt ihrer Träume: Alles ist gleich, alles ist an seinem Platz, und man tut nur, was einem gesagt wird.

Irgendwie vermeiden sie es, den Häftlingen in die Augen zu schauen. Sie sind nicht so gut wie unsere Bewacher darin geschult, ihren Opfern Auge in Auge gegenüberzustehen. Sie heißen gut, was sie sehen, aber sie wollen sich nicht die Finger schmutzig machen. »Starke Herzen, schwache Nerven.«

Wir Häftlinge stehen stramm und werden inspiziert. Aber unter uns kursiert eine alte Geschichte im liebenswürdigen Wiener Dialekt: »Papa, warum hupfen denn die Affen in ihren Käfigen so herum?« »Schau, Bub, die sehen das Gitter und glauben, dass wir eingesperrt sind. Das freut sie.«

Buchenwald, Frühjahr 1939

Morgenappell. »Mützen ab!« Zwei Minuten lang ist das Lager still, während das Ergebnis des Abzählens dem Kommandanten gemeldet wird. Aus dem Bunker dringt Lärm.

Das Brett, mit dem das Fenster abgedunkelt ist, wird aus dem Inneren einer Zelle heraus weggestoßen. Eine mächtige Stimme dröhnt über den Platz: »Ich bin Pastor Schneider, und Kommandant Rödl hält mich hier in der Finsternis fest, weil ich das Evangelium des Lichtes Gottes gepredigt habe. Ich werde . . .«

Es gibt Lärm, Rufe, Geschrei, wir hören, wie ein Mensch geschlagen wird und wie Rödl brüllt: »Dieser alte Idiot schon wieder! Halt's Maul!«

Buchenwald

Alle Buchen und Eichen im Lager werden gefällt. Nur eine mächtige Eiche vor der Küche wird sorgfältig gepflegt. Jeder, der sich an dieser Eiche vergeht, bekommt auf der Stelle »Fünfundzwanzig«. Denn unter dieser Eiche soll Goethe sein Gedicht »Über allen Gipfeln ist Ruh'« geschrieben haben.

Buchenwald, 20. April 1939

Hitlers fünfzigster Geburtstag. Innerhalb von achtundvierzig Stunden werden elfhundert Nichtjuden entlassen. Das ist etwa jeder sechste Nichtjude, jeder zehnte Mann im Lager. Die Vorbereitung dieser Massenentlassung dauert Stunden. An beiden Tagen werden wir um zwei Uhr früh geweckt. Das Lager ist voller Gerüchte, jeder erwartet, dass er entlassen wird. Die Stimme liest immer weiter Namen über den Lautsprecher vor. Auch Hunderte von langjährigen Politischen gehören dazu. Männer, die nach sechs Jahren im Lager alle Hoffnung auf Entlassung aufgegeben hatten. Manche haben einen Nervenzusammenbruch, weinen, schreien: »Ich will hier nicht raus, ich will meine Freunde nicht verlassen, wo soll ich denn hin?« Natürlich ist das nur vorübergehend. Eine Stunde später marschieren sie freudig davon.

Aber selbst unter denen, die Ruhe bewahren, gibt es ernste Gespräche. Heute sind sie als Kommunisten hier. Aber morgen werden sie als Bekehrte betrachtet, als Gebesserte, als Heimgekehrte in den Schoß der menschlichen (Nazi-) Gesellschaft. Sie werden den Arm hochreißen und »Heil Hitler« sagen und eifrig Nazi-Versammlungen besuchen müssen, um nicht gleich wieder zurückgeschickt zu werden. Brrr.

Das Lager spielt verrückt. Die Disziplin zerfällt. Alle, Häftlinge, Kapos, SS-Offiziere, selbst die Kommandanten, sind aufgekratzt. Wir arbeiten innerhalb des Zauns (weil es sonst schwierig wäre, die Aufgerufenen zu finden), und dadurch bekommt das Ganze einen sonntäglichen Anstrich. Niemand will etwas von der Alltagsplackerei wissen. Wir laufen in Gruppen herum und tun nicht einmal so, als wären wir beschäftigt.

Besonders ein Vorfall ist mir im Gedächtnis geblieben. Unser Arbeitskommando sollte eigentlich Stämme schleppen. Und was taten wir? Wir legten uns in der herrlichen Frühlingssonne auf die Stämme und machten uns nicht einmal die Mühe, einen Wachposten aufzustellen. Ich weiß nicht, wie wir überhaupt auf die Idee kamen. Zwei Tage davor oder zwei Tage danach wäre die ganze Szene vollkommen unmöglich und schon der bloße Vorschlag Irrsinn gewesen. Aber jetzt lagen wir in der Sonne.

Plötzlich stand ein SS-Offizier bei uns. »Seid ihr völlig übergeschnappt?« Hilflos schüttelte er den Kopf. Wer war denn nun verrückter, er oder wir? An jedem anderen Tag wäre er mit Stiefeln und Fäusten, mit einem Stock oder mit Steinen über uns hergefallen, er hätte den ganzen Trupp zum Tor geschleppt, hätte jedem von uns »Fünfundzwanzig« verpassen und uns dann an die Bäume hängen lassen.

Aber heute war es wie im Märchen. Er fragte nur nach dem Kapo. Es gab keinen Kapo. Wir waren einfach von unserem größeren Arbeitskommando davonspaziert. Endlich raffte sich einer auf und stellte sich als Kapo vor. Er bekam eine einzige Ohrfeige. »Verschwindet.« Und wir verschwanden und machten uns nicht einmal die Mühe, die Stämme mitzunehmen.

Dies war so unwirklich, so unnatürlich, dass ich fürchte, der Leser wird es gar nicht voll zu würdigen wissen. Es war des Häftlings Traum vom Paradies – beim Nichtarbeiten ertappt und dennoch nicht an einen Baum gehängt zu werden!

Dachau, April 1938

Dieses Jahr wird Ostersonntag zum ersten Mal seit vielen Jahren ein Feiertag im Lager sein. Am Sonnabend werden die SS-Offiziere, die für die Arbeit verantwortlich sind, unruhig. Sie wollen noch vor dem Feiertag mit der Arbeit fertig werden. Es ist ein Wendepunkt in der Geschichte des Lagers.

Wir ersten 150 Österreicher sind fast mit unserer Arbeit fertig, dem Bau einer Straße, wo zuvor der alte Bunker gestanden hatte. Ein letztes Loch ist noch zu füllen. Alle alten Trümmer sind schon hineingeworfen worden. Auch aller verfügbare Kies. Das Loch ist immer noch da. Plötzlich kommt dem SS-Offizier eine Idee: Jahrelang wurden alte Ziegelsteine gestapelt, die die Invaliden vom Mörtel befreit hatten, damit sie wieder verwendet werden konnten. Tausende von Ziegelsteinen. Und er befiehlt, die alten Ziegelsteine zu nehmen und in das Loch zu werfen. Ganze Schubkarren voll, ganze Rollwagen. Er legt selbst mit Hand an, Hauptsache schnell, schneller, am schnellsten, damit das Loch zu Mittag aufgefüllt ist und der Kommandant nicht merkt, dass die Ziegelsteine hineingeworfen wurden.

Das gleiche Spiel spielt der Kommandant mit seinen Vorgesetzten. Herr Himmler ist im Anmarsch, um das Lager zu inspizieren. Koegel will demonstrieren, dass Dachau die wirklich sauberste Hölle in ganz Deutschland ist. Er lässt 1.500 Männer über den ganzen Appellplatz ausschwärmen und noch das winzigste Stückchen Stroh oder Holz aufsammeln. Dann schickt er sie noch einmal los, um die größeren Kieselsteine aufzusammeln (die so wehtun, wenn wir auf Befehl »rollen« oder die »Raupe« machen müssen), auf dass Herrn Himmlers ästhetisches Empfinden nicht etwa durch Unregelmäßigkeiten verletzt werde.

Als alles ordentlich und sauber aussieht, entdeckt Koegel einen unschönen Anblick: Jahrelang wurden Zementsäcke aufgestapelt, um zur Wiederverwendung in die Fabrik zurückgeschickt zu werden. Hunderte von Männern hatten während dieser Jahre ihre »Fünfundzwanzig« bekommen, weil sie solche wertvollen Säcke aus Unachtsamkeit zerrissen hatten. Aber jetzt sieht der Haufen unästhetisch aus.

Und Koegel befiehlt, dass die Säcke mit Rollwagen in Sterzers Kiesgrube abtransportiert werden. Er selbst kommandiert das Zerstörungswerk. Sein Gebrüll im Nacken, rennen die Männer mit den fünf Wagen hin und zurück, werfen Tausende von Säcken in die Grube. Und damit Herr Himmler nicht merkt, dass seinem Schönheitssinn wertvolle Güter geopfert wurden, befiehlt Koegel auch noch, das Ganze unter einer dicken Schicht Trümmer und Kies zu begraben. An diesem Tag sind Sterzers Leute bis neun Uhr abends damit beschäftigt, den Kies zurückzuschaufeln, den sie einmal unter seinen Stockhieben und unter dem Klirren der Kette, mit der er sie prügelt, ausgegraben hatten.

Dachau, Juni 1938

Zwei Männer stehen einander gegenüber und werden gezwungen, sich zu prügeln. Der eine ist fett und stämmig, der andere abgemagert und verbraucht. Beide bluten, aber die SS will mehr sehen.

Der dünne Mann ist einer von Österreichs höchsten Richtern. Während des Dollfuß- und Schuschnigg-Faschismus brachte er Sozialdemokraten und Nazis aus den Untergrundbewegungen an den Galgen. Der fette Mann ist einer der Henker, die seine Urteile vollstreckten.

Die Geschichte spricht sich im Lager herum, und die politischen Häftlinge sind empört. Dies ist nicht ihre Form von Rache. Die ganze Zeit über hatten sie sich die billige Genugtuung versagt, diesen Mann zu verprügeln, der sie und ihre Brüder ins Gefängnis und an den Galgen gebracht hatte. Im Lager saß er immer an meinem Tisch, und ich erinnere mich, wie er einmal sagte: »Die nettesten Leute, die ich im Konzentrationslager kennen gelernt habe, sind die Kommunisten, die ich ins Gefängnis geworfen habe.« Sie taten ihm im Lager nichts zuleide. Aber auf der anderen Seite gab es jetzt, da er selbst in einer üblen Lage war, auch keinen Grund, irgendwelche speziellen Verbindungen für ihn zu nutzen. Er wurde einfach sich selbst überlassen.

Und sich selbst überlassen ist er auch in Buchenwald gestorben, am 1. Januar 1939.

Später stellte sich heraus, dass Kriminelle, die er verurteilt hatte, irgendwelchen Wachen verraten hatten, wer er war.

Buchenwald, November 1938

Das Gerücht: Auf Hitler wurde ein Attentat verübt. Nein, nicht auf Hitler, auf Göring. Nein, nicht auf Göring, auf irgendjemand anderen. Es ist der deutsche Botschafter in Frankreich, er wurde von einem Juden umgebracht.

Zuerst wagt niemand, es zu glauben. Aber das Gerücht hält sich hartnäckig. Und Entsetzen befällt das Lager. Das ist das Ende. Das Schwarze Korps, die Zeitschrift der SS, hat wiederholt Drohungen veröffentlicht, was an dem Tag geschehen würde, »an dem sich eine jüdische Waffe gegen einen unserer geliebten Führer erhebt«. Niemand wagt, darüber zu reden. Es übersteigt unser Vorstellungsvermögen. Werden sie alle Juden erschießen? Nur die politischen Juden? Oder jeden zweiten, fünften, zehnten, einen ganzen Block vielleicht? Man rechnet mit Massenhinrichtungen.

Die Nichtjuden beginnen, sich abzusondern. Die Nazi-Antisemiten unter ihnen gehen mit vielsagenden Gesichtern herum, die neutralen ziehen es vor, nicht als »Judenfreunde« in Erscheinung zu treten, obwohl viele ihren jüdischen Freunden im Vertrauen geloben, ihnen beizustehen. Nur die Politischen, die Sozialdemokraten und Kommunisten, geben ostentativ zu erkennen, dass sie zu ihren jüdischen Genossen zu stehen gedenken. Sie demonstrieren dem Lager, dass für sie ein Jude ein ebenso guter Mann ist wie ein so genannter Arier, ganz egal, ob irgendein Idiot in Paris einen Botschafter erschossen hat oder nicht.

Am Abend kommt die Wahrheit heraus. Ein junger polnischer Jude hat in Paris auf einen deutschen Attaché geschossen. Es klingt nicht mehr so unheilverkündend.

Aber am nächsten Tag geht es los. Juden werden eingeliefert. Juden, Juden, Juden, zu Dutzenden, in ganzen Wagenladungen, zu Hunderten, zu Tausenden. In jeder Verfassung: Verletzte, Kranke, Krüppel, mit gebrochenen Gliedern, ausgeschlagenen Augen, Schädelbrüchen, halb tot und tot. In jedem Alter – Jungen von fünfzehn und sechzehn und alte Männer von achtzig und älter. Ein kleiner Junge findet sich darunter. Als die SS seinen Vater davonschleppten, hatte er sich an seine Hand geklammert, da hatten sie den Jungen auch gleich mitgenommen.

Innerhalb von drei Tagen werden 11.000 Juden eingeliefert.

Den Juden im Lager ist bis jetzt noch nichts geschehen. Schließlich kommt auch das. Aber es kommt in unerwarteter Form. Zunächst muss jeder Jude einen vervielfältigten Zettel nach Hause schicken, auf dem steht:

»Ich habe bis auf weiteres *Postsperre*, darf daher weder Briefe, Karten und Pakete empfangen noch absenden. *Anfragen an die Kommandantur des Lagers sind verboten und verlängern* das Schreibverbot.« (Diese Postsperre dauerte ungefähr zwei Monate.)

Als Nächstes werden den Juden die Rationen gekürzt. Ein Laib Brot, den gewöhnlich zwei Männer bekommen, muss jetzt für fünf reichen. Die karge Margarineration – ein paar Gramm pro Tag – wird ganz gestrichen. Die Wurst- und Käsezuteilung wird halbiert. Die Suppenportionen werden verkleinert. Rauchen wird verboten. Geld wird nicht mehr ausgezahlt.

Schließlich werden die Juden von der medizinischen Behandlung ausgeschlossen, sowohl ambulant als auch im Krankenbau. Männer sterben oder verlieren Gliedmaßen aufgrund dieser Bestimmung. Was soll's. Es sind sowieso alles Mörder. Hat nicht ein polnischer Jude in Paris auf einen deutschen Attaché geschossen? Johnny Hackmann, zweiter Kommandant, geht persönlich durch den jüdischen Krankenbau und wirft rund die Hälfte der Kranken hinaus. Am nächsten Morgen kommt er wieder, lässt alle ihre Verbände aufmachen und wirft wieder rund die Hälfte hinaus. Die Männer werden mit ihren brandigen Wunden zurück in ihre Blocks gejagt und müssen dann wieder zur Arbeit kriechen. Ein Jude hat auf einen Deutschen geschossen. Die Schuldigen haben dafür zu bezahlen.

Die Nichtjuden, allen voran die Politischen, kamen ihnen

zu Hilfe. Im Krankenbau wurden sie illegal behandelt, zunächst in erster Linie die Politischen, dann alle, die es schafften, dorthin zu kommen. Sanitätsbedarf, Verbandszeug, Tabletten, Salben, Instrumente wurde aus dem Krankenbau herausgeschmuggelt. Unter der Leitung eines ehemaligen jüdischen Arztes wurden Erste-Hilfe-Stationen und regelrechte Krankenhäuser eingerichtet, mit Wasserkrügen und Taschenmessern als den fortgeschrittensten Instrumenten zum Schneiden und selbst zum Amputieren von Fingern. Die Kapos halfen, die Behandlung geheim zu halten, und warnten, wenn SS-Offiziere in der Nähe waren. Kapos, die nicht mitmachten, wurden von den Politischen unter Druck gesetzt, notfalls in irgendeine Korruptionsaffäre verwickelt und dann der Lagerleitung übergeben.

Lagerverpflegung wurde sowohl zu den Pogrom-Juden (die hinter einem Zaun festgehalten wurden) als auch zu den Juden im Lager hineingeschmuggelt.

Parallel zum politischen Schmuggel gab es eine unpolitische Variante, hauptsächlich angeführt von Kriminellen, die Geld herausschlagen wollten. Aber andere gaben ihre Verpflegung und auch andere Dinge umsonst her. Hier könnten die bewegendsten Geschichten von unverbrüchlicher Freundschaft erzählt werden. Sie gehen über alle Rassen- und Gruppenschranken hinweg. Die politischen Häftlinge leisteten Hilfe in organisierter Form, die unpolitischen Häftlinge auf der Grundlage von individueller Freundschaft oder persönlicher Bekanntschaft. »Asoziale«, die Geächteten des Lagers, brachten den Juden die Hälfte ihrer Verpflegung; ebenso Kriminelle, die normalerweise so wenig verlässlich waren; und ebenso die Zeugen Jehovas, froh über die Gelegenheit, etwas dem Herrn Wohlgefälliges zu tun.

Es war Buchenwalds heroische Zeit, als zerlumpte, abgemagerte, hungrige und erschöpfte Häftlinge den Kampf um das Leben von Hunderten und Tausenden ihrer jüdischen Mithäftlinge aufnahmen. In Hunderten von Fällen wurde die Schlacht verloren, und die Zahl der Toten schnellte in die Höhe. Es war die Zeit der bitteren Kälte, in der durch Nahrungsmangel und fehlende Behandlung Infektionen besonders gefährlich wurden. Aber in vielen Hunderten von Fällen wurde die Schlacht gewonnen, und die Männer wurden gerettet und durchgebracht, bis endlich nach zwei Monaten der Terror nachließ und wieder »normale« Bedingungen einkehrten.

Buchenwald, 2. Januar 1939

Kommandant Rödl über den Lautsprecher: »Es ist wiederholt vorgekommen, obwohl es verboten ist, dass Häftlinge in ihrer freien Zeit in den Wald hinuntergegangen sind und Schneebälle geworfen haben. Daran ist ein Wolf zugrunde gegangen. Es ist nicht unsere Aufgabe, einen Wolf für euch zu halten, und doch ist durch eure Dummheit der Wolf zugrunde gegangen. Einige Blocks haben ihre Bereitschaft erklärt, Geld für eine Sammlung zu geben, um einen neuen Wolf zu kaufen. Nach dem Abendessen werden Listen herumgehen, und jeder, der einen Beitrag leisten will, hat Gelegenheit, sich zur Zahlung eines beliebigen Betrags für diesen Zweck zu verpflichten.«

Diese Bekanntmachung verblüffte uns ganz genauso wie den Leser. Niemand hatte jemals von einem Wolf im Lager gehört, geschweige denn von einem Wolf, der an Schneebällen zugrunde gegangen wäre. Wir verstanden nur eines, nämlich dass man nach dem Abendessen Geld von uns wollte und dass wir spenden mussten, sonst . . .

Die nichtjüdischen Blocks spendeten kleine Beträge. Die Politischen schickten Mützen voller Kupfer- und Nickelmünzen. Aber die Juden, an die das Ganze sich eigentlich richtete, schrieben sich für größere Beträge ein. Noch vor Einbruch der Nacht waren 12.000 Mark zusammengekommen.

Unnötig zu sagen, dass kein Wolf gekauft wurde. Selbst die Existenz und der Tod des alten Wolfs wurde von den meisten von uns bezweifelt. Offenbar hielt sich die Lagerleitung entweder eine Wölfin oder einen Wolfshund zu Züchtungszwecken. Es scheint, dass die Hunde übereinander hergefallen waren und dass der zuständige Häftling versucht hatte, sie zu trennen, indem er mit einer Eisenstange auf sie einschlug. Dabei tötete er aus Versehen eines von Kommandant Rödls Lieblingstieren. Um nicht bestraft zu werden, behauptete er, die Häftlinge hätten die Hunde aufgereizt, indem sie sie mit Schneebällen beworfen hätten. Daraufhin seien die Hunde übereinander hergefallen, und im Verlauf diese Kampfes sei Rödls Liebling totgebissen worden.

Ein Wolf aus irgendeinem Zoo kostet 300 Mark. 12.000 Mark wären genug Geld für ein ansehnliches Rudel von vierzig Wölfen gewesen.

Buchenwald, Dezember 1938

Es ist schon lange nach dem Abendappell. Dichter Schnee fällt, und wir sind immer noch nicht entlassen worden. Die Kapelle spielt einen neuen Marsch. Sie spielt ihn wieder und wieder. Er hat eine mitreißende Melodie. Wir fangen an, den Rhythmus mitzustampfen. Keiner weiß, was eigentlich los ist.

Rödl greift zum Mikrophon. Er ist betrunken. »Wir haben einen Wettbewerb für das beste Lagerlied veranstaltet. Jetzt hören wir uns den Gewinner an. Dies wird von nun an unser Lagerlied sein. Dirigent, anfangen!« Er singt das Lied ein paar Mal.

Der Text ist gar nicht übel, wenn man die Umstände bedenkt – was kann man in einem offiziellen Lagerlied schon sagen? Die letzte Strophe hat etwas für sich:

... Und wir lassen den Mut uns nicht rauben!
Halte Schritt, Kamerad! Und verlier nicht den Mut!
Denn wir tragen den Willen zum Leben im Blut!
Und im Herzen, im Herzen, den Glauben.
Oh, Buchenwald, ich kann dich nicht vergessen,
Weil du mein Schicksal bist! ...

Rödl ist selber von dem treibenden Rhythmus erregt. Er denkt sich neue Belustigungen aus. »Wir wollen ein paar Reiterspiele machen. Kriminelle gegen Arbeitsscheue.« Immer zwei Blocks treten gegeneinander an. Ein Mann springt einem anderen auf den Rücken, und sie spielen Pferd und Reiter. Die Arbeitsscheuen sind nicht gut und verlieren den Kampf bald. Aber die Politischen, obwohl an einem Kampf gegen Jehovas Mannschaft nicht sonderlich interessiert, haben das Gefühl, dass ihr Prestige auf dem Spiel steht – und bald liegen auch die Zeugen Jehovas abgeworfen im Schnee.

Die Kapelle spielt immer wieder das neue Lied. Neben dem Tor sind die Männer angetreten, deren »Fünfundzwanzig« heute Abend fällig sind. Einer nach dem anderen werden sie auf den Bock geschnallt und ausgepeitscht. Ihre Schreie vermischen sich mit dem Geschmetter der Kapelle und dem Gelächter der Kämpfenden.

Auf der anderen Seite sind, noch in Zivilkleidung, einige Neuankömmlinge angetreten. Mit großen Augen verfolgen sie das Spektakel. Sie scheinen zu glauben, dass dies Lageralltag ist.

Nein, es ist kein Lageralltag. Es ist eine außergewöhnliche Mischung aus Grausamkeit und Reglementierung und dem primitiven Denken und der Betrunkenheit des Kommandanten, kombiniert mit Schnee und Kälte und Hunger und Irrwitz. Nur das Auspeitschen ist Alltag.

Rödl hat eine neue Idee. Er befiehlt eine Parade. Zehntausend Männer beginnen zu marschieren. Wenn wir an Rödl vorbeikommen, dirigiert er mit den Armen die Kolonnen auseinander und bringt Unordnung in die Massen. Die Kapelle schmettert immer wieder das neue Lied. Es schneit so dicht, dass wir nicht weiter als über den halben Platz sehen können. Tausende und Abertausende marschieren heraus aus dem Schnee, kommen in den Strahl der riesigen Scheinwerfer, marschieren an Rödl vorbei, verschwinden im Nebel. Wir marschieren ohne Sinn und Zweck im Kreis herum und kommen uns vor wie im Irrenhaus; keiner weiß, ob nicht gleich wieder die Hölle los sein wird. Wir haben Hunger, das Abendessen ist schon zwei Stunden überfällig. Tiefe Dunkelheit senkt sich auf das Lager, aber Rödl dirigiert weiter seine groteske Parade.

Ein paar Blockälteste ergreifen die Initiative und lassen ihre Leute einfach durch den Schnee nach Hause marschieren. Andere folgen. Innerhalb von zehn Minuten ist der Platz leer. Rödl gibt weiter Kommandos mit den Armen, aber es ist niemand mehr da, sie zu befolgen. Die Kapelle neben ihm spielt weiter. Endlich geht er nach Hause, die Kapelle tritt ab, der Hexensabbath ist vorbei. Das Buchenwaldlied ist geboren.

Von nun an wird es auf Kommando von Kommandanten oder Wachen Tausende und Abertausende von Malen gesungen.

Seine Autoren sind zwei Wiener Juden, Hermann Leopoldi und Löhner-Beda, die schon bei manchem Schlager zusammengearbeitet haben. (Die politischen Häftlinge mochten das Lied nicht besonders; seine Melodie klang zu sehr nach Schlager. Sie ärgerten sich, dass ihr Marsch durch die Hölle von einem Wiener Walzer begleitet wurde.) Zwei Monate nach seiner Einführung wird das Lied über Radio Freies Straßburg in ganz Europa gesendet, als Beispiel für den ungebrochenen Lebensmut der Häftlinge.

Rödls Vorgesetzte tobten. Das Lied wurde verboten. Aber Rödl ließ es immer wieder singen. Er liebte Lieder.

Der Staatsanwalt verliest das Urteil. Der Volksgerichtshof hat Peter Forster wegen Mordes zum Tode verurteilt. Im Mai 1938 hatte er einen SS-Mann getötet und war aus Buchenwald geflohen. Er war über die tschechische Grenze entkommen. Aber nach dem Münchener Abkommen hatten die Tschechen ihn ausgeliefert. Jetzt wird er zum Ort seiner Tat zurückgebracht. Der Staatsanwalt liest ein Telegramm des Führers vor, in dem steht, es gebe keinen Grund zur Milde. Dann: »Kommandant, hiermit übergebe ich Ihnen Peter Forster zur Urteilsvollstreckung.« Kommandant Koch befiehlt: »An den Galgen mit ihm!« Wir hören, wie der Mann zum Blutgerüst geführt wird. Irgendein Lärm durchbricht die Stille. Später hören wir, dass Peter dem Kommandanten Koch noch ein paar Wahrheiten ins Gesicht geschleudert hat. Sie bringen ihn zurück in den Bunker, geben ihm eine Spritze und kommen wieder heraus mit ihm. Dieses Mal geht er ruhig zum Galgen. Zum letzten Mal hören wir die schweren Schritte des Todgeweihten. Zwei Kriminelle, Lagerältester Richter und Blockältester Osterloh, führen ihn zum Blutgerüst. Sie legen ihm die Schlinge um den Hals.

Wieder dröhnt Kochs Stimme durch die kristallklare Winternacht: »Stooоßt we-eeg!« Ein Ruck – und Peter Forster ist nicht mehr unser Mithäftling, sondern ein zappelndes Etwas, das in der Luft baumelt – eine Minute, zwei Minuten –, die Zeit vergeht langsam, während wir zwanzigtausend Häftlinge zusehen, wie die Seele aus dem geschundenen Körper entweicht.

2. Teil
Die Gesellschaft

Die Aufgabe

Überall, wo sehr viele Menschen zusammengeworfen werden, unter welchen Umständen und zu welchem Zweck auch immer, werden sie, um Reibungen zu vermeiden und die wie auch immer gearteten Aufgaben auszuführen, die diese Situation ihnen abverlangt, bald ein System von Alltagsroutinen und Kooperation entwickeln. Sind sie lange genug zusammen, entsteht, je nach dem sozialen Hintergrund und den sozialen Ideen, die die ihr angehörenden Personen aus ihrer früheren Umgebung mitbringen, eine mehr oder weniger strukturierte Gesellschaft.

Häftlinge in einem Konzentrationslager sind keine Ausnahme von dieser Regel. Sie leben Monate und Jahre zusammen und produzieren im Rahmen der administrativen Vorschriften ihre mächtigen Führer, ihre Schieber, ihren einfachen Mann auf der Straße, ihren Außenseiter, ihren Underdog und ihren Ausgestoßenen. Individuen, Gruppen und ganze Häftlingskategorien finden ihren festen Platz auf einer sozialen Stufenleiter, die nicht weniger kompliziert und nicht weniger von Vorurteilen bestimmt ist als jenseits des Zauns, auch wenn sich die Kriterien, nach denen jemand bewertet wird, bis zu einem gewissen Grade von denen draußen unterscheiden. Manch einer, der in seiner bürgerlichen Gemeinschaft hoch angesehen war, kann sich auf einer beklagenswert niedrigen Stufe wieder finden, während Menschen, deren Existenz ihm nicht einmal ahnungsweise bekannt war oder die er als zu tief unter sich stehend betrachtet hatte, um sie auch nur seiner Verachtung für würdig zu halten, im Rang weit über ihm stehen. Ein ehemaliger Bankier, hoch gebildet und ohne Vorstrafen, aber seinen Mithäftlingen als Egoist bekannt, kann im Vergleich zu einem ungebildeten Arbeiter, der vier Jahre wegen illegaler kommunistischer Propaganda im Zuchthaus gesessen hat, ein Nichts darstellen, wenn dieser als hilfsbereiter und zuverlässiger

Genosse bekannt ist. Die Beziehungen zwischen Gruppen werden stärker als die Beziehungen zwischen Individuen von sozialen Vorurteilen bestimmt, die sich von den in der Außenwelt herrschenden wenig unterscheiden. Unpolitische Nichtjuden halten Juden in der Regel für reich und korrupt, die überwiegende Mehrheit der Nichtkriminellen hält die Kriminellen für unzuverlässig, und fast jedermann meint, Zigeunern sei nicht zu trauen. Die sozialen Vorurteile unterscheiden sich von Gruppe zu Gruppe, je nach deren sozialem Hintergrund. Wessen Vorurteile diese Gesellschaft beherrschen und infolgedessen die Form von sozialen Gesetzen annehmen, und wessen Vorurteile unterdrückt, verfolgt oder als »dummes Zeug« lächerlich gemacht werden, richtet sich nach den tatsächlichen Machtverhältnissen.

In alledem unterscheidet sich die KZ-Gesellschaft so wenig von jeder anderen Zusammenballung von Menschen, dass es kaum erwähnenswert wäre, gäbe es nicht die weit verbreitete Überzeugung, dass sich die Menschen hinter dem Stacheldraht eben doch anders verhalten als die Menschen draußen.

Es gibt jedoch einen entscheidenden Unterschied, der die KZ-Gesellschaft zu etwas macht, das mehr ist als das fast automatische Ergebnis der Tatsache, dass mehrere Tausend Menschen zusammen hinter einem Zaun sind. Wenn Menschen freiwillig zusammenkommen, etwa in einem Zeltlager, dient das zwischen ihnen entstehende soziale Leben in der Regel dem Zweck, zu dem sie sich getroffen haben. Wenn Menschen unfreiwillig zusammengeworfen werden, etwa als Kriegsgefangene, dann ist der Hauptzweck ihrer Internierung bereits durch die Existenz des Lagers selbst erfüllt, nämlich zu verhindern, dass sie weiterkämpfen; die Internierten-Gesellschaft hat darauf keinen Einfluss, außer in dem seltenen Fall, dass ein allgemeiner Aufstand und Aufruhr vorbereitet wird. Wenn aber Menschen ins Konzentrationslager geworfen werden, dann sind sie dort nicht nur, weil man sie vom Rest der Welt absondern will, sondern auch weil sie als Individuen gebrochen werden sollen. Dieser Zweck wird nicht schon durch die bloße Tatsache der Internierung erfüllt, sondern ist ein langsamer Prozess, und die Häftlingsgesellschaft wirkt diesem Zweck in der Regel entgegen.

Ein Mensch wird ins Konzentrationslager gesteckt als ein Mittel, ihn aus der menschlichen Gesellschaft herauszuschneiden wie ein Stück faules Fleisch aus dem lebenden Körper. Er soll niemanden haben, mit dem er reden, und niemanden, dem er zuhören kann. Sein Leben soll, solange man es ihm lässt, nur noch ein physisches Dahinvegetieren sein, ohne Erinnerungen an die Vergangenheit, ohne Sinn in der Gegenwart und ohne Ziele in der Zukunft. Er soll nichts sein als ein Rädchen im riesigen Getriebe des Nazi-Terrors, niedergehalten von anderen Rädchen und dem Gewicht der ganzen Maschinerie, selten repariert, aber benutzt, bis es verschlissen ist und bis das, was einmal ein Individuum war und jetzt nur noch eine Nummer ist, endgültig aus dem Bestand gestrichen wird.

Aber innerhalb dieser Gesellschaft findet der Mensch wieder einen Sinn für seine eigene Existenz, er findet Aufgaben, deren Ausführung darüber entscheidet, wie er von seinen Mitmenschen bewertet und beurteilt und als Mensch behandelt wird – vielleicht nicht immer als ein wertvoller Mensch, aber selbst als Ausgestoßener ist er immer noch der Ausgestoßene einer menschlichen Gesellschaft und nicht jenes Gerümpel auf einem Abfallhaufen, zu dem die Lagerleitung ihn machen will.

Für Tausende von Häftlingen besteht die Aufgabe nur darin, »durchzuhalten«, aber wenn die physische Existenz als solche ein täglicher Triumph über Hölle und Terror ist, ist dies allein bereits eine wichtige Aufgabe. Andere beteiligen sich am täglichen Kampf um das individuelle Überleben, und in spektakuläreren Fällen freuen sich große Gruppen über ihren Sieg. Als endlich der alte Lenk entlassen wurde, der dem ersten österreichischen Transport angehört hatte und mehr tot als lebendig herumlief, freuten wir uns, dass er das Lager geschlagen hatte. Und als wir erfuhren, dass er ein paar Tage später gestorben war, fügten wir in grimmiger Ironie hinzu: »Aber er hat sie um eine Nasenlänge geschlagen.« Als der 81-jährige Katzenstein freigelassen wurde, ein Mann, den keiner leiden konnte, weil er ein seniler alter Spinner war, schöpfte das ganze Lager Mut, weil er immerhin fast zwei Jahre Lager überlebt hatte: »Wenn das so einer schafft, der nur noch Haut und Knochen ist, dann werden wir es ja wohl auch noch schaffen!«

Hunderte von anderen bewältigen erfolgreich die äußerst schwierige Aufgabe des intellektuellen Überlebens. Es ärgert sie, dass sie kaum noch etwas anderes im Kopf haben als den armseligen Lagertratsch über Essen und Misshandlungen und Entlassung. Sie diskutieren über Politik, Ökonomie, Untergrundarbeit, haarspalterische Unterschiede zwischen politischen Fraktionen, aber auch über den ganzen Bereich des menschlichen Wissens von der Psychologie bis zur Mathematik, von der Ägyptologie bis zur Metallurgie, von internationalen Straßenverbindungen bis zur Herstellung optischer Geräte; einem Mann, der mit seinem Kameraden eine Trage voll Kies durch den Wald schleppt, steht immer noch das ganze Reich der Wissenschaft offen – solange kein SS-Mann in der Nähe ist.

Manche beschäftigen sich mit kniffligen Gedankenspielen. Ich erinnere mich an ein dreitägiges Streitgespräch über ein höchst sonderbares Thema: eine mathematische Theorie über das Aussterben der Dinosaurier. Wenn ich den Vertreter dieser Theorie richtig verstanden habe, verhungerten sie, weil, während sie die Blätter des einen Baumes auffraßen, ein derartiger Muskelschwund eintrat, dass sie sich zum nächsten Baum schon nicht mehr schleppen konnten. Wir diskutierten erbittert über diesen Unsinn, aber wir genossen ihn, weil er uns vom Lager ablenkte und uns half, unsere Fähigkeit zum Diskutieren lebendig zu halten. Auch die Erinnerung an Kunstschätze, Theaterstücke, Gedichte ist eine wichtige Überlebenshilfe. In Buchenwald brachte ich einmal an einem Vormittag zusammen mit einem Freund sieben Stunden damit zu, Lehm in ein Loch zu schaufeln und Gedichte von Christian Morgenstern aufzusagen. Als wir jede Zeile, an die wir uns überhaupt erinnern konnten, aus unserem Gedächtnis hervorgekramt hatten, reichten wir den Schatz an unsere Freunde weiter, als wichtigen Beitrag von etwas, das nicht nach Lehm roch. Zwei Tage lang erfreute sich Morgenstern an dieser Arbeitsstelle großer Beliebtheit.

Leute, die weniger Interesse an intellektuellem Training haben, versuchen verzweifelt, sich ihren eigenen Stil zu bewahren. Da gibt es einen Mann, der nach dem Motto lebt: »Sie können mich zwingen, aus einem Trog zu essen, aber sie können mich nicht zwingen, ein Schwein zu sein.« Er konnte einen ganzen Abend damit zubringen, zwei Heringe zu putzen und in saubere Filets zu zerlegen. Ein anderer Mann beschloss, in dieser Hölle, wo man keine drei Sätze ohne zwei Flüche sprechen oder hören kann, keine vulgären Ausdrücke zu benutzen. Und abgesehen von ein paar gelegentlichen Zugeständnissen an den Teufel gelang ihm das auch ganz gut.

Aber die Menschen stellen sich noch viel kompliziertere Aufgaben, deren Ausführung in jeder Gesellschaft zu den höchsten ethischen Leistungen zählen würde. Menschen, die meinen, sie selbst seien dazu verdammt, diese Hölle niemals mehr zu verlassen, es sei denn »mit den Füßen voran«, machen es sich zur Aufgabe, so vielen ihrer Kameraden wie möglich durch das Lager zu helfen.

Eine der herausragendsten Persönlichkeiten, die mir je begegnet sind, war Rudi Arndt. 1939 war er etwa 28 Jahre alt und hatte bereits fünf Jahre Zuchthaus und Konzentrationslager wegen kommunistischer Untergrundarbeit gegen die

Nazis hinter sich. Er war kein großer Parteiführer, sondern einer jener unauffälligen Männer, die man zu Hunderten ins Lager bringt, um sie dort zugrunde zu richten. Im Laufe der Jahre war er für seine Genossen im Lager ein Führer geworden.

Im Winter 1938-39 hatte ich Erfrierungen an der Hand. Der Krankenbau weigerte sich, sie zu behandeln. Als es so schlimm wurde, dass es nur noch eine Frage von Stunden schien, bis die Hand nicht mehr zu retten gewesen wäre, wandte ich mich an Rudi, der damals als Helfer im Krankenbau arbeitete. Als es ihm nicht gelang, mir die Zulassung zur Behandlung zu verschaffen, begann er, die Hand selber zu behandeln. Ich sagte ihm, er solle das nicht tun, es könne ihn seinen Platz im Krankenbau kosten, der der Himmel selbst war. »Ich habe mir diesen Platz nicht für mich selbst ergattert, damit ich es im Winter warm habe. Ich bin hierher gekommen, um meinen Genossen zu helfen. Wenn ich das nicht kann, wozu sollte ich dann hier bleiben? Ich bin sowieso verloren, das weiß ich. Aber ehe sie mich kriegen, will ich so vielen von euch Jungs helfen wie möglich. Ihr werdet hier rauskommen und helfen, mit den Nazis aufzuräumen. Ich werde dann tot sein. Aber ich werde mein Teil dazu beigetragen haben.« Ich erinnere mich an seine Worte, als wäre es gestern gewesen.

Nach zwei Tagen bekam ich eine Blutvergiftung. Unter Einsatz all seines politischen Einflusses verschaffte er mir jetzt ein Bett im Krankenbau. Als meine Hand nach vielen Wochen endlich gerettet war, war ich so unvorsichtig, zu Rudi zu sagen: »Und ich danke dir für das, was du für mich getan hast.« »Ach, halt den Mund. Ich hab das nicht für dich persönlich getan. Ich habe es getan, um die Kerle da oben zu bekämpfen. Und ich erwarte von dir, dass du dasselbe tust.«

Nach ein paar Wochen Dienst im Krankenbau fand Rudi, dass er dort nicht genug Möglichkeiten hatte, seinen Leuten zu helfen. Er gab sein warmes Plätzchen auf und ging freiwillig in eine der gefürchteten Arbeitskommandos außerhalb der Postenkette, um den Männern dort Mut zu machen.

Rudi Arndts Ende kam erst nach meiner Entlassung. Es wurde mir von einem gemeinsamen engen Freund erzählt. Er war der führende Kopf eines Netzwerks geworden, über das die Politischen ihre Leute auf die besseren Arbeitsplätze brachten. Eines Tages kam ihm zu Ohren, dass ihm die Lagerleitung auf die Schliche gekommen war. Er war körperlich nicht allzu kräftig und hatte Angst, dass er unter der Folter seine Genossen verraten könnte. Um sie vor seinen möglichen Geständnissen zu schützen, beging er Selbstmord. Er rannte in eine Postenkette hinein und wurde »beim Fluchtversuch« erschossen.

Rudi Arndt ist eines der herausragendsten, wenn auch keineswegs das einzige Beispiel eines Mannes, der sich in einer vollkommen sinnlosen Gesellschaft seine eigene, sinnvolle Aufgabe schuf.

All diese Versuche, sich intellektuell am Leben zu erhalten und sich sinnvolle Aufgaben zu stellen und sie auszuführen, kann es nur in einer Gesellschaft geben, die an Sieg und Niederlage Anteil nimmt und sie anerkennt. Nur eine verschwindend geringe Zahl von Menschen ist im Laufe der Geschichte in der Lage gewesen, als Menschen geistig am Leben zu bleiben, als sie vollständig von der menschlichen Gesellschaft abgeschnitten waren. Die meisten Menschen brauchen ein Forum, vor dem sie Stärke oder Schwäche zeigen können – und sei es auch nur ein Wachposten, den sie herausfordern, oder ein Stück Papier, auf dem sie ihr Aufbegehren der Nachwelt hinterlassen können.

Das Konzentrationslager als Institution bietet dem Einzelnen kein solches Forum. Es gibt keinen Richter, dem man die alte Herausforderung des Rebellen ins Gesicht schleudern kann: »Ihr könnt mich ins Gefängnis stecken, aber die Geschichte wird über euch hinweggehen.« Wenn jemand im Lager stirbt, gibt es keinen Henker, dem er trotzen kann:

»Du kannst mir den Kopf abschlagen, aber andere werden meine Arbeit weitermachen, bis wir gesiegt haben.« Die meisten Häftlinge gehen auf höchst unspektakuläre Weise zugrunde, an irgendeiner kleinen Infektion oder Krankheit oder ohne erkennbaren Grund an allgemeiner Erschöpfung.

Die Wachen sind eine Meute begriffsstutziger Tiere, die für moralische Stärke kein Verständnis aufbringen; nur körperliche Zähigkeit ringt ihnen als einzige Tugend, mit der sie selber aufwarten können, gelegentlich ein wenig Respekt ab. Sie sind kein Forum für eine Herausforderung – sie sind fast nicht einmal persönliche Feinde, sie sind nichts als Teile einer Maschine, die, wenn die Zeit reif ist, Stück für Stück zerschlagen werden muss.

Auch die Kommandanten, ob brutale oder raffinierte Killer, haben für moralische Stärke keinen Sinn. In Dachau ließ Grünewald einen Freund von mir an den Handgelenken aufhängen, weil er so unvorsichtig gewesen war, nicht einfach zu leugnen, dass er von einer bestimmten Disziplinarangelegenheit Kenntnis hatte, sondern zu sagen: »Ich sage es Ihnen nicht, weil ich einen Freund nicht verraten will.« Als er das sagte, hing er bereits am Pfahl, aber Grünewald, dem solches Heldentum keinerlei Anerkennung abnötigte, sagte bloß zu ihm: »Ich komme dich jede Stunde fragen. Aber nach dem Abendappell komme ich nicht noch einmal; wie du die Nacht am Pfahl überlebst, ist dann deine Sache.« Zweieinhalb Stunden hielt der Mann durch. Schließlich beschloss er, dass es die Sache vielleicht doch nicht wert war, das eigene Leben zu opfern, nur um seinem Freund einmal »Fünfundzwanzig« zu ersparen, die er aller Wahrscheinlichkeit nach überleben würde. Und Grünewald war der Einzige, von dem überhaupt irgendeine menschliche Reaktion auf diese Art Heldentum zu erwarten gewesen wäre.

Hier erfüllt die Häftlingsgesellschaft ihre wichtigste Aufgabe für den Einzelnen: Sie bietet ihm das Forum, das er braucht, sie billigt oder missbilligt sein Verhalten und verleiht damit seinen Aktionen und Reaktionen einen Sinn. Wer auf dem Bock ausgepeitscht wird, weiß, dass ihn seine Freunde für einen guten Mann halten, wenn er nicht schreit. Die Wahrscheinlichkeit, dass er schreit, ist größer, wenn niemand da ist, der ihn hört, nicht nur weil es wehtut, sondern auch weil es niemanden interessiert und niemand es würdigt, wenn er schweigt.

Aber die Gesellschaft bietet dem Mann nicht nur ein Forum, sie kümmert sich auch um ihn und gibt ihm damit das Gefühl, dass er nicht völlig verloren ist, dass er irgendwo hingehört; dass er zumindest ab und zu ein Minimum an Geborgenheit finden kann. Ein Mann, der irgendeiner Gruppe im Lager angehört und schwere Prügel bezogen oder sonst einen körperlichen Schaden davongetragen hat, wird Hilfe finden, wenn er abends nach Hause kommt. Die anderen werden ihm helfen, seine Verletzungen auszuwaschen, seine Kleidung und seine Schuhe säubern und ihm zusätzliche Verpflegung geben, wenn welche da ist. Sie werden seinen Anteil beim Putzen und beim Essenholen übernehmen, sie werden ihm Mut zusprechen und vielleicht versuchen, ihn an einen anderen Arbeitsplatz zu versetzen. In ganz schlimmen Fällen wird man sich sogar um einen Mann kümmern, der keine Freunde hat.

Bei alldem ist die Hilfe, die ein Mann geben kann, mindestens so wichtig wie die Hilfe, die er bekommt. Tut er etwas für jemand anderen, ist dies ein ermutigender Beweis dafür, dass es die Nazis noch nicht geschafft haben, ihn in irgendeine apathisch dahinvegetierende Kreatur zu verwandeln, die zu eigenständigem Handeln nicht mehr fähig ist. Erst recht gestärkt wird dieses Bewusstsein, dass man immer noch ein Mensch ist, wenn die Hilfe, die jemand gibt oder bekommt, Teil eines organisierten Handelns ist. Mir wurden die Hand und wahrscheinlich das Leben durch politisches Handeln gerettet, so wie es vielen Männern gerettet wurde. Wenn Leben verloren wurden, dann oft nach langem Kampf um ihre Rettung. Für Oswald Richter setzten die politischen Häftlinge in Anerkennung seiner Vergangenheit alle Hebel in Bewegung, um sein Leben zu retten; er verbrachte vielleicht mehr Zeit innerhalb als außerhalb des Krankenbaus. Er starb schließlich an einem Leiden, für das es im Lager keine Heilung gab.

Noch wichtiger und anfeuernder für das ganze Lager wird die organisierte Hilfe, wenn sie nicht Einzelnen zugute kommt, sondern ganzen Großgruppen auf einmal. Der Schmuggel von Verpflegung und Sanitätsbedarf, mit dem im November den Pogrom-Juden und später dann, als Juden überhaupt nicht mehr medizinisch behandelt werden durften, allen Juden geholfen wurde, war eine so groß angelegte Aktion, dass sie längst nicht mehr nur der Rettung von Leben galt; ihr schierer Umfang machte sie zu einer politischen Aktion ersten Ranges; sie war ein direkter Gegenschlag gegen die mit den Pogromen verfolgte Absicht.

All dies heißt nicht, dass die Häftlinge eine einzige geeinte Masse des entschlossenen Widerstands bilden; es heißt nicht, dass das gemeinsame Leiden sie alle gut und hilfsbereit macht; sie tun einander einzeln und in Gruppen genauso viel Gutes und genauso viel Böses an, wie es auch draußen der Fall wäre; aber ihr Handeln hat eine andere Form. Die KZ-Gesellschaft macht ihre Mitglieder nicht »gut«, aber sie hilft ihnen, an ihren eigenen Bewertungsstandards festzuhalten, und untergräbt damit die Versuche der Lagerleitung, die ihr genehmen Standards für Gut und Böse durchzusetzen. Die Lagerleitung versucht, der Vorstellung Geltung zu verschaffen, dass ein Mann »gut« ist, wenn er als Häftling nützlich ist, sich gehorsam und unterwürfig zeigt, hart arbeitet, sein Bett nach Vorschrift baut und so weiter. Die Häftlingsgesellschaft bewertet den Mann nach ethischen Standards, auch wenn diese je nach Gruppe verschieden sein können. Wenn ein politischer Häftling einen Mann als »zuverlässig« bezeichnet, meint er damit vielleicht etwas anderes als das, was ein Krimineller darunter versteht. Aber bei beiden bleibt innerhalb ihrer jeweiligen Sphären der menschlichen Gesellschaft Raum für den Ausdruck von Individualität, während die Vorstellung der Lagerleitung nur zwischen mehr oder weniger glatt funktionierenden Rädchen im Getriebe unterscheidet.

Damit liefert die Häftlingsgesellschaft den Rahmen, innerhalb dessen Individuen und Gruppen ihren Platz und ihre Funktionen in der Kooperation wie im Konflikt finden. Sie stellt sich dem Terror des Lagers entgegen, dem Angriff auf die Individualität ihrer Mitglieder und dem Versuch der Lagerleitung, den Häftlingen ihre Idee einer Klassifikation nach Rasse und Verbrechen und Unterwürfigkeit aufzuzwingen.

Über den unmittelbaren Kampf gegen die bestimmte Lagerleitung eines bestimmten Lagers hinaus erfüllt diese Gesellschaft aber noch eine weitere wichtige, nämlich politische Aufgabe.

In den Hirnen seiner Schöpfer ist das Konzentrationslager das politische Instrument, mit dessen Hilfe sie noch den letzten Funken Widerstand gegen ihr System der Tyrannis auszulöschen gedenken. Die Gestapo versucht mit allen Mitteln, Führer und Mitglieder der unterirdisch weiter schwelenden antifaschistischen Bewegung zu ergreifen. Sie verhaften diese Männer und Frauen zu Dutzenden und zu Hunderten, sie richten die Führer hin und werfen die übrigen in das finstere Loch des Konzentrationslagers, damit sie dort verrotten und zugrunde gehen. Sie reißen sie aus allen politischen und sozialen Beziehungen heraus, um sie zum Schweigen zu bringen, um den Redner seines Forums und das Forum seines Redners zu berauben. Sie werfen sie mit gewöhnlichen Verbrechern, mit Vagabunden oder mit unpolitischen Menschen zusammen, Menschen also, die in der Aktivität des Untergrundarbeiters keinerlei Sinn sehen oder Angst haben, sich ihm anzuschließen, auch wenn sie vielleicht mit ihm sympathisieren. Sie erwarten, dass der politische Kämpfer in diesem riesigen Menschenmeer untergeht, alle Selbstachtung verliert, alle Ideale, alle Hoffnung, diese faschistische Ordnung, gegen deren Existenz schlechthin er rebelliert hat, jemals auch nur ändern zu können.

Und in diesen Konzentrationslagern finden die Rebellen einander. Das Bewusstsein, dass sie Angehörige derselben verfolgten Gruppe sind, noch dazu einer Gruppe von aktiven Kämpfern, und dass sie für dasselbe politische Ziel gekämpft haben, schweißt sie im politischen Widerstand und in der politischen Hoffnung zusammen.

Innerhalb des Lagers bilden sie eine absolut unsichtbare politische Organisation, unsichtbar nicht, weil sie so gut verborgen wäre, sondern weil sie aus nichts besteht, was ein SS-Mann beobachten könnte. Es gibt keine geheimen Treffen und keine geheimen Funktionäre. Ihre Führer werden von niemandem eingesetzt, sie werden nicht formell gewählt und stehen auf keinem Stück Papier. Sie unterscheiden sich von anderen Männern nur dadurch, dass sie vielleicht häufiger von anderen angesprochen werden, die dann nach ihrem Rat handeln oder aus dem, was sie sagen, neuen Mut schöpfen. Soweit es »Treffen« gibt, bestehen sie nur aus ein paar Leuten, die gemeinsam singen (etwa, wenn zufällig ein SS-Mann vorbeikommt, die harmlosen, romantischen Lieder jedes beliebigen Wandervereins) oder auf einer Türschwelle sitzen, genau wie dies Hunderte von anderen Grüppchen zur gleichen Zeit überall im Lager tun. Niemand nennt einen anderen »Genosse« im politischen Sinne des Wortes.[1]

---

1 An die Stelle des Wortes »Genosse« zur Bezeichnung des Mitglieds einer linken politischen Partei trat im Lager das weniger auffällige Wort »Kumpel«, das selber mehrere Bedeutungen hat: Ursprünglich ist es eine Bezeichnung für Bergleute, später bedeutet es Arbeitskamerad und dann allgemein den »Kollegen« bei irgendeiner Tätigkeit. Die linken politischen Häftlinge im Lager benutzten das Wort »Kumpel« fast ausschließlich zur Bezeichnung ihrer politischen Genossen.

Aber genau diese politische Organisation ist das, was die Lagerleitung bei ihrem Versuch im Wege steht, Kampfgeist und Lebensmut der Männer zu brechen. Statt versprengte Atome im riesigen Meer der unpolitischen Häftlinge sind die Politischen der Kern und der aktivste Teil der KZ-Gesellschaft. Sie sind ihre eigentlichen Führer, die einzigen, die mitunter in der Lage sind, etwas zu tun, und zwar nicht nur hinter dem Rücken, sondern direkt unter den Augen der Lagerleitung. Das »Seeräuberlied« der Rückfälligen ist nur die spektakulärste Demonstration, die ich je miterlebt habe, und die konzertierte Aktion zur Hilfe der »Novemberjuden« nur die weitreichendste ihrer politischen Aktionen.

Die politischen Häftlinge sind diejenigen, die die offizielle Funktion des Konzentrationslagers, nämlich nicht nur den tatsächlichen politischen Widerstand, sondern die bloße Idee von Widerstand zu vernichten, in ihr genaues Gegenteil verkehren. Allein die Tatsache, dass die Nazis diese Männer in derart riesige Konzentrationslager stecken, steht in krassem Widerspruch zu dem Ziel, das sie damit verfolgen. Sie haben in diesen Lagern Tausende und Abertausende von Männern umgebracht, aber gerade weil es so viele Tausende waren, blieb in denen, die weiterlebten, der Geist lebendig.

Macht

Die Lagerleitung versucht, durch unterschiedliche Behandlung ihre eigene an Rasse und Verbrechen und Disziplin orientierte Rangordnung durchzusetzen. In dieser Skala stehen Nichtjuden über Juden und bekommen daher alle offiziellen Stellen als Kapos und Älteste und, wenn möglich, die besseren Arbeitsplätze. Asoziale oder »Arbeitsscheue« sind wegen ihrer »Faulheit« verachtenswert, und Zigeuner sind »unzivilisiertes Pack«. Kriminelle sind Untermenschen mit

Ausnahme jener ehrenwerten Gangster, die als Sklaventreiber eingesetzt werden. Die Zeugen Jehovas sind ein Haufen Narren, aber es schadet nichts, ihnen einigermaßen gute Arbeitsplätze zu geben. Die Homosexuellen dienen gelegentlich als Zielscheibe spezieller »Scherze«, werden aber ansonsten nicht weiter beachtet. Die einzige Gruppe, mit der man wirklich etwas anfangen kann, sind die politischen Häftlinge. Sie sind zumindest diszipliniert, es gibt viele fähige Männer unter ihnen, die man als Älteste einsetzen und in den Blocks für Ordnung sorgen lassen kann, und es gibt ausgebildete Facharbeiter für Spezialarbeiten. Sie sind weniger korrupt als andere Gruppen und bereiten einem im Allgemeinen weniger Ungelegenheiten. Nur echte Sklaventreiber kann man aus ihnen nicht machen, weil sie ihre Untergebenen nicht genug prügeln, um den Betrieb in Gang zu halten.

Und so kommt die Lagerleitung auf seltsamen Wegen und aufgrund einer ganz anderen Logik zu einer Rangordnung, die sich, abgesehen vom Antisemitismus und der starken Position mancher Krimineller, wenig von derjenigen unterscheidet, die die Häftlinge selber haben. Die Rangordnung der Häftlinge folgt den tatsächlichen Machtverhältnissen. Diese wiederum bestimmen sich nach den offiziellen Stellen, die eine Gruppe innehat, und nach dem inoffiziellen Einfluss, den jede einzelne Häftlingskategorie in dem Maße ausüben kann, wie sie imstande ist, innerhalb ihres eigenen Blocks zu kooperieren und ein quer durch alle Blocks und Arbeitsstellen reichendes Netz von Verbindungen aufzubauen. Dieser inoffizielle Einfluss hat Auswirkungen auf die Verteilung der Arbeitsplätze und auf die Behandlung der Häftlinge durch Kapos und Älteste.

Die Macht im Konzentrationslager wird repräsentiert durch:

die offiziell ernannten Kapos, Ältesten, Blockschreiber, Kantinenarbeiter, Friseure usw.;

die offiziell besetzten Sonderarbeitsplätze in der Kleiderkammer und den Geräteschuppen, in den Schumacher- und Schneiderwerkstätten, in den Büros der Lagerleitung;

die offiziell besetzten Arbeitsplätze in all diesen Werkstätten und in der Masse aller übrigen qualifizierten oder geschützten oder aus sonstigen Gründen begehrten Arbeitsplätze;

die inoffiziellen Positionen als Unterkapos, Kapohelfer, Stellvertretende Älteste usw.;

die Beteiligung an Netzwerken oder an Verbindungen, die Einfluss auf die Zuweisung von Arbeitsplätzen und auf Versetzungen zwischen Arbeitsplätzen und Blocks haben;

die Fähigkeit, neue Arbeitsgeräte, Schuhe, Bekleidung, zusätzliche Handtücher, Mützen, Becher usw. zu beschaffen, um verlorene zu ersetzen;

den Zugang zu oder die Beherrschung von Schmuggel- und Handelswegen im Lager selbst und von außen in das Lager hinein, insbesondere für Lebensmittel und Tabak;

die Beteiligung an der organisierten Korruption und den Schieberkartellen, die das ganze Lager zersetzen;

die informellen Verbindungen zu Wachen und SS-Offizieren, über die man Nachrichten über Angelegenheiten innerhalb wie außerhalb des Lagers erhalten oder die Zurücknahme von schriftlichen Meldungen gegen Einzelpersonen oder ganze Blocks aushandeln kann oder die sich für die Schmuggelrouten einspannen lassen;

die Möglichkeit, Leute im Krankenbau zu behandeln, wenn der SS-Offizier oder der Wärter die Behandlung verweigert;

ihrerseits verbunden mit einem illegalen, aber mitunter entscheidenden Einfluss auf Leben und Tod;

in extremen Fällen die Möglichkeit, einen Mann zu töten oder ihn, was denselben Effekt haben kann, der Lagerleitung zu übergeben;

und schließlich und vor allem die Fähigkeit, dem Lagerterror organisierten moralischen Widerstand entgegenzusetzen und dies gelegentlich unter den Augen der Lagerleitung zu demonstrieren.

Wegen ihres sozialen Hintergrunds und ihrer früheren Kooperationserfahrung sind die politischen Häftlinge am besten in der Lage, sich im Lager als organisierte Gruppe zu konstituieren. Ausnahmslos übernehmen sie unter ihren Mithäftlingen die Führung.[2]

Mit ihnen werden gewöhnlich diejenigen offiziellen Stellen besetzt, bei denen in erster Linie Koordinierungsaufgaben anfallen, also Älteste in den Blocks und Kapos für Facharbeit.

Die Gruppe, die ihnen ihrer Kooperationsfähigkeit nach am nächsten kommt, die Zeugen Jehovas, zeigt keine Neigung zu Führungsrollen oder Organisationsaufgaben außerhalb ihrer eigenen Blocks. Mit Zeugen Jehovas werden praktisch nie irgendwelche Stellen außer den Ältesten- und Kapostellen innerhalb ihrer eigenen Kategorie besetzt. In Buchenwald haben sie viele Küchenstellen und Stellen als Personal für SS-Offiziere.

Die Kriminellen sind recht gut in der Lage, Schieberkartelle aufzuziehen, schaffen es aber wegen ihres äußerst unkooperativen Hintergrunds nicht, groß angelegte, reibungslos funktionierende Routineabläufe zu organisieren. Bleiben sie, wie in Dachau, sich selbst überlassen, müssen sie sich der Vorherrschaft der Politischen beugen, weil sie sich bei den anderen Gruppen nicht genug Respekt verschaffen können, um Schlüsselpositionen für ein lagerweites Beziehungsnetz aufzubauen.

Dies trifft sogar trotz der Tatsache zu, dass einige von ih-

---

2 Dies gilt nicht nur für Dachau und Buchenwald, sondern für Konzentrationslager überall in Deutschland, wie mir frühere Insassen sehr vieler anderer Lager im Detail geschildert haben.

nen zu Kapos ernannt werden, die dann ihre Untergebenen gewöhnlich auf die grauenhafteste Weise misshandeln. Da Buchenwald ursprünglich als Lager für Kriminelle errichtet worden war, bekamen diese zu Anfang natürlich auch alle Stellen und hatten auch später noch, als die politischen Häftlinge eingeliefert wurden, sehr viele Positionen als Kapos und Älteste. Als der Machtkampf zwischen den beiden Gruppen begann, hatten die Kriminellen etwa ein Jahr lang die Unterstützung der Lagerleitung und behielten auf diese Weise, noch lange nachdem die Führungsrolle unter den Häftlingen auf die Politischen übergegangen war, sehr viel Macht und Einfluss.

Die Asozialen hatten niemals in irgendeiner Form Einfluss. Sie werden immer als Menschen zweiter Klasse behandelt, von der Lagerleitung wegen ihrer angeblichen Faulheit und von ihren Mithäftlingen wegen ihrer allgemein mangelnden Kooperations- und Organisationsfähigkeit und weil die Masse der »Asozialen« schwerfälliger im Denken und persönlich weniger zuverlässig ist als das übrige Lager.

Die Juden hatten gewöhnlich keine offiziellen Stellen, obwohl es dann und wann jüdische Kapos und Älteste gab, die für jüdische Arbeitskommandos und Blocks eingesetzt wurden. Dies war in Dachau vor Januar 1938 und in Buchenwald nach Januar 1939 zeitweise der Fall. Sie hatten niemals irgendeine Führungsmacht außerhalb ihrer eigenen rassischen Gruppe, aber innerhalb ihrer Gruppe, die in den größeren Lagern immer rund die Hälfte der Population ausmacht, sind die Politischen die Führer und halten alle inoffizielle Macht in Händen, selbst wenn sie nichtjüdischen Kapos und Ältesten gehorchen müssen. Diese sind gewöhnlich ohnehin Politische und besetzen deshalb die inoffiziellen Positionen, etwa Stellvertretende Älteste und Unterkapos, mit ihren Gesinnungsgenossen.

Der Anteil der Juden am inoffiziellen Beziehungsnetz hängt von ihrem Verhältnis zu der herrschenden Gruppe ab.

Die politischen Juden haben innerhalb der administrativen Grenzen Zugang zu praktisch allem, was den nichtjüdischen Politischen offen steht. Unpolitische Juden finden, wenn sie Geld haben, gewöhnlich leicht Zugang zu den von den Kriminellen organisierten Schiebernetzen oder bauen ihre eigenen großen Schiebernetze und Schwarzmärkte auf.

Die Zigeuner werden sowohl von der Lagerleitung als auch von den Häftlingen zu Außenseitern gestempelt. Hier wirkt das allgemeine soziale Vorurteil gegenüber den »Unzivilisierten«, das im Lager noch durch die traurige Erfahrung verstärkt wird, dass es nicht nur unmöglich ist, die Zigeuner zu einem Mindestmaß an Kooperation zu organisieren, sondern dass sich sehr viele von ihnen auch persönlich als äußerst unzuverlässig erweisen. Es gibt natürlich Ausnahmen, aber im Allgemeinen werden die Zigeuner aus allen Gruppen herausgehalten, die irgendetwas tun, das nicht strikt legal ist. Es ist nur allzu oft geschehen, dass Zigeuner andere an die Lagerleitung verraten haben, nicht weil sie in irgendeiner Form mit den Nazis zusammenarbeiten wollten, sondern weil sie kurzsichtig genug sind, sich über die vorübergehenden Vorteile eines solchen Verrats zu freuen.

Jede Häftlingskategorie neigt dazu, die anderen nach ihren eigenen sozialen Begriffen und Vorurteilen in eine Rangfolge zu bringen, wobei sich diese Rangfolgen je nach dem tatsächlich existierenden Machtsystem verändern. Die Rangfolge, die sich schließlich im ganzen Lager durchsetzt, ist die der herrschenden Gruppe, die stark genug ist, um nach ihren eigenen Ideen und Vorlieben Gefälligkeiten zu erweisen und Druck auszuüben. Die anderen mögen ihre eigene Position in der Rangfolge vielleicht nicht gut finden und meinen, sie hätten eine bessere Behandlung verdient, müssen sie jedoch akzeptieren und können über Vetternwirtschaft und Ungerechtigkeit seitens der führenden Gruppe nur murren.

In Dachau sind praktisch alle Machtpositionen außer den

meisten Kapostellen bei den Kommandos für unqualifizierte Arbeit in den Händen von Sozialdemokraten und Kommunisten. Das bedeutet, dass diese die Standards setzen und entscheiden, was Recht und Unrecht ist. Sie stufen ihre Mithäftlinge in erster Linie nach politischer Zuverlässigkeit und politischen Verdiensten, ihrer Fähigkeit zur Zusammenarbeit mit anderen und ihrem Verantwortungsbewusstsein in Bezug auf die Gruppe ein. Sie bestrafen Egoismus und Korruption nicht nur, weil sie ihnen nicht gefallen, sondern auch weil sie »unkameradschaftliches Verhalten« darstellen, das die Existenz der Gruppen gefährdet.

Sie betrachten Disziplin als Tugend, nicht weil sie sich bei der Lagerleitung beliebt machen wollen, sondern weil die Disziplin ihren eigenen Zwecken dient. Sie hält die Gruppe zusammen und reduziert zugleich sowohl die Reibungen untereinander als auch die Zahl der möglichen Ansatzpunkte für Angriffe seitens der Lagerleitung.

Nach diesen Kriterien rangieren für die Politischen in Dachau die nichtjüdischen Politischen, in deren Händen die Machtpositionen sind, und die politischen Juden, die sie als absolut Gleichgestellte behandeln, an oberster Stelle. Danach kommen diejenigen unpolitischen Männer, die sie als Kumpel von Gleich zu Gleich akzeptieren. Hierzu gehören die meisten Liberalen und auch sehr viele Geschäftsleute, Arbeiter, Handwerker, einige ausgewählte Männer unter den Asozialen, einige ausgewählte Kriminelle und so weiter.

Danach kommt die große Masse der unpolitischen Männer, die mit mehr oder weniger Aufwand zu einem gewissen Maß an Kooperation gezwungen werden können: das heißt Juden und Nichtjuden mit dem roten Winkel, Homosexuelle, Rasseschänder und so weiter. Noch weiter unten rangieren zuerst die Kriminellen, sodann die Masse der Asozialen als die Underdogs und die Zigeuner als die Außenseiter.

Die »Rückfälligen« und die Zeugen Jehovas, die beide hohes Ansehen genießen, kommen in dieser Rangfolge nicht vor, weil sie in der Strafkompanie isoliert sind.

In Buchenwald ist die Rangfolge der Politischen ähnlich wie in Dachau, außer dass die Kriminellen einen höheren Rang einnehmen. Da sie bei der Lagerleitung Rückhalt haben, halten sie ein so ungeheures Maß an Macht in Händen, dass sie sich in gewissem Umfang selbst bei den Politischen Respekt verschaffen können, von denen sie sonst als Menschen zweiter oder selbst dritter Klasse betrachtet werden.

In Buchenwald leben die »Rückfälligen« und die Zeugen Jehovas unter den anderen Häftlingen und werden daher so hoch eingestuft, wie es ihnen als zwei der zuverlässigsten und kooperativsten Gruppen im Lager zukommt. Besonders die »Rückfälligen« haben die begehrtesten Arbeitsplätze.

Die Kriminellen in Buchenwald mit ihrem hohen Anteil an der Macht behandeln das Lager nach ihrer eigenen Rangordnung, für welche die Kriterien Macht, Einfluss, Geld und die individuelle Begabung zum Bummeln, Schmuggeln und Schieben maßgeblich sind. Nach diesen Kriterien sind Kapos und Älteste hohe Tiere. Desgleichen ihre persönlichen Freunde. Desgleichen Männer mit Geld, das ihnen nicht abgepresst werden kann; und Männer, die in der Lage sind, Gefälligkeiten zu erweisen, die gewöhnlich nicht durch Erpressung oder Bestechung zu bekommen sind, etwa die Behandlung im Krankenbau oder die Versetzung auf einen anderen Arbeitsplatz oder in einen anderen Block.

Männer, die keiner dieser Kategorien angehören, sind Underdogs auf unterschiedlichen Stufen der Unterlegenheit. Auf der höchsten dieser Stufen stehen Gruppen, die den Kriminellen nicht schaden können, aber denen diese ebenfalls nicht schaden können, etwa die Zeugen Jehovas und die unpolitischen Häftlinge mit dem roten Winkel (Nichtjuden), die nur selten Kriminelle als Kapos haben. Ein Mann mit Geld, das durch Erpressung aus ihm herausgeholt werden kann, ist kein hohes Tier, sondern ein nützlicher Underdog.

In der Rangordnung der Kriminellen nehmen sie selbst den höchsten Rang ein, während sie die Politischen, vor allem die »Rückfälligen«, als ihnen selbst etwa gleichgestellt betrachten. Dann kommen die politischen Juden, die von den nichtjüdischen Politischen unterstützt werden, dann die Zeugen Jehovas und die unpolitischen Träger des roten Winkels, gefolgt vom regeren Teil der Asozialen, mit denen sich die Kriminellen bei Schmuggeleien und Schleichhandel zusammentun. Einige nichtjüdische Gruppen nehmen die nächsten Ränge ein, gefolgt von der großen Masse der unpolitischen Juden, von denen viele ihren kriminellen Zuchtmeistern an den Arbeitsstellen und in vielen Blocks auf Gedeih und Verderb ausgeliefert sind; und schließlich die große Masse der Asozialen. Die Zigeuner haben die Position des Außenseiters.

Die Tugenden, die – neben der Macht – einem Mann eine hohe Position in dieser Rangfolge sichern, also Draufgängertum, Zähigkeit, Gewitztheit, sind meist bei den Kriminellen selbst und bei den regeren Asozialen anzutreffen, können aber auch bei einzelnen Mitgliedern jeder anderen Gruppe auftreten. Daher erstrecken sich die individuellen Freundschaften der Kriminellen eher über die gesamte Bandbreite der Kategorien, als dies bei den Freundschaften etwa der Politischen der Fall ist, die sich mehr an ihresgleichen halten.

Somit ist in Buchenwald, wo es einen Machtkampf zwischen zwei herrschenden Gruppen gibt, die Häftlingsgesellschaft stärker differenziert als in Dachau. In Dachau bestimmen die Politischen die Standards, und die Hunderte von persönlichen Beziehungen zwischen Angehörigen von Gruppen ungleicher Rangstufen sind nur »Ausnahmen« von der Regel. Zum Beispiel sind die zu Dutzenden bestehenden persönlichen Freundschaften zwischen Politischen und Kriminellen nur Ausnahmen von der allgemeinen Position, die die Kriminellen als Gruppe haben. In Buchenwald sind die Standards erheblich weniger starr. Die beiden herrschenden Gruppen sind selbst relativ klein an Zahl und versuchen, bei den größeren Häftlingskategorien Verbündete zu finden oder sich Einflusssphären zu schaffen. Die Politischen schließen sich enger mit den Juden zusammen, weil sich unter diesen eine größere Zahl ihrer eigenen Gesinnungsgenossen und darüber hinaus noch viele Männer befinden, die sie aufgrund ihres sozialen Hintergrunds akzeptieren können. Die Kriminellen haben engere Verbindungen zu den regeren Mitgliedern der Asozialen, von denen viele den gleichen sozialen Hintergrund haben wie die Kriminellen. Viele Asoziale werden in der SS-Küche und in der Lagerküche sowie in den Schuhmacher- und Schneiderwerkstätten beschäftigt, die allesamt wichtige Quellen und Zentren des illegalen Handels und des Schmuggels sind und daher entscheidende Knotenpunkte im Schiebersystem darstellen. Auch dies fördert die engen Kontakte zu den Kriminellen, die die Schieberkartelle beherrschen.

Die Kriminellen, insbesondere die Antisemiten unter ihnen, stehen in engem Kontakt mit den ehemaligen SS-Leuten, die einen roten Winkel tragen. (Einige von ihnen tragen ohnehin einen grünen Winkel). Dies ist teils auf ihren gemeinsamen sozialen Hintergrund, teils auf ihre Zusammenarbeit beim Schmuggel, vor allem aber darauf zurückzuführen, dass beide Gruppen von großen Teilen ihrer Mithäftlinge abgelehnt werden, besonders von den Politischen und von einigen der unpolitischen Träger des roten Winkels.

Die Folge ist, dass in Buchenwald im Gegensatz zu Dachau die unpolitischen Häftlinge ein eigenes, organisiertes soziales Leben entfalten und aktiv mit anderen Gruppen verbündet sind. Dem leistet auch die unterschiedliche Anlage der beiden Lager Vorschub. In Dachau können entlang der Hauptstraße, die zwar Juden und Nichtjuden trennt, aber von der aus jeder einzelne Block zugänglich ist, alle Gruppen leicht miteinander kommunizieren. In Buchenwald sind die verschiedenen Gruppen schon durch den Charakter der Anlage weiter voneinander getrennt. Die Juden leben in den vier obersten Reihen. Die nichtjüdischen Politischen und die Kriminellen sind (zusammen mit den Zeugen Jehovas, den Homosexuellen und anderen) in den beiden untersten Reihen untergebracht, und dazwischen ist ein »schwarzer Gürtel« (so genannt wegen der schwarzen Winkel) von zwei Reihen nichtjüdischer Asozialer. Von der obersten bis zur untersten Reihe ist es weit, und selten läuft jemand, wenn er nicht gerade einen bestimmten Freund besuchen will, den ganzen Weg den Berg hinauf oder hinunter. Damit bleiben Zufallsbekanntschaften auf die Arbeitsstellen beschränkt. Weder die oberste noch die unterste Reihe sind, mit Ausnahme einzelner Krimineller, besonders erpicht auf einen engen Kontakt mit dem schwarzen Gürtel. Und so bilden die größten Häftlingskategorien in der Freizeit praktisch eigenständige Gemeinschaften innerhalb der KZ-Gesellschaft; zu Kontakten kommt es hauptsächlich über die roten und grünen Ältesten und die sonstigen Offiziellen in den jüdischen Blocks und in den Blocks der Asozialen.

Die große Masse der Häftlinge in Buchenwald schlägt sich nicht direkt als Gruppe auf Seiten einer der beiden kämpfenden Gruppen, sondern pflegt ihre Beziehungen individuell auf der Grundlage von Zufallsbekanntschaft oder Notwendigkeit. An den Arbeitsstellen versuchen sie, die Freundschaft derjenigen Gruppe zu gewinnen, die dort die Kapos und Unterkapos stellt, und wenn das nicht funktioniert und sie misshandelt werden, versuchen sie, sich versetzen zu lassen. Politische finden eine leichtere Arbeit, indem sie politische Verbindungen ausnutzen. Unpolitische müssen auf Geld und Bestechungen zurückgreifen und wenden sich daher eher an die Kriminellen. An die wichtigen Stellen in der Kleiderkammer und im Krankenbau kommt man am besten über politische Kanäle heran, während der Zugang zum Schwarzmarkt hauptsächlich über Kriminelle und Asoziale läuft.

Die hier beschriebenen Rangordnungen gelten mehr für ganze Gruppen als für Individuen. Der einzelne Mann wird stets nach seinen eigenen Verdiensten beurteilt. Ein dummer Politischer kann von einem intelligenten Asozialen mit Herablassung behandelt werden, ein Krimineller kann der getreue Freund eines politischen Ältesten sein, ein ehemaliger SS-Scharführer kann sich gut mit einem ehemaligen kommunistischen Reichstagsmitglied verstehen, das vielleicht auch noch Jude ist. Die Entstehung von Freundschaften außerhalb der eigenen Gruppe wird jedoch durch die Vorurteile und Erfahrungen, die mit der jeweils anderen Gruppe verbunden werden, erleichtert oder erschwert. Ein Politischer kann einen Kriminellen als getreuen Freund akzeptieren, nachdem dieser sich als vertrauenswürdig erwiesen hat; einem anderen Politischen aber wird er sein Vertrauen bedingungslos schenken und es auch erst dann zurücknehmen, wenn sich der andere als nicht vertrauenswürdig erwiesen hat.

In Zeiten besonderer Belastungen und Not bekommen auch die Rangordnungen der herrschenden Gruppen größere Bedeutung. Eine bestimmte Gruppe schließt dann vielleicht alle Mitglieder einer anderen Gruppe von den Gefälligkeiten aus, die ihr zu Gebote stehen, und der einzelne Mann aus der anderen Gruppe hat gar nicht erst die Chance, zu beweisen, dass er eine bessere Behandlung verdient hat als seine Gruppe als ganze. Werden die Juden auf Anordnung der Lagerleitung zeitweilig von der Behandlung im Krankenbau ausgeschlossen, dann kommt das Wenige, das an illegaler Behandlung gewährt werden kann, hauptsächlich den politischen Juden zugute, weil diejenigen, die sie gewähren können, nichtjüdische Politische sind. Für einen Mann, der erfährt, dass irgendeinem anderen Mann durch eine illegale Behandlung, die ihm verweigert wurde, das Leben hätte gerettet werden können, mag das nach schrecklichster Unmenschlichkeit klingen, aber die Politischen im Krankenbau müssen die Risiken abwägen, die sie selbst eingehen, wenn sie eine solche Behandlung durchführen. Sie riskieren dabei oft das eigene Leben und immer die eigene Stellung und sind daher nicht bereit, dieses Risiko für jedermann einzugehen, der dies von ihnen verlangt; sie wollen ihre eigene Wahl treffen. Etwas objektiver betrachtet dürfte allerdings die Zahl der Leben, die durch illegale Behandlung gerettet werden, keineswegs kleiner sein, als wenn die geretteten Individuen gleichmäßig auf alle Häftlingskategorien verteilt wären.

Weniger dramatisch, aber für den Lageralltag fast ebenso wichtig ist die Tatsache, dass die Schmuggelrouten und Handelswege von den Kriminellen beherrscht werden. Verbietet die Lagerleitung den Tabakverkauf in der Kantine, dann ist Tabak nur für Männer zu haben, die von den »Grünen« als seiner würdig angesehen werden, was nicht unbedingt der Mann mit dem höchsten Geldgebot ist, sondern oft der Mann, der ihnen in der Rangordnung am nächsten steht. Mit zunehmender Knappheit beschränkt sich der Kreis der Empfänger von Schwarzmarkttabak mehr und mehr auf die Mächtigen, das heißt auf die Kriminellen selbst und auf einige politische Kapos. Gleiches gilt, wenn die Kantine wochenlang geschlossen bleibt, für Lebensmittel, nur dass dabei das Geld eine größere Rolle spielt, weil ein großer Teil des Schmuggels von Asozialen abgewickelt wird und diese mit Sicherheit an den Meistbietenden verkaufen. Dies schließt nebenbei sehr viele Politische aus, die sehr wenig Geld haben.

Im Lageralltag sind die Rangordnungen vor allem für die Verteilung der leichteren Arbeiten und für Versetzungen wichtig, besonders wenn die Gruppen nicht gut miteinander auskommen. Zum Beispiel kann es sein, dass es an der einen großen Arbeitsstelle, die in den Händen der »Grünen« ist, den Juden lange Zeit besonders schlecht ergeht, weil an einer anderen Arbeitsstelle die Politischen ihren Einfluss nutzen, um einen »grünen« Kapo zu beseitigen, der ein paar Juden misshandelt hat. In solchen Fällen spielen Geld und persönliche Beziehungen eine geringere Rolle als Gruppenverbundenheit und Gruppenvorurteil. Im Allgemeinen bekommt ein Mann leichter Hilfe von einer mächtigen Gruppe, wenn er zu einer Gruppe gehört, die bei der helfenden Gruppe in hohem Ansehen steht, als wenn er als Individuum wertvoll ist. Und unpersönliche Beziehungen zu einer starken Gruppe sind gewöhnlich nützlicher als persönliche Beziehungen zu einem starken Mann.

Die Macht der offiziell eingesetzten Kapos und Ältesten ist unbegrenzt. Sie können ihre Leute hetzen und prügeln, mit ungewöhnlich schweren Arbeiten bestrafen, sie der Lagerleitung zur Bestrafung melden, sie auf jede nur erdenkliche Weise misshandeln. Jeder Gewaltakt dieser Männer, selbst mit schwersten Verletzungen, wird von der Lagerleitung gedeckt. Auch wenn ein Mann von einem Kapo umgebracht wird, wird nicht viel Aufhebens davon gemacht.

Kapos und Älteste werden gewöhnlich auf unbestimmt lange Zeit ernannt. Eine Absetzung erfolgt normalerweise nur als Strafe für Korruption. Greift die Korruption zu sehr um sich oder hat sich die Disziplin allzu stark gelockert, findet gelegentlich ein Großreinemachen statt, bei dem auch viele ausgetauscht werden können. Aber die meisten sind jahrelang an der Macht und werden nach einer vorübergehenden Ablösung häufig auch wieder eingesetzt. Dadurch entsteht eine einigermaßen stabile herrschende Klasse, die im Laufe der Zeit einen gewissen *esprit de corps* entwickelt, trotz aller Konflikte, die es innerhalb des Korps geben mag.

Da Aufgaben und Funktionen der verschiedenen Offiziellen äußerst unterschiedlich sind, unterscheiden sich auch die Prinzipien, nach denen sie ausgewählt werden.

Der Älteste überwacht die tägliche Routine im Block. Er sorgt dafür, dass die Räume sauber und die Betten und Spinde ordentlich sind; dass die Männer geordnet, pünktlich und vollzählig zum Appell marschieren und zurückkommen. Er organisiert den Turnus der Essensholer und der Männer, die in der Freizeit die Stuben putzen; er ist für das pünktliche Erscheinen von Männern verantwortlich, die von der Lagerleitung zur Bestrafung oder aus sonst einem Grund zu sich bestellt werden. In der Freizeit sorgt er für Disziplin in den Blocks. Oft muss er auf Befehl des Kommandanten ein Strafexerzieren für seine eigenen Leute kommandieren – ganz selten nur ordnet er es auf eigene Initiative an.

Aufgrund dieser Pflichten hat der Älteste hauptsächlich Koordinierungsaufgaben. Ist er ein fähiger Organisator und ist seine Gruppe kooperativ, geht im Block alles glatt, und die Gewalt ist minimal. Dies trifft vor allem für die politischen Blocks und die Blocks der Zeugen Jehovas zu. Sind dagegen die Häftlinge ein unorganisierter Haufen, wie es bei den Asozialen und in vielen der nichtjüdischen Blocks der Fall ist, dann gibt es viel Schlägereien und Geschrei, und wenn noch dazu der Älteste ein schlechter Organisator ist und es vielleicht genießt, seine persönliche Macht auszuüben, dann prügelt und bestraft er seine Untergebenen.

Eine ruhige und reibungslos ablaufende Routine gehört zu dem, was sich die Lagerleitung unter einem guten Konzentrationslager vorstellt. Das ist für sie kein Grund, etwas an der Überfüllung zu ändern, führt aber wenigstens dazu, dass sie solche Männer als Älteste einsetzt, die zu einer reibungslosen Führung der Blocks am ehesten in der Lage sind. Sie suchen gute Organisatoren aus, die schon lange im Lager sind – und das heißt in den meisten Fällen Politische. Darüber hinaus haben die SS-Offiziere, die neue Ernennungen vorschlagen, gewöhnlich informelle Kontakte zu den Männern, die bereits als Älteste fungieren, und lassen sich von ihnen informell bei der Auswahl beraten. Die sozialistischen und kommunistischen Ältesten sorgen zum größten Teil dafür, dass auf solche Stellen nur ihre Gesinnungsgenossen kommen.

Die Aufgabe des Kapos erfordert viel weniger Koordinationsfähigkeit; dafür muss er ein guter Sklaventreiber sein, vor allem wenn er für unqualifizierte Arbeit zuständig ist. Wenn Hunderte von Männern nichts weiter tun, als Kies aus einer Grube zu schaufeln und in Schubkarren fortzuschaffen, gibt es nicht viel zu koordinieren. Auch wenn Arbeiter Steine auf den Schultern oder Ziegel auf den Armen ein paar hundert Meter weit tragen oder Kipploren mit Kies be- und entladen, ist keine Koordination erforderlich. Der Kapo muss nichts weiter tun, als alles am Laufen zu halten, und zwar schnell, und gelegentlich dafür zu sorgen, dass die Männer in der Grube nicht auf der falschen Seite graben.

Ein guter Ältester kann seine Fähigkeiten unter Beweis stellen, indem er gut gemachte Betten vorführt, und gewöhnlich wird ihn keiner fragen, ob er dies durch Prügel oder durch Beschwörungen erreicht oder ob seine Leute es freiwillig tun. Ein guter Kapo für ungelernte Arbeit hat nichts, um seine Fähigkeiten unter Beweis zu stellen, außer dem Tempo, in dem sich seine Leute bewegen, und der Größe der Lasten, die sie tragen. Niemand zählt die Schaufeln Kies, die zuvor hochgeworfen wurden, oder die Zahl der Kipploren oder Schubkarren, die beladen und weggefahren wurden. Der inspizierende SS-Offizier interessiert sich für gar nichts außer Tempo und vollen Ladungen. Also rennt der Kapo herum und prügelt und tritt seine Leute, brüllt sie an, bewirft sie mit Steinen, meldet sie wegen Faulheit, bringt sie mit Fußtritten über ihren Schubkarren zu Fall und wieder auf die Beine, traktiert sie mit Faustschlägen oder stößt sie in eine Kiesgrube hinunter. Solange ein SS-Offizier da ist, muss er all das tun, ob er will oder nicht. In Buchenwald, wo die Kapos erheblich weniger unter Aufsicht stehen, behalten nur die Sadisten unter ihnen die Hetzerei die ganze Zeit bei. Die anderen legen ab und zu eine Pause ein.

Für diese Arbeit als Sklaventreiber werden nur die brutalsten und sadistischsten Exemplare ausgesucht, solche, die in dem Ruf stehen, ihre Leute schneller, schneller und noch schneller antreiben und sie in steter Angst vor dem halten zu können, was wohl als Nächstes über sie hereinbricht. In Buchenwald werden die meisten dieser Kapos unter den Kriminellen ausgewählt. In Dachau haben die meisten von ihnen den roten Winkel, sind aber Unpolitische. Zu ihnen gehören auch die berüchtigtsten Killer: Sterzer und Zock in Dachau, Assoni und Berg in Buchenwald, um nur einige zu nennen. Sterzer hatte einen roten Winkel, war aber ein Pferdekutscher, der wegen Inzests mit seiner Tochter im Gefängnis gesessen hatte. Zock hatte einen roten Winkel, aber war im Lager, weil er ein Zuhälter war. Assoni, ebenfalls mit einem roten Winkel, war ein früherer SS-Mann; Berg hatte einen grünen Winkel und war ein Alkoholiker und früherer Schiffskapitän.

Selten gerät einmal ein anständiger Mann unter die Kapos für unqualifizierte Arbeit. Das kommt eigentlich nur dann vor, wenn ein Kapo für qualifizierte Arbeiten an einer Arbeitsstelle fertig ist und es gerade keine andere qualifizierte Arbeit gibt. Dann wird ihm die Verantwortung für die nächstbeste Arbeitsstelle mit unqualifizierter Arbeit übertragen.

Kapos, die für qualifizierte Arbeit zuständig sind, haben sehr viel mehr Koordinierungsaufgaben, ähnlich wie die Ältesten. In der Möbelschreinerei, der Sägemühle und bei Arbeiten am Bau, wie Klempner-, Dachdecker- und Zimmermannsarbeiten, kommt es weniger auf das Tempo an. Hier ist die Verwaltung an Qualität interessiert und sucht die Männer deshalb nach ihren Fachkenntnissen aus; oft geben sie den Männern die gleiche Art Arbeit, die sie auch im Zivilleben hatten. Dies führt dazu, dass hauptsächlich Industriearbeiter ausgewählt werden, und dies wiederum bedeutet, dass die Wahl auf Sozialdemokraten und Kommunisten fällt. In Buchenwald gibt es unter den Kapos der Kommandos für qualifizierte Arbeit auch einige Zeugen Jehovas.

An Arbeitsstellen mit qualifizierter Arbeit herrscht, aus dem gleichen Grund wie in Blocks mit politischen Ältesten, wenig Krach und wenig Gewalt, und Arbeitsplätze in solchen Bereichen sind sehr begehrt. Es gibt jedoch nur wenige davon.

Gering qualifizierte Arbeit wie Zementmischen nimmt eine Zwischenstellung ein. Gewöhnlich erfordert sie immerhin so viel Können, dass man die Männer, wenn die Arbeit gut gemacht werden soll, nicht allzu sehr hetzen kann, aber auch wiederum nicht so viel, dass der zuständige Mann unbedingt in diesem Fach ausgebildet sein muss. Es ist also mehr eine Frage des Zufalls, welche Sorte Mann als Aufseher eingesetzt wird; aber selbst einem schlechten Kapo sind hier durch die Art der Arbeit Grenzen gesetzt.

Es gibt noch einige weitere offizielle Stellen. Eine davon ist der Blockschreiber, der die Liste der zu seinem Block gehörenden Häftlinge führt, die Postliste, die Liste der Männer, die Strafüberstunden ableisten oder zum Torstehen müssen, und dergleichen mehr. In Buchenwald hat jeder Block einen Friseur und einen Kantiner oder Blockeinkäufer.

Alle diese Männer gehören zum »Stubendienst«, das heißt, sie helfen tagsüber beim Saubermachen der Blocks. Gewöhnlich hat der Blockälteste einen großen (wenn auch informellen) Einfluss auf ihre Ernennung; daher besteht der Stubendienst in Dachau fast ausschließlich aus Politischen, in Buchenwald entweder aus Politischen oder aus Kriminellen.

An der Spitze der gesamten offiziellen Struktur steht in Dachau ein Lagerältester. Er hat jedoch keine besonders starke Stellung, da seine Funktion hauptsächlich darin besteht, den technischen Teil der Arbeit zu überwachen. Er ist mehr oder weniger der technische Assistent des für die Bauarbeiten zuständigen SS-Offiziers.

In Buchenwald gibt es einen Lagerältesten und zwei Stellvertreter. Der Lagerälteste hat mehr Macht über Leben und Tod als jeder andere Häftling, und sein Einfluss auf die allgemeinen Verhältnisse im Lager ist wahrscheinlich größer als der jedes SS-Offiziers außer dem Kommandanten und dem »Rapportführer« (dem höchsten Unterführer). Er hat ungeheuren Einfluss auf die Ernennung wie auch auf die allgemeine Einstellung von Kapos und Ältesten. Da er seinem Kommandanten und den für die Arbeit und für besondere Abteilungen zuständigen SS-Offizieren häufig Bericht erstatten muss, hat er auch großen Einfluss auf das Reglement und die allgemeine Lagerpolitik. Die beiden Stellvertreter haben nicht viel Einfluss, obwohl sie an der Überwachung der Disziplin im ganzen Lager beteiligt sind.

Über die Auswahl dieser Lagerältesten ist nicht viel zu sagen, da es zu wenige von ihnen gibt, um irgendwelche Trends[3] auszumachen.

In Buchenwald gibt es ein Büro, das in Dachau nicht existiert: die »Kontrolle«. Ursprünglich waren seine Mitglieder Spitzel, die sich die Lagerleitung hielt, damit sie ihre Mithäftlinge ausspionierten, wie dies auch in gewöhnlichen Gefängnissen häufig geschieht. Aber im Laufe der Zeit veränderte sich ihre Funktion. Sie wurden nicht mehr eingesetzt, um heimliche Gespräche und Aktivitäten auszuspähen, sondern um wie die SS-Offiziere umherzuschleichen und Leute wegen »Faulheit« zu melden. Um sich an der Macht zu halten, mussten sie sehr viele Meldungen schreiben.

---

3 Beschreibungen der ersten beiden Lagerältesten, die zu meiner Zeit an der Macht waren, finden sich im Kapitel über den Machtkampf zwischen den Politischen und den Kriminellen.

Die Tatsache, dass manche Männer im Lager umherspazieren durften, ohne bestraft zu werden, konnte auf die Dauer kein Geheimnis bleiben. Das Lager bekam heraus, wer sie waren, ihre Häftlingsnummern wurden weitergegeben, und jedermann war vor ihnen ebenso auf der Hut wie vor den SS-Offizieren. Ursprünglich waren sie nicht ganz einfach zu erkennen, aber als sie das Privileg erhielten, Schaftstiefel zu tragen – von denen es in der Kleiderkammer einen kleinen Vorrat gab –, verrieten sie sich durch diese Stiefel.

Je bekannter sie wurden, desto unbrauchbarer wurden sie als Geheiminstitution. Zunächst ersetzte die Verwaltung sie gelegentlich durch neue Männer, aber auch diese wurden mit der Zeit bekannt, und man betrachtete sie als Kapos ohne Arbeitskommando. Als schließlich die Kapos Armbinden mit dem Aufdruck »Kapo« erhielten, bekamen die früheren Spitzel ebenfalls Armbinden mit dem Aufdruck »Kontrolle«.

Die »Kontrolle« entwickelte sich zur korruptesten Institution im ganzen Lager. Sie schrieben gegen irgendjemanden eine Meldung und hielten sie dem Opfer unter die Nase: Bezahl, sonst . . .; sie deckten Schmuggel aller Art und ließen es sich teuer bezahlen; sie verschlossen die Augen vor Unregelmäßigkeiten, wenn es ihnen gerade gefiel, aber erfanden neue, wenn ihnen das besser passte; sie pafften im Geräteschuppen an einer Zigarette und gingen hin, um andere wegen Rauchens zu melden; sie machten in einem Versteck ein Nickerchen und zogen dann los, um ihre tägliche Quote an Meldungen wegen Faulheit zu erfüllen.

Von Zeit zu Zeit kamen solche Dinge heraus, die Schuldigen wurden furchtbar bestraft und entweder ersetzt oder, wenn der Kommandant meinte, sie hätten jetzt Angst bekommen und wären damit nützlicher geworden, an der Macht gelassen.

Gewöhnlich gab es fünf »Kontrolleure«, meist Kriminelle, mit gelegentlich einem Unpolitischen darunter.

Ein besonders eigentümlicher Fall von »Kontrolleur« soll hier wegen seiner Merkwürdigkeit erwähnt werden. Von einem Neuling hieß es gerüchteweise, er sei ein hochrangiger SS-Offizier, ein enger Vertrauter von Kommandant Rödl, ein Freund Hitlers. Diesem Gerücht zufolge sollte er sich ein paar Monate im Lager aufhalten, um Rödl beizubringen, nicht alles zu vertrinken, was ihm die Partei zum Lohn für seinen hervorragenden Nazismus gab. Wie immer die Wahrheit über diesen Mann auch aussehen mochte, plötzlich stieg die Zahl der Meldungen gegen Juden an. Der Mann wurde beobachtet, wie er Juden verprügelte, aber sonst nicht arbeitete, und seine Nummer wurde weitergegeben. Praktischerweise war es die Nummer 1000.

Nach kurzer Zeit wurde er in ein kleines Außenlager von Buchenwald versetzt, ein zeitweiliges Lager in der Nähe eines Wohnbauprojekts. Dort machte man ihn sofort zum Lagerältesten, was die Gerüchte über ihn zu bestätigen schien.[4]

In Dachau hat jeder Block einen Blockältesten, vier Stubenälteste und einen Schreiber, das sind 162 Männer in 27 Blocks.[5]

Zusätzlich hat jedes Arbeitskommando einen offiziell ernannten Kapo und, wenn es sehr groß ist, gelegentlich einen oder zwei Unterkapos in halbwegs offizieller Stellung (d. h., vom Kapo eingesetzt, aber vom zuständigen SS-Offizier anerkannt). Die Arbeitskommandos können unterschiedlich groß sein und von wenigen Männern für irgendeine Sonderarbeit bis zu rund 100 Mann in den größeren Kommandos umfassen, als seltene Ausnahme auch einmal bis zu 300

---

4 Bruno Heilig berichtet in *Men Crucified* über diesen Mann (Toni Lehner), er sei ein ganz vernünftiger Kerl gewesen, mit dem er so manche Zigarette während der Arbeitszeit geraucht habe. Ich kenne jedoch Leute, die gesehen haben, wie er Juden verprügelte, und ich kenne selber »Kontrolleure«, die mit dem einen Juden eine Zigarette rauchten und einen anderen Juden wegen Rauchen meldeten.
5 Drei von dreißig Blocks sind mit Krankenbau und Kantine belegt.

Mann. Im Durchschnitt dürfte etwa ein offiziell anerkannter Kapo auf 60 Männer kommen, also alles in allem rund 90 Kapos einschließlich der führenden Leute im Krankenbau und so weiter.

In Buchenwald hat jeder Holzbau (mit zwei Stuben) einen Blockältesten, zwei Stubenälteste, einen Friseur und einen Blockeinkäufer; und jeder Ziegelbau (mit vier Stuben) noch zwei weitere Stubenälteste und einen weiteren Friseur. Das macht rund 240 Männer auf 37 Blocks.[6]

Auch hier hat jedes Arbeitskommando einen offiziell ernannten Kapo und einige halboffizielle Unterkapos. Die Größe der Arbeitskommandos schwankt noch stärker als in Dachau; Kommandos bis 300 Mann sind keine Seltenheit, und selbst Kommandos mit 500 Mann kommen vor. Dennoch dürfte ein Kapo auf 70 Männer eine gute Schätzung sein (es schien weniger offiziell anerkannte Kapos und Unterkapos zu geben als in Dachau). Das macht rund 140 Kapos, wiederum einschließlich der Kapos in den Sonderabteilungen.

Damit umfasst die offiziell eingesetzte herrschende Klasse in Dachau rund 250 von 5.500 Häftlingen, oder rund 4,5 %, in Buchenwald rund 380 von 10.000 Häftlingen, oder 3,8 %. In Buchenwald könnte man noch die vielen Unterkapos hinzuzählen, deren offizieller Rang zwar geringer ist, die aber dennoch an ihren Arbeitsstellen fast ebenso viel Macht haben wie der Kapo selbst.

Diese offizielle Machtstruktur ist mit einer inoffiziellen Machtstruktur der Häftlinge selbst verknüpft, deren oberste Ränge mitunter mehr Macht und Einfluss haben als manche Männer mit volltönenden offiziellen Titeln. Jeder Mann im Krankenbau hat einen höheren sozialen Status als fast jeder Kapo im Lager, und innerhalb seines eigenen Blocks oder

6 Sieben der angegebenen 48 Blocks werden von Küche, Krankenbau, Bad, Kleiderkammer usw. eingenommen; vier Blocks sind im Bau.

seiner eigenen Stube hat ein inoffiziell ernannter Vize-Ältester, wenn er die Rückendeckung des Ältesten hat, praktisch die gleiche Macht wie der Älteste selbst.

Kooperation

Die verblüffende Pünktlichkeit und Genauigkeit, mit der Tausende von Häftlingen ihre tägliche Routine ausführen, beschwört die Metapher von der »gut geölten Maschine« geradezu herauf. Auf die Mehrheit der Häftlinge trifft dieser Vergleich sogar noch stärker zu, als man vielleicht meint. Ein richtig geformtes und platziertes Maschinenteilchen kann gar nicht anders, als reibungslos mit dem Rest zusammenzuarbeiten, sobald die Maschine angeworfen wird. Diese routinierte, wie ein Zahnradsystem funktionierende Zusammenarbeit ist genau das, was die Lagerleitung will. Der Grad, in dem sie es erreicht, schwankt leicht je nach den verschiedenen Häftlingskategorien. Auf den ersten Blick scheint das Kooperationstraining der Politischen der Lagerleitung in die Hände zu arbeiten, die individualistische Haltung der Kriminellen und die Indolenz der Asozialen dagegen ein ernst zu nehmendes Hindernis darzustellen.

Doch die Asozialen erweisen sich als recht anfällig für den Einfluss von Drohung und Terror. Wenn sie von Kapos und Ältesten geprügelt und herumgestoßen und wegen geringfügiger Regelverstöße einzelner Mitglieder gleich gruppenweise schwer bestraft werden, ist nach ein paar Wochen Zusammenleben im selben Block auch ein noch so atomisierter Haufen von »Asozialen« nicht mehr die gleiche amorphe Masse. Gleiches gilt für die Kriminellen und andere Gruppen. Nach einiger Zeit erwerben sie die notwendige Routinekooperation, die allein es einem Block ermöglicht, ungestraft eine Inspektion zu überstehen.

Natürlich ist auf lange Sicht die Solidarität der Angst keine sehr verlässliche Basis für die Kooperation. Solange die einzelnen Männer die Wahl haben, ob sie ihr Bett aus Angst sorgfältig machen oder es stattdessen darauf ankommen lassen wollen, sind immer genug darunter, die ihre Betten schlecht machen oder ihr Geschirr nicht richtig säubern. Beschwörende Ansprachen ihrer Ältesten sind ihnen nur noch lästig und bewirken nichts, Gewalt stellt sich ihnen als sinnloser Sadismus dar, und der Block wird in einigermaßen regelmäßigen Abständen erwischt.

Den Politischen ergeht es bei ihren Versuchen, die peniblen Ordnungsanforderungen zu erfüllen, dank ihrer früheren Schulung besser.

Im normalen Lageralltag liegen die Unterschiede zwischen den Politischen – wie übrigens auch den Zeugen Jehovas – und den anderen Gruppen weniger im Ergebnis als im Ausmaß der Gewalt, die notwendig ist, um es zu erzielen. Schließlich muss jeder Block pünktlich beim Appell sein, Kooperation hin oder her. Aber politische Blocks treten ruhig an, ohne dass mehr als ein gelegentliches »Los, los, beeilt euch« zu hören wäre, während in einem asozialen Block oder einem unpolitischen jüdischen Block der Älteste die Männer, die um die »guten« Plätze kämpfen – nicht ganz vorne, nicht als Flügelmann –, vielleicht herumstoßen und die zu spät Kommenden anbrüllen muss. Die ersten Reihen marschieren vielleicht schon los, während sich die letzten Reihen noch formieren. Ein vorbeikommender SS-Offizier meldet dann womöglich den ganzen »Saustall« zur Bestrafung.

Zur Essenszeit stehen die Essensholer eines politischen Blocks gewöhnlich schon vor dem Anpfeifen bereit, während andernorts der Älteste seine Leuten erst zusammenrufen muss. Wenn sie noch nicht so weit sind, muss er andere schicken. Wenn sie protestieren, dass sie nicht an der Reihe sind, beendet er die Diskussion vielleicht mit einem Faustschlag – es ist keine Zeit zu verlieren, oder der Block bekommt nichts zu essen.

Ähnlich ist es an den Arbeitsstellen. Wo Asoziale oder andere Unpolitische in großen Massen arbeiten, ist mehr Gewalt erforderlich, um die Arbeit mit durchschnittlicher Geschwindigkeit in Gang zu halten – natürlich nicht, weil die Männer aktiv Widerstand leisten, sondern wegen ihrer allgemeinen Unfähigkeit, mit einer Situation fertig zu werden, in der Kooperation die beste Art ist, ohne Ärger davonzukommen.

Wenn ein gut kooperierender Block wegen irgendeines Ordnungsverstoßes erwischt wird, hält der Älteste vielleicht eine kleine Rede: »Diejenigen unter uns, die nachlässig sind, gefährden die ganze Gruppe. Ihr müsst an eure Verantwortung für die ganze Gruppe denken. Wir müssen solidarisch bleiben, jetzt mehr denn je.« Das Wort mag nicht für alle dasselbe bedeuten, doch alle begreifen, dass dies eine im Wesentlichen politische Rede ist, ein Appell an ihre politische Solidarität. Wenn der Block aus einem nicht vermeidbaren Grund bestraft wird, sagt der Älteste vielleicht zu den Männern: »So, diesmal haben sie uns erwischt. Da war nichts zu machen. Ich kann euch nur sagen: Haltet zusammen, gebt ihnen keine Chance, sie warten nur darauf.«

In einem schlecht kooperierenden Block schreit der Älteste in einem solchen Fall vielleicht herum: »Wie oft soll ich es euch noch sagen? Geschieht euch ganz recht, dass ihr jetzt strafexerzieren dürft. Von jetzt an wird jeder gemeldet, der sein Bett nicht ordentlich macht. Ich denke gar nicht daran, mir ›Fünfundzwanzig‹ zu holen, bloß weil ihr aus eurem Block einen Saustall macht.« Und dann befiehlt er seinen Leuten vielleicht, in ihrer freien Zeit Betten zu bauen, lässt sie den ganzen Sonntagvormittag die Dielen und den Abort fegen und putzen und schrubben und ihr Geschirr säubern, immer mit der Drohung: »Ich melde euch! Ich geh doch euretwegen nicht über den Bock!«

Wenn allerdings die gesamte überlegene Kooperation der Politischen auf nichts beruhte als ihrer besseren Schulung und der gleichen Angst vor Strafe, wären sie schnell in der gleichen Lage wie die Asozialen: Sie würden wieder und wieder erwischt, weil irgendjemand meint, dies sei der geeignete Augenblick, um das Risiko eines schlecht gemachten Bettes einzugehen.

Freiwillige Kooperation über lange Zeitspannen hinweg ist nur dort möglich, wo die Männer über den unmittelbaren Zweck hinaus, dem sie dient, eine Befriedigung aus ihr ziehen. Kein noch so penibles Routinetraining mit unwilligen Männern kann es mit der reibungslosen Kooperation derer aufnehmen, die ihre Zusammenarbeit als einen Triumph über die Verhältnisse betrachten. Diese freiwillige Kooperation entsteht nur zwischen Männern, die eine gemeinsame Ideologie und gemeinsame Ziele haben, die unabhängig von der Situation und daher vor dem Zugriff der Lagerleitung sicher sind. Nur wo Männer sich als Außenposten einer kämpfenden Armee fühlen, sind sie in der Lage, auch dann noch zu kooperieren, wenn die Verwaltung immer wieder zuschlägt; während bei Leuten ohne gemeinsame Ideologie die Kooperation sofort zusammenbricht, sobald die Verwaltung sie trotz aller gut gemachten Betten misshandelt und bestraft. Für Männer, die gut kooperieren, ist die Tatsache, dass sie von der in ihren eigenen Vorstellungen von einer reibungslos funktionierenden Hölle befangenen Lagerleitung mehr in Frieden gelassen werden als die anderen, mehr oder weniger nebensächlich.

Nur zwei Häftlingskategorien entwickeln diese freiwillige Kooperation in nennenswertem Umfang: Die linken Politischen – Sozialdemokraten und Kommunisten sowie deren Splittergruppen – und die Zeugen Jehovas. Beides sind Gruppen mit stark ausgeprägten Ideologien, beide betrachten sich als Außenposten einer Armee, die zwar geschlagen, aber nicht auf Dauer besiegt ist.

Menschen mit einer gemeinsamen Ideologie, die sich – wie die meisten Konservativen – nicht als Außenposten einer kämpfenden Gruppe betrachten, lassen kaum irgendeine Tendenz zur Bildung großer kooperativer Gruppen erkennen. Sie halten sich in kleinen Freundeskreisen aneinander und fügen sich entweder in die Kooperation der linken Politischen ein oder führen ein Leben als Außenseiter.[7]

Die größten Unterschiede zeigen sich, wo Kooperation über das zur Strafvermeidung nötige Minimum hinaus erforderlich ist. »Ideologische« Blocks wie die Politischen und die Zeugen Jehovas organisieren ihre freie Zeit so, dass sie mit einem Minimum an Krach und nervlicher Belastung verbunden ist. Die Essensausgabe erfolgt nach einer ruhigen Routine, die Männer stoßen einander nicht herum, um als Erste an die Reihe zu kommen; sie setzen sich ruhig an die Tische, und wo es nicht genug Sitzplätze für jeden gibt, hat jeder Tisch eine feste Reihenfolge, nach der die Männer essen – während in anderen Blocks um die Plätze in der Schlange und um die Plätze am Tisch gekämpft, gebrüllt, geflucht und sogar geprügelt wird. Während der ersten Wochen in Buchenwald waren die Blocks mit fast doppelt so vielen Männern wie Betten entsetzlich überfüllt; obwohl die doppelstöckigen Schlafkojen durch dreistöckige Schlafko-

---

7 Dies bezieht sich auf die Situation bis zum Zeitpunkt meiner Entlassung im Mai 1939. Später fühlten sich die Konservativen aus den eroberten Ländern nicht so sehr als der verkaufte Teil einer politischen Partei – wie die österreichischen Konservativen –, sondern eher als die zu Märtyrern gemachten Repräsentanten einer unterjochten Nation, die immer noch für ihre Freiheit kämpfte.

Nach meinen eigenen Lagererfahrungen scheint mir, dass Katholiken, die wegen ihrer Religion verfolgt werden, vermutlich ebenfalls zu einer solchen, große Gruppen umfassenden Kooperation gelangen würden wie die Linken und die Zeugen Jehovas. Aber bis 1939 gab es keine großen Gruppen von Katholiken, die wegen ihrer Religion oder wegen der politischen Haltung ihrer Kirche ins Lager eingeliefert wurden.

jen ersetzt worden waren, tobten jede Nacht erbitterte Kämpfe um die Kojen oder auch nur um einen Teil einer Koje, und wenn schließlich die Lichter ausgingen, mussten Dutzende von Männer auf dem Boden liegen und konnten noch von Glück sagen, wenn sie wenigstens einen Strohsack oder eine Decke fanden. Aber der Block, in dem die deutschen Juden waren, löste das Problem auf eine Weise, die selbst denjenigen Bewunderung abnötigte, die an die reibungslose Kooperation in Dachau gewöhnt waren: Erst schoben sie die Betten zusammen, so dass drei in einer Reihe standen, dann wiesen sie Schlafplätze zu, die nicht verändert werden durften, so dass sich fünf Männer drei Betten teilten. Auf diese Weise musste niemand auf dem Fußboden schlafen, und gleichzeitig wurde genug freier Platz geschaffen, um sich zwischen den Betten bewegen und die Stube sauber halten zu können.

In vielen Blocks werden halb-offizielle Stellvertreter des Stubenältesten ernannt. In unpolitischen Blocks sind sie nichts weiter als Assistenten, die ihm helfen, Ordnung zu halten, indem sie die Männer anschreien. Aber in politischen Blocks werden sie mit dem stillschweigenden Einverständnis der Männer und auf eine Weise ernannt, dass sie fast schon als gewählte Vertrauensleute der Stube auftreten und mit dem Ältesten verhandeln können. In diesen Fällen reicht auch ihre persönliche Autorität ziemlich weit, da diese hauptsächlich auf ihrer Beliebtheit und der Nützlichkeit ihrer Dienste beruht. In einem unpolitischen Block dagegen reicht die Autorität eines solchen halb-offiziellen Assistenten nur so weit wie der Stock des Ältesten, das heißt, einmal quer durch die Stube, aber nur oberflächlich. Freiwillige Kooperation unter den Männern lässt sich nicht durch Brüllen oder Prügeln zustande bringen.

In den meisten Stuben werden Tischälteste ernannt, die für die Einhaltung von Ordnung und Disziplin zu sorgen und die Tische sauber zu halten haben. In Dachau, wo an und zwischen den Tischen relativ viel Platz ist und jeder seinen eigenen Spind hat, ist es nicht allzu schwierig, Ordnung zu halten, und diese Tischältesten sind nicht besonders wichtig. In Buchenwald, wo die Tische überbesetzt sind und es keine Spinde gibt, muss der Tischälteste dafür sorgen, dass jeder irgendwie zu seinem Essen kommt und dass das Geschirr gesäubert und auf die Borde getan wird; außerdem muss er einmal in der Woche die Kleidungsstücke zum Wechseln und jeden Abend die so genannten »Rationen« ausgeben, das heißt, die kleine Zuteilung von Käse oder Wurst usw. für den nächsten Morgen. Insbesondere die Ausgabe der Kleidungsstücke zum Wechseln wird oft als Quelle von Gefälligkeiten genutzt, da die meisten Strümpfe schon bei der Ausgabe zerrissen und die Hemden zu klein und überhaupt nur wenige einigermaßen akzeptable Stücke zu haben sind.

In Buchenwald hat jeder Tisch auch seinen eigenen Tischeinkäufer, der die Bestellungen an den Blockeinkäufer weitergibt und die hereinkommenden Kantinenartikel verteilt. Da unweigerlich weniger Kantinenartikel ankommen, als bestellt wurden, gibt es viel Streit um die richtige Zuteilung.

Der Tischälteste wie der Tischeinkäufer werden entweder vom Stubenältesten ernannt oder durch Übereinkunft unter den Männern bestimmt oder sind Anführer von kleinen Cliquen, die das Wenige, was diese Positionen an Macht zu bieten haben, einfach an sich reißen. Während der abendlichen Essenszeit entbrennen die meisten Kämpfe unter den Häftlingen darüber, dass irgendjemand angeblich zu viel oder zu wenig von etwas bekommen hat, wovon ohnehin nicht genug da ist.

In den politischen Blocks haben die auf diese Weise ernannten Männer eine strikt koordinierende Funktion, die sie mit einem Minimum an Vetternwirtschaft erfüllen. Da sie es außerdem mit Männern zu tun haben, die nicht ihnen die Schuld geben, solange kein ernsthafter Grund zur Beschwerde vorliegt, reduziert diese ganze Organisation wesentlich die Reibungen untereinander, und dies wiederum trägt zu der für die politischen Blocks typischen Ruhe bei. Entfallen die Reibereien, können die Männer mehr auf ihren Umgang miteinander achten. Sie sprechen leiser, und wenn sie jemanden über die ganze Stube hinweg auf sich aufmerksam machen wollen, gehen sie entweder zu ihm hin oder lassen ihm durch jemand anderen Bescheid sagen. Schlecht kooperierende Blocks sind laut, die meisten Männer gehen rücksichtslos miteinander um, stoßen, brüllen, schreien quer durch die Stube, versuchen, einander zu übertönen, und wenn das Getöse zu groß wird, übertönt sie alle der Älteste und schnauzt sie an: »Warum haltet ihr nicht einfach alle mal das Maul!«

Besonders auffallend ist der Unterschied am Sonntag. In kooperierenden Blocks wird viel gelesen und gespielt – Schach oder Dame, selbst gemacht aus Pappe oder Holz, manchmal aus Brot – und in kleinen Gruppen leise miteinander geredet. In nicht kooperierenden Blocks, in denen sich Männer mit hohem Bildungsstand befinden, etwa manche Wiener Juden, wird auch hier und da gelesen und ein intellektuelles Gespräch geführt. Aber erheblich weniger als in den politischen Blocks.

In asozialen und kriminellen Blocks gibt es viel weniger Gespräche außer über Lagerklatsch. Infolgedessen sitzen die Männer weniger häufig ruhig zusammen, sondern unterbrechen ihre Gespräche häufig, um die Gesprächspartner zu wechseln oder anderen Männern etwas zuzurufen und so weiter.

In beiden Lagern gibt es kleine Büchereien. Sie sind kostenlos. In Dachau funktioniert die Bücherei ganz gut und ist mit durchaus lesbaren Büchern bestückt, etwa deutschen Klassikern, Romanen, historischen Werken, Reisebüchern und so weiter. Die Häftlinge suchen sich aus einem mit der Maschine geschriebenen Katalog etwas aus und werden dabei von einem Bibliothekar betreut, der ein Politischer ist.

Das Anstehen dauert an einem durchschnittlichen Tag rund 15 Minuten und an Sonntagen rund eine halbe Stunde. Nach der Einführung des arbeitsfreien Wochenendes war das durchaus erträglich.

In Buchenwald funktioniert die Bücherei schlecht. Die Bücher müssen über den Ältesten bestellt werden. Bis ein Buch ankommt, dauert es Tage, und dann ist es gewöhnlich nicht das gewünschte. Da es praktisch keine überschüssige Zeit gibt, ist das Lesen eines Buches nicht so sehr eine Erholung als vielmehr ein gewaltiger Energieverschleiß. In den überfüllten Stuben ist Lesen unmöglich, und die Schlafstuben, die einzigen Orte, an denen man lesen kann, dürfen nicht eher als eine halbe Stunde vor der offiziellen Schlafenszeit betreten werden. Dann versucht der Häftling im Halbdunkel seiner Koje, vielleicht mit schmerzendem Rücken und gestört vom Krach im angrenzenden Tagesraum, sich aus dem Konzentrationslager hinauszuversetzen. Fünfzehn oder zwanzig Seiten an einem Abend sind unter diesen Umständen eine große Leistung. Am meisten wird bei den Politischen gelesen, da Lesen für sie eine Waffe im Kampf um das politische und geistige Überleben ist.

Zeitungen werden sehr viel häufiger gelesen als Bücher. In Dachau sind praktisch alle deutschen Zeitungen und Zeitschriften erlaubt, in Buchenwald nur eine kleine Auswahl. Die Häftlinge abonnieren die Druckwerke mit Geld von ihren Konten. Abonnements können nur von einzelnen Häftlingen abgeschlossen werden, nicht von Gruppen. In Dachau gibt es in den politischen Blocks sehr viel mehr und vielfältigere Abonnements als in den unpolitischen Blocks.

In Buchenwald sind die lokale Nazi-Tageszeitung (*Thüringer Gauzeitung*) und ein oder zwei Ausgaben des *Völkischen Beobachters*[8] vorhanden, außerdem *Das Schwarze Korps*, die Wochenzeitschrift der SS.

---

8 Die zentrale Parteizeitung der Nazis, die täglich in Ausgaben für

In Dachau gibt es in den unpolitischen Blocks gewöhnlich Abonnements für den *Völkischen Beobachter* und die eine oder andere Illustrierte. Gelegentlich hat ein Intellektueller eine populärwissenschaftliche Zeitschrift abonniert.

In den politischen Blocks herrscht bei den Zeitschriften und Zeitungen eine erstaunliche Vielfalt. Ich erinnere mich, in einer Stube die folgenden Zeitungen gesehen zu haben: *Völkischer Beobachter*, *Frankfurter Zeitung* (weniger nazitreu als die offiziellen Parteizeitungen und zuverlässiger in ihrer Berichterstattung über politische und wirtschaftliche Vorgänge), *Kölnische Zeitung* und ein paar Wochenblätter wie *Hackebeil's*, *Kölnische* und *Berliner Illustrierte*, dazu noch ein paar nicht direkt der Unterhaltung dienende Wochenzeitschriften wie *Das Schwarze Korps*, *Deutsche Wochenzeitung* (von der Wehrmacht herausgegeben), *Die Koralle* (eine populärwissenschaftliche Zeitschrift) und ein paar Monatsschriften wie *Atlantis* und *Wissenschaft und Technik*, die beide zum Besten gehören, was es in Deutschland an populärwissenschaftlichen Zeitschriften gibt, und *Westermanns Monatshefte*, ein literarisches Magazin.

Einer der Gründe für diesen auffallenden Unterschied ist das größere Interesse der Politischen an der Weltpolitik und an wissenschaftlichen Themen sowie ihre ideologisch begründete Einstellung, dass die ständige Erweiterung ihres geistigen Horizonts eine politische Pflicht ist. In unpolitischen Blocks werden Männer, die über Naturwissenschaft, Philosophie, Mathematik diskutieren, als schräge Vögel angesehen und womöglich gefragt, ob sie nichts Wichtigeres zu bereden haben. In politischen Blocks herrscht die entgegengesetzte Einstellung: Ein Mann, für den das Interesse an weltpolitischen oder anderen nicht das Lager betreffenden Themen kein lebenswichtiges Bedürfnis ist, hat sich vom La-

---

Österreich, München, Berlin und Westdeutschland und so weiter erscheint.

ger unterkriegen lassen. Ein hervorragender Schachspieler, ein guter Mathematiker, ein Literaturkenner, ein technischer Experte, der über sein Thema spricht, ist willkommen und geachtet. Und erst recht jemand, der in der Lage ist, die Schönrednerei des *Völkischen Beobachters* und die kryptischen Nachrichten der *Frankfurter Zeitung* in eine umfassende Analyse der politischen und ökonomischen Lage zu verwandeln. Ein Mann hingegen, der immer nur über das Lager, die Arbeit und das Essen und vielleicht noch über die »Fünfundzwanzig« redet, die er kürzlich bezogen hat, wird als lästig empfunden und zum Schweigen gebracht: »Hast du nichts Besseres zu reden?«

Der Hauptgrund jedoch für die größere Vielfalt sind die unterschiedlichen Möglichkeiten, Geld aufzutreiben. Abonnements sind teuer, und wer sie sich überhaupt leisten kann, bringt doch nie mehr als das Geld für eine einzige Zeitung und vielleicht noch eine Zeitschrift auf. Wobei dann die Wahl fast automatisch auf den *Völkischen Beobachter* oder die *Frankfurter Zeitung* fällt. Gelegentlich tun sich ein paar Freunde zusammen und sprechen ihre Abonnements untereinander ab, um auf diese Weise für etwas mehr Abwechslung zu sorgen.

In den politischen Blocks legt die ganze Stube ihr Geld zusammen. Ein beratendes Komitee wählt die Zeitungen aus, und die politischen Führer verteilen die Abonnements so, dass die teureren von Männern übernommen werden, die mehr Geld haben. Wenn die Zeitungen eintreffen, werden sie als Eigentum nicht des einzelnen Abonnenten, sondern der ganzen Stube betrachtet. Das funktioniert natürlich nur so lange, wie die Männer davon überzeugt sind, dass jeder sein Möglichstes dazu beiträgt. Die Führer sorgen dafür, dass dies auch der Fall ist. Wer sich vor seiner Pflicht zu drücken versucht, vor allem Unpolitische in einer politischen Stube, wird durch ein Gespräch unter vier Augen, durch sozialen Druck und durch Ächtung dazu gezwungen, ganz wie bei einer gewöhnlichen, organisierten Erpressung.

Und die Häftlinge genießen nicht nur den interessanten Inhalt ihrer Zeitungen, sondern auch die politischen Implikationen der ganzen Aktion.

Geld aufzutreiben ist auch wichtig, um Männer, die von zu Hause kein Geld empfangen, direkt zu unterstützen. Während Abonnements vom Konto des Häftlings bezahlt werden und deshalb bei jemandem, der 15 Mark ausgezahlt bekommt, eher eine Belastung für die Verwandten darstellen, die ihm das Geld schicken, muss das Geld für Unterstützungszwecke vom Spender direkt aus der eigenen Tasche bezahlt werden und macht sich daher schmerzlicher bemerkbar: Es verringert real das eigene wöchentliche Taschengeld.

In unpolitischen Blocks wird Geld für solche Zwecke in unregelmäßigen Abständen gesammelt und mit dem Appell verbunden, die »Armen« und »Habenichtse« unter den Leidensgenossen nicht zu vergessen. Versuche, dies in regelmäßige Zahlungen umzuwandeln, laufen sich immer tot und arten oft genug in organisierte Erpressung aus. Nächstenliebe scheint keine dauerhafte Basis für Solidarität abzugeben, solange die Gruppe keinerlei Druck auf diejenigen ausübt, die diese Nächstenliebe nicht an den Tag legen.

Und als Basis für einen Appell ist Nächstenliebe allemal zu schwach, vor allem wenn es nicht darum geht, einen Teil vom Geld des reichen Mannes dem armen Mann zukommen zu lassen, sondern darum, den vorletzten Groschen des einen Mannes einem andern Mann zu geben, der überhaupt keinen Groschen besitzt – und dies als Forderung an Menschen, die noch nie zuvor Entscheidungen in Bezug auf ihren vorletzten Groschen fällen mussten. Aber an ebendiese Leute, also an die Zehn-und-fünfzehn-Mark-Empfänger, die früher meist einigermaßen wohlhabend oder sogar reich waren, richtet sich der Appell.

In den politischen Blocks erfolgt das Geldsammeln unter absolut politischen Vorzeichen. Der Appell richtet sich nicht an ein etwaiges Mitgefühl der Männer für die »Armen«, sondern an ihre Solidarität mit »Genossen«, die gerade kein Geld haben. Der zu leistende Beitrag wird nicht als ein Akt individueller menschlicher Güte angesehen, sondern als politische Pflicht. Die Zahlung ist nicht so sehr ein Geschenk von Mann zu Mann als vielmehr eine Steuer, die vom Mitglied der Gruppe erhoben wird. Wer regelmäßig Geld über einen bestimmten Betrag hinaus abhebt, zahlt Abgaben an den Fonds, gewöhnlich 2 von 15 oder 1 von 10 Mark. Informell gewählte oder ernannte Fondsverwalter verteilen die Zuwendungen. Erpressungen und Veruntreuungen sind praktisch unbekannt.

Von Zeit zu Zeit verbietet die Lagerleitung das Geldsammeln. In solchen Fällen wird in den unpolitischen Blocks gar nichts mehr getan. In den politischen Blocks tritt gewöhnlich ein System direkter Zahlungen an den Endempfänger an die Stelle der Einzahlungen in den Fonds. Diese Methode ist natürlich weniger beliebt und mitunter peinlich, aber am Ende siegt die Gruppensolidarität über die Peinlichkeit.

Unpolitische und Konservative in den politischen Blocks, die nicht einsehen, warum sie, nur weil sie in einem Konzentrationslager sind, Solidarität mit Sozialisten und Kommunisten an den Tag legen sollen, werden unter sozialen Druck gesetzt. Schließlich genießen sie die Vorteile des Lebens in einem politischen Block, der sich um sie kümmert, wenn sie in Not sind, ohne nach ihrer Vergangenheit zu fragen. Nazis werden natürlich nicht gezwungen, Beiträge zu leisten.

Wo die notwendige ideologische Basis für Solidarität bereits vorhanden ist, wird sie durch das monate- und oft jahrelange Zusammenleben in derselben Stube noch verstärkt. Verlegungen aus einem Block in einen anderen kommen kaum vor. Die Politischen allerdings schaffen es unter Ausnutzung all ihrer Verbindungen und Machtpositionen immer wieder, ihre Gesinnungsgenossen auf bestimmte Blocks zu konzentrieren und diejenigen, die nicht zu ihnen gehören, aus ihrer Mitte zu vertreiben. Dadurch sind ihre Gruppen homogener als in jedem anderen Block. Als wir nach Buchenwald kamen, wurden wir den Blocks nach dem Alphabet zugewiesen: Namen mit A und B in den ersten Block, mit C und D in den zweiten und so weiter. Es bestand keine Möglichkeit, die Männer entsprechend ihren politischen Überzeugungen zusammenzuhalten. Aber siehe da: Nach einer Woche waren praktisch alle deutschen und sehr viele der österreichischen politischen Juden zusammen in einem Block.

*

An den Arbeitsstellen ist in Bezug auf die verschiedenen Häftlingskategorien Ähnliches zu beobachten wie in den Blocks, teilweise vielleicht nicht ganz so deutlich, da Arbeitskommandos weniger stabile Einheiten sind als Blocks, aber teilweise auch noch viel deutlicher, weil die Häftlinge in manchen Fällen die Zusammensetzung der Arbeitskommandos stärker beeinflussen können als die Zusammensetzung von Blocks.

In Dachau ist es schwierig, von einem Arbeitskommando in ein anderes zu wechseln, da offiziell in jedem einzelnen Fall die Erlaubnis des für die Bauarbeiten zuständigen SS-Offiziers eingeholt werden muss. Zwar werden viele Umsetzungen ohne diese Erlaubnis bewerkstelligt, doch ist die Gefahr einer Bestrafung groß, und deshalb ist normalerweise mindestens die Erlaubnis der betreffenden Kapos nötig. Die meisten Arbeitskommandos sind klein genug, dass der Kapo merkt, wenn ein neues Gesicht auftaucht oder ein bekanntes Gesicht fehlt. (Dies änderte sich, als die Massen der Österreicher ins Lager kamen und die Größe der Arbeitskommandos beträchtlich zunahm.)

In Buchenwald ist es viel einfacher, den Arbeitsplatz zu

wechseln. Offiziell ist eine Erlaubnis vom Baubüro erforderlich, was konkret heißt, dass einer der beteiligten Kapos mit einem der Häftlinge im Baubüro redet und die Versetzung eintragen lässt. Als jedoch die Zahl der Häftlinge mit der Zeit zunahm, wurde dieses Verfahren viel zu kompliziert. Nur für einige wenige Sonderarbeitskommandos, vor allem solche außerhalb der Postenkette, wurde sie tatsächlich beibehalten. Für die übrigen wird nur die Erlaubnis der beteiligten Kapos benötigt – und die meisten Arbeitskommandos (besonders die, die für einen Wechsel am ehesten in Frage kommen) sind so groß, dass der Kapo sowieso nie alle seine Leute kennen lernt. Also erfolgt der Wechsel nach Absprache mit einem der zahlreichen Unterkapos, was häufig mit einer kleinen Bestechung verbunden ist, oder indem man sich einfach auf gut Glück einem Kommando anschließt, ohne irgendjemanden zu fragen. Obwohl man für einen solchen Wechsel »Fünfundzwanzig« bekommen kann, gibt es zu viele Gründe und zu viele Gelegenheiten, es dennoch zu tun, als dass diese Drohung noch eine Wirkung haben könnte. Jede Woche gibt es Hunderte von Versetzungen. Manche Kapos versuchen, sie zu verhindern, indem sie eigene Listen führen und jeden Morgen einen eigenen Appell abhalten; dadurch werden die Wechsel zwar weniger, aber nicht unmöglich. In einem Kommando mit 500 Arbeitern gibt es immer so viele, die aus irgendeinem legalen Grund an einem bestimmten Tag fehlen, dass es schwierig ist, diejenigen ausfindig zu machen, deren Gründe erfunden waren. Der Kapo müsste seine ganze freie Zeit darauf verwenden, seinem Haufen nachzuspüren.

(Legale oder vorgeschützte Gründe, um nicht bei der eigenen Abteilung zu sein, können lauten: »Soll zum Kommandanten kommen«, »Soll zur Behandlung einer Verletzung zum Krankenbau kommen«, »Soll für das Postamt im Lager bleiben«, und – einer der am schwierigsten zu widerlegenden Gründe – »Wurde von einem anderen Kapo beansprucht« oder »Auf Anordnung eines Offiziers in eine andere Gruppe versetzt.«)

Zusätzlich zu dem auf eigene Initiative vollzogenen Wechsel von einem Kommando in ein anderes gibt es organisierte Kanäle, um Versetzungen zu arrangieren: politische Verbindungen, Verbindungen zu den Kriminellen und so weiter. Gruppenbeziehungen werden in erster Linie genutzt, um sich an jeder Arbeitsstelle den größten Teil der leichteren Arbeiten zu sichern. Oder um an einer Arbeitsstelle Männer derselben Kategorie zusammenzubringen. In Dachau erfolgen fast alle organisierten Versetzungen über politische Kanäle. In Buchenwald nutzen die beiden großen rivalisierenden Gruppen ihre Netzwerke, um ihre eigenen Leute aus bestimmten Arbeitsstellen herauszuholen und in andere hineinzubringen. Die Politischen nutzen diese Macht hauptsächlich, um Arbeitskommandos aufzubauen, die überwiegend aus politischen Häftlingen bestehen. Die Kriminellen nutzen sie hauptsächlich, um – gewöhnlich gegen gutes Geld – einzelne Männer zu versetzen, wobei die Zusammensetzung der Mannschaft kaum eine Rolle spielt, sondern nur, wie schwer die Arbeitsbedingungen sind.

Je qualifizierter die Arbeit ist, desto größer ist der Einfluss der Mannschaft auf die Auswahl zusätzlicher Mitglieder. Während die Zuweisung zu den vollkommen unqualifizierten Grabe- und Tragarbeiten ohne Rücksicht auf die Fähigkeiten der Männer erfolgt, sind bei den qualifizierteren Arbeiten die Fähigkeiten durchaus ein Faktor – und was ein bestimmter Mann kann, wissen gewöhnlich weder der SS-Offizier noch der Kapo. Neue Kommandos werden vollkommen willkürlich zusammengestellt, aber schon bald setzt ein Selektionsprozess ein. Männer, die für die Arbeit ungeeignet sind, werden vom Kapo – der bestraft werden kann, wenn eine Beton- oder Ziegelmauer einstürzt – weggejagt: »Lass dich morgen nicht wieder hier blicken.« Aber gewöhnlich lässt er sich von seiner Gruppe dabei helfen, neue Leute zu finden. Wenn der Kapo gut und die Arbeit nicht zu schlimm oder gefährlich ist, dann bringen die Männer ihre Freunde hinein, die an weniger begehrten Stellen arbeiten. Ist dazu die Erlaubnis eines SS-Offiziers erforderlich, bekommt der Kapo sie gewöhnlich, wenn er mit einem »guten« Mann aufwarten kann statt mit »diesem Idioten von gestern, der keinen blassen Schimmer hatte, wie man einen Ziegel legt«.

Echte Sonderarbeitskommandos entwickeln bei der Auswahl der neuen Mitglieder eine fast vollständige Autonomie und begründen damit bestimmte Traditionen in Bezug darauf, wer wie auszuwählen ist.

An Arbeitsstellen mit unqualifizierter Arbeit, die kaum begehrte Plätze zu bieten haben, spielt der organisierte Gruppeneinfluss bei Versetzungen eine geringere Rolle – außer in dem seltenen Fall, dass dort zufällig ein anständiger Kapo ist. Als zum Beispiel in Dachau der Heizschacht gebaut wurde, war der dortige Kapo ein Sozialdemokrat, der gewöhnlich hoch qualifizierte Maurerarbeiten anleitete. Neben seinen Maurern hatte er aber auch noch rund 150 ungelernte Arbeiter zu beaufsichtigen, die die Ausschachtarbeiten machten. Er ernannte Politische zu Unterkapos. Bald sprach sich herum, dass Politische ohne Schwierigkeiten in sein Kommando hineinkamen, wenn sie es nur fertig brachten, von ihren früheren Arbeitsplätzen wegzukommen.

Ursprünglich war dieses Kommando, das jetzt zu ungelernter Arbeit abkommandiert war, nach dem Zufallsprinzip von den Kiesgruben ausgewählt worden und bestand hauptsächlich aus Unpolitischen, mit einem für ein Kommando mit ungelernter Arbeit ungewöhnlich hohen Anteil an Nichtjuden.

In Buchenwald gab es das Problem, wo man die jüdischen Politischen aus Dachau hinstecken sollte. Da sie von Arbeiten im Haus und von den qualifizierten Arbeiten ausgeschlossen waren, wählten die Politischen eine Arbeitsstelle mit vielen Arbeitsplätzen für Maurer aus. Diese Arbeitsstelle war damals in den Händen der »Grünen«. Die Politischen konspirierten zunächst gegen den zuständigen Kapo und schafften es schließlich, ihn durch einen »Roten« zu ersetzen. Dann übernahmen sie die Positionen der Unterkapos, und am Ende, nach ein paar Wochen, war die Arbeitsstelle eine Domäne der Politischen. Daraufhin holten sie nichtjüdische Politische als Maurer herein und jüdische Politische als Maurerhelfer (Juden durften nicht als Maurer arbeiten).

Wenn Männer eine Zeit lang in einem Arbeitskommando zusammen sind, setzt der gleiche Strukturierungsprozess ein, der in den Blocks zu beobachten ist; es bilden sich kleine Gruppen von Freunden, die versuchen, an ein und derselben Stelle zusammenzubleiben. Wo es die Arbeitsbedingungen und das Wachsystem zulassen, kann eine kleine Führungsclique entstehen, die Macht gewinnt, indem sie den Kapo bei der Verteilung der Arbeitsplätze beeinflusst. Und alle diese Männer beginnen, ob sie sich mögen oder sich bekämpfen, sich als dem Kommando »zugehörig« zu betrachten. Sie machen gemeinsame Erfahrungen, über die sie später im Lager reden. Sie sind vielleicht an irgendeinem Vorfall beteiligt, der sich im ganzen Lager herumspricht – und dann werden sie nicht als Individuen, sondern als das betreffende Kommando identifiziert: »Kommando Häuschen (das Arbeitskommando unter Kapo Häuschen) ist gestern erwischt worden. Jetzt lässt Becker (der für die Bauarbeiten zuständige SS-Offizier) sie strafexerzieren.« Oder: »Heute Morgen hat es die Steinklopfer erwischt. Da ist irgendeine Mauschelei aufgeflogen.« Oder: »Die Kläranlagen (das Arbeitskommando, das die Kläranlagen baut) hatten einen harten Nachmittag. Die Wachposten haben durchgedreht. Drei Leute sind mit Bajonettwunden auf Tragen hereingebracht worden.«

Dann kann sich der einzelne Mann mit der Gruppe identifizieren: »Ich gehöre zum Kommando Häuschen. Oh, Mann, hat der Becker uns rangekriegt«, oder: »Ich bin bei den Kläranlagen – die Geschichte hast du ja sicher gehört.«

Je qualifizierter die Arbeit ist, desto stärker ist gewöhnlich auch dieses »Wir-Gefühl«, weil es durch den Stolz auf die Qualifikation, die damit einhergehende privilegierte Stellung und gewöhnlich auch noch durch die Tatsache verstärkt wird, dass qualifizierte Arbeiter, wie wir gesehen haben, mit einiger Wahrscheinlichkeit ein und derselben Häftlingskategorie angehören, in den meisten Fällen den Politischen, so dass sie auch ihre Ideologie gemeinsam haben.

Arbeitskommandos, die aus unterschiedlichen Häftlingskategorien zusammengesetzt sind, unterscheiden sich von einheitlichen Kommandos auf die gleiche Weise, die schon bei den Blocks festzustellen war: Ein politisches Arbeitskommando ist durch seine reibungslosen Abläufe, das geringe Ausmaß der Gewalt und die enge Kooperation zwischen den Arbeitern schon von weitem von einem unpolitischen zu unterscheiden. Im Unterschied zu den unpolitischen Arbeitern versuchen sie stärker, einander zu helfen und bei Gefahr zu schützen. Und natürlich funktioniert wegen der gut entwickelten Kooperation auch ihr Warnsystem gewöhnlich besser, so dass sie weniger oft als andere erwischt werden.

Wenn die Verhältnisse überhaupt vergleichbar sind (das heißt, wenn zwei ungelernte Gruppen, die beide graben, unter gleichen Bedingungen miteinander verglichen werden), ist der Unterschied immer noch groß. Aber solche Vergleiche können in der Regel nicht angestellt werden, weil alles, die Art der ausgewählten Männer, die Kapos und die Art der Arbeit, weitgehend von der Tatsache bestimmt wird, dass die eine Gruppe politisch und die andere unpolitisch ist. Damit treten Unterschiede, wie immer sie aussehen, an Arbeitsstellen mit einigermaßen homogenen Gruppen noch deutlicher hervor.

Ein Beispiel für ein gut entwickeltes »Wir-Gefühl« in einem unpolitischen Kommando mit ungelernter Arbeit fand ich in Dachau, als ich in einer Kiesgrube mit Namen »Sturmbann« arbeitete.[9] Sie unterschied sich von anderen Kiesgruben durch nichts weiter, als dass man 45 Minuten brauchte, um zu ihr zu gelangen. Jeden Abend musste das Lager beim Appell warten, weil »Kiesgrube Sturmbann« zu spät kam. Als die Arbeit dort begonnen hatte, wurde dringend Kies gebraucht, und die Männer wurden den ganzen Tag wie verrückt angetrieben und geprügelt. Abends erzählten sie uns dann stolz: »Ihr denkt vielleicht, ihr habt was durchgemacht? Ihr solltet mal sehen, wie wir in der ›Kiesgrube Sturmbann‹ arbeiten. Da ist erst richtig was los.«

Zu der Zeit, als ich dort arbeitete, war der Terror schon auf ein normales Maß zurückgegangen. Das rund 150 Männer umfassende Kommando war seit etwa sechs Wochen zusammen und würde vermutlich noch zwei weitere Monate zusammenbleiben. Sie fühlten sich als etwas ganz Besonderes, weil sie einen besonderen Namen hatten und einige Zeit zusammen gewesen waren, weil das Lager auf sie warten musste und weil sie mehr zu leiden gehabt hatten als andere. (Letzteres stimmte nicht einmal: Zu dieser Zeit war an vielen Stellen die Hölle los. Aber dadurch ließen sie sich in ihrer Legendenbildung nicht beirren.)

Dieser Vorgang ist typisch. Ein Mensch möchte Mitglied einer Gemeinschaft sein, die ihm Wichtigkeit verleiht. Menschen, die unter ihren Mithäftlingen ein Nichts und ein Niemand waren, weder besonders geschätzt noch besonders verachtet, einfach irgendwo »dazwischen«, versuchten die anderen mit ihrer Bedeutung zu beeindrucken, indem sie sich mit »Ich arbeite in der ›Kiesgrube Sturmbann‹, weißt du« vorstellten.

Aber ebenso typisch ist, dass sie in ihrer freien Zeit nicht

---

9 »Sturmbann« ist ein SS-Bataillon.

zusammenblieben. Und diejenigen, welche aus irgendeinem Grund aus diesem Kommando herausgenommen wurden, vergaßen vollständig, dass sie einmal irgendwelche Beziehungen zu ihr gehabt hatten, ausgenommen die persönlichen Freunde, die sie dort vielleicht kennen gelernt hatten. Zusammen verprügelt zu werden und ein paar oberflächliche Dinge gemeinsam zu haben, ist als Basis für dauerhafte Kameradschaft nicht stark genug.

Dagegen blieben die Maurer und ihre Helfer in Buchenwald in der freien Zeit zusammen und versuchten, auch nach einer Trennung von diesem Kommando ihre Beziehungen zu ihm aufrechtzuerhalten. Sie halfen einander bei der Arbeit, was in der Kiesgrube (wo es ohnehin nicht viel Möglichkeiten gibt, einander zu helfen) durchaus nicht der Fall war, und betrachteten sich samt ihren Kapos als eine große politische Familie. »Ich arbeite mit den Maurern bei der ›Truppengarage‹«,[10] war eine Art politisches Kennwort und diente als Hinweis, dass der Mann zu einer Gruppe mit hohem Status im Lager gehörte.

Diese Maurer hatten weniger oberflächliche Gemeinsamkeiten als die »Kiesgruppe Sturmbann«, aber sie hatten ihre gemeinsame Ideologie.

Die Lagerleitung ist gewöhnlich gegen die Bildung von stabilen Gruppen, die natürlich dem eigentlichen Zweck des Lagers entgegenwirken: die Bindungen des Häftlings an seine frühere Widerstandsbewegung zu zerschlagen. Aber die für die Bauarbeiten zuständigen SS-Offiziere, die für ihre Arbeit verantwortlich waren, hatten gewöhnlich andere Vorstellungen. Sie wussten, dass stabile Gruppen besser arbeiten, teils schon deswegen, weil es keine überflüssige Gewalt gibt. So ist besonders in Dachau, wo die Lagerleitung

---

10 »Truppengarage« hießen sowohl die gesamte Arbeitsstelle, wo die Garagen gebaut wurden, als auch mehrere dorthin abgestellte Arbeitskommandos.

sehr viel genauer darauf achtet, dass sich keine starken Gruppen entwickeln, ein ständig von der einen zur anderen Seite hin ausschlagender Kampf im Gange, in dem der politischere Teil der Lagerleitung, allen vorweg der Kommandant, solche Gruppen von Zeit zu Zeit aufbricht, während ihnen der Bauoffizier hinterher erlaubt, sich wieder zusammenzutun.

Einmal jedoch wurde in Dachau ein bemerkenswerter Versuch gemacht, unter Ausnutzung des »Wir-Gefühls«, das eine stabile Gruppe entwickelt, die Leistung in den Kommandos mit ungelernter Arbeit, vor allem in den Kiesgruben, zu erhöhen.

Als die Massen der Österreicher eingeliefert wurden, nahm die Fluktuation der Häftlinge in den Arbeitskommandos rapide zu. Innerhalb von ein oder zwei Wochen konnte ein Arbeitskommando für ungelernte Arbeit, das eigentlich aus 200 Mann bestand, von 400 oder 500 Männern durchlaufen worden sein. Die neuen Männer waren ungeübt und produzierten zu wenig Kies. Die Lagerleitung verlor die Kontrolle über das Hin und Her zwischen den Arbeitsstellen, die Leute wechselten fast nach Belieben. Der einzige Ausweg war, irgendeinen Anreiz zu bieten, um die Leute an einer Arbeitsstelle zu halten. Eine neue Kategorie von Arbeitern wurde geschaffen: die »Stammarbeiter«. Jeder Kapo sollte einen bestimmten Prozentsatz solcher »Stammarbeiter« haben, die fest zum Kommando gehörten und nicht herausgenommen werden konnten, weder von anderen Kapos noch von den SS-Offizieren, ausgenommen der für die Bauarbeiten zuständige Offizier. Obwohl es nie offiziell gesagt wurde, gab man zu verstehen, dass die »Stammarbeiter« vom Kapo besser behandelt und vielleicht auch vor der Willkür der Wachposten besser geschützt würden, die besseren Arbeitsplätze bekommen sollten, und so weiter.

Die Kapos begannen, durch individuelle Aufforderung und Überredung »Stammarbeiter« anzuwerben. Wer zusagte, wurde in ein Büchlein eingetragen und hatte jeden Morgen einen eigenen Appell. Selbst Sterzer, der Killer von der Strafkiesgrube, der zu dieser Zeit gerade für eine andere Arbeit zuständig war, ging herum und bot gute Behandlung an.

Der ganze Plan verlief bald im Sande: Die guten Kapos brauchten ihre Männer nicht extra anzuwerben, und die schlechten Kapos bekamen keine Freiwilligen. Schutz vor den Wachposten war natürlich reines Wunschdenken. Der einzige Vorteil war, dass die schlechten Kapos, solange die Sache neu war, ihre »Stammarbeiter« weniger prügelten – aber sie war nicht sehr lange neu.

Das dringende Bedürfnis des Menschen nach Zugehörigkeit zu einer stabilen Gruppe, in der er seinen festen Platz hat und anerkannt wird, zeigte sich besonders deutlich, als zur gleichen Zeit, zu der die »Stammarbeiter« eingeführt wurden, auch der »Sklavenmarkt« entstand.

Da inzwischen mehr Arbeitskräfte als Arbeitsstellen vorhanden waren, wurde für alle Kommandos, die Leute brauchten, eine Art Reservepool eingerichtet. Ein paar hundert Mann wurden zusammengeworfen, von denen jeder Kapo so viele anfordern konnte, wie er brauchte, um seine Quote zu erfüllen oder um Männer zu ersetzen, die aus dem einen oder anderen Grund einen Tag lang im Lager bleiben mussten.

Der Kapo bat den SS-Offizier um so und so viele Männer, und der Offizier übergab sie ihm. Wenn der Offizier einen Mann herausgriff, der einen Verband trug oder weiße Haare hatte, konnte der Kapo protestieren: »Herr Blockführer, wie soll denn so ein Wrack Zement mischen? Da stürzt doch nur die Mauer ein.« Und der Offizier stieß den Mann dann vielleicht zurück und holte einen anderen.

Allmählich wurden die Arbeitskräfte im Pool immer schlechter. Die fähigen Häftlinge fanden feste Plätze für sich, und zurück blieben nur die Älteren und die Invaliden.

Ehe die Kapos jemanden akzeptierten, besahen sie ihn sich gründlich, prüften vielleicht seine Muskeln, sahen sich seine Verletzungen an. Die Männer selbst versuchten, den Handel zu beeinflussen: Wenn der Kapo als Sadist bekannt war, versuchten sie, ihre Verletzungen zu zeigen, und wenn er ein anständiger Kerl war, versuchten sie, sie zu verbergen. Das Ganze erhielt bald den Spitznamen »Sklavenmarkt«.

Der »Sklavenmarkt« hatte zwei Vorteile: Ein Mann, der aus seinem Kommando herauswollte, ging einfach auf den Sklavenmarkt. Er konnte so gut wie sicher sein, dass ihn sein früherer Kapo unter den Hunderten von Gesichtern nicht wieder erkennen würde. Er brauchte bloß abzuwarten, bis er bei einem besseren Kapo landete.

Der andere Vorteil war, dass diejenigen, die an einem bestimmten Tag nicht ausgewählt wurden, leichtere Arbeiten innerhalb des Zauns zugewiesen bekamen (weil es zu dieser Zeit innerhalb des Zauns keine übermäßig schweren Arbeiten mehr gab).

Aber trotz dieser Vorteile entwickelte sich der Sklavenmarkt für diejenigen, die ihn nicht als Verteilerstelle nutzten, zu einer grauenvollen Einrichtung. Die Männer, die jeden Tag zwei Stunden lang (beim Morgen- und beim Abendappell) seinen Zufällen ausgesetzt waren, lebten in noch größerer Ungewissheit als das übrige Lager. Wurden sie für die gefürchteten »Außen-Arbeitskommandos« ausgewählt, waren sie darüber hinaus dazu verdammt, an den schlimmsten Arbeitsplätzen zu landen, weil sie noch nicht einmal die kleinen Vorteile genossen, die mit einer stetigen Schufterei an ein und derselben Stelle einhergehen. Die Männer begannen, ihre Position zu hassen, und zogen eine stetige Arbeit vor, fast unabhängig davon, wie schlimm sie war. Denn dann hatten sie zumindest einen bestimmten Platz, wo sie hingehörten und von den anderen respektiert oder wenigstens verachtet wurden – und selbst die Verachtung der anderen ist besser als gar keine Beziehung.

Dieser »Sklavenmarkt« dürfte, obwohl er ein rein zufälliges Nebenprodukt des Arbeitskräfteüberschusses war, der Zielvorstellung der Lagerleitung für das ganze Lager am nächsten kommen: den Menschen in einen völlig atomisierten Haufen von Nummern hineinzuwerfen, aus dem er vollkommen zufällig für seine Sklavenarbeit ausgewählt wird. Und es führt einigermaßen deutlich vor Augen, wie sie diese Hölle noch unerträglicher hätten machen können, wenn es ihnen gelungen wäre.

Der Moorexpress

Die von Menschen gezogenen Lastwagen, eines der auffälligsten Merkmale von Dachau, sind eines der besten Beispiele für eine vollkommene Kooperation unter Häftlingen. Die ganz besonderen Arbeitsbedingungen und die fast vollständige Selbst-Selektion der Mannschaften machen »die Wagen« zu einem der stabilsten Arbeitskommandos im Lager, mit ganz speziellen Traditionen und Beziehungen und Privilegien.

Die Wagen sind bekannt als der »Moorexpress«, ein Name, der von Häftlingen eingeführt wurde, die in den Torfmoor- oder Moorlagern Nordwestdeutschlands gewesen waren, wo auch das Lied von den »Moorsoldaten« herstammte.

Ein Moorexpress sieht aus wie ein kleiner Lastwagenanhänger und läuft auf ausgemusterten Autoreifen. Wozu diese Wagen draußen benutzt wurden, weiß ich nicht. Im Lager hat ein solcher Wagen eine Mannschaft von 17 Leuten: Zwei ziehen an der Deichsel, drei schieben von hinten und zwölf ziehen an Seilen, die an den Seiten des Wagens befestigt sind. An jedem Seil sind zwei Männer, die sich mit ihrem ganzen Gewicht mit der Brust gegen eine hölzerne Querstange stemmen, wie Pferde gegen den Harnisch. Zwei Männer an einer Querstange stellt eine besondere Raffinesse dar: War der eine zu faul und drückte zu wenig, fiel das ganze Gewicht sofort auf den anderen, der sich natürlich ärgerte. Außerdem stand dann die Stange schief, was selbst einem beiläufigen Beobachter auffallen würde.

Verglichen mit den Schubkarren und den bloßen Händen und Schultern von Menschen ist der Moorexpress ein relativ effizientes Fahrzeug, um große Lasten über weite Entfernungen zu transportieren. Neben den normalen Frachten wie Kies, Sand, Ziegel, Schutt, Zement und Kalk wird der Wagen auch für Lasten benutzt, die auf keine andere Weise transportiert werden könnten (außer mit Lastwagen, was im Lager nicht in Frage kommt): große Bäume, Baumstümpfe, Äste, Bauholz, Stroh in Bündeln, schweres Gerät – wie Kessel –, Säcke voller Kartoffeln, Fässer mit Heringen, Kohle, große Mengen Bekleidung, Decken, Strohsäcke, Möbel, leere Blechbüchsen aus der Küche und sonstiges Material aller Art.

Als Dachau noch im Bau war, war die Arbeit am Moorexpress entsetzlich hart. Die Hauptlasten waren Bäume und Äste und schweres Material für den Bau von Gebäuden und Straßen. Wenn ein Wagen im Morast und Schlamm und auf den unfertigen Straßen stecken blieb, sahen die Wachen es als ihr Privileg wie als ihre Pflicht an, ihn wieder flottzubekommen: Mit Gewehrkolben und Bajonetten fielen sie über die Mannschaft her, und wenn der Wagen schließlich aus dem Loch gezogen war, nahmen sie dies als Beweis für die Wirksamkeit ihrer Misshandlungen und wiederholten sie bei nächster Gelegenheit. Die entsetzlichsten Verbrechen wurden an den Männern begangen, die an diesen Wagen arbeiteten, und ihre Sterberate war erschütternd. Männer, die diese Zeit überlebt hatten und zu unserer Zeit immer noch an den Wagen waren, sprachen von ihr wie von einem Heldenzeitalter.

Bei dieser harten Arbeit wurden nur Juden eingesetzt.

Zu unserer Zeit jedoch waren die meisten Straßen fertig und hatten einen festen Belag, und die Wagen blieben selten stecken. Die meisten schweren Bauarbeiten waren beendet, Baumstümpfe und Äste wurden nur noch selten transportiert, und Kies und Sand wurden größtenteils mit Schubkarren befördert. Die Arbeit an den Wagen hatte sich zu einem begehrten Arbeitsplatz mit vielen Vorteilen entwickelt.

Häufig ist der Wagen nur auf dem Hinweg beladen und auf dem Rückweg leer. Viele Materialien, etwa Sand und Kies, können nicht von allen siebzehn Mann gleichzeitig auf- oder abgeladen werden: Sie wären einander nur im Wege. Gewöhnlich arbeiten sie zu viert oder zu sechst in wechselnden Schichten, während die übrigen daneben stehen.

Die Wagen legen weite Strecken zurück und kommen an einem Tag oft in ganz verschiedene Teile des Lagers. Die Welt der Männer an diesen Wagen ist erheblich größer als die des durchschnittlichen Häftlings. Dadurch ist ihr Tag weniger öde, und die Zeit vergeht schneller. Der Mann, der Kies schaufelt, kann nur die Schaufelladungen zählen, die er nach oben wirft, oder die Schatten beobachten – oder die Wagen. Die Wagenmannschaften aber sind gewöhnlich gut darüber informiert, wie spät es ist. Auf ihrem Weg durch das Tor sehen sie die Uhr, und selbst wenn sie den ganzen Tag außerhalb des Zauns arbeiten, wissen sie, dass sechs oder zehn Fuhren einen halben Tag ausmachen.

Aber der größte Vorteil der Arbeit am Moorexpress liegt in der Art und Weise, wie sich die Mannschaft in ihrem besonderen Verhältnis zu Kapo und Wachmannschaften rekrutiert.

Einen hohen Wagen mit normalem Material wie Kies zu beladen, ist viel schwieriger, als Kies einfach aus einer Grube nach oben und hinauszuschaufeln. Gleiches gilt für die ungewöhnlicheren Materialien. Lädt man Bauholz ohne das rechte Geschick drei Meter hoch auf, kippt der Wagen um. Werden Dachziegel, Schieferplatten oder anderes zerbrechliches Gut von unerfahrenen Arbeitskräften aufgeladen, sind große Verluste die Folge. Und wenn beim Hochstemmen schwerer Kessel oder Stämme oder großer Baumstümpfe die Männer nicht aufeinander eingestellt sind wie eine gut funktionierende Maschine, dann fällt alles herunter und begräbt einige von ihnen unter sich und bricht ihnen Arme und Beine. Und die Wachposten werden wütend. Außerdem muss wegen der Tradition, dass Wagenarbeit besonders harte Arbeit ist, die Mannschaft ihr Tempo ins Halsbrecherische steigern, sobald ein SS-Offizier auftaucht. Man braucht gelassene, nicht aus der Ruhe zu bringende Männer mit großem körperlichen Geschick, um das Tempo zu steigern, während man mit dieser Art Materialien umgeht, oder auch nur während man Sand so auflädt, dass er genau in die Ecke des Wagens fällt, in die er fallen soll.

Vor der Ankunft der Österreicher gab es rund 350 Juden in Dachau. Die Veteranen unter ihnen waren schon 1936 von den Moorlagern in Esterwegen und aus Lichtenburg in Sachsen dorthin gebracht worden. Rund 50 von ihnen waren in der Strafkompanie, im Krankenbau und im Bunker. Also mussten, um fünf Moorexpresswagen mit einer Mannschaft von je 17 Mann besetzen zu können, unter 300 Leuten, von denen viele alt oder invalide oder sonst behindert waren, 85 körperlich unversehrte und gut trainierte Männer aufgetrieben werden. Die Gesamtzahl der Männer, die zur Arbeit am Wagen imstande sein könnten, belief sich auf vielleicht 120. Und die Gesamtzahl der Männer, die in den ganzen zwei Jahren von 1936 bis 1938 dort gearbeitet hatten, betrug rund 160, wenn man diejenigen mitzählt, die gestorben oder in die Strafkompanie versetzt worden waren. Das heißt, dass jeder dieser 160 Männer im Durchschnitt mindestens sechs Monate an den Wagen gewesen war oder, realistischer geschätzt: Im April 1938 gab es ein Kontingent von rund 50 bis 60

Männern, die den größten Teil der letzten beiden Jahre zusammen an den Wagen verbracht hatten, von ein paar Monaten bis zu rund einem halben Jahr; bei den meisten von ihnen entsprach das mindestens der Hälfte der Zeit, die sie überhaupt in Dachau verbracht hatten. In dieser Gesellschaft der Instabilität ist das ein erstaunlich hoher – sonst nur teilweise von den nichtjüdischen politischen Häftlingen in den Möbelwerkstätten erreichter – Grad von Stabilität.

Kein SS-Offizier und kein Kapo nimmt jemals einen einzelnen Mann aus einer Moorexpress-Mannschaft heraus, denn dann müsste er ihn sofort ersetzen – kein Wagen verlässt das Lager ohne eine vollständige, 17-köpfige Mannschaft. Damit kann der Mann am Moorexpress mehr als jeder andere Mann im Lager einigermaßen sicher sein, mit wem und unter welchem Kapo er morgen arbeiten wird. Diese relative Sicherheit unterscheidet das Mitglied einer Moorexpress-Mannschaft vom gewöhnlichen Kiesschaufler, der nie weiß, ob er morgen noch bei demselben Kapo ist, ob er gräbt oder eine Schubkarre schiebt und ob er zu den vertrauten Gesichtern an eine vertraute Arbeitsstelle kommt, an die er sich bereits gewöhnt hat, oder ob er wieder ganz von vorn anfangen muss.

Da die Zahl der Männer, die diesen hohen Anforderungen genügen, derart klein ist, bleibt ihre Auswahl fast ganz der Mannschaft überlassen. Sie sind die Einzigen, die wissen, welcher gute Mann verfügbar ist. Will der Kapo das selber machen, kann er nur hingehen und frühere Mannschaftsmitglieder aufspüren, die er kennt – und wenn der zuständige SS-Offizier versucht, einen Mann willkürlich herauszugreifen, wird der Kapo ihn fast immer nach einem oder zwei Tagen als für diese Arbeit ungeeignet wieder feuern müssen.

Die Mannschaft, eine sehr stabile Einheit, wird gewöhnlich von einer kleinen Clique angeführt, die sich um die beiden Männer an der Deichsel bildet, von denen der eine der eigentliche Wagenführer und der andere sein Stellvertreter ist. Da der Umgang mit der Deichsel zeitweise eine sehr schwierige Arbeit ist, sind sie fast ausnahmslos die besten Männer am Wagen. Sie werden nicht offiziell ernannt oder anerkannt. Aber der Kapo, wie immer seine Beziehungen zur Mannschaft sonst aussehen, wird immer versuchen, sich mit den Männern an der Deichsel gut zu stellen; denn Wagenarbeit ist Teamarbeit, und Brüllen und Prügeln kann zwar einen einzelnen Mann dazu bringen, schneller zu arbeiten, hilft aber nicht, ihn zu intelligenterer Kooperation zu veranlassen: Das kann nur der Anführer des Teams erreichen.

Ein altbewährter Führer an einem Wagen nimmt eine ähnliche Position ein wie der Kapo. Er erteilt den Männern vor den Augen der Wachposten Befehle, ordnet Ruhepausen an, teilt die wechselnden Schichten beim Be- und Entladen ein und hat das letzte Wort bei der Auswahl neuer Männer. Kapo wie Wachposten legen praktisch niemals Hand an den Mann an der Deichsel, selbst wenn sie die Lust ankommt, die übrigen zu schikanieren oder zu schlagen. Äußerlich in nichts von den anderen Juden zu unterscheiden, die überall im Lager schuften, sind diese Männer die ungekrönten Könige der Wagen.

Der Moorexpress ist die einzige Einheit, in der die Mannschaft stabiler ist als der Kapo. Andere Arbeitsstellen sind bei den Häftlingen hauptsächlich unter dem Namen ihrer Kapos bekannt. »Ich arbeite unter Zock«, ist eine angemessenere Beschreibung für die Situation eines Mannes als: »Ich arbeite auf dem Kasernenhof«, oder sogar als: »Ich fahre Kies in einer Schubkarre 70 Meter weit.« Aber der Mann, der an einem Wagen arbeitet, sagt: »Ich arbeite am Moorexpress Nummer 3«, und fügt dann vielleicht zur Erläuterung noch hinzu, wer zur Zeit gerade Kapo ist.

Die Führer am Moorexpress sind fast ausnahmslos führende politische Häftlinge, ebenso wie die Cliquen um sie herum. Folglich legen sie bei der Auswahl neuer Männer die

Standards der Politischen an und nehmen vorzugsweise ihre eigenen Gesinnungsgenossen oder zumindest Männer, die gute Kumpel sind, zuverlässig, kooperativ, bereit, vom Mann an der Deichsel Befehle entgegenzunehmen, und im Umgang mit den anderen freundlich. Wenn ein neuer Mann sie enttäuscht, werfen sie ihn wieder hinaus.

Eine solche Auswahl erfolgt oft erst nach sorgfältiger Überprüfung der verfügbaren Männer. Als im April 1938 die ersten Österreicher ankamen, gingen die Wagenführer systematisch durch die Reihen der Neuzugänge, beobachteten sie, sprachen mit ihnen, wählten schließlich ein paar von ihnen aus. Sie ließen sie an zwei aufeinander folgenden Sonntagen (wenn die Wagen hauptsächlich innerhalb des Zauns arbeiten) zur Probe arbeiten und nahmen sie erst danach fest in die Mannschaft auf.

Beim Appell, wenn den Arbeitskommandos ihre Wachen zugeteilt werden, erhält jeder Moorexpress zwei Wachen. Immer wenn der Wagen außerhalb des Zauns arbeitet, sind die Wachposten dabei. Aber wenn der Wagen ins Lager hinein fährt, bleiben die Wachen in der Wachstube, bis er wieder zurückkommt. Wenn der Wagen an entlegeneren Stellen arbeitet und vielleicht eine Ladung Zement vom Materiallager ins Lager bringt, sind die beiden Wachen oft stundenlang die einzige Aufsicht außer dem Kapo.

All dies schafft die Basis für ein besonderes Verhältnis zwischen Häftlingen und Wachen, das sehr viel anders ist als an den regulären Arbeitsstellen, wo es immer eine Kette von Wachposten gibt, die einander beobachten können.

Viel hängt von der Persönlichkeit und der augenblicklichen Laune der beiden Wachen ab. Sind sie Teufel, hetzen sie die Mannschaft, lassen sie mit dem voll beladenen Wagen im Höchsttempo laufen, verbieten ihnen, beim Ziehen zu reden, lassen sie, während vier von ihnen Kies aufladen, stramm stehen, vielleicht noch mit dem Gesicht zur Wand, oder alle möglichen Übungen ausführen. Sind sie gutmütig, lassen sie die Mannschaft bequem stehen und erlauben ihnen, sich leise zu unterhalten, und zwischen Kapo und Wachen kann es zu Unterhaltungen kommen, die fast die Form eines Gesprächs von Mann zu Mann annehmen. Sie können vernünftige Gespräche mit den Mannschaftsmitgliedern führen, sich nach ihren früheren Berufen, Heimatorten, Verwandten und Erfahrungen erkundigen.

Offenbar gibt es irgendeine alte Vorschrift, nach der die Wachen einen bestimmten Abstand zu Wagen und Mannschaft einhalten müssen. Kapos mit guten Nerven berufen sich gelegentlich auf diese Vorschrift, wenn die Wachen die Mannschaft schikanieren oder misshandeln. Ich erinnere mich an den erstaunlichen Anblick eines Kapos – selbst übrigens ein ziemlicher Teufel –, der sich über einen jungen, etwa 18-jährigen Posten ärgerte und ihn mit seiner schnarrenden Stimme anschrie: »Ihr Platz ist da drüben, Herr Wachtmeister. Sie wissen selbst, dass sie zehn Meter vom Wagen weg zu bleiben haben. Sie können gern einen Häftling wegen schlechter Arbeit melden, aber während sie bei der Arbeit sind, bin ich für den Wagen und seine Mannschaft verantwortlich. Sie können sich gern über mich beschweren, und wir sehen uns im Büro des Kommandanten. Aber Sie wissen, dass es Ihre Pflicht ist, die Mannschaft in Ruhe zu lassen.« Der Bursche bekam Angst und ließ uns in Ruhe. Lutz, der Kapo, war als gefährlich bekannt, und wurde vom Kommandanten geschätzt, weil er, wenn er die Häftlinge, wenn er sich einmal gegen sie wandte, zu einem Tempo antrieb, das die Wachen nie für möglich gehalten hätten.

Selbst ein Häftling kann gelegentlich ein energisches Wort anbringen. Einmal schikanierte ein Wachposten unsere Mannschaft, ließ uns alle möglichen Übungen machen, Kniebeugen, sich flach auf den Bauch werfen, und so weiter. Als ein Mann um die Erlaubnis bat, austreten zu dürfen, um einem natürlichen Bedürfnis zu folgen, ließ ihn der Posten stattdessen ein paar Mal um den Wagen herumrennen. Als er schließlich wollte, dass der Mann auf dem Bauch unter dem Wagen durchkroch, nahm der Häftling, der im Ersten Weltkrieg Flieger im deutschen Heer gewesen und verwundet und ausgezeichnet worden war, Haltung an: »Herr Wachtmeister, als ich so alt war, wie Sie heute sind, hatte ich schon das Eiserne Kreuz Erster Klasse!« Und der Wachposten ließ den Mann in Ruhe.

Wenn die Wachposten die Häftlinge in Ruhe lassen, vergelten die Häftlinge Freundlichkeit mit Freundlichkeit und warnen sie, wenn ein SS-Offizier naht. Auf diese Weise können die Wachen – statt einzeln in bestimmtem Abstand voneinander zu stehen – zusammen stehen und sich unterhalten, während die Häftlinge bei der Arbeit sind, und auch einmal eine Zigarette rauchen. Würde ein SS-Offizier sie beim Rauchen erwischen, könnten sie sich in der Wachstube wiederfinden. Die Wachen ihrerseits lassen bei solchen Gelegenheiten fünf gerade sein, und die Häftlinge dürfen bummeln und faulenzen, soweit dies unter gebührender Berücksichtigung der Tatsache, dass jederzeit plötzlich ein SS-Offizier auftauchen kann, möglich ist. Es gibt Orte, zu unserer Zeit etwa das Zementlager, wo die Häftlinge fast schon im Voraus sicher sein können, dass die Wachposten eine Zigarette rauchen wollen, weil man dort vor Überraschungen ziemlich sicher ist; also bedeutet eine Fahrt zum Zementlager gewöhnlich einen langen Hinweg mit dem leeren Wagen, eine halbe Stunde Nichtstun, ein langsames Beladen und Frieden mit den Wachen.

Tatsächlich war die Fahrt zum Zementlager so begehrt, dass selbst die Mannschaften der verschiedenen Wagen versuchten, sie einander vor der Nase wegzuschnappen.

Manchmal überlässt ein Posten in seiner Gnade und Güte dem Kapo seine Zigarettenkippe. Aber nicht viele Kapos nehmen sie an. Ein Politischer rührt sie niemals an, so gern er einen Zug nähme; der Kapo, der die Kippe nimmt, wird von seiner Mannschaft verachtet.

Wenn es stark regnet, sagen die Wachen manchmal zum Kapo, der mit einer Fuhre im Lager ankommt: »Lasst euch erst in einer Stunde oder so wieder blicken!«, und der Kapo fährt mit seinem Kies im Lager herum, lässt so langsam wie möglich entladen, schindet vielleicht noch Zeit mit irgendeinem vorgetäuschten Geschäft. Wenn er schließlich das Lager für eine neue Fuhre verlassen muss, sind die Wachposten vielleicht dankbar für die Stunde, die sie in der Wachstube verbracht haben, und erlauben den Häftlingen, sich unter einem Dach unterzustellen.

Die Situation, dass Häftlinge wie Wachposten gegen ihre jeweiligen Vorschriften und Befehle verstoßen, hat etwas Groteskes. Die Politischen genießen zwar das mäßigere Arbeitstempo, verachten aber die Wachen, weil sie ihre Pflicht nicht tun. Die Unpolitischen, die sich um Würde und Pflicht weniger kümmern, freuen sich einfach, dass auch die Wachen menschliche Züge aufweisen, dank deren sie sich ein paar Stunden ein wenig entspannen können. (Diese menschlichen Züge hindern dieselben Wachposten nicht daran, am nächsten Morgen andere Häftlinge, die keine solchen Gefälligkeiten wie die Wahrung ihres Rauchvergnügens zu bieten haben, zu prügeln und zu schikanieren.)

Oft kennen die Häftlinge ihre Arbeitsstelle besser als die Wachen. Sie wenden alle möglichen Listen an, um die Fahrt mit dem leeren Wagen zu verlängern und den Weg mit der Ladung zu verkürzen. Manchmal spielen die Wachposten sogar mit, weil sie lieber in der Sonne hinter einem leeren Wagen einen Schwatz halten, als die Elendsgestalten beim Kiesaufladen zu beaufsichtigen. Die Häftlinge wissen oft, welcher SS-Mann durch ein hübsches Lied besänftigt werden kann. Auf dem Weg zur Arbeit singen sie weniger einfältige Lieder als andere Gruppen; sie üben sogar von Zeit zu Zeit neue ein, weil es sich als strategisch klug erweist, die Wachposten gelegentlich mit einer neuen Melodie zu überraschen.

Aber natürlich können üble Wachen aus allem eine Hölle machen. Es ist schon schlimm genug, wenn der Wagen drei Meter hoch mit Bauholz oder mit mehreren Tonnen Kies beladen ist und der Wachposten nicht aufhört zu brüllen: »Schneller, schneller, ihr faulen Säue, faule«; schlimmer noch, wenn er befiehlt: »Lauft, lauft, wird's bald«; am schlimmsten aber ist es, wenn obendrein noch der vertraute Ruf erschallt: »Ein Lied!« Nach Luft japsend, beginnen die Männer irgendetwas hinauszukrächzen, das als Lied durchgehen könnte, und rennen, so schnell sie können, nicht so sehr, um dem Wachposten zu gehorchen, sondern um möglichst bald das Lager zu erreichen und ihn loszuwerden.

Eine kleine Chance zur Rache haben sie allerdings. Wenn der Wagen leer das Lager wieder verlässt, kann der Kapo so tun, als sei er wütend auf die »faulen Säue«, und sie mit halsbrecherischer Geschwindigkeit über die befestigten Straßen scheuchen. Der Wagen läuft praktisch von allein, der Kapo flucht und schreit weiter, die Häftlinge, die begreifen, was los ist, rennen wie verrückt, und die Wachen mit ihren schweren Uniformen und Waffen fluchen und fallen zurück und wagen gewöhnlich nicht, dem Ganzen per Befehl ein Ende zu setzen, aus Angst, es könnte so aussehen, als hätten die Häftlinge sie außer Puste gebracht.

Die Häftlinge genießen es mit einem sauren Lächeln, denn sie wissen, dass sie selbst oder ihre Brüder diesen kleinen Scherz zu büßen haben werden. Aber in einer Lage, in der die Männer praktisch niemals nach eigenem Ermessen handeln können, ist noch die kleinste Chance, etwas gegen die Wachen zu unternehmen, kaum zu teuer bezahlt.

Zu erwähnen ist noch eine weitere Situation, in der es zu einem gewissen Aushandeln zwischen Häftlingen und Wachen kommt: Der Kapo (oder der Mann an der Deichsel) muss die Ladungen so kalkulieren, dass sie rechtzeitig zum Abendappell zurück sind, der gleich nach der Arbeit stattfindet, um 6 Uhr. Wenn er sorgfältig kalkuliert, kann er fast immer die letzten zwanzig oder dreißig Minuten innerhalb des Zauns verbringen, indem er behauptet, eine zusätzliche Fuhre hin und zurück könnte eine Stunde dauern. In diesem Fall haben die Wachen eine halbe Stunde früher frei.

Dieses System war so gut eingespielt, dass Kommandant Koegel schließlich versuchte, es zu zerschlagen. Er drohte jedem Mann einschließlich des Kapos mit »Fünfundzwanzig«, falls irgendein Wagen früher als zehn Minuten vor sechs nach Hause käme. Aber auch die Wachen genossen diese zehn Minuten, und da die Zeit nicht immer so exakt kalkuliert werden konnte, ließen die Wachen, wenn sie mit von der Partie waren, die Männer während der letzten ein oder zwei Fuhren bummeln, so dass sie keine dritte machen mussten, bei der sie zu spät gekommen wären.

Wachen, die bei so etwas nicht mitspielen oder die Häftlinge misshandeln, müssen sehr oft dafür bezahlen. Die Häftlinge opfern ihre eigene Zeit, um die Wachen Überstunden machen zu lassen, zehn Minuten, zwanzig Minuten nach sechs. Wenn der Kapo zum Wachposten sagt: »Das ist recht, Herr Wachtmeister, treiben Sie die Leute ruhig ein bisschen an; ich habe selber schon gedacht, ich lasse sie bis . . . ähh . . . zwanzig nach sechs arbeiten«, dann ist das als Drohung zu verstehen, und die Wachen haben keine Alternative, als zu spät zu kommen oder die Männer in Ruhe zu lassen.

Wenn der Wagen zu früh ins Lager kommt, haben die Männer nicht frei, stehen aber auch nicht unter besonderer Aufsicht und gehen also vorgetäuschten Geschäften nach. Sie machen »einen kleinen Spaziergang« mit dem Wagen, damit »er mal selber sieht, wie es im Lager ist«, und wenn ein SS-Offizier nachfragt, hat der Kapo immer eine gute Ausrede bereit und lässt notfalls irgendwelches in der Nähe herumliegendes Material aufladen.

Aber um zehn Minuten vor sechs Uhr stellt die Mannschaft den Wagen an seinen Platz und fängt direkt unter der

Nase der Wachen auf dem Wachturm an, den alten Wagen (und hastig die eigenen Schuhe) mit Wasser aus der nächsten Pfütze zu waschen und vielleicht auch noch die Arbeitsgeräte zu säubern. Ein paar Minuten vor dem offiziellen Ende der Arbeitszeit lässt der Kapo seine Mannschaft zu ihren Blocks marschieren, und wenn niemand es mitbekommt, gibt er ihnen frei. In größter Hast waschen und säubern sie sich und erscheinen bereits sauber zum Appell. Auf diese Weise müssen sie nicht mit den anderen um einen Platz im Waschraum kämpfen. In einem Konzentrationslager sind das große Privilegien. Natürlich kann es schief gehen, und wenn sie dabei erwischt wird, kann eine ganze Mannschaft »Fünfundzwanzig« bekommen. Einmal tauchte Kommandant Schneider auf, als wir uns gerade in aller Eile wuschen, und das Einzige, was uns rettete, war ein warnender Pfiff, so dass wir – halb oder ganz nackt, wie wir waren – gerade noch rechtzeitig aus dem Waschraumfenster springen konnten.

Die obigen Schilderungen sollten einen nicht zu der Annahme verleiten, das Leben an den Wagen sei nichts als ein paradiesisches Herumbummeln. Das ist es nicht. Viele Wachen sind nicht im Mindesten zu all diesen Listen und Übereinkünften aufgelegt. Genau wie an den anderen Arbeitsstellen treiben sie die ihnen unterstellten Männer bloß an und schreiben Meldungen zur Bestrafung. Aber im Allgemeinen gibt es tatsächlich erheblich weniger Prügel, und die Arbeit an den Wagen ist tatsächlich leichter als die Arbeit an jeder anderen Stelle außen in den Werkstätten. Und selbst eine schriftliche Meldung gegen einen Häftling kann manchmal, wenn der Kapo imstande ist, den Wachposten zu besänftigen, vor der Rückkehr ins Lager noch zurückgezogen werden.

Die Ausnahmestellung der Männer an den Wagen schafft zusammen mit der Art und Weise, wie sie sich selbst rekrutieren, einen Gruppengeist, der kaum sonst irgendwo im Lager übertroffen wird. Die Kooperation an einem Moorexpress grenzt an Perfektion. Unausgesprochene Gesetze regeln die Arbeit und die privaten Beziehungen der Männer. Das einzige Wort, das ausgesprochen wird, ist »Kameradschaft«, die einzige Beschuldigung, die gegen einen Mann erhoben wird, ist »unkameradschaftliches Verhalten«. Fehden, die hier wie in jeder Gruppe von Männern vorkommen können, werden nicht am Wagen ausgefochten. Lange Tradition und gemeinsame Erfahrungen machen es möglich, dass Befehle mit einem Minimum an Wörtern und selbst mit Wörtern gegeben werden können, die ganz etwas anderes bedeuten. So kann der Kapo oder der Mann an der Deichsel ein oder zwei Wörter fallen lassen, die eine für die Wachen unverständliche Warnung enthalten, einen Hinweis, sich zu eilen oder langsamer zu machen. Einer der wenigen komischen Vorfälle im Lager war der Fall eines Wachtpostens, der beim Kapo ein Wort aufgeschnappt hatte, mit dem dieser seine Leute oft anschrie. Natürlich war es ziemlich egal, was er schrie, solange er überhaupt schrie. Aber das Wort, das er aufgeschnappt hatte, war ein jüdischer Ausdruck, und was er da schrie, bedeutete: »Faule Sau, faule, wirst du vielleicht mal langsamer machen!«

Selbst an Tagen, an denen all die kleinen Bummeleien ab- und die allgemeine Hetzjagd angesagt ist und die Wachen die Männer hetzen und drangsalieren, erweist es sich als nahezu unmöglich, eine Moorexpress-Mannschaft unterzukriegen. Sie schauen auf den Mann an der Deichsel, und solange dieser ruhig seine Befehle gibt, lassen sie sich durch keinen Wachposten und keinen Kapo verwirren. Sie beißen die Zähne zusammen und stehen durch, was immer von ihnen verlangt wird. Und bei der Rückkehr in ihre Blocks sagen sie: »Denen haben wir es aber wieder einmal gezeigt! Diese Idioten können doch einen Moorexpress nicht fertig machen!«

Was den Moorexpress vielleicht am meisten vom übrigen Lager unterscheidet, ist das Ausmaß, in dem die Männer ihr

Schicksal beeinflussen können. Dank ihrer reibungslosen Kooperation, der Zuverlässigkeit ihrer sorgfältig ausgewählten Mannschaften und der besonders günstigen Umstände, unter denen sie arbeiten, sind sie gelegentlich in der Lage, die Wachen und notfalls sogar den Kapo auszumanövrieren; sie verbünden sich gelegentlich zu einer Art passivem Widerstand, indem sie geschäftig tun und doch nichts zustande bringen; sie schneiden den eigenen Kapo, der außer ihnen und den beiden Wachen niemanden zum Reden hat (während es an anderen Stellen mehrere Kapos geben kann oder das Kommando allemal groß genug ist, dass der Kapo die meisten Männer verprügeln und immer noch jemanden für ein Gespräch finden kann), bis er sich wieder anständig benimmt; und hin und wieder vollbringen sie gemeinsam ein Bravourstück, von dem dann vielleicht das ganze Lager voller Achtung spricht.

An einem Samstagnachmittag zum Beispiel wurde eine Moorexpress-Mannschaft, zu der auch ich gehörte, zur Strafarbeit in die Kiesgrube Sterzer geschickt. Der Anlass war, dass wir, als wir während der Mittagspause zu einer Sonderarbeit gerufen wurden, nicht schnell genug unser Essen fallen ließen und uns beim Tor aufstellten. Ein Moorexpress wird gewöhnlich nicht auf diese Weise bestraft, und so war jeder gespannt, wie sich die viel gerühmten Moorexpressler unter Sterzers Knute benehmen würden.

Wir kamen in voller Marschordnung in der Kiesgrube an, ein frisches Lied auf den Lippen, mit unserem Mann von der Deichsel als Kapo (der Kapo hatte mit der Sache nichts zu tun). An der Grube befahl er: »Kommando halt!« und rief Sterzer zu: »Hallo, Alter, da sind wir, deine Helfer für einen Nachmittag. Was können wir für dich tun? Sollen wir dir deine olle Kiesgrube leer schaufeln? Mann, was für ein Einfall! Und das alles an einem einzigen Nachmittag?«

Sterzer stand völlig verwirrt da. Er war an Elendsgestalten gewöhnt, die schon bei seinem bloßen Anblick Angst bekamen, und hier kam ein Gesangverein! (Natürlich waren auch wir einigermaßen nervös, aber wir hatten uns für das Bravourstück entschieden und blieben jetzt dabei). Unser Anführer wartete gar nicht ab, bis Sterzer zur Besinnung kam. Er gab Befehle: »Nehmt euch Schubkarren, Schaufeln, los, los, wird's bald!« In militärischer Ordnung griffen wir uns die Geräte. »Und jetzt, vollschaufeln, aber schnell wie der Teufel, verstanden!« Wir schaufelten sie »schnell wie der Teufel« voll, krönten jede Schubkarre noch mit einem zusätzlichen Haufen Kies, steckten die Schaufel hinein wie einen Mast und marschierten mit Kies und allem in militärischer Ordnung ab.

Und weg waren wir, den ganzen Nachmittag. Erst bummelten wir mit halb vollen Schubkarren um den großen Kiesberg herum, und als uns das langweilig wurde, begaben wir uns in unsere Blocks und ließen nur für alle Fälle ein paar Mann zurück (die jede Stunde abgelöst wurden). Als der Nachmittag vorüber war, wurden die Strafarbeiter entlassen. Wir marschierten wieder in voller Formation zur Grube, der Anführer meldete: »Befehl ausgeführt«, und weg waren wir wieder. Sterzer kam den ganzen Nachmittag nicht hinter uns her. Er zog es vor, sich mit der ihm vertrauteren Sorte von Opfern zu befassen.

Natürlich hätte er hinter uns herkommen können. Das ganze Bravourstück hätte auf dem Bock und am Baum oder im Bunker enden können. Aber da wir erfolgreich waren, erhielten wir alle gebührende Anerkennung, wurden von allen, die die Geschichte hörten, mit Achtung behandelt, und waren ganz besonders stolz auf diese Sache.

Von Zeit zu Zeit werden die Leute mit dem Moorexpress zum Heizkraftwerk geschickt, um die Asche abzutransportieren. Dies bedeutet eine lange Fahrt mit dem leeren Wagen in der einen Richtung und eine sehr leichte Ladung in der anderen Richtung. Gewöhnlich gehen alle fünf Wagen zusammen, was an sich schon ein seltener Anblick ist. Dann entwickelt sich eine Art Wettkampf, bei dem jede Mannschaft versucht, lauter zu singen und schneller zu rennen als die anderen. Fröhliche Rufe gehen von Wagen zu Wagen, die SS-Leute lassen sich von der ausgelassenen Atmosphäre anstecken und spornen ihre jeweiligen Mannschaften zu rascherem Tempo an, dieses Mal nicht in böser Absicht, sondern weil sie vom Rennfieber erfasst sind. Die Mannschaften kommen sich vor wie auf einer Parade und geben stolz vor den anderen Mannschaften und vor sämtlichen Arbeitskommandos an, die ihnen über den Weg laufen.

Diese seltsame Parade kommt nicht oft vor, und wenn sie vorbei ist, gehen die Männer mit einem bitteren Nachgeschmack ins Lager zurück. Sie haben das Gefühl, sich lächerlich gemacht zu haben, weil sie in Gegenwart von SS-Männern Blödsinn getrieben und sich wie Schulbuben benommen haben statt wie unglückselige Gefangene in den Händen ihrer Feinde. Aber anscheinend entspricht dieser Stimmungsausbruch einem verzweifelt empfundenen Bedürfnis, denn sonst käme es nicht jedes Mal dazu, wenn die seltsame Parade stattfindet.

Die Lagerleitung sieht es natürlich nicht gern, wenn sich gut organisierte Gruppen bilden. Daher werden Wagenmannschaften von Zeit zu Zeit zerschlagen, gewöhnlich mit der Anschuldigung, die Männer hätten den Kapo korrumpiert. Tatsächlich hat es damit nicht viel auf sich. Für irgendwelche Schiebereien sind die Beziehungen viel zu eng. »Korruption« gibt es, wenn überhaupt, allenfalls in Form von gelegentlichen Geschenken der Mannschaft an den Kapo und zu keinem anderen Zweck als der Pflege von allgemeinen guten Beziehungen. Die meisten Kapos sind Politische und nehmen keine Schmiergelder; aber natürlich sträuben sie sich auch nicht, etwas von der Verpflegung anzunehmen, die die Mannschaft vielleicht dabeihat. Ich erinnere mich an einen Fall, bei dem ein Kapo und fünf Männer von einem Moorexpress wegen »Korruption« in die Strafkompanie geschickt wurden, und zwar wegen nichts weiter als einer Briefmarke im Werte von drei Pfennigen, die einer der Männer eingestandenermaßen dem Kapo gegeben hatte, als diesem an einem Posttag die Briefmarken ausgegangen waren. Der Rest der Mannschaft wurde auf verschiedene Arbeitsstellen verteilt. Eine neue Mannschaft wurde zusammengestellt. Aber nach ein paar Tagen waren die meisten der ursprünglichen Männer wieder zurück auf ihren alten Plätzen.

Ein anderer, spektakulärerer Fall ereignete sich einmal, als unsere ganze 17-köpfige Mannschaft zu Sterzer geschickt wurde, dieses Mal nicht für einen Nachmittag, sondern für immer, weil Kommandant Koegel die Moorexpress-Gruppe zerschlagen wollte. Das war mittags. Am nächsten Morgen fehlten einige von uns. Wir waren zurück am Wagen. Am nächsten Nachmittag fehlten wieder ein paar. Auch sie waren zurück am Wagen. Innerhalb von achtundvierzig Stunden war kein Einziger von uns mehr bei Sterzer, und die meisten von uns waren zurück am Wagen.

Im Frühsommer 1938, als bereits mehrere Tausend Österreicher eingetroffen waren, hielt die Lagerleitung die Zeit für einen entscheidenden Schlag gegen die Wagen gekommen. Eines Tages wurden alle Arbeitskommandos im Lager völlig neu zusammengestellt. Beim Moorexpress ging ein SS-Offizier von Mannschaft zu Mannschaft und nahm alle Männer mit, die schon länger als drei Monate im Lager waren, was rund 70 von 85 Männern bedeutete.[11] Sie wurden überallhin verteilt, um beim Straßenbau zu arbeiten und Kies zu schaufeln. Vollständig neue Mannschaften, die meisten davon unpolitische Österreicher, wurden von den SS-Offizieren willkürlich herausgegriffen.

---

11 Zu dieser Zeit war es aufgrund des großen Nachschubs bereits zu einer gewisser Fluktuation von neuen Mitgliedern an den Wagen gekommen, in erster Linie politische Österreicher, die an die Stellen von unpolitischen Deutschen traten. Aber auch die Offiziere achte-

Die fünfzehn Männer, die von den alten Mannschaften übrig geblieben waren und jetzt die erfahrensten Männer an den Wagen darstellten, übernahmen die Deichseln. Infolgedessen blieb ein wenig von der politischen Tradition lebendig, da diese Männer ja als Politische von den früheren Mannschaften ausgesucht worden waren.

Nun waren die Wagen nicht mehr die Elite. Sie hatten fast genauso viele schwache und alte Männer wie jedes andere Arbeitskommando. In Anbetracht ihrer mangelnden Erfahrung und der Tatsache, dass im Lager nicht mehr viel Arbeit übrig war, um die Männer zu beschäftigen, erhöhte man die Mannschaftsgröße auf 21 Mann pro Wagen und nahm zwei neue Wagen in Betrieb, so dass es nun 147 Männer an sieben Wagen gab. Die Kapos seufzten und wurden beim Bauoffizier vorstellig, um ihre alten Leute wieder zu bekommen. Die neuen Elendsgestalten, sagten sie, zerbrächen die Schieferplatten und zerrissen die Zementsäcke und täten dieses und täten jenes und seien zu gar nichts nütze. In Wirklichkeit war es nicht ganz so schlimm, vor allem nachdem die schwächsten Männer durch geeignetere Leute ersetzt worden waren, aber die Kapos wollten ihre alten Mannschaften wiederhaben. Und der Bauoffizier, der sie ebenfalls wiederhaben wollte, schaute weg, wenn ein Kapo ein paar von seinen Neuerwerbungen hinauswarf und ein paar von der alten Garde zurückholte. Nach einigen Wochen waren mindestens sechzig der siebzig Männer zurück. Sie waren keine so offensichtliche Elite mehr, da sie jetzt weniger als die Hälfte der 147 Männer stellten. Aber sie schafften es, zusammen an bestimmte Wagen zu kommen, und bald gab es »deutsche« Wagen mit überwiegend politischen Mannschaften und »österreichische« Wagen mit mehr unpolitischen Leuten.

Mit dem Abtransport der Juden nach Buchenwald endete

---

ten weniger darauf, dass die Mannschaften beisammenblieben, da die Männer leichter ersetzt werden konnten.

auch die Tradition ihrer Wagenmannschaften. In Buchenwald mit seinen steilen, schlammigen Hügeln waren Wagen praktisch nutzlos. Nur zwei Wagen waren im Einsatz, die normale, kleine Räder hatten und tief in dem weichen Schlamm und Lehm einsanken. Einer der Wagen wurde ständig von der Strafkompanie gefahren und fast ausschließlich für den Transport von Baumstämmen benutzt, der zweite wurde nur gelegentlich eingesetzt, und dann stellte man vorübergehend eine Mannschaft für ihn zusammen.

Justiz

Die Häftlingsgesellschaft entwickelt ihre eigenen Begriffe davon, was Recht oder Unrecht ist, und ihre eigenen Begriffe von Gerechtigkeit. Normalerweise kommen diese Begriffe nur in Gestalt von Zustimmung oder Ablehnung, sozialem Druck und Ächtung zum Ausdruck, aber hin und wieder handelt und straft die Gesellschaft auch, manchmal mit furchtbarer Strenge, und dann treten diese Begriffe unmittelbar in der Haltung zutage, die die anderen Häftlinge zu dem Vorfall einnehmen.

Ein extremer Fall war der eines Spitzels, der sowohl in Dachau als auch in Buchenwald Häftlinge wegen Bestechungen und verschiedener anderer Aktivitäten an die Lagerleitung verraten hatte. In Buchenwald konnten ihn die Häftlinge schließlich stellen. Der Lagerälteste, Richter, und sein eigener Blockältester, beides Kriminelle, brachten ihn um, indem sie ihn langsam totschlugen. Sie ließen sich drei Tage Zeit damit, in denen der Mann versuchte, Selbstmord zu begehen, um sich der Tortur zu entziehen. Er versuchte, in den Stacheldraht zu laufen, aber die SS schoss nicht. Er versuchte, sich in einer Latrine zu ertränken, aber sie zerrten ihn weg. Als es endlich vorbei war, sprachen die meisten

Häftlinge mit Grauen über die Art und Weise, wie dies geschehen war, und meinten, dass den Tätern eigentlich das moralische Recht dazu abginge, weil sie selber Gangster waren – Richter hatte andere ohne erkennbaren Grund umgebracht und schwer verletzt –, und doch war die große Mehrheit der Häftlinge offenbar der Meinung, dass es richtig war, den Mann umzubringen. Die Informationen, die er dem Lagerkommandanten in Dachau hinterbracht hatte, hatten zu Selbstmorden und zu Versetzungen in die Strafkompanie geführt.

Die Begriffe von Gerechtigkeit unterscheiden sich je nach der Häftlingskategorie. Wäre der Mann, der einem toten Häftling einen Goldzahn aus dem Mund brach, ein Politischer gewesen, wäre er von seinen Kameraden vollständig geächtet worden. Aber er war ein Unpolitischer, und die Männer um ihn herum kamen, nachdem sie ihre anfängliche Empörung überwunden hatten, zu dem Schluss, dass er schließlich niemandem wehgetan habe und es schlimmere Verbrechen gebe als dieses und man das Ganze also vergessen sollte, da er es sicher nicht wieder tun werde. Sie fanden, der Mann sei mit den »Fünfundzwanzig«, die er von der SS bekam, genug gestraft.

In den meisten Fällen, in denen die Häftlinge selber eine Art Gerichtsbarkeit in die Hand nehmen, handelt es sich um Diebstähle, gelegentlich auch um Wucher, und um Denunziation. Nur in spektakulären und ganz eindeutigen Fällen geschieht dies so, dass es überhaupt bekannt wird. In weniger eindeutigen Fällen, die eine umfangreiche Untersuchung erfordern würden, sind die Ältesten gewöhnlich nicht bereit, dies mit ihrer Autorität zu decken. Und wenn es die Männer auf eigene Faust versuchen und es zu einer Schlägerei kommt, prügeln die Ältesten häufig alle Beteiligten, ohne sich auf das Für und Wider des Falles einzulassen.

Eigentum hat für den Häftling zwei Funktionen. Die eine besteht in der Befriedigung seiner körperlichen Bedürfnisse.

Er will ein gutes Arbeitsgerät haben, einen guten Brotsack, Nahrungsmittel aus der Kantine. Bei der anderen geht es um seine sozialen und psychologischen Bedürfnisse. Dinge zu besitzen und über sie verfügen zu können, gibt einem Mann das Gefühl, ein Mensch mit eigenen Wahlmöglichkeiten und Entscheidungen zu sein – wie begrenzt diese auch immer sein mögen. Dinge in der Tasche zu haben, die ihm gehören, stellt den letzten Rest von Privatheit dar, zumindest was seine Mithäftlinge betrifft. Er zieht sich an und aus, wäscht sich, benutzt den Abort oder die Latrine, er isst, arbeitet und schläft in Gesellschaft anderer Menschen; er kann keine Bewegung machen, ohne dass ihm ein Dutzend Mithäftlinge dabei zusehen. Aber keiner von ihnen darf seine Taschen durchsuchen, außer dem Ältesten, und auch der wird es gewöhnlich nicht ohne schwerwiegenden Grund tun. Was er in seinen Taschen hat, ist absolut seins – bis irgendein SS-Mann auf die hervorragende Idee kommt, es ihm wegzunehmen.

Je persönlicher und je notwendiger ein gestohlener Gegenstand ist, und je länger er im Besitz seines Eigentümers war, desto strenger wird der Dieb bestraft. Und natürlich kommt der Dieb, wie es auch außerhalb des Zauns häufig der Fall ist, umso schlechter davon, je mächtiger der Mann ist, dem dieser Gegenstand gestohlen wurde.

Es ist eine Hungergesellschaft, und Brot zu stehlen heißt, die physische Existenz ihrer Mitglieder zu gefährden. Ich erinnere mich an Fälle, als in Zeiten großer Not im Tagesraum Wachen aufgestellt wurden, um über Nacht das Brot zu bewachen. Und ich erinnere mich an Fälle, wo ein Ältester und/oder ein paar andere Männer Nacht für Nacht auf der Lauer lagen, um einen Dieb zu fangen. Als sie ihn erwischten, wurde er über einen Tisch gelegt und bekam genau die gleichen »Fünfundzwanzig«, wie die SS sie gewöhnlich verabreichte.

Genauso streng wird bestraft, wer Geld stiehlt. Geld ist

einerseits fast das einzig Wertvolle, was ein Häftling besitzt, und es muss ihm andererseits in der Regel nachts direkt aus der Tasche gestohlen werden. Es ist genau dasselbe, wie wenn ein Mann einem anderen etwas aus seinem Spind stiehlt. Da niemand seinen Spind abschließen kann, muss es irgendeine Garantie geben, dass man die Dinge, die man dort hineintut, bei der Rückkehr von der Arbeit auch wieder vorfindet. Das wachsame Auge, das die Männer aufeinander haben, der Grad von Ehrlichkeit und Anstand, den sie sich bewahren, und die strenge Bestrafung eines einmal erwischten Diebs – all dies stellt eine solche Garantie gar. Oft wird ein Dieb der Lagerleitung zur Bestrafung übergeben, manchmal nachdem er schon im eigenen Block verprügelt wurde.

Eine erhebliche Rolle spielt meiner Beobachtung nach auch die Dauer, die ein Gegenstand im Besitz eines Mannes war, und zwar nicht nur wegen des Gefühlswertes, den der Gegenstand dadurch bekommt, sondern auch, weil er für seinen Besitzer eine gewisse Kontinuität und die Fähigkeit repräsentiert, Eigentum zu haben und Entscheidungen zu fällen. Jemandem die Schuhbürste wegzuschnappen, während er sie gerade benutzt, wird nicht als besonders schweres Vergehen betrachtet, obwohl daraus eine Schlägerei entstehen kann und der Dieb vielleicht gezwungen wird, sie zurückzugeben. Aber ich habe gesehen, wie ein Blockältester, der sonst niemals Hand an seine Untergebenen legte, einen 70 Jahre alten Mann schlug, weil er eine Schuhbürste gestohlen hatte, die dieser Älteste seit fünf Jahren benutzte, nämlich seit er nach Dachau gekommen war. Es war der einzige Gegenstand, den er während dieser ganzen Zeit besessen hatte.

»Kameradendiebstahl« zerstört den sozialen Status eines Mannes. Er wird von allen geächtet, die davon wissen. Wird er in einen anderen Block oder ein anderes Arbeitskommando versetzt, werden seine neuen Kameraden womöglich gewarnt: »Der hat schon mal in seinem eigenen Block gestohlen.«

Diebstahl bei den Reichen ist weniger gefährlich als Diebstahl bei den Armen – es sei denn, der reiche Mann ist zufällig auch noch mächtig; und ein Mann, der teure Kantinenartikel stiehlt, wird nachsichtiger behandelt als ein Mann, der Brot stiehlt.

In den überfüllten Blocks in Buchenwald verlieren die Männer ständig ihre Mützen, Handtücher, Becher. Da jeder für seine Sachen selbst verantwortlich ist, führt dies dazu, dass jeder jedem ständig etwas wegschnappt, gerade so, wie man es manchmal in Schulen und Zeltlagern beobachten kann. Wenn zum Beispiel jemand sein Handtuch im Hexenkessel des Waschraums verloren hat, hat er weder Zeit noch Gelegenheit, sich ein neues zu holen. Er kann jetzt nur noch das Handtuch seines Nachbarn scharf im Auge behalten und es sich bei nächster Gelegenheit schnappen. Sobald dieser Nachbar seinen Verlust bemerkt, schnappt er sich ein anderes Handtuch, und so geht es reihum weiter. Bis auf ein oder zwei Männer hat am Ende jeder wieder ein eigenes Handtuch, und diese beiden tun gut daran, sich jetzt nicht zu beklagen, dass ihr Handtuch gestohlen wurde, denn wer sich heute beschwert und morgen ein Handtuch hat, ist als Dieb gebrandmarkt. Dann ist er der Mann, der das Handtuch des Friseurs stiehlt und anhand der daran haftenden Haare überführt wird. Eine gute Art, an ein Handtuch zu kommen, ist ein kooperativer Freund, der selbst ein Handtuch hat und es offen um den Hals trägt. Niemand verdächtigt ihn, auf der Jagd nach einem anderen zu sein. Das erhöht seine Chancen erheblich.

Wenn die Woche herum ist und jedermann ein Handtuch abgeben muss, ist dann gewöhnlich der Älteste oder der Friseur, der seine eigenen Verbindungen hat, in der Lage, die ein oder zwei tatsächlich fehlenden Handtücher zu beschaffen.

Diese Art des Sich-Schnappens ist dem Status eines Mannes nicht abträglich, auch wenn das Opfer Zeter und Mord schreit, wenn es ihn erwischt.

Schon schlimmer ist es, einem Mann die Mütze oder den Becher wegzunehmen, denn diese werden als sein persönliches Eigentum angesehen, das er vielleicht über Jahre hinweg behält. Er kann sie kennzeichnen, vielleicht an einer Stelle, die man nicht gleich sieht, so dass er sie erkennen und den Dieb entlarven und sein Eigentum zurückfordern kann.

Um nicht entdeckt zu werden, tauscht der Dieb das gestohlene Stück an seiner Arbeitsstelle vielleicht mit jemandem aus einem anderen Block und kommt abends mit einem Becher oder einer Mütze zurück, die nun überhaupt nicht mehr zu identifizieren sind. Dabei betrachtet er sich selbst vielleicht noch gar nicht ernsthaft als Dieb, aber seine Handlung (und besonders das Tauschen, um nicht entdeckt zu werden) tut seiner Vertrauenswürdigkeit schweren Abbruch, während das Wegschnappen eines Handtuchs dem Ansehen eines Mannes nicht im Mindesten schadet.

Die Gesellschaft ist sich der gravierenden Folgen wohl bewusst, die die Aufdeckung eines schweren Diebstahls nach sich zieht. Daher werden strenge Maßnahmen ergriffen, um einen Mann vor falschen Anschuldigungen zu schützen. Hier ein aufschlussreiches Beispiel: Ein Freund von mir, der sehr selten Geld bekam und sehr beliebt war, hatte sein Geld verloren. Andere wollten es ihm wieder verschaffen, und als es nicht gefunden werden konnte, kamen sie zu dem Schluss, dass man es ihm gestohlen haben musste. Ihr Verdacht fiel auf einen Mann, der selbst nie Geld hatte und mit ein paar Kantinenartikeln gesehen worden war. Er konnte sich nicht richtig rechtfertigen, und trotz seines Protestes durchsuchten die Männer seine Taschen. Sie fanden nichts. Aber andere, die hörten, dass ein Mann durchsucht worden war, »wussten« sofort, dass er ein Dieb sein musste.

Mein Freund wusste von alledem nichts, bedauerte seinen Verlust und war ganz glücklich, als er das Geld in der Schlafkoje unter seiner eigenen fand, wohin es in der Nacht gefallen war. Als der Älteste hörte, dass ein Mann durchsucht worden war, weil ein anderer sein Geld verlegt hatte, rief er meinen Freund, der von der Sache gar nichts wusste, zu sich und gab ihm beim Appell vor dem ganzen Block dreizehn kräftige Ohrfeigen, bei denen er laut mitzählte. »Beim nächsten Mal wartest du gefälligst ab, ehe du einen Mithäftling beschuldigst, Geld gestohlen zu haben, das du verschludert hast.« Der Älteste war sonst ein guter Mann, ein alter Politischer, der nur ganz selten einen Häftling schlug.

Der Fall ist typisch sowohl wegen seines Mangels an Logik als auch wegen der Geschwindigkeit, mit der es zu Entschluss und Handeln kam. Hätte der durchsuchte Mann tatsächlich das Geld gestohlen, wäre ihm vermutlich eine erheblich schlechtere Behandlung zuteil geworden als meinem Freund.

Auch der Eindruck, den die ganze Angelegenheit bei seinen Mithäftlingen hinterließ, ist typisch: Da mein Freund von allen hoch geachtet wurde, hielt ihn niemand für fähig, irgendetwas zu tun, das so schlimm war, dass er die ihm verabreichte Strafe verdient hätte. Deshalb ließ man sich bereitwillig von ihm die Wahrheit erzählen, nämlich dass er von dem Ganzen keine Ahnung gehabt hatte. Hätte er jedoch bei den anderen in weniger hohem Ansehen gestanden, wäre die Geschichte als Makel an seiner Ehre an ihm hängen geblieben, ganz egal, wie unschuldig er war.

Ein Wucherer, der Geld zu extrem hohen Zinsen verleiht, oder ein Schwarzmarktschieber, der zu exorbitanten Preisen verkauft, wird manchmal von den Männern seines Blocks bestraft. Er kann vom Ältesten verprügelt und angewiesen werden, seine Waren herauszugeben oder auf seine Ansprüche zu verzichten, oder er kann jene anonymen Prügel beziehen, die als die »Decke« bekannt sind. Nachts, wenn er schläft oder zumindest im Bett liegt, schleichen sich mehrere Häftlinge zu dem Übeltäter, werfen ihm eine Decke über und schlagen ihn unter der Decke, so dass er hinterher nicht sagen kann, wer es getan hat. Dieselbe Strafe trifft gelegentlich auch Denunzianten, wenn die Beweise gegen sie nicht allzu eindeutig sind. Will ein Ältester, dass ein Denunziant bestraft wird, aber nicht, dass die Lagerleitung davon erfährt, beteiligt er sich zuweilen selber an solchen Prügeln oder organisiert sie sogar.

Noch ein weiterer Fall scheint mir berichtenswert. Die Männer eines ganzen Tisches kamen zusammen, um zu diskutieren, was sie mit dem Tischeinkäufer machen sollten, der das Geld seiner Tischgenossen veruntreut hatte. Diese Männer bildeten die Elite ihrer Stube und dachten, wenn sie den Fall vor den Ältesten brächten, könnte das ihrem Status als »bester Tisch« schaden. Sie beschlossen, dem Mann noch einmal eine Chance zum Zurückzahlen des Geldes zu geben. Das tat er auch, allerdings mit Geld, das aus anderen Veruntreuungen stammte. Dies geschah noch ein zweites Mal. Der Tisch aber kam zu folgender, überraschender Lösung: »Dieser Mann ist sein Leben lang ein Betrüger gewesen (einige kannten seine Vergangenheit). Offenbar ist er nicht glücklich, wenn er nicht ab und zu Gelegenheit hat, Leute um ihr Geld zu prellen. Warum sollen wir ihm das Leben schwer machen, indem wir ihn verfolgen, weil er uns um ein bisschen Geld prellt?« Und sie ließen dem Mann seinen Posten als Tischeinkäufer und versuchten nur, besser auf ihr Geld aufzupassen. Von Zeit zu Zeit fragte ihn jemand, halb verlegen, halb gemein, wann er das veruntreute Geld zurückzuzahlen gedenke. Er tat es nie. Und niemanden kümmerte es. Als die Gruppe am Ende doch noch einen neuen Mann benannte, geschah dies nicht wegen seiner Unzuverlässigkeit, sondern weil er nicht in der Lage war, sie angemessen mit Kantinenartikeln zu versorgen.

Strafen, die die Lagerleitung verhängt, werden vom Lager gebilligt oder missbilligt. Eine Billigung durch das Lager ist selten, und wenn sie vorkommt, dann gewöhnlich nicht aus dem Grund, aus dem die Strafe verhängt wird.

Eines Tages fehlte ein Mann. Das ganze Lager musste auf

dem Appellplatz stehen, bis er zwei Stunden später gefunden wurde. Es war ein Asozialer, der gefaulenzt hatte, indem er sich in einem Holzstapel versteckte, und dann dort eingeschlafen war. Als er von den suchenden Häftlingen gefunden wurde, schlugen sie ihn beinahe tot. Während wir warteten und niemand weggehen durfte, musste ein Mann einem menschlichen Bedürfnis nachgeben und erleichterte sich direkt auf dem Platz. Rödl befahl ihn zum Tor. Später verkündete er: Diese beiden Männer bekommen jeder »Fünfundzwanzig«. Der eine, weil er einen Fluchtversuch unternommen hatte, der andere, weil er auf den Platz geschissen hatte – die Sau!

Im zweiten Falle missbilligte das Lager die Strafe aus tiefstem Herzen, im ersten Fall fand es sie richtig. Allerdings nicht, weil der Mann zu fliehen versucht hatte – was gar nicht der Fall war –, und auch nicht, weil er gefaulenzt hatte – wogegen niemand etwas einzuwenden gehabt hätte –, sondern weil er so dumm war, sich erwischen zu lassen, und weil wegen seiner Dummheit 10.000 Mann zwei Stunden lang auf dem Appellplatz warten mussten.

Wird ein Mann wegen »Korruption« bestraft, weil er von einem anderen Mann Geld genommen und ihm dafür jeden Tag das Bett gemacht hat, dann finden die Politischen vielleicht, er hätte das nicht tun sollen, habe aber dafür, dass er Geld für etwas genommen hatte, das sie freiwillig füreinander machten, gewiss keine schwere Strafe verdient. Und die Unpolitischen finden, was er getan habe, sei ein vollkommen legitimer Weg, um ein wenig Geld zu verdienen. Aber die Lagerleitung bestraft ihn, weil er gegen eine Vorschrift verstoßen hat. Geld zu nehmen, ist verboten.

Als die Lagerleitung die großen Schieberkartelle der Kriminellen zerschlug und furchtbare Strafen verhängte, geschah dies, weil die Schiebereien die Disziplin im Lager untergruben. Das Lager billigte die Aktion von ganzem Herzen, aber aus einem anderen Grund: Hier ging es um

Gangster, und es war schon schlimm genug, in den Händen der Nazi-Gangster zu sein, die das Lager betrieben; sie wollten nicht zusätzlich auch noch von einer Zwischenschicht von Unterwelt-Gangstern unterjocht werden.

Die Lagerleitung gibt sich alle Mühe, den Häftlingen beizubringen, dass ein Mann ein schlechter Häftling ist, wenn er gegen die Vorschriften verstößt und die Ordnung stört. Doch hier stößt ihre Macht an eine ihrer deutlichsten Grenzen. Sie können einen Mann auf den Bock schnallen und ihm die Seele aus dem Leib prügeln. Aber ob er und seine Mithäftlinge denken, dass er dies auch verdient, liegt vollkommen außerhalb ihrer Einfluss-Sphäre.

Eigentumsrechte

Praktisch alles Eigentum im Lager wird auf eine der folgenden Weisen erworben: indem es offiziell ausgegeben wird, etwa Uniformen und Geschirr; indem man dafür in der Kantine oder auf dem Schwarzmarkt mit Geld bezahlt, das entweder von zu Hause oder aus geraden oder krummen Transaktionen der Häftlinge untereinander stammt; indem man es von jemand anderem umsonst oder als Zahlung für Dienstleistungen erhält; indem man Lagermaterial stiehlt und es direkt nutzt oder zur Herstellung von Artikeln wie Brotsäcken verwendet; und indem man »freies« Lagermaterial an sich bringt und es nutzt, um irgendeinen neuen Gegenstand daraus herzustellen, etwa ein Messer aus einem Stück Dosenblech und Holz und Draht.

Ein Mann kann einen Gegenstand als sein Eigentum beanspruchen, den er auf eine dieser Weisen erworben hat, und er kann Kennzeichen darauf vorweisen oder sich auf Zeugen berufen, um seinen Anspruch zu erhärten. Der Mann, der es zu diesem Zeitpunkt gerade besitzt, kann behaupten, es sei seins, und es kann zu Auseinandersetzungen kommen, bei denen am Ende der Gegenstand entweder in den Händen dessen bleibt, dem er auch rechtmäßig zu gehören scheint, oder in den Händen des stärkeren Mannes. Im zweiten Fall werden andere dies unfair nennen. Im Prinzip bezweifelt niemand, dass jemand einen berechtigten Anspruch auf einen Becher oder eine Geldbörse erheben kann.

Doch werden Eigentumsrechte und -vorrechte auch in Fällen geltend gemacht und bis zu einem gewissen Grade durchgesetzt, in denen es keine anerkannte Art des Erwerbs gibt. Arbeitsgeräte werden jeden Abend abgegeben und in einem Geräteschuppen oder vielleicht auch im Freien gestapelt. Am Morgen werden die Arbeitsgeräte nicht individuell ausgegeben: Der Kapo bellt: »An die Arbeit, los, los ...«, und alle rennen zu den Gerätestapeln. Wer Kipploren belädt, rennt nach einer Schaufel, wer Kies gräbt, nach einer Schaufel oder einer Spitzhacke oder beidem, Schubkarrenschieber rennen zu den Schubkarren. Dieses allgemeine Handgemenge wird oft genutzt, um in letzter Minute noch den Arbeitsplatz zu wechseln. Ein Mann, der gestern noch an einer Schubkarre war, greift sich heute vielleicht eine Schaufel und hofft, dass der Kapo nichts merkt.

Wer ein gutes von einem schlechten Arbeitsgerät unterscheiden kann, versucht, ein gutes zu bekommen: eine scharfe Spitzhacke, eine Schaufel mit einem kleinen Blatt und so weiter. Und wer einen besseren Arbeitsplatz von einem schlechteren unterscheiden kann, versucht ebenfalls, einen solchen zu bekommen: einen Platz im Schatten an einem Sommertag, einen Platz hinter einem Haufen Material, der ihn vor der ständigen Beobachtung durch die Posten schützt; eine Stelle so tief in einer Kiesgrube, dass die SS selten bis ganz nach unten kommt, oder auf einer Terrasse, die nicht zu tief unter der nächsthöheren liegt, so dass es nicht so schwer ist, den Kies nach oben zu schleudern; ein Innenseil an einer Walze.

Die eine Art und Weise, ein gutes Arbeitsgerät oder einen guten Platz zu bekommen, ist Gewaltanwendung. Im allgemeinen Gewühle stoßen die Starken die Schwachen beiseite, nehmen sich vielleicht ein Gerät, das ein schwächerer Mann bereits in der Hand hatte, oder verjagen einen schwächeren Mann von einer Stelle, an der er gerade zu graben anfangen wollte. Eine andere Art ist Stehlen. Ein Mann legt sein Arbeitsgerät einen Augenblick beiseite, ein anderer schleicht sich von hinten an und nimmt es ihm weg.

Beide Arten kommen nicht allzu häufig vor, und geschieht es doch, dann findet niemand, dass damit ein berechtigter Anspruch auf dieses Arbeitsgerät oder diesen Arbeitsplatz begründet wurde. Wird etwas, das dem Lager gehört und nicht an jeden Mann individuell ausgegeben wird, dadurch »seins«, dass er es auch früher schon benutzt hat, und kann er es daraufhin von einem anderen zurückverlangen?

Voltaire, glaube ich, ist der Urheber des häufig zitierten Satzes: Der größte Verbrecher, den die Welt je gesehen hat, war der erste Mensch, der ein Stück Land einzäunte und behauptete: Das ist meins. Und der größte Dummkopf war der Mensch, der ihm das glaubte.

Auf genau diese Weise werden die meisten Vorrechte auf Arbeitsgeräte oder Arbeitsplätze in großen Gruppen mit unqualifizierter Arbeit allmorgendlich errungen oder behauptet.

Der Mann, der das gute Arbeitsgerät wieder findet, das er gestern hatte, beansprucht es sofort als »seins«. »Das ist meins, ich habe es gestern benutzt.« Er kann das sogar von einem Arbeitsgerät behaupten, das er nie zuvor gesehen hat. Und in beiden Fällen kann er (echte oder falsche) Zeugen anrufen, die sofort einen Eid darauf ablegen und bestätigen: »Jawohl, es ist seins.« Ein Mann kann sein Arbeitsgerät kennzeichnen und als künftigen Beweis seine Initialen einritzen.

Einmal hatte ein Mann eine gute Schaufel genommen, die

ich drei Tage lang erfolgreich versteckt hatte. Noch während wir uns darüber anschrien, drehte er sich um, nahm einen Nagel aus der Tasche und begann, seine Initialen in den Griff zu ritzen. Ich machte Zeugen darauf aufmerksam, und der Mann wurde überführt. Zufällig waren die meisten von uns gute Freunde, während der »Dieb« ein Eindringling war. Die ganze Gruppe schrie auf ihn ein, und er musste loslassen.

Zu beweisen, dass man mit einem bestimmten Arbeitsgerät schon früher gearbeitet hat, und daraus das Recht auf weiteren Gebrauch abzuleiten, ist jedoch kein allgemein anerkanntes Verfahren. Manche fügen sich ihm, manche nicht. Schließlich kann es sein, dass ein Mann, der heute gerade ein gutes Arbeitsgerät hat und sich diesen Regeln von Mein und Dein unterwirft, es an den Mann verliert, der es gestern benutzt hat. Aber ein schlechtes Arbeitsgerät – eine Schaufel mit einem geraden Griff oder einer verbogenen Kante – kann einem den Tag erheblich schwerer machen, als er ohnehin schon ist.

Also antwortet der heutige Besitzer dem Mann von gestern vielleicht: »Na und? Bei Schaufeln gibt es nicht ›meine‹ und ›deine‹. Du hast da deine Initialen drauf? Schau mal, was hier steht: KLD (oder KLB).[12] Sie gehört dem Lager, und jeder kann sie benutzen.«

Dagegen gibt es kein Argument. Hier sprechen zwei Männer unterschiedliche Sprachen. Der Konflikt wird immer durch Gewalt entschieden, explizit oder implizit. Die Männer kämpfen um das Arbeitsgerät, oder andere nehmen eine drohende Haltung gegenüber einem von ihnen ein, oder ein Kapo oder ein SS-Offizier taucht am Schauplatz auf, wodurch dem Streit ein Ende bereitet wird und das Arbeitsge-

---

12 Jedes Arbeitsgerät trägt die Initialen des *K*onzentrations*l*agers *D*achau bzw. des *K*onzentrations*l*agers *B*uchenwald.

rät bei demjenigen bleibt, der es in diesem Augenblick am festesten umklammert hält.

Bei persönlichen Dingen wie Mützen und Bechern ist ein Stück so gut wie das andere. Wer einen solchen Gegenstand als »seinen« beansprucht, will sich damit nicht die Möglichkeit verschaffen, einen »guten« Becher zu benutzen, sondern vielmehr die Möglichkeit, überhaupt einen Becher zu benutzen. Außerdem aber möchte er die Kontinuität seines Besitzes behaupten. Ein Becher wird nach einiger Zeit fast genauso sehr Eigentum des Häftlings wie etwas, das er gekauft hat. Bis zu dem Tag, an dem er entlassen wird, entsteht praktisch nie eine Situation, in der er ihn abgeben muss.

Wenn es um Arbeitsgeräte geht, sind die Männer nicht allzu sehr an stabilen Besitzverhältnissen interessiert, weil es ohnehin niemandem gelingt, ein Gerät länger als ein paar Tage zu behalten. Sie wollen nur eines: ein gutes Gerät. Rechtmäßiger Besitz aufgrund des früheren Gebrauchs ist nur ein bequemes Argument, gut genug, wenn der andere es glaubt, und abgetan, wenn es anders besser passt. Männer, die an einem Tag »meine Schaufel« sagen, behaupten am nächsten: »Hier gibt es kein Mein und Dein«, und halten sich, wenn sie gerade der glückliche Besitzer sind, an das eine Argument, und wenn sie gerade ein gutes Arbeitsgerät brauchen, an das andere. Ein Mann, der sich gestern an eine Schaufel klammerte, weil er »schon ewig mit ihr arbeitet«, verteidigt vielleicht heute einen guten Platz in der Kiesgrube mit: »Was soll denn das heißen, ›mein Platz‹? Wir sitzen alle im selben Boot.«

Sobald sich ein Kommando bis zu einem gewissen Grad stabilisiert hat, kommt jedoch immer auch der Wunsch nach mehr oder weniger stabilen Besitzverhältnissen auf, die den einzelnen von der Notwendigkeit befreien, stets vor seinem Nachbarn auf der Hut zu sein. Sobald ein Kommando, das klein genug ist, dass sich die Männer einigermaßen gut kennen, ein paar Tage als Einheit zusammen gearbeitet hat und die üblichen kleinen Freundesgruppen entstanden sind, beginnen sie auch das wechselseitige Wegschnappen von Arbeitsgeräten als etwas zu betrachten, das »man nicht tut«. Je stabiler das Kommando ist, desto eher stellt sich eine Handlung, die in einem großen, instabilen Kommando ein »Wegschnappen« wäre und kaum bemerkt würde, als »Stehlen« dar. Das liegt daran, dass die persönliche Befriedigung oder Erleichterung, die die Existenz einer kleinen Gruppe von Freunden, die einander gut kennen, dem Einzelnen verschafft, gewöhnlich größer ist als die Vorteile, die er hat, wenn er ein paar Tage lang ein gutes Arbeitsgerät besitzt, das schließlich ohnehin bald wieder in die Hand eines anderen übergehen wird.

Männer in kooperativen Kommandos, vor allem Politische, die mit anderen Politischen zusammen arbeiten, respektieren stabile Besitzverhältnisse, selbst wenn sie einander nicht persönlich kennen. Wenn ein anderer Politischer behauptet, etwas sei »seins«, und dies plausibel klingt, dann ist es »seins«. Da sich die meisten den gleichen Argumenten und Begriffen verpflichtet fühlen, kommt es zu erheblich weniger Kämpfen um die Arbeitsgeräte. Sie sprechen alle die gleiche Sprache und können in dieser Sprache ermitteln, wer von den beiden Anwärtern »Recht« hat.

Wenn es zwischen Politischen und Unpolitischen zu Zusammenstößen über Arbeitsgeräte kommt, ist die Haltung der Politischen weniger konsistent: Solange die ganze Situation nach Fair Play aussieht, das heißt, solange auch die anderen stabile Besitzverhältnisse zu respektieren scheinen, tun sie es auch. Aber wenn die anderen zwischen den Argumenten hin und her wechseln, wechseln die Politischen gewöhnlich genauso schnell und sind ihren Gegnern oft überlegen, weil ihnen häufiger mehrere andere zu Hilfe kommen und die wie auch immer gearteten Ansprüche oder Argumente, die sie gerade vorbringen, unterstützen.

Eine andere Form nimmt die Auseinandersetzung an,

wenn nicht Einzelpersonen, sondern ganze Arbeitskommandos in sie verwickelt sind. In jeder beliebigen Kastenträgerkolonne herrschen die gleichen Verhältnisse wie in jedem anderen Kommando von vergleichbarer Größe. In einer großen Kolonne kommen Männer, die eine gute Trage – mit Füßen zum Abstellen, glatten Griffen und geringer Kastengröße – als die ihre beanspruchen, entweder damit durch oder werden gefragt: »Warum schreibst du deine Initialen nicht gleich noch auf ein paar andere Tragen? Hier stehen genug davon herum. Soll ich dir einen Bleistift geben?« Aber wenn der Kapo beschließt, einer anderen Kolonne alle Tragen wegzuschnappen, marschiert er einfach mit seinen Leute hin, ehe die Besitzer auftauchen, und nimmt die Tragen mit. Wenn der andere Kapo nicht einflussreich ist, kann er nichts dagegen tun, aber wenn er sich mit dem Lagerältesten gut steht, kann er sich beschweren und seine Tragen vielleicht zurückbekommen.

Wenn sich ein Kapo seine Tragen sichern will, lässt er sich vielleicht im Geräteschuppen auf jede Trage seine Kolonnennummer malen. Dies wird mit Teer gemacht, der sich im Wasser nicht auflöst, und die Tragen sind schon von weitem zu erkennen. Wenn sich dann ein anderer Kapo ein paar Tragen schnappt, können sie immer zurückgefordert werden, weil der Fordernde dann nicht mehr ein einzelner Kapo ist, sondern die offiziell beglaubigte »Trägerkolonne Nr. II«, und weil die Macht hinter seiner Forderung nun nicht mehr sein individueller Einfluss oder seine Persönlichkeit ist, sondern die ganze Lagerleitung.

Die Lagerleitung hat natürlich kein Interesse daran, dass ein bestimmter Kapo seine sorgfältig ausgesuchten Tragen behält. Aber sie hat ein Interesse daran, dass Ordnung herrscht. Tragen mit verschiedenen Nummern in ein und derselben Kolonne stören diese Ordnung. Daher sorgt der für den Bau zuständige SS-Offizier dafür, dass die Situation behoben wird. Dann droht selbst dem einzelnen Mann, der versucht, einer anderen Kolonne eine Trage wegzunehmen, die ganze Macht des Lagers.

Wenn die Lagerleitung einen Dieb bestraft, geschieht auch dies natürlich nicht deswegen, weil sie das Eigentum des anderen Häftlings schützen will, sondern weil Stehlen gegen die Vorschriften ist. Den Häftlingen ist das klar, und nur in ganz schweren Fällen, wenn der Wunsch, jemanden loszuwerden, stärker ist als die Abneigung gegen ein Einschalten der Lagerleitung, werden Diebe ihr übergeben. Und wenn bei einem Kampf um Arbeitsgeräte ein Mann so viel Radau macht, dass er die Aufmerksamkeit des Kapos auf sich zieht, verachten sie diesen Mann selbst dann, wenn sein Anspruch eigentlich berechtigt war.

Korruption

Das Vorhandensein von freiem Geld in dieser Gesellschaft des Mangels und der ungeheuren, willkürlich ausgeübten Macht in den Händen bestimmter Häftlinge führt zur Entstehung eines Systems von Korruption und Schiebungen, das in Buchenwald ein Ausmaß erreicht, welches selbst für einen »alten Hasen« mit einem halben Jahr Dachau-Erfahrung geradezu erstaunlich ist.

Es gibt mehrere Gründe dafür, dass in Dachau die Korruption trotz der Tatsache, dass der einzelne Häftling dort im Durchschnitt mehr Geld hat, weniger floriert. Der Hauptgrund ist, dass die politischen Häftlinge als einzige Gruppe, die über große Macht verfügt, aus ideologischen Gründen gegen Korruption sind. Damit beschränkt sich die Korruption automatisch auf jene politischen Kapos und Ältesten, die sich von ihrer eigenen Gruppe absetzen (und davon gibt es nicht viele), sowie auf die Unpolitischen, die hauptsächlich Kapos an Arbeitsstellen für unqualifizierte

Arbeit sind. Korruption innerhalb der Blocks ist daher ein eher ungewöhnliches Vorkommnis, und wenn die Lagerleitung bestimmten Ältesten übel will, braucht sie nur Dinge, die man üblicherweise als »kleine Aufmerksamkeit« betrachten würde, wie es sie überall gibt, wo Menschen anderen Menschen vorgesetzt sind, als »Schiebung« und »Korruption« zu interpretieren.

Auch die Korruption an den Arbeitsstellen hält sich in Grenzen, teils weil Kapos, die sich an Schiebungen beteiligen, von den Politischen bekämpft werden, teils weil jeder Vorfall ein hohes Maß an Öffentlichkeit bekommt: Durch die um jeden einzelnen Arbeitsplatz herum postierten Wachen und die Anwesenheit des diensttuenden SS-Offiziers sind einem etwaigen Machtmissbrauch des Kapos bei der Verteilung der Arbeitsplätze erhebliche Schranken gesetzt.

Ein Schwarzmarkt für Kantinenwaren oder Lagerverpflegung entsteht in Dachau deswegen nicht, weil jeder, der Geld hat, selber hingehen und sich kaufen kann, was die Kantine bietet, und da die Kantine gut bestückt ist, werden auch von draußen praktisch keine Lebensmittel eingeschmuggelt. Ebenso wenig gibt es irgendeinen Grund, Nahrungsmittel für schlechte Tage zu horten: Die Kantine schließt praktisch nie – nicht länger als vielleicht einen Abend oder ein paar Stunden am Sonntag (weil Koegel sich gerade mal wieder über den Lärm geärgert hat, den die Häftlinge beim Schlangestehen machen), und außerdem gibt es auch nicht die Strafe des Essensentzugs. Während der sechs Monate meines Aufenthalts in Dachau gab es nur einen Morgen ohne Frühstück, und das war, als der Kessel in der Küche kaputt war und Koegel uns lieber hungern ließ, als die Arbeit um eine halbe Stunde zu verzögern. Gleiches gilt für das Rauchen: Zigaretten und Tabak sind in der Kantine reichlich vorhanden, und das Rauchen ist kaum jemals länger als ein paar Stunden verboten.

So gibt es illegalen Handel in großem Maßstab nur mit

Artikeln, die in der Kantine nicht verkauft werden, aber dennoch notwendig sind – und deren Besitz im Übrigen gewöhnlich als legal betrachtet wird: Nur der Handel mit ihnen ist verboten.

Zu diesen Artikeln gehören in erster Linie Holzschuhe und bestimmtes Reinigungsmaterial wie Sandpapier und Stahlwolle sowie hölzerne Geräte zum »Bettenbauen.« Die Holzpantinen werden hauptsächlich in der Strafkompanie hergestellt, die zu meiner Zeit das große Gebäude auf dem Appellplatz baute und deshalb Zugang zu Holz und Arbeitsgeräten hatte. Die Herstellung wie auch das Hinausschmuggeln in das übrige Lager war natürlich mit furchtbaren Risiken verbunden, und immer wieder landeten Männer deswegen im Bunker. Häftlinge aus dem normalen Lager, die die Vermarktung übernommen hatten, wurden dann gewöhnlich – nachdem sie »Fünfundzwanzig« bezogen hatten – in die Strafkompanie geschickt, weil jeder Kontakt mit diesen Unglücklichen bestraft wurde, indem man selber zu einem der Ihren gemacht wurde.

Die Holzgeräte wurden gewöhnlich in den Möbelwerkstätten hergestellt, aber normalerweise nicht als Handelsgeschäft vertrieben. Im Allgemeinen gehörten die Geräte nicht einzelnen Häftlingen, sondern einer ganzen Stube, und für diese wurden sie vom Ältesten in der Werkstatt erworben, wo sie ihm von seinen politischen Freunden als persönliche Gefälligkeit überlassen wurden. Kam das heraus, wurde die Herstellung dieser Geräte jedoch streng bestraft, weil die Männer sie während ihrer Arbeitszeit angefertigt hatten und weil sie illegal ins Lager geschmuggelt wurden (die Möbelwerkstätten lagen gleich außerhalb des Zauns).

Sandpapier kommt gewöhnlich aus den Möbelwerkstätten und wird bezahlt. Die Männer, die es mitbringen, müssen es stehlen. Manchmal wird es über die Kantine geschmuggelt. Stahlwolle kann relativ offen über die Kantine eingeschmuggelt werden, das heißt, die Häftlinge dort bestellen es für die Kantine und verteilen es heimlich, und der zuständige SS-Offizier hält den Mund, weil man es braucht und offenbar kein Profit dabei gemacht wird. Manchmal wird es aus der SS-Küche oder von anderen SS-Stellen eingeschmuggelt, und in solchen Fällen ist es fast immer gestohlen.

Eine bestimmte Art von Schleichhandel wird aus nicht nachvollziehbaren Gründen schwer bestraft: selbst gedrehte Zigaretten.

Die Kantine verkauft Tabak und Zigarettenpapier und eine kleine Maschine zum Zigarettendrehen. Die auf diese Weise hergestellten Zigaretten sind ein klein wenig billiger, und der Raucher kann die Kosten noch weiter reduzieren, indem er knausert und in jede Zigarette etwas weniger Tabak tut.

Diese selbst gedrehten Zigaretten sind ein wichtiger Handelsartikel, weil der Mann, der einem anderen ein paar Pfennige mehr für sie zahlt, sich damit den Gang zur Kantine erspart. Er kann den anderen nicht dafür bezahlen, dass er ihm ein Päckchen Zigaretten mitbringt, weil das verboten ist. Es ist nebenbei überhaupt verboten, irgendetwas für jemand anderen zu besorgen, offenbar weil die Lagerleitung auf diese Weise zu verhindern hofft, dass die Leute in großem Maßstab Dinge von den Kapos und den Ältesten kaufen. Natürlich können kleine Mengen auf diese Weise überhaupt nicht kontrolliert werden.

Manch einer so genannten »Korruptionsgeschichte« liegt nichts Schlimmeres zugrunde als der Einkauf, den ein Mann für einen anderen erledigt hat, um ihm einen Weg zu ersparen und vielleicht ein paar Extra-Pfennige dafür zu bekommen.

Eine andere Art von »Korruption« ist das Verleihen von Geld, was streng verboten ist, offenbar um zu verhindern, dass durch Wucher in irgendeiner Form Geld verdient wird. Der Mann, der zweieinhalb Stunden an den Handgelenken hing, weil er einen Freund nicht verraten wollte, hatte diesem 50 Pfennig geliehen, weil sich seine regelmäßige Geldsendung verspätet hatte. (Nachdem er dies gestanden hatte, konnte sich Grünewald kaum das Lachen verbeißen: Er hatte den Mann an den Handgelenken aufhängen lassen, weil er ihn verdächtigte, an einer Briefschmuggelaffäre beteiligt zu sein, von der der arme Mensch noch nicht einmal gehört hatte.)

An größeren Arbeitsstellen mit unqualifizierter Arbeit kommt es in gewissem, aber immer noch sehr geringem Umfang zu Schiebungen, wenn der Kapo ein Teufel ist und der Bereich so groß, dass die Wachen nicht alles mitbekommen, was vorgeht. Der Kapo nimmt dann vielleicht Geld, um Männer bei den Planierarbeiten einzusetzen, die leichter sind als Kiesschleppen. Ein paar Männer finden sich immer, die bereit sind, für bestimmte Sonderarbeitsplätze zu bezahlen, etwa im Geräteschuppen oder beim Wassertragen, wenn nicht allzu viel davon gebraucht wird, und so weiter. Bei manchen hoch qualifizierten Arbeiten, etwa beim Rohrelegen, kann Geld den Besitzer wechseln, wenn der Kapo keins hat. Aber das ist in der Regel keine normale Schiebung; das heißt, die Männer bezahlen nicht, um ihren Arbeitsplatz zu bekommen oder zu behalten, sondern einfach als ein Geschenk, das aus der intimen Nähe heraus entsteht, in der die Männer arbeiten. Kommt es heraus, wird es als Korruption bestraft.

Außerdem gibt es immer Fälle, in denen ein einzelner Mann einen Weg findet, einem einzelnen Kapo, der normalerweise zu keinem großen Schieberkartell gehört, eine Mark zuzustecken und dann vielleicht eine leichtere Arbeit zu bekommen. Zum Beispiel war ich – mehr oder weniger durch Zufall – ganz zu Beginn meiner Zeit bei einer wunderbar leichten Arbeit gelandet, die ich mit kleinen Tricks etwa zwei Wochen in die Länge ziehen konnte: Ich arbeitete an einem zementierten Heizschacht, der noch nicht ganz gedeckt war. Ich redete meinem Kapo ein, dass es notwendig sei, das

Wasser herauszuschaufeln, das sich in ihm sammelte. Dies tat ich mit einer kleinen Blechschaufel, die ich mir mit einem gefälschten Auftrag von den Klempnern hatte machen lassen. Da wir damals (April 1938) jede Nacht Schnee oder Regen hatten, gab es am Morgen immer genug Wasser für den ganzen Tag, und falls nicht, wusste ich schon, wo ich einen oder zwei Eimer voll herbekam. An dieser Arbeitsstelle hatte ich einen Kumpel, von dem ich dachte, er sei dort wie ich durch Zufall gelandet. Aber nachdem ich zwei Wochen lang mit ihm gearbeitet hatte, erfuhr ich, dass er dem Lagerkapo, von dem ich die Arbeit umsonst bekommen hatte, einen kleinen Betrag dafür bezahlt hatte.

Insgesamt hatte die Korruption in Dachau geringe Bedeutung, bis sich mit dem Massenzustrom der Österreicher im Sommer 1938 die Lage veränderte.

Der wichtigste Grund, warum die Schiebereien in Buchenwald ihre fast unglaublichen Ausmaße annahmen, scheint zu sein, dass die zur Zeit unserer Ankunft mächtigste Gruppe, die Kriminellen, bereits durch und durch korrumpiert waren, noch bevor sie überhaupt ins Lager kamen. Wegen ihres Hintergrunds und ihrer individuellen Erfahrungen sind sie daran gewöhnt, Dinge für Geld zu tun, für Geld hohe Risiken einzugehen und Menschen, Dinge und Dienstleistungen nach ihrem Geldwert einzuschätzen; und sie tun all dies mehr oder weniger bedenkenlos und lassen sich dabei weniger als die meisten anderen Gruppen in der bürgerlichen Gesellschaft von ideologischen Erwägungen zurückhalten. Diese Männer, die im Lager mit ungeheurer Macht ausgestattet sind, an den Schaltstellen eines potenziellen Schwarzmarkt- und Schiebernetzes sitzen und die fast völlig willkürliche Verteilung von Gefälligkeiten und guter oder schlechter Behandlung in der Hand haben, verkaufen all dies für Geld oder Geldeswert, und wenn sie für ihre Ware keine Kunden finden, schaffen sie sich welche durch Erpressung und Misshandlung.

Aber nicht nur durch ihre Vergangenheit sind diese Männer für dunkle Machenschaften prädisponiert; auch ihre Zukunft wie ihre Gegenwart spielen hierbei eine Rolle: Sie haben weder ein gemeinsames Ziel, das nur mit einer intakt gebliebenen Moral zu erreichen wäre, noch irgendein individuelles Ziel: Sie haben fast keine Hoffnung auf Entlassung. So machen sie das Lagerleben zu ihrem ständigen Leben und versuchen, aus ihm herauszuholen, was herauszuholen ist – und die einzig »angenehmen« Dinge, die das Lagerleben zu bieten hat, sind diejenigen, die man für Geld kaufen kann. Daher die unersättliche Gier nach Geld und Gütern.

Diese für jegliche Form von Korruption und Schiebereien konditionierten Männer finden in Buchenwald die günstigsten Umstände vor, die man sich hierfür nur wünschen kann. Sie treffen auf eine Gesellschaft, die halb verhungert ist, ständig von Hunger und Nahrungsmangel getrieben wird; ständig bedroht von tageweisem Essensentzug oder einem plötzlichen Versiegen des mageren Kantinenangebots, und ständig in einer höchst prekären Situation, was das einzige materielle Vergnügen angeht, das die Kantine in kleinen Mengen bietet, das Rauchen. Sie treffen außerdem auf ein Wachsystem, durch das die Willkür der Kapos ins Ungeheuerliche anwächst. Kapos von großen Arbeitskommandos mit 500 Mann und mehr sind wie mächtige Könige und haben Macht über Leben und Tod. Die meiste Zeit wird der Kapo selbst nicht beaufsichtigt; seiner Freiheit bei der Verteilung der verschiedenen Arbeiten sind praktisch keine Grenzen gesetzt; und er kann fast nach Belieben Positionen als Unterkapos verkaufen – einzig beschränkt durch das Risiko, dass ein Mann, den er hinauswirft, vielleicht zur Lagerleitung geht und es dort erzählt; und dieses Risiko ist nicht allzu groß, denn beim »Singen« erwischt zu werden, kommt fast einem Todesurteil gleich (und ist auch tatsächlich manchmal eines).

Es gibt zwei Haupttypen von organisierter, meist groß angelegter Schiebung: Schiebung mit Nahrungsmitteln und Schiebung mit Arbeitsplätzen. Die organisierte Schiebung mit Nahrungsmitteln besteht aus Schwarzmärkten, auf denen praktisch alles gehandelt wird, was es im Lager gibt: aus der Küche gestohlene Lebensmittel, normale Lagerverpflegung, von draußen über die Kantine oder über die SS-Küche oder auf anderen Wegen eingeschmuggelte Lebensmittel. Der größte Teil der Kantinenwaren gelangt auf den Schwarzmarkt über die Blockeinkäufer, die die Waren, statt sie an ihre eigenen Kunden auszuliefern, entweder gleich für den Schwarzmarkt kaufen oder an den Schwarzmarkt verkaufen. Der Schwarzmarkt selbst besteht aus mehr oder weniger getrennten Sektionen. Es gibt einen bei den Juden, einen bei den »Asozialen«, einen bei den Kriminellen; und die Politischen, die keinen eigenen haben, kaufen gewöhnlich bei den »Asozialen« oder bei den Juden. Die jüdische Sektion ist auf Kantinenwaren spezialisiert, weil bei ihnen mehr Geld ist als bei den anderen. Die Spezialität der Asozialen sind gestohlene Lebensmittel aus den Küchen, weil bei ihnen die Küchenarbeiter leben, und reguläre Lagerverpflegung, insbesondere Brot und Wurst, weil sie am ärmsten sind und außerdem, was das Lager ihnen gibt, nichts zu verkaufen haben. Die »grüne« Sektion handelt mit wertvollen Lebensmitteln aus der Kantine und mit Dingen, die von draußen eingeschmuggelt werden, weil sie die Schlüsselpositionen beherrschen und weil sie Geld haben, nicht so sehr Geld, das ihnen von außen geschickt wird, sondern Geld, das sie durch Erpressung im Lager selbst eintreiben.

Der Schwarzmarkt kauft von den Einkäufern und verkauft dann gewöhnlich nicht direkt an den Endverbraucher, sondern an ein oder zwei Zwischenhändler. So wird ein Kantinenartikel oft drei oder vier Mal verkauft und kann in Zeiten großer Knappheit am Ende ein Mehrfaches des ursprünglichen Preises kosten. Nichtverderbliche Güter wie Dosenfisch, Schokolade oder Süßigkeiten verschwinden gewöhnlich, sobald sie auf dem Markt auftauchen; ebenso ein großer Teil des Tabaks. Vieles davon wird für die Tage gehortet, an denen die Kantine geschlossen hat, oder für Tage mit Essensentzug. Wenn die Kantine geschlossen ist (manchmal wochenlang, und ohne bekannt zu geben, wann sie wieder aufmacht), wartet der Schwarzmarkt gewöhnlich ein paar Tage ab, bis der reguläre Kunde nichts mehr hat; dann beginnt er, zu hohen Preisen zu verkaufen, die mit schwindendem Vorrat rasch steigen. Zigaretten können bei solchen Gelegenheiten von 4 auf 50 oder mehr Pfennig das Stück steigen, eine Dose Fisch von 80 Pfennig auf 3 Mark, ein Laib Brot von 20 Pfennig, seinem Handelswert bei normal funktionierender Kantine, bis auf 1,50 Mark. Und nicht nur steigt der Preis, sondern auch das Verhältnis zwischen den Preisen für unterschiedliche Artikel kommt fast völlig aus dem Lot: Da es keine Auswahl zwischen verschiedenen Waren gibt, fließt alles Geld in den Artikel, der gerade auftaucht, und das zu fast jedem Preis.

Schwarzmarktgeschäfte werden auf der Basis von persönlichen Bekanntschaften und Kontakten an den Arbeitsstellen oder auf den Lagerstraßen abgewickelt. Mit ein wenig Erfahrung bekommen die Leute heraus, welche Männer in Mangelzeiten gewöhnlich über Lebensmittel verfügen, und versuchen, in engen Kontakt mit ihnen zu kommen und in das Geheimnis eingeweiht zu werden. Dann erzählt der Mann, der Bescheid weiß, dem Neuen entweder, zu wem er gehen muss, oder führt selber die Transaktion für ihn durch, was ihn von der Notwendigkeit entbindet, das Geheimnis zu verraten – oder kauft vielleicht sogar Waren von seiner ursprünglichen Quelle, verkauft sie an den neuen Mann weiter und schafft sich auf diese Weise eine Position als Händler.

Schwarzmarktwaren werden in Geräteschuppen gehortet, wozu gewöhnlich die Kooperation des Kapos erforderlich ist, oder in Blocks, was gewöhnlich die Kooperation eines Ältesten voraussetzt, weil die Verstecke vor dem inspizierenden SS-Offizier geschützt werden müssen. Ein Versteck in einem Strohsack ist gefährlich, denn diese werden häufig inspiziert.

Schiebungen mit Arbeitsplätzen werden auf zwei Weisen organisiert: entweder über direkte Verhandlungen zwischen Kapo und Interessent, vielleicht mit einem Unterkapo als Vermittler; oder durch Übereinkunft zwischen Kapo und Unterkapo, der dann einen regelmäßigen Tribut von seinem Kommando einzieht. Als Zwischenschritt zu diesem Ziel werden Kommandos aufgebaut und Unterkapo-Positionen geschaffen und Unterkapos ernannt, um deren persönliche Beiträge zu bekommen. Oft baut der Unterkapo seinen eigenen Ring auf, indem er entweder von dem allgemeinen Beitrag für den Kapo etwas abzweigt oder kleine Gefälligkeiten auf eigene Rechnung verkauft.

Der Kapo selbst verlangt selten offen Geld, aber hat er einmal welches genommen, wird er einfach als jemand bekannt, der Angebote nicht verschmäht. Gehört der Kapo zum eher freundlichen Typ, ist gewöhnlich das Angebot einer Zigarette oder einer Delikatesse aus der Kantine eine gute Methode, um an ihn heranzukommen. Ist er eher von der gewalttätigen Sorte, kommt man gewöhnlich nur über den Unterkapo an ihn heran. Häufig ist es aber auch so, dass ein Kapo einen Mann zu misshandeln beginnt und ihn eine Zeit lang ohne erkennbaren Grund verfolgt, bis endlich irgendein Freund zu dem verzweifelten Opfer sagt: »Begreifst du denn nicht, der will doch bloß Geld?«

Als meine Hand halbwegs geheilt war und ich zur Arbeit musste, aber meine rechte Hand noch nicht wieder gebrauchen konnte, verschafften mir meine politischen Freunde einen Platz in einem Arbeitskommando, das im Lager allgemein gefürchtet war. Ich protestierte, aber sie sagten, es sei nur zu meinem Besten. Und zu meiner Überraschung war es das auch. Es gab einen Unterkapo, der sich hervorragend mit dem Kapo verstand, und das kleine Kommando, in dem ich arbeitete, hatte eine der leichteren Arbeiten, deren größter Vorteil war, dass sie für die Inspektion einigermaßen abseits lag und ein Teil der Mannschaft immer in einem Keller arbeiten musste. Wir richteten ein fast perfektes Warnsystem ein, und die Kellerschicht arbeitete sehr wenig. Natürlich rotierten die Schichten.

Eines Tages tauchte plötzlich der Kapo auf, machte ein großes Trara, was für faule Herumtreiber wir seien, und führte uns zu einer schweren Ladearbeit an Kipploren ab. Unser Unterkapo war zu diesem Zeitpunkt nicht da. Als er zurückkam und feststellte, dass ihm sein Kommando abhanden gekommen war, rannte er auf dem ganzen Berg herum, bis er erst uns und dann den Kapo fand. Plötzlich tauchte er wieder auf, brüllend und schimpfend, weil wir von unseren Arbeitsplätzen weggelaufen waren und er es uns schon zeigen würde, was es hieß, einfach den Arbeitsplatz zu wechseln. Wir mussten alles stehen und liegen lassen und in Reih und Glied antreten, und dann trieb er uns brüllend davon. Als wir wieder an unserer alten Stelle waren, strahlte er und erzählte uns vergnügt, dass uns für diesmal großer Kummer erspart geblieben sei – er habe alles in Ordnung gebracht. Und es war auch noch sehr billig. Dem Kapo war der Stoff zum Rauchen ausgegangen, also wollte er erst einmal auf der Stelle Zigaretten und dann 25 Pfennig pro Mann, was ungefähr 3 Mark waren, oder vier Päckchen Zigaretten. Der ganze Vorfall wiederholte sich drei Wochen später noch einmal. Dazwischen verlangte der Unterkapo nur gelegentlich und unregelmäßig kleinere Beiträge.

Ich war einer aus einer Gruppe von vier Österreichern, die während eines großen Teils unserer Zeit im Lager, und besonders in Buchenwald, zusammenzubleiben versuchten. Zwei von uns waren Politische, zwei Unpolitische. Eines Tages brachte einer unserer unpolitischen Freunde gute Nachrichten. Er hatte einen guten Kontakt geknüpft, und alle vier sollten wir uns am nächsten Tag bei einem neuen Arbeitskommando melden. Zu dieser Zeit waren wir gerade bei einer sehr schweren Arbeit eingesetzt, bei der wir schwere Eichenstämme tragen mussten, doch hatte die Arbeit auch ihre Vorteile: Während wir die Stämme trugen, waren wir vor Nachstellungen sicher, denn niemand kann ein Dutzend Männer, die gerade einen Eichenstamm auf ihren Schultern balancieren, zu größerem Tempo antreiben. Wir konnten Pausen machen und hatten auf dem Rückweg keine Lasten zu tragen. Wir hatten praktisch keine Aufsicht, weil der Kapo an der Stelle beschäftigt war, wo die Stämme gebraucht wurden. Außerdem war er ein Politischer, der uns nicht anrührte. Tatsächlich hatte ich Kontakt zu ihm aufgenommen, als wir unter Kapo Berg, dem Killer, an den Kipploren arbeiteten und gerade ein paar höllische Tage hinter uns hatten, einschließlich einiger blutender Wunden an meinem Kopf, die von Bergs Steinwürfen stammten. Und dieser Kapo hatte uns alle vier befreit. Daher protestierte ich dagegen, von ihm wegzugehen. Als unser Freund darauf bestand, arrangierte ich mit dem Kapo eine Art »Beurlaubung«; er versprach, uns zurückzunehmen, wenn uns das neue Arrangement nicht zusagen sollte.

Der neue Kapo war ein Asozialer, was an sich schon verdächtig war: Asoziale Kapos waren rar. Sein Stellvertreter war ein Krimineller. Wir waren ein Kommando von rund zwölf Mann. Wir mussten uns lange, schwere Stöcke suchen, und dann begann eine seltsame Waldwanderung. Nach rund einer Stunde angenehmen Herumspazierens kamen wir zu einem großen Haufen Baumstämme, praktisch alles Fichten, unter denen ein paar Eichen begraben waren. Und nun gingen wir daran, sie vorsichtig darunter hervorzuholen, indem wir unsere Stöcke als Hebel benutzten. Wir brauchten etwa zwei Stunden. Dann gingen wir noch eine Stunde oder so in der Sonne spazieren und zogen noch ein paar Eichen unter einem Fichtenhaufen hervor. Die Eichen ließen wir einfach liegen, wo sie waren.

Wir genossen das sehr, aber am zweiten Tag begann ich misstrauisch zu werden. Am dritten Tag ließ unser Freund die Katze aus dem Sack. Diese Arbeit kostete eine Mark pro Mann und Woche, und der Kapo wunderte sich schon, warum wir noch kein Geld herausgerückt hatten. Einstweilen war nichts zu machen, als zu zahlen und die schöne Ruhepause zu genießen, die wir auf diese Weise bekamen. Aber ich wollte lieber zurück, denn ich traute der Sache nicht. Es war zu schön, um lange anzuhalten. Bald kam ich dahinter, dass der Mann gar kein Kapo und eigentlich nicht einmal ein Unterkapo war. Sein eigener Kapo hatte ihm einige Männer gegeben, um ein paar Eichen herauszusuchen, und der Mann hatte ein Geschäft daraus gemacht, indem er weitere Arbeiter rekrutierte und ihre Beiträge einsammelte. Am vierten Tag wurden wir beinahe erwischt. Plötzlich tauchte ein SS-Offizier auf, gerade als wir eine Eiche aus einem Fichtenhaufen »herauskitzelten«. Er wunderte sich über den merkwürdigen Auftrag, der ihm ganz unbekannt zu sein schien, und rief nach dem Kapo. Er starrte ihn eine ganze Weile an und fragte dann: »Was ist das hier für ein krummes Ding?« »Wir bereiten die Eichen vor, die die Strafkompanie abholen und zur Sägemühle bringen soll.« »Hmm . . . Geben Sie mir mal Ihren Stock.« Mit dem Stock schlug er den Kapo auf den Kopf – nicht zu stark, gerade genug, um die Haut ein wenig zu ritzen. »Hör zu, mein Sohn, wenn du hier krumme Dinger machst, dann krieg ich dich, verlass dich drauf! Und dann kriegst du mehr davon. Habe ich mich klar ausgedrückt?« »Jawohl, Herr Blockführer.« Der Offizier verschwand. Der »Kapo« war ziemlich still, ließ uns antreten und marschierte mit uns in die andere Richtung zu einem weiteren Haufen.

Für mich war dieser Vorfall Warnung genug, und ich überredete die anderen, an unsere alte Arbeitsstelle zurückzukehren. Tatsächlich kamen wir um Haaresbreite davon. Am nächsten Tag wurde das Kommando erwischt und bekam seine »Fünfundzwanzig«. Der »Kapo« und sein Stellvertreter landeten in der Strafkompanie.

Beide Geschichten sind, abgesehen davon, dass der echte Kapo dieses Mannes nicht in die Geschichte mit den Stämmen verwickelt zu sein schien, einigermaßen typisch. Normalerweise hätte der Unterkapo dem Kapo pro Mann und Woche 60 Pfennig abgeliefert und 40 Pfennig selbst behalten.

Eine der größten mir bekannten organisierten Schiebungen ereignete sich in Dachau kurz nach der Ankunft der Österreicher.

Kapo Zock, der Zuhälter, war zuständig für das Planieren des Kasernenhofs im SS-Lager. Er hatte rund 200 Mann, die Kies gruben und transportierten, was harte Arbeit war, und umso härter, als Zock ein Sadist war, der den ganzen Tag herumrannte und seine Untergebenen schlug und schikanierte; zusätzlich hatte er noch 40 Mann, die das Planieren der fertigen Partien besorgten, was leichte Arbeit war, und 160 Mann, die zwei Walzen an Seilen zogen. Im April hatten wir die Walze mit vierzig Mann gezogen, und das war harte Arbeit. Jetzt waren, da es nicht genug Arbeit gab, um alle zu beschäftigen, zwei Walzen im Einsatz, und an jeder zogen 80 Mann. Dadurch war die Arbeit leicht, verglichen mit Graben und Schubkarrenschieben. Da für keinen der 400 Arbeitsplätze irgendeine Qualifikation erforderlich war, wurden ihm die Arbeiter, meist unpolitische österreichische Juden, blockweise zugeteilt, jeden Tag zwei Blocks.

Zock machte Shyftan, einen deutschen Juden, zu seinem Stellvertreter. Shyftan hatte wie Zock einen roten Winkel, war aber ebenfalls kein Politischer. Mit seinem Judenstern konnte er sich nachts unauffällig in die Blocks begeben und seine Erpressungen organisieren. Er ließ die Blocks zahlen, um nicht von Zock ausgewählt zu werden; und von den Ausgewählten ließ er einige dafür zahlen, dass sie nicht dem Schaufeln und Karreschieben zugewiesen wurden. Da Shyftan diese riesige Organisation (sie erstreckte sich über etwa acht Blocks) nicht allein dirigieren konnte, ernannte er Unterkassierer für die Blocks und Unter-Unterkassierer für die Stuben.

Natürlich wurde nicht von jedem einzelnen Tribut gefordert; er erhob einen gewissen Betrag »pro Block«, und es war Sache des Block-Kassierers, sich diesen zu holen, wo er konnte.

Und immer gab es auch noch genug persönliche Verbindungen und persönliche Zahlungen, weil die Tatsache, dass ein Block für die Walzen eingeteilt war, Shyftan oder Zock nicht unbedingt davon abhielt, einen bestimmten Mann an die Schubkarren zu versetzen.

Eine andere Art von Schiebungen mit Arbeitsplätzen entwickelte sich – vor allem in Buchenwald – im Zusammenhang mit den Arbeitsplätzen für Invaliden. Plätze in der Steinklopfer-Hütte wurden für eine Mark pro Woche verkauft, und Plätze dicht an dem kleinen Feuer für zwei Mark pro Woche – was bei maximal sieben Mark Taschengeld schon ein großes Loch in den Beutel riss. Auch Plätze bei den Strümpfestopfern wurden verkauft, obwohl für einen solchen Platz eine Bescheinigung des Krankenbaus erforderlich war – die Bescheinigung, echt oder gefälscht, wurde gleich mit verkauft. Die Preise beliefen sich auf zwei oder drei Mark pro Woche, je nach der Zahlungsfähigkeit des Kunden. Natürlich kam nicht jeder in eine dieser Werkstätten: Er musste irgendein sichtbares Leiden oder eine sichtbare Behinderung haben, denn war der SS-Offizier erst einmal misstrauisch geworden und forschte nach, war das Spiel gewöhnlich aus. Die SS-Offiziere überprüften regelmäßig die Bescheinigungen und die Leiden der Männer.

Auch Plätze in der Steinträgerkolonne der Invaliden und an anderen Stellen, an denen Invaliden arbeiteten, wurden verkauft. Man darf aber nicht vergessen, dass fast jeder, der sich in eine solche Stelle einkaufte, durch Alter, Krankheit oder Schwäche schon so offensichtlich beeinträchtigt war, dass selbst ein SS-Offizier, der genau hinschaute, automatisch zugestand, dass er ohnehin in diese Kolonne gehörte. Die einzige Stelle, die als Invalidenkolonne angefangen hatte, aber schließlich zur Zuflucht für vollkommen gesunde Individuen wurde, die genug Geld hatten, um sich den Platz zu kaufen, war die berühmte »Kolonne 4711«. (4711 ist eine bekannte deutsche Kölnisch-Wasser-Marke.) Die Männer in dieser Kolonne waren mit Blechkübeln (alten Marmeladeneimern) mit einem Fassungsvermögen von etwa vier Litern ausgerüstet, mit denen sie die Latrine leerten und den Inhalt als Dünger auf die Blumenbeete und Rasenflächen entlang der neutralen Zone trugen. Alle SS-Offiziere mieden den entsetzlichen Gestank dieser Kolonne, der so schlimm war, dass man ihn auch mitten im Wald zehn Minuten oder länger nach dem Vorbeimarsch der Kolonne noch riechen konnte. Zu dieser Kolonne gehörten etwa 25 Mann. Ihre Mithäftlinge weigerten sich, mit ihnen an einem Tisch zu sitzen; nach vielen Protesten wurden sie in einem Block zusammengelegt. Im Lager machte man regelmäßig Witze darüber, dass eine ganze Reihe von ihnen hoch gebildete Männer waren, Universitätsprofessoren und dergleichen, die sich auf diese Weise ihr Leben und ihre Gesundheit erhielten. Mir selbst wurde von Mitgliedern dieser Kolonne erzählt, dass sich die Gespräche während der »Arbeit« auf einem erstaunlich hohen Niveau bewegten. Als im Lager Typhus ausbrach und man glaubte, die Latrinen seien infiziert, setzten einige von ihnen alles daran, sich aus der Kolonne herauszukaufen. Nur wenigen gelang es. Mehrere starben.

Die Schiebungen mit den Invalidenbescheinigungen erstreckten sich auch auf Bescheinigungen, die es ihrem Besitzer erlaubten, während der Arbeitszeit den Krankenbau aufzusuchen. Und vor allem auf Bescheinigungen, mit denen man sich – ebenfalls während der Arbeitszeit – vor der Praxis des Zahnarztes anstellen durfte. Die Schiebungen im

Krankenbau waren verhältnismäßig unpersönlich und basierten in erster Linie auf gefälschten oder gestohlenen Bescheinigungen. Die Wärter im Krankenbau waren Politische und daher praktisch niemals in ihren Verkauf verwickelt, gaben sie aber gelegentlich umsonst an ihre politischen Freunde aus. Die Schiebungen mit den Zahnarztbescheinigungen hingen eng mit der Person des Zahnarztes oder seines Helfers zusammen. Da er über seine Behandlungen schriftlich Buch führen musste, konnte jede Bescheinigung sofort überprüft werden. Der Zahnarzt, natürlich auch ein Häftling, verdiente nebenbei eine Menge Geld damit, dass er für Zahnfüllungen statt des teureren Materials, über das er abrechnete, schlechteres Material nahm. Das bessere Material wurde entweder gar nicht erst eingekauft oder wurde für illegale Behandlungen hinterzogen, die Extra-Einnahmen brachten.

Das Buchenwalder Gegenstück zu den Dachauer Holzpantinen (das heißt, ein Artikel, der illegal hergestellt und gehandelt wird, dessen Besitz aber legal ist) ist der Brotsack. Praktisch jeder der zehntausend Häftlinge hatte einen Brotsack. Er wird ganz offen über der Schulter hängend getragen; jeder SS-Offizier sieht morgens 10.000 Männer mit ihren Säcken abmarschieren; sie kommen im offiziellen Buchenwald-Lied vor – und doch sind alle 10.000 Säcke aus gestohlenem Sackleinen, Zelttuch oder Leinen gemacht, alle werden auf Nähmaschinen hergestellt, an die man nur während der Arbeitszeit herankommt (in den Schneiderwerkstätten usw.), und natürlich werden alle verkauft, in einem Lager, in dem jeder Handel verboten ist, und zu Preisen von drei bis vier Mark. Die meisten Säcke werden von Asozialen hergestellt und verkauft, von denen viele Zugang zu dem Material haben. In normalen Zeiten, wenn es nur wenige Neuzugänge gibt, wird der Handel persönlich abgewickelt. Ein Mann braucht einen Beutel und fängt an, herumzufragen, wo er einen bekommt, bis er auf jemanden stößt, der es weiß.

Aber wenn sehr viele neue Häftlinge eingeliefert werden (zum Beispiel wenn innerhalb von zwei Tagen 2.300 Männer aus Dachau ankommen), wird aus diesem Handel sofort ein groß angelegtes Schieberkartell mit Massenproduktion und künstlich hochgetriebenen Preisen.

Es gibt »lokale« Schiebernetze, die auf Blocks und Stuben beschränkt sind und von einzelnen Ältesten betrieben werden. In vielen Stuben werden zum Beispiel morgens, ehe die Leute zum Appell gehen, alle Betten von einem Mann inspiziert und die Männer zurückgerufen, wenn etwas nicht in Ordnung ist. In vielen Blocks wird daraus ein Erpressungsgeschäft: Der »Inspektor« bringt so lange die Betten in Unordnung, bis ihm die Männer etwas zahlen, entweder damit er sie in Ruhe lässt oder damit er die Betten für sie macht. Älteste, die Kriminelle sind, teilen entweder wohl dosierte Misshandlungen aus, um Häftlinge zu erpressen, von denen bekannt ist, dass sie Geld haben, oder schikanieren die ganze Stube so lange, bis die Männer das entsprechende Erpressungssystem selber organisieren, um ihn mit Geschenken zu besänftigen. Hinterher kann er sagen, er habe kein Geld von ihnen verlangt; es sei nur eine freundschaftliche Geste gewesen.

In Blocks, in denen das Essenholen, das Ausfegen der Stube nach dem Abendessen und das Putzen von Abort und Vorraum nicht nach einem feststehenden Plan erfolgt, sondern von Männern erledigt wird, die der Älteste jeden Tag aussucht, wird daraus oft eine Einkommensquelle gemacht. Männer bezahlen, um diese Arbeiten nicht tun zu müssen, oder bezahlen andere, damit diese sie an ihrer Stelle tun.

In bestimmten Fällen bezahlen die Häftlinge einander für Dienstleistungen. Männer, die Schwierigkeiten haben, ihr Bett zu machen oder ihre Schuhe sauber zu halten und dergleichen, bezahlen mitunter regelmäßig einem anderen Mann eine kleine Summe, damit dieser es für sie tut. Sofern jedoch nicht exorbitante Preise verlangt werden, sehen die

Häftlinge solche Zahlungen nicht als organisierte Korruption an, obwohl sie verboten sind und als solche von der Lagerleitung bestraft werden.

Zusätzlich zu den groß angelegten Schiebergeschäften mit Nahrungsmitteln und Arbeitsplätzen gibt es immer auch noch eine Vielzahl von kleineren Geschäften, die oft nur auf der Findigkeit einzelner Männer beruhen, etwas zu entdecken, das sich verkaufen lässt. Da es verboten ist, das angeblich verunreinigte Wasser zu trinken, gibt es immer Männer, die irgendeinen Behälter finden und irgendeine Möglichkeit, während der Arbeitszeit an einen Wasserhahn heranzukommen und dann das Wasser zu verkaufen. Andere verschaffen sich auf irgendeine Weise einen Schlüssel zum Waschraum (der gewöhnlich abgeschlossen wird, wenn die Zeit zum Waschen vorbei ist) und verkaufen auf diese Weise Wasser. Jemand hat vielleicht eine nicht unerhebliche Menge Zigaretten, stellt fest, dass andere keine haben, und verkauft sie mit einem kleinen Gewinn, ohne in irgendeiner Form in den Schwarzmarkt verwickelt zu sein. Flickzeug wie Lumpen, Nadel und Faden werden verkauft, wenn sie in der Kantine und der Kleiderkammer nicht erhältlich sind.

Die beiden eindrucksvollsten Arten von Schieberkartellen betreffen weder den durchschnittlichen Häftling noch den durchschnittlichen Geldempfänger, sondern nur diejenigen, bei denen das große Geld sitzt; das heißt eine auserwählte Schar von Kriminellen, Kapos, Ältesten, ein paar Asozialen und ein paar Politischen. Die eine Art hat mit dem Schmuggel von außen ins Lager hinein zu tun, die andere mit Geldtransfer. Der Import von Tee, Kaffee, selten auch einmal Schnaps, aber oft Obst, Fett, Schokolade und Raucherbedarf, vor allem bessere Marken, wird entweder über die SS-Kantine bewerkstelligt, wobei dann unweigerlich SS-Leute beteiligt sind, oder über die Zivilisten, die die Waren für Kantine und Küche anliefern. Da diese keinen Zugang zum Häftlingslager und gewöhnlich nicht einmal zu Orten haben, an denen Häftlinge arbeiten, ist ohne Beteiligung von SS-Leuten der Kontakt äußerst schwierig herzustellen und aufrechtzuerhalten. Die Risiken, die vor allem für SS-Leute und Zivilisten mit dieser Art Schleichhandel einhergehen, sind so ungeheuerlich, dass die Preise, die dabei gefordert werden, weit über das hinausgehen, was ein gewöhnlicher »reicher« Mann im Lager (das heißt einer, der regelmäßig die Höchstsumme von 30 Mark im Monat empfängt) bezahlen könnte. Folglich bleiben solche Waren dem kleinen Kreis derer vorbehalten, die in den verschiedenen Schieberkartellen das große Geld verdienen. Der Rest des Lagers weiß davon nur vom Hörensagen, aber Einzelheiten sprechen sich immer dann schnell herum, wenn die Lagerleitung einen Fall aufdeckt und ein Zivilist oder ein SS-Mann dafür im Lager landet.

Da niemand mehr als 10 Mark auf einmal empfangen oder besitzen darf, haben die Besitzer des großen Geldes keine legale Möglichkeit, dieses Geld in Waren umzusetzen. Der Transfer großer Geldsummen wird über die Schmuggelrouten und zum Teil über die Kantine bewerkstelligt. Sobald Waren hereinkommen, machen die großen Geldbesitzer über mehrere Blockeinkäufer gleichzeitig ihre Bestellungen oder nehmen Fühlung mit ihnen auf und haben so die erste Wahl.

Geldtransfer nach draußen, um es dort zu horten, ist so selten, dass er nicht als lagertypisch betrachtet werden kann, obwohl oft darüber geredet wird. Gewöhnlich wird das Geld dann entweder über die SS oder über die Schreibstube geschickt. Schiebungen in etwas größerem Umfang kamen auf, als die »Novemberjuden« eingeliefert wurden. Sie brachten große Mengen Geld in Scheinen mit. Die Kriminellen zogen es ihnen aus der Tasche, konnten es aber nicht legal zum Bezahlen in der Kantine verwenden, da nur Münzgeld ein legales Zahlungsmittel ist. SS-Leute innerhalb wie außerhalb der Kantine wurden überredet, die Scheine umzutauschen, und behielten als Gegenleistung einen hohen Prozentsatz dieses Geldes als Kommission ein, je größer die Scheine, desto höher.

Konflikte

Die Häftlinge in Dachau vermittelten bis zum Sommer 1938 äußerlich den Eindruck einer Gesellschaft ohne größere interne Konflikte. Zwar gab es Antagonismen zwischen Gruppen, die auf ihrem unterschiedlichen sozialen, politischen, ökonomischen Hintergrund und all den Vorurteilen beruhten, die sie aus ihrer früheren Welt mitbrachten; und diese Antagonismen führten auch zu Diskriminierungen bei der Verteilung von Arbeitsplätzen und Gefälligkeiten; aber die Politischen beherrschten das Feld in einem solchen Maße, dass sie ein Umschlagen dieser Antagonismen in offene Konflikte verhindern konnten.

Nach der »österreichischen Invasion« verloren die Politischen zahlenmäßig an Bedeutung. Sie beherrschten immer noch das Lager, aber ihr Versuch, die Österreicher in Übereinstimmung mit ihren eigenen Begriffen von Solidarität und Kampfgeist zu organisieren, brach bald zusammen. Es war eine der größten Leistungen der Politischen, dass weder Antisemitismus noch die Rivalität zwischen Österreichern und Deutschen zu größeren Auseinandersetzungen oder Verfolgungen zwischen den beteiligten Gruppen führten.

In Buchenwald herrschten zum Zeitpunkt unserer Ankunft andere Verhältnisse. Keine der beiden Gruppen, die in offenem Konflikt miteinander lagen, war stark genug, um allein das ganze Lager zu beherrschen. Die Lagerleitung machte sich das zunutze, um die verschiedenen Gruppen gegeneinander auszuspielen und die »Grünen« das eine Mal wegen Korruption zu verfolgen und ihnen ein anderes Mal so viel Macht zu geben, dass sie die »Roten« in Schach halten konnten. Die Antagonismen zwischen Gruppen waren sämtlich stärker ausgeprägt und äußerten sich in Form von erbitterten Kämpfen, Verfolgungen, Misshandlungen und Verrat; aber auch die Solidarität innerhalb der Gruppen war ausgeprägter.

Politische gegen unpolitische Häftlinge

Politische und unpolitische Häftlinge, die monate- und jahrelang zusammen im selben Lager sind und von denselben SS-Leuten verprügelt und misshandelt werden, leben in vollkommen verschiedenen Welten. Was für einen unpolitischen Häftling ein sinnloses und unerträgliches Inferno ist, jenseits dessen es nichts mehr gibt als bestenfalls die Hoffnung auf das individuelle Überleben, ist für den Politischen ein Schlachtfeld, jenseits dessen der Endsieg liegt, wenn schon nicht für ihn individuell, so doch zumindest für seine Gruppe. Er mag von einem vorübergehend mächtigen Feind in die Enge getrieben sein, doch er kämpft weiter, und niemand als er selbst kann diese Schlacht für beendet erklären. Harte Arbeit, Misshandlungen, Folter sind bewusste Schachzüge des Feindes, um seinen Kampfgeist zu brechen; zu schreien oder zu flehen oder Geständnisse zu machen heißt, sich geschlagen zu geben. Also beißt er die Zähne zusammen und leidet schweigend. Für ihn ist es eine Frage der Ehre, seine Gefühle nicht zu zeigen, nicht zusammenzubrechen, jede Herausforderung, die ihm entgegengeschleudert wird, noch zu überbieten. Seine Überzeugung, dass er nicht unterzukriegen ist, dass er seine Feinde überdauern wird, ist eine der stärksten Quellen für seinen fortgesetzten Widerstand.

Versucht der Feind, ihn fertig zu machen, indem er ihn Kies schippen lässt – wird er die Kies-Zeit überdauern. Lässt er ihn knietief und tiefer in eiskaltem Wasser arbeiten, wird er das Wasser überdauern. Versucht der Feind, ihn zum Aufgeben zu bewegen, indem er ihm nachweist, dass er den Anforderungen von Disziplin und Ordnung nicht gewachsen ist, wird er seinen Block so sauber halten, dass auch der böswilligste Inspektor kein Staubkorn mehr findet. Wird er dann trotzdem bestraft, weil er »aus seinem Block einen Saustall gemacht« hat, weiß er, dass dies bloß ein mieser Schlag ist, den man von dieser Sorte Feind natürlich immer zu erwarten hat. Und hängen sie ihn an den »Baum« oder drohen, ihn umzubringen, falls er seine Freunde nicht verrät – dann wird er schweigend am Baum hängen und notfalls sein Leben darangeben und als Sieger sterben. Nur wenn er zusammenbricht, wird er sich geschlagen geben.

Als Individuum ist der politische Häftling ebenso wenig wie alle anderen geneigt, für seine Peiniger Sklavenarbeit zu verrichten. Aber sein früheres, der treuen Pflichterfüllung gewidmetes Leben hat ihn vielleicht mehr als andere dafür konditioniert, sich unbehaglich zu fühlen, wenn er bummelt, vor allem wenn individuelle Bummelei mit dem Risiko einhergeht, dass die ganze Gruppe dafür bestraft wird. Lässt sich die Bummelei jedoch als organisierte Aktion aufziehen, wird er sie selbst bei hohem Risiko mit Vergnügen betreiben. Bei einem politischen »Moorexpress«, der einen ganzen Nachmittag lang gebummelt hat, wird der Stolz darauf, das Lager betrogen zu haben, größer sein als die Freude über die mit dieser Aktion gewonnene Ruhepause.

Ich könnte mir einen Wettstreit zwischen wohlgenährten SS-Leuten und unterernährten politischen Häftlingen vorstellen, etwa beim Kiesschaufeln, und bin überzeugt, dass die Häftlinge gewinnen würden. Diese scheinbar weit hergeholte Vorstellung ist der Realität näher, als es auf den ersten Blick scheinen mag. Es kommt gelegentlich vor, dass sich der diensttuende SS-Offizier willkürlich einen schwachen Mann herausgreift, damit er einen Nachmittag lang für einen Mann im »Moorexpress« einspringt. Weil dieser Mann nicht so effizient arbeitet, fällt er sofort auf. Nun kann es sein, dass ein SS-Offizier, der sieht, dass die ganze Mannschaft gut arbeitet und nur ein Mann hinterherhinkt, diesen anzutreiben versucht. Er brüllt ihn an, stößt ihn herum und greift sich in seinem Zorn vielleicht die Schaufel des Mannes, um ihm voller Wut zu zeigen, wie man Kies auf einen Wagen lädt.

Die anderen drei Männer, die jeder von ihrer Ecke des Wagens aus angefangen haben, Kies aufzuladen, verstehen dies sofort als eine Herausforderung zum Wettkampf. So ist es natürlich nicht gemeint, es ist nur eine unbedachte Handlung des SS-Offiziers. Aber da er nun schon dabei ist, schaufelt er los wie der Teufel. Und unweigerlich schaufeln die Häftlinge drauflos wie zwei Teufel, und ihre Haufen wachsen schneller und werden höher. Die, die nicht schaufeln, versuchen die, die schaufeln, mit Blicken und Kopfbewegungen anzufeuern. Sobald der Offizier merkt, was vorgeht, versucht er, sich aus seiner peinlichen Lage zu befreien. Er schleudert dem schwachen Mann die Schaufel wieder zu, verprügelt ihn vielleicht, schnauzt den Rest der Mannschaft an und verlässt den Schauplatz.

Die Mannschaft aber diskutiert auf dem Weg zurück ins Lager den Vorfall in allen Einzelheiten und behandelt ihn als kleinen Sieg: »Na, dem haben wir es aber mal gezeigt, was?« »Der versucht bestimmt nicht noch mal, uns beim Schaufeln zu schlagen.«

Eine ähnliche Einstellung zur Arbeit und zum ganzen Lager haben die Zeugen Jehovas. Sie arbeiten für den Herrn, und deshalb sollten sie nicht besiegt werden. Sie können den Herrn nicht im Stich lassen. Ein Märtyrer darf nicht aufgeben. Hinzu kommt ein gewisses fatalistisches Element ihrer Philosophie: Wenn es des Herrn Wille ist, dass wir arbeiten, müssen wir arbeiten. Wenn es sein Wille ist, dass wir in einem Konzentrationslager arbeiten, dann müssen wir in einem Konzentrationslager gute Arbeit leisten. Warum es des

Herrn Wille sein sollte, dass sie gute Kasernen für die SS bauen, steht nicht zur Debatte. Zweifellos weiß Er, wozu Er diese Kasernen am Ende braucht.

Die allgemeine Einstellung der Politischen und der Zeugen Jehovas wird noch dadurch verstärkt, dass sie ihren Gruppen nicht nur ideologisch, sondern auch ganz körperlich angehören: Diese sind immer um ihn und beobachten ihn, und wenn er klein beigibt, verachten sie ihn und betrachten ihn nahezu als Verräter: »Seht euch den an, der wird nicht mal mit einem lausigen SS-Mann fertig.« Ist die personelle Zusammensetzung einer Gruppe einigermaßen stabil, wie es etwa in einem Block oder bei einem »Moorexpress« der Fall ist, wird der soziale Druck der Gruppe extrem stark. Wenn Männer jahrelang zusammen sind, ist ein Verlust des sozialen Status ein harter Schlag, und ein Schlag, von dem man sich schwer erholt.

Zu Beginn hatten die Politischen sehr unter dieser Haltung zu leiden: Ihr Sinn für Ordnung und Organisation gebot ihnen, alle Vorschriften einzuhalten; so konnte man sie leicht zur Verzweiflung bringen, indem man die Standards hochschraubte und immer mehr Vorschriften erließ. Auf lange Sicht aber schlug dies sogar zu ihren Gunsten aus: Die Lagerleitung wurde von ihren eigenen Prinzipien eingeholt, so dass sie sich auf die unordentlichen Blocks stürzte und die politischen mehr oder weniger in Ruhe ließ.

Für die Politischen war dies jedoch nur ein Nebenprodukt. Ihr Hauptziel war, den Kampfgeist der Gruppe für künftige Aktionen lebendig zu erhalten. Jahrelang kämpften sie mit dem Rücken an der Wand. Sie verloren auf diesem Schlachtfeld Dutzende und Hunderte ihrer Genossen. Sie betrauerten ihre Toten und schworen Rache, aber für diejenigen, die überlebten, war jeder einzelne Tag ein Triumph.

Eine solche Haltung mag dem unpolitischen Mann innerhalb wie außerhalb des Lagers befremdlich und romantisch erscheinen. Aber Männer in einem Konzentrationslager neigen nicht besonders zu Romantik, und den Politischen selbst erscheint ihre eigene Haltung als das Natürlichste von der Welt für eine Gruppe, die noch irgendwelche politischen Ziele außerhalb des Stacheldrahts hat. Vom Tod sprechen sie so beiläufig wie vom Wetter. Erst wenn enge Freundschaften entstanden sind, reden sie über ihre eigenen Gefühle.

Als wir als Neulinge ins Lager kamen, sagten sie uns von Anfang an: »Klein beigeben bringt gar nichts. Haltet die Ohren steif. Man gewöhnt sich dran.« Sie selbst hatten unter härteren Bedingungen und mit längeren Arbeitszeiten gearbeitet als wir in den späteren Jahren. Sie hatten Auswüchse von Sadismus erlebt, von denen wir, sosehr wir bereits durch eigene Erfahrung an Misshandlungen gewöhnt waren, nur mit Schaudern hören konnten. Sie hatten sie schweigend erduldet. Sie hatten zusammengehalten und bewiesen, dass sie unter Bewährungsproben aller Art Sozialisten, Kommunisten und Zeugen Jehovas sein und bleiben konnten.

Vergleicht sich der politische Häftling mit dem unpolitischen Häftling, fühlt er sich diesem weit überlegen. Er weiß, dass er zumindest versucht hat, etwas zu tun, um der anschwellenden Nazi-Flut etwas entgegenzusetzen (auch wenn er es vielleicht bedauert, zu wenig oder nicht das Richtige getan zu haben), während der Unpolitische nichts getan und ihn bei seinem Kampf vielleicht sogar behindert hat. Und er verachtet den Mann, der keine Prinzipien und keine Ideale hat, für die er kämpft, und der sich nicht schämt, den SS-Leuten seine Gefühle zu zeigen, den Schwächling, der unter den Misshandlungen winselt und zusammenbricht. Für den Faulenzer, der erwischt wird, hat er nur Verachtung übrig, weil dieser mit seinem grundsätzlichen Hang zum Faulenzen Risiken eingeht, die er nicht eingehen sollte. Er betrachtet ihn als gedankenlosen Narren, kaum der Beachtung wert, und gewiss nicht würdig, einen Platz in einer gut kooperierenden Gemeinschaft einzunehmen.

Die unpolitischen Häftlinge betrachten die Politischen als

eine Ansammlung von überwiegend grundanständigen, aber in ihrem Ehrgeiz leicht verrückten Männern. Sie wissen, dass die meisten dieser Männer zu ihren Überzeugungen stehen und sich nicht nur untereinander äußerst kameradschaftlich und hilfsbereit verhalten, sondern auch gegenüber den Unpolitischen, und zwar trotz der Verachtung, mit der sie auf deren Prinzipienlosigkeit herabblicken. Es gibt unter ihnen weniger Gauner und Gangster als in jeder anderen Gruppe außer den Zeugen Jehovas. Zugleich aber hassen die Unpolitischen die Politischen wegen ebendieses Ehrgeizes. Sie verachten den Politischen, der ruhig und ungerührt seine Arbeit tut und dadurch die Aufmerksamkeit umso mehr auf den fahrigen Mann neben sich lenkt, der lieber langsam machen möchte, und sie schimpfen ihn »unterwürfig«.

Der unpolitische Häftling kann nicht besiegt werden, weil aus seiner Sicht gar kein Kampf im Gange ist. Er sieht die Lage in gewissem Sinne realistischer als sein politischer Bruder: Da ist der starke SS-Mann mit dem Revolver an der Hüfte und dem Stock in der Hand, und hier bin ich, unterernährt, unausgeschlafen, ungeübt in der Arbeit, die ich mache, drangsaliert und gepeinigt. Kein Wunder, wenn ich die Arbeit nicht mache. Soll *er* das doch mal unter solchen Bedingungen versuchen, dann wollen wir mal sehen, ob er es besser kann. Es hat keinen Sinn, sich ausdauernd und unermüdlich zu zeigen. Natürlich hältst du dich ran, wenn ein SS-Mann in der Nähe ist und dir einen Stiefeltritt versetzt, aber nicht um ihm zu zeigen, dass du der bessere Mann bist, sondern um dir einen Tritt in den Hintern zu ersparen. Ein Tritt in den Hintern weniger ist ein Tritt in den Hintern weniger. Und ist der Mann weg, dann immer schön langsam. Zu dumm nur, dass meistens einer in der Nähe ist.

Wenn er misshandelt wird, schreit er. Es ist vollkommen natürlich, dass ein Mann schreit, wenn ihm der Arm auf dem Rücken verdreht wird. Und wenn man ihn auf den Bock schnallt und ihn auspeitscht, soll er dann etwa nicht aus vollem Halse schreien? Jeder Hund jault, wenn er derart Prügel bekommt, und jedes Tier quiekt, wenn man so auf ihm herumtrampelt. Das hat mit Scham nichts zu tun. Einen wehrlosen Mann zu schlagen ist keine Kunst. Gib *mir* einen Revolver und einen Ochsenziemer und schnall *ihn* auf den Bock: Du würdest dich wundern, wie ich den zum Schreien bringe.

Was ihn vielleicht dazu bringt, den Mund zu halten, ist das Wissen, dass viele SS-Leute so lange weiter prügeln, wie jemand schreit. Eine Ohrfeige weniger ist eine Ohrfeige weniger. Siehe oben. Aber da er keine Prinzipien hat, die ihm in Fleisch und Blut übergegangen sind und ihn aufrecht halten, wird er nur allzu oft von seiner Vergangenheit eingeholt, jener Vergangenheit, in der man für ein weinendes Kind Mitleid und für einen weinenden Mann tiefstes Erbarmen empfindet.

Da das Verhalten der politischen Häftlinge in hohem Maße von ihrer Ideologie bestimmt wird, ist die Frage, ob sie dadurch im Lager mehr oder weniger zu leiden haben, im Grunde müßig. Da sie das KZ als eines der mit ihrer Ideologie einhergehenden Risiken akzeptiert haben, würden sie wahrscheinlich das Verhalten, das sich daraus ergibt, auch dann nicht ablegen, wenn dabei eine etwas bessere Behandlung herausspringen würde. Eine Ohrfeige weniger ist eben mehr als nur eine Ohrfeige weniger, wenn sie mit einem Verlust an Selbstachtung bezahlt wird. Auf der anderen Seite kann man das Verhalten der Unpolitischen, da es nicht auf einer Ideologie beruht, sondern, wie sie behaupten, auf dem gesunden Menschenverstand, auch anhand seiner Ergebnisse beurteilen.

Das Ausmaß des Leidens beider Gruppen lässt sich nicht ohne weiteres vergleichen, da sie sich in einer ganzen Reihe von Aspekten, die darauf einen Einfluss haben, unterscheiden. Ich kenne keine aktuellen Statistiken, meine aber aufgrund von Hunderten von persönlichen Bekanntschaften sagen zu können, dass die Politischen im Durchschnitt jünger sind, einen höheren Anteil von ungelernten und gelernten Arbeitern aufweisen und vor allem so viel mehr Übung in der Teamarbeit haben, dass sie vermutlich auch dann noch besser davonkämen, wenn sie von ihrer Ideologie abrückten.

Doch das ungleiche Ausmaß des Leidens fällt so deutlich zugunsten der Politischen aus, dass es nicht einfach durch den Altersunterschied und das unterschiedliche körperliche Training zu erklären ist. Es stimmt, dass die Politischen mehr Freizeit darauf verwenden, ihre Blocks sauber zu halten, aber es stimmt auch, dass die Männer aus ihren Blocks praktisch nie wegen Unordnung bestraft werden. An den Arbeitsstellen werden sie weniger geschlagen, und so gut wie nie wird ein politischer Veteran zur Bestrafung gemeldet, obwohl die jungen Wachen natürlich nicht wissen, wer ein Veteran ist und wer nicht.

Damit scheint folgende, allgemeine Aussage vertretbar: Betrachtet man den jeweiligen Einzelzeitpunkt, kann es immer sein, dass der unpolitische Mann, der faulenzt, einen Gewinn verbucht, während der Politische, der weiterarbeitet, überflüssigerweise Energie verausgabt. Aber auf lange Sicht geht der Unpolitische das höhere Risiko ein. Auf tausend unpolitische Häftlinge dürfte innerhalb eines bestimmten Zeitraums ein erheblich höherer Prozentsatz von Männern kommen, die ausgepeitscht werden, »am Baum« hängen oder bei Misshandlungen am Arbeitsplatz Knochenbrüche davontragen, als auf tausend politische Häftlinge im gleichen Zeitraum. Des Weiteren dürfte auch der Anteil derer, die von allen möglichen Gruppenstrafen wie Strafexerzieren, Bettenbauen, Torstehen betroffen sind, bei den unpolitischen Häftlingen erheblich höher sein. Und schließlich weisen die Politischen die niedrigste Krankheits- und Sterberate auf, vergleichbar nur mit den ebenso niedrigen Raten der Zeugen Jehovas.

Der scheinbar enge Zusammenhang zwischen moralischer und physischer Widerstandskraft wird im Lager viel diskutiert.

Tatsächlich ist der Zusammenhang nicht so einfach, wie er sich in den Köpfen der Männer darstellt. Offenbar spielen zwei Faktoren eine Rolle. Der eine ist die Kraft, die der einzelne Mann aus seiner Überzeugung zieht. Ein Mann, dessen ganzes Denken auf seine künftige Aufgabe gerichtet ist, mag der Erschöpfung durch Strafexerzieren oder individuelle Misshandlungen länger gewachsen sein als ein Mann, der nur für den Augenblick kämpft. In einer entscheidenden Situation, wenn es darum geht, eine weitere halbe Stunde durchzuhalten, beißt er womöglich die Zähne zusammen und beschließt: »Also gut, diese halbe Stunde versuche ich noch durchzuhalten. Wenn ich dabei sein will, wenn wir den Spieß umdrehen, muss ich jetzt am Leben bleiben.« Der andere gibt in diesem entscheidenden Moment vielleicht auf, weil er sich sagt: »Was zum Teufel macht es schon, ob sie mich heute oder morgen umbringen.«

Der andere Faktor ist die Tatsache, dass die Politischen im Allgemeinen unter besseren Bedingungen arbeiten, zum einen aus verwaltungstechnischen Gründen (in Dachau zum Beispiel in den Möbelwerkstätten, als Älteste und im Stubendienst), zum anderen aber auch, weil sie das beste Beziehungsnetzwerk haben. Beide Faktoren sind eine ziemlich direkte Folge ihres ideologisch bedingten Verhaltens. Sie bekommen die Positionen als Älteste, weil sie besser in der Lage sind, das Lager zu organisieren, und sie beherrschen das Lager inoffiziell, weil sie selber besser organisiert sind.

Mit Hilfe dieser besseren Organisation sind sie besser als jede andere Gruppe in der Lage, für ihre Leute zu sorgen, indem sie ihnen zu den besseren Arbeitsplätzen oder zu einer Behandlung im Krankenbau verhelfen. Als zum Beispiel die Männer aus Dachau merkten, was Kapo Berg für ein mörderischer Killer war, wurden die Politischen unter ihnen bald auf andere Plätze versetzt, und die von Berg umgebrachten oder verletzten Häftlinge waren hauptsächlich Unpolitische.

Hinzu kommt die Solidarität, die die Politischen untereinander auch in anderen Fragen als denen entwickeln, die die Arbeit oder eine unmittelbare Gefahr betreffen. Sie sind nicht die reichste Gruppe im Lager, aber sie sorgen am besten für ihre ärmeren Mitglieder. In einer Situation, in der die meisten Todesfälle weniger auf Misshandlungen oder auf eine unmittelbar vorausgegangene Krankheit als vielmehr auf die allgemeine, den langen Zeiten der Überarbeitung und Unterernährung geschuldete körperliche Schwäche zurückzuführen sind, wird auch die kleine Unterstützung, die die Gruppe für die Hilfsbedürftigen unter ihnen aufbringt, zu einem wichtigen Faktor.

Und noch in einem weiteren Punkt erweisen sich die Politischen als überlegen. Es gibt bei ihnen praktisch keine Selbstmorde. Die wenigen, zu denen es dennoch kommt, betreffen entweder Männer, die in eine Untersuchung verwickelt sind und fürchten, in deren Verlauf gefoltert oder umgebracht zu werden, oder Fälle, in denen ein Mann in den Bunker kam und keiner jemals herausfand, wie viel Wahrheit an der Behauptung war, er habe Selbstmord begangen. Männer, die freiwillig zu kämpfen aufhören und Selbstmord begehen, weil sie einfach nicht mehr leben wollen, sind bei ihnen so gut wie unbekannt. Die wenigen Ausnahmen sind Männer, die sich an ihrem »Lagergeburtstag« umbringen und dies schon lange vorher beschlossen haben: »Soundso viele Jahre halte ich durch. Gibt es dann immer noch keine vernünftige Aussicht auf einen Umschwung, mache ich Schluss.«

Alles in allem also ergeht es den Politischen besser im Lager, und dies scheint direkt oder indirekt mit ihren politischen Überzeugungen zusammenzuhängen. Sie selbst fühlen sich gerechtfertigt, wenn sie an ihrer gewohnten Lebensweise und ihren Prinzipien der Kooperation festhalten und das Lager als einen Kampfplatz betrachten. Da das meiste, was hier für die Politischen gesagt wurde, auch für die Zeugen Jehovas gilt, könnte dies auf einen Konflikt zwischen »ideologischen« und »nichtideologischen« Häftlingen hindeuten. Aber da die »Bibelforscher« in Dachau in der Strafkompanie untergebracht und in Buchenwald nicht sehr aktiv sind (und in beiden Lagern ihrer Zahl nach nicht sehr bedeutend), dürfte es sich eher um einen Antagonismus zwischen politischen und unpolitischen Häftlingen handeln, der sich in Gestalt von Versuchen seitens der Politischen äußert, dem Rest des Lagers ihre Denkungsart aufzuzwingen, während sie zugleich aus politischen Gründen zu verhindern versuchen, dass ebendieser Antagonismus in einen offenen Kampf ausartet.

Antisemitismus

Von Anfang an hatten die Nazis die Juden als Quelle allen Übels dargestellt. In einem Land, in dem Juden seit Jahrhunderten verfolgt und diskriminiert wurden, war dies keine sonderlich neue Theorie. Neu waren nur die Akzentverlagerung von der religiösen auf die rassische Diskriminierung sowie die Gewalt, mit der die Nazis darangingen, ihre Ideen in die Praxis umzusetzen.

Unter den politisch geschulten Arbeitern, die in ihren politischen und kulturellen Organisationen immer mit Juden zusammengearbeitet hatten, war die judenfeindliche Propaganda der Nazis nie sehr erfolgreich. Im Konzentrationslager setzten sie ihre Beziehungen zu den Juden in der alten Form fort: Sie schlossen enge Freundschaften mit den linken jüdischen Politischen und ein paar ausgewählten anderen und ließen die übrigen ebenso in Ruhe, wie sie die Nichtjuden in Ruhe ließen.

Bei den Mittel- und Oberklassen, die schon immer einem vagen, niemals klar definierten Antisemitismus anhingen, der eher auf sozialen Vorurteilen als auf rassischen oder religiösen Differenzen beruhte und über Generationen hinweg das politische und soziale Leben in Deutschland vergiftet hatte, fiel Hitlers Propaganda schon eher auf fruchtbaren Boden. In den konservativen Parteien grassierte schon immer ein offener oder schleichender Antisemitismus, selbst dort, wo Juden als Mitglieder oder Geldgeber akzeptiert wurden.

Kamen diese Leute ins Konzentrationslager, legten sie ihre Vorurteile nicht schon deshalb ab, weil sie nun ebenso eingesperrt und verprügelt wurden wie die Juden. Aber sie entwickelten auch keinen flammenden Hass auf sie. Damit war nichts zu gewinnen, und im Lager gab es nichts, wofür man den Juden die Schuld geben konnte. Sie gingen persönliche Beziehungen ein, wie sie es auch draußen getan hatten: Juden, die sie mochten, wurden als Menschen akzeptiert, mit dem Zugeständnis, dass es überall gute Menschen gibt, ungeachtet ihrer Herkunft – und Juden, die sie nicht mochten, lehnten sie als Juden ab, »weil alle Juden unredlich und schlecht sind«. Der einzige Unterschied war, dass es beim tagtäglichen engen Kontakt im Lager schwieriger war, die Tatsache zu übersehen, dass Juden Menschen sind wie andere auch, und jeden Akzeptablen unter ihnen zur Ausnahme von der Regel zu erklären.

Dieser vage Antisemitismus bricht durch, wenn der Einzelne aus dem öffentlichen Bekenntnis zu ihm irgendeinen sozialen oder ökonomischen Vorteil zieht. Nachdem Hitler die Juden ihrer bürgerlichen Rechte und ihres Eigentums beraubt hatte, konnte sich jeder Niemand auf der sozialen Stufenleiter ein paar Sprossen emporschwingen, indem er seine rein arische, ihn automatisch über alle Juden erhebende Abstammung hervorkehrte. Und wenn er laut genug schrie und einer entsprechenden Organisation beitrat, konnte er sogar an der Beute teilhaben, die bei ihrer Enteignung anfiel.

Im Konzentrationslager gilt dasselbe Prinzip. Die Asozialen und manche Kriminelle, die von den Politischen als Wesen zweiter Klasse behandelt werden, setzen sich selber auf der sozialen Stufenleiter hinauf, indem sie mit Verachtung auf mehrere Tausend Juden unter sich hinabblicken. In Dachau hat das keine schwerwiegenden Folgen, da die Politischen jeden ernsthaften Kampf zwischen den verschiedenen Häftlingsgruppen verhindern. In Buchenwald ist der Konflikt offener, weil eine dieser Gruppen erhebliche Macht in Händen hält und weil ein Bekenntnis zum Antisemitismus, wenn der eigene Kapo etwas gegen die Juden hat, einem den Weg zu den Gefälligkeiten ebnen kann, über die er verfügt.

Es scheint jedoch, als sei ein Großteil des so genannten Antisemitismus vieler Kapos und Ältesten eher die Rationalisierung eines bestehenden Sachverhalts als ein tief verwurzeltes rassisches oder soziales Vorurteil. Die Erpressungen, über die Kapos an jüdisches Geld heranzukommen versuchen, werden gelegentlich mit antisemitischen Drohungen betrieben, ebenso wie die Misshandlungen und Gewaltakte von Kapos großer jüdischer Kommandos. Berg zum Beispiel war weniger ein Antisemit als ein primitiver Rohling, der jeden verprügelte, der ihm unter die Finger kam. Er tat es mit den saftigsten Flüchen, und wenn er gerade über Juden herfiel, spickte er sie mit antisemitischen Verwünschungen. Sterzer, der als der übelste antisemitische Mörder unter den Kapos in Dachau bekannt war, erwies sich bei näherer Betrachtung als ein abnormer Sadist, der zufällig meist Juden unter seiner Fuchtel hatte und deshalb ein antisemitisches Vokabular entwickelte. Er verfolgte die Juden wirklich – glaubte mitunter vielleicht sogar selber, er sei ein Antisemit. Aber wenn ihm einmal Nichtjuden unterstellt waren, verprügelte er sie genauso, nur dass er sie nicht mit »dreckige Judensau, dreckige« beschimpfte.

Aber natürlich gibt es auch unter ihnen echte Antisemiten, etwa den ehemaligen SS-Mann Azzoni. Er misshandelte tatsächlich vorzugsweise die seinem Kommando unterstellten Juden und ließ die anderen mehr oder weniger in Ruhe. Auch Zock fiel gewöhnlich eher über Juden als über Nichtjuden her, aber die Tatsache, dass er seine größten Schiebergeschäfte mit Hilfe eines Juden aufzog, spricht eher dafür, dass sein Vorurteil von der opportunistischen Art war.

Im Allgemeinen sind Juden in Anwesenheit von Nichtjuden, die sie nicht gut kennen, vorsichtig, aber nicht direkt ängstlich. Wenn sie einige Zeit zusammen arbeiten, fallen die Rassenschranken gewöhnlich schnell, und es entsteht ein freundschaftliches Klima, aus dem in Einzelfällen enge Freundschaften werden. Die Männer helfen einander, faulenzen miteinander, teilen ihr Essen miteinander, treffen kleine Absprachen untereinander, warnen einander, und nur wenn sie in Streit geraten, spicken sie diesen gelegentlich mit antisemitischen Schimpfwörtern. Ist der Streit vorbei, bleibt noch eine Weile ein bitterer Nachgeschmack, und es dauert vielleicht ein paar Tage, bevor das alte Vertrauen zwischen ihnen wieder hergestellt ist. Menschen mit antisemitischen Vorurteilen vermeiden einfach jeden engen Kontakt mit Juden, gewöhnlich ohne mehr als die eine oder andere abfällige Bemerkung.

Die verschiedenen Häftlingskategorien unter den Juden selbst verhalten sich ähnlich wie die entsprechenden nichtjüdischen Kategorien. Die Politischen legen die üblichen Kooperations- und Führungsqualitäten an den Tag, und die Unpolitischen haben die üblichen Anpassungsschwierigkeiten, allenfalls ein wenig verschärft, weil bei ihnen der Anteil der Freiberufler und der Geschäftsleute höher ist. Jüdische Asoziale haben wegen ihres anderen Hintergrunds einen erheblich höheren Status als nichtjüdische Männer dieser Kategorie. Es sind ganz überwiegend Angehörige der Mittelklassen, die, wären sie nicht Juden, wahrscheinlich nie ins

Konzentrationslager gekommen wären. Jüdische Kriminelle gelten als gewitzter, da bei ihnen der Anteil derer, die gegen das Eigentumsrecht verstoßen haben, größer und der Anteil der Mörder und Totschläger kleiner ist.

Die »österreichische Invasion«

Die ersten beiden Transporte von jeweils 150 Österreichern, die im April und im Mai 1938 nach Dachau kamen, wurden auf die alten Blocks verteilt, Juden zu Juden, Nichtjuden zu Nichtjuden, und gingen bald im Lager auf. Die eigentliche »österreichische Invasion« begann am 27. Mai mit einem Transport von 600 Juden aus Wien, dem am 3. Juni weitere 600 Juden sowie im Laufe der nächsten drei Wochen mehrere weitere Massentransporte folgten. Alles in allem kamen zu den 2.500 Deutschen, von denen nur 300 Juden waren, 3.300 Österreicher hinzu, davon 2.000 Juden.

Alle Zahlenverhältnisse änderten sich. Die Politischen, bis dahin die bei weitem größte Gruppe, waren plötzlich eine kleine Minderheit und mussten gewaltige Anstrengungen unternehmen, um ihre beherrschende Position zu behalten. Die Juden, zuvor eine ganz kleine Gruppe, machten nun rund die Hälfte des Lagers aus und bildeten eine große geschlossene Gruppe mit eigenem sozialen Leben. Und die Mehrheit des Lagers insgesamt wurde österreichisch.

Zwischen diesen drei Dichotomien gab es erhebliche Überschneidungen, da die Mehrheit der Neuzugänge, nämlich rund 1.800, zugleich Österreicher, Juden und Unpolitische waren. Sie wurden zusammen in eigene Blocks gesteckt und hatten alle Schwierigkeiten der Unpolitischen, nur ins Riesenhafte vergrößert. Das Lager als Ganzes begriff nicht, dass ihre Desorganisation und Unordnung in erster Linie von ihrem mangelnden Training in kooperativem Verhalten herrührte, und schoben sie entweder darauf, dass sie Österreicher waren, oder dass sie Juden waren, oder beides. Und da das Lager auch nicht begriff, dass die Nazis so viele reiche Juden wie möglich aufgegriffen hatten, sahen sie im Geld dieser Männer und in der mit ihm einhergehenden Korruption nicht ein Mittelklassenphänomen, sondern ein Judenphänomen. Es bedurfte des ganzen Organisationstalents der Politischen, um diesen Mischmasch von Ideologie, Vorurteil und Fakten zu entwirren und die aus ihm folgenden Antagonismen so weit zu entschärfen, dass sie für diese von politischen Reibungen relativ freie Gesellschaft keine Bedrohung mehr darstellten.

I

Die Österreicher waren keineswegs die homogene Masse, als die sie sich den Deutschen zunächst darstellten. Doch waren die Unterschiede zwischen ihren verschiedenen Untergruppen aus mehreren Gründen nicht so offensichtlich. Die Mehrheit ihrer Politischen, jüdische wie nichtjüdische, lebten in deutschen Blocks, wo sie in die bestehende Gemeinschaft integriert und damit nicht mehr speziell als Österreicher betrachtet wurden. Gleiches galt für große Teile der übrigen österreichischen Nichtjuden. Mehrere Hundert andere waren entweder Kriminelle, die in Dachau ohnehin keine Rolle spielten, oder Zigeuner, die man kaum als Österreicher ansah. Die einzige Gruppe, deren Mitglieder als Österreicher hervorstachen und überall auffielen, waren damit die 2.000 unpolitischen Juden.

Etwa 1.500 von ihnen trugen den roten Winkel der Gestapo-Häftlinge, was zur Folge hatte, dass man die politischen Juden, Deutsche wie Österreicher, die ebenfalls den roten Winkel trugen, nicht mehr von ihnen unterscheiden konnte. Und diejenigen österreichischen Juden, die grüne und braune Winkel trugen (Kriminelle und Kripo-Häftlinge) standen ihrem sozialen Hintergrund und ihrem Verhalten nach den unpolitischen Trägern des roten Winkels viel näher als den anderen Österreichern oder Deutschen mit grünen oder braunen Winkeln. Dies lag eher an der Art ihrer Selektion als daran, dass sie Juden waren, aber solche feinen Unterscheidungen waren vom Lager kaum zu erwarten.

Von den 1.300 österreichischen Nichtjuden waren rund 200 Sozialisten und Kommunisten, sowohl alte Partei- und Gewerkschaftsgenossen als auch Untergrundkämpfer gegen das Dollfuß-Regime; weitere zwei- oder dreihundert waren konservative Parteiführer, hohe Beamte des Dollfuß-Regimes, Polizeibeamte, prominente Mitglieder der konservativen Parteien; und zusätzlich gab es noch etwa zwei- bis dreihundert Männer mit dem roten Winkel, die für ihre nazifeindliche Einstellung bekannt waren, ohne eine herausragende Rolle im politischen Leben gespielt zu haben, die meisten von ihnen Geschäftsleute, Angestellte staatlicher oder kommunaler Verwaltungen und so weiter. Die meisten von ihnen hatten schon lange vorher auf den schwarzen Listen der Nazis gestanden und wurden gleich nach der Machtergreifung der Nazis in Österreich verhaftet.

Die 250 Kriminellen waren entweder aus Zuchthäusern oder aus dem bürgerlichen Leben herausgeholt worden, hatten praktisch alle schwere Verbrechen begangen und lange Jahre der Haft hinter sich. Wenn man mit diesen Männern sprach, war nie ganz klar, warum die Nazis sie so kurz nach dem Anschluss Österreichs verhaftet hatten, warum gerade sie und keine anderen, und warum nicht noch mehr von ihnen. Sie schienen sich in nichts von irgendwelchen anderen Kriminellen zu unterscheiden, die entweder in den Gefängnissen zurückgelassen wurden oder in ihrem bürgerlichen Leben unbehelligt blieben.

Dreihundert Zigeuner wurden im ehemals ungarischen Teil Österreichs verhaftet, dem Burgenland. Anscheinend stellten sie die gesamte männliche Population eines Stammes dar, angeführt von ihrem Oberhaupt, einem alten Mann von über 90 Jahren, der fast blind war und von seinen beiden ebenfalls bereits über 70-jährigen Söhnen herumgeführt wurde. Zu Beginn hatten sie Schwierigkeiten, Schuhe zu tragen, und gingen in der freien Zeit lieber barfuß. Ihre Blocks lagen den Blocks der Wiener Juden gegenüber, zu denen sie immer hingingen, um sich Brot oder andere Nahrungsmittel zu erbetteln. Viel war da natürlich nicht zu holen. Wenn sie nichts bekamen, wurden sie böse und denunzierten die Juden wiederholt wegen »Faulheit« beim Kommandanten, was nicht eben zur Verbesserung ihrer Beziehungen beitrug. Der Kommandant nahm von diesen Beschwerden keine Notiz.

Nur ein kleiner Anteil der österreichischen Juden wurde auf die gleiche Weise verhaftet wie die Nichtjuden, nämlich aufgrund von politischen oder sonstigen schwarzen Listen oder aufgrund von Vorstrafen. Die große Mehrheit wurde im Laufe des in Wien unter dem Namen »Gestapo-Aktion vom 24. Mai 1938« bekannten Pogroms festgenommen. Darauf ging im Lager der Ausdruck »Aktionsjuden« zurück, mit dem sie sowohl von der Lagerleitung als auch von ihren Mithäftlingen bezeichnet wurden.

Am 24. Mai begannen Polizei, SA und SS in Wien plötzlich und ohne Vorwarnung oder vorherige Ankündigung Juden von der Straße weg zu verhaften. Niemand wusste, zu welchem Zweck oder wen. Die Nazis gingen einfach die Straßen entlang und in öffentliche Gebäude und Einrichtungen wie Warenhäuser, Restaurants, Parks und so weiter hinein, fragten die Leute, ob sie Juden seien, und nahmen sie mit, wenn sie ja sagten. Andere gingen durch die jüdischen Bezirke und verhafteten Ladenbesitzer, kleine Kaufleute und dergleichen oder besahen sich die Schilder der Freiberufler und verhafteten solche mit jüdischen Namen. Anwälte, Ärzte, Zahnärzte, Kaufleute usw. waren ihre bevorzugten Opfer. Zu diesen kam noch eine handverlesene Schar von Geschäftsleuten und Freiberuflern, Journalisten und so weiter hinzu sowie eine große Zahl Männer, die von ihren Nachbarn denunziert worden waren.

Die Art und Weise, wie diese Verhaftungen durchgeführt wurden, hatte erheblichen Einfluss auf die soziale Zusammensetzung der Gruppe, die schließlich nach Dachau kam. Erstens gab es unter ihnen praktisch keine Industriearbeiter, weil die meisten Verhaftungen tagsüber erfolgten, als die Arbeiter in den Fabriken waren. Sodann war, da die Männer nach ihren Namen auf Schildern von Geschäfts- und Praxisräumen herausgegriffen wurden, der Anteil dieser beiden Kategorien überproportional hoch. Und außerdem wurde bei dieser Verhaftungsmethode nur ein sehr kleiner Anteil von Politischen aufgegriffen. Deshalb bestand die ganze Gruppe überwiegend aus Männern, die das geringste Kooperationstraining, den stärksten individualistischen Hintergrund und die schlechtesten Grundlagen für eine Anpassung an das zusammengepferchte Leben im Konzentrationslager mitbrachten. Auch waren sie nicht bereits durch einen Aufenthalt in den Wiener Polizeigefängnissen vorbereitet, weil die meisten dort nicht länger als ein oder zwei Wochen blieben. Die ersten 600 kamen in Dachau drei Tage nach ihrem letzten unbelästigten Gang durch die Straßen der Stadt an.

Im Lager wurden sie in unfertigen Blocks zusammengepfercht, einhundert oder einhundertfünfzig in Stuben, die für fünfzig gedacht waren, ohne Betten, ohne Tische, ohne Spinde, ohne Stühle, nur ein paar Strohsäcke, rund einen für jeweils drei Männer.

Innerhalb von ein paar Wochen mussten rund 130 neue Kapos und Älteste eingesetzt werden, um diese Tausende von Menschen zu beaufsichtigen. Praktisch jeder, der schon sehr lange im Lager war oder irgendwann einmal eine vergleichbare Funktion gehabt hatte, wurde ernannt. (Auf diese Weise konnten die Politischen die Auswahl nicht wie gewohnt beeinflussen.)

Die meisten der Ernannten, vor allem fast alle Ältesten, waren politische Veteranen. In ihrer großen Mehrheit waren sie ehemalige Arbeiter und ihr Leben lang an das Zusammenleben mit Menschen gewöhnt, die in ihren Organisationen, an ihren Arbeitsplätzen und schließlich im Konzentrationslager zu kooperieren gelernt hatten. Jetzt waren sie plötzlich mit diesem Haufen nichtkooperierender Leute konfrontiert, die sich schwer taten, irgendetwas zu organisieren, und nicht an harte Arbeit gewöhnt waren, wohl aber daran, zurückzublaffen, wenn man sie herumkommandierte. Diejenigen Ältesten, denen das Schlagen von Mithäftlingen aus politischen Gründen ein Gräuel war, konnten einfach keine Disziplin durchsetzen, und diejenigen, die ihre Untergebenen dann doch schlugen, wurden bald von ihren eigenen Freunden geächtet. Manchen von ihnen machte das nichts aus, und nach so vielen Jahren, in denen sie selber die Underdogs gewesen waren, genossen sie ihre neuen Positionen als Bosse und prügelten ihre Untergebenen bei jeder sich bietenden Gelegenheit. Aber mit Schlagen oder ohne Schlagen, die Blocks wurden nicht ordentlich.

Der Lagerleitung gefiel dieses Durcheinander: »Die Juden sind eben doch ein unzivilisiertes Pack, das man zu Recht ins Konzentrationslager steckt! Seht euch bloß die Unordnung in ihren Blocks an!« Und sie ließen die »unordentlichen« Juden über den Bock gehen und hängten sie an die Pfähle und gingen auf ihre Weise unverzüglich daran, ihnen deutsche Ordnung beizubringen.

Die jüdischen Politischen aus den »alten« Blocks ergriffen die Initiative. Systematisch durchkämmten sie Stube um Stube nach politischen Leuten und stellten sie ihren neuen Ältesten vor, die in den meisten Fällen politische Gesinnungsgenossen waren. Die Ältesten, die froh waren, wenn sie ein paar Leute fanden, mit denen sie in ihrer eigenen Sprache reden konnten, unterstützten diese Männer, und bald wurden einige der unpolitischen Blocks von kleinen politischen Cliquen regiert, die ein Minimum an Routineorganisation hineinbrachten. Über ihre engen Kontakte zu den »alten« Blocks fanden die 2.000 Männer einen gewissen Anschluss an die bestehende Lagergesellschaft, und die Herrschaft der Politischen wurde bis zu einem gewissen Grade wieder hergestellt.

In den nichtjüdischen österreichischen Blocks kehrte schneller Ordnung ein, teils weil unter ihnen mehr Politische waren, teils weil es weniger Blocks gab und es leichter war, von den deutschen Blocks aus ein gewisses Maß an Kontrolle über sie auszuüben; zumal so viele Österreicher ohnehin in deutschen Blocks wohnten.

In Blocks, in denen die neuen Ältesten keine Politischen waren oder in denen sie, obwohl sie Politische waren, ein Regime von Terror und Misshandlungen eingeführt hatten, waren die »alten« Blocks mit ihren Bemühungen weniger erfolgreich. Dort kamen die herrschenden Cliquen auf andere Weise zustande. Ein paar Kriecherseelen schmeichelten sich – mit oder ohne finanzielle Nachhilfe – in das Herz des Tyrannen ein, wurden seine Favoriten und spielten in der Stube den Boss. Oder die ganze Stube war in kurzer Zeit vollkommen korrumpiert. Die Neuankömmlinge, die gewöhnlich Angst vor dem Terrorregime hatten, das sie jeden Abend erwartete, und die sahen, dass das Leben in anderen Blocks reibungslos ablief, versuchten mit Bestechungen aller Art, die Gunst ihrer Ältesten zu gewinnen. Sie füllten ihre Spinde mit Kantinenwaren und boten einen Teil ihres begehrten Geldes an, um die allmächtigen Herren und Könige zu besänftigen. Manche dieser Herren wurden unter dieser Behandlung milder, und ihr Zorn loderte nur noch gelegentlich zur alten Raserei auf. Andere erkannten ihre Chance, lockerten den Terror ein wenig und nutzten den Restterror als immer während Drohung, die sich als wunderbares »Sesam-öffne-dich« zum Geld der Juden erwies. Manche machten ein regelrechtes System mit wöchentlichen Zahlungen daraus.

Und die Lagerleitung freute sich darüber, wie sie sich über das ganze Durcheinander freute: »Die Juden *sind* ein korruptes Pack, sie *haben* unsere arische Gesellschaft korrumpiert! Seht euch doch an, wie sie unsere arischen Ältesten korrumpieren!« Und sie hängten die Juden an die Pfähle, um die Zivilisation vor dem Korrumpiertwerden zu bewahren. Manchmal steckten sie einen der Ältesten in die Strafkompanie und schickten ein paar der Juden mit, die er ausgeraubt hatte. Aber das genügte nicht, um die Geldgier auszulöschen.

Die politischen Häftlinge kämpften verzweifelt gegen die Korruption an. Ihr Ruf als Gruppe stand auf dem Spiel. Sie redeten mit den Ältesten, und wenn das nicht half, stießen sie sie aus ihrer Gemeinschaft aus. In manchen Fällen half auch das nichts, weil die neuen Könige in ihrer Machttrunkenheit meinten, auf die Mitgliedschaft in ihrer eigenen Gesellschaft leicht verzichten zu können. Die Politischen insgesamt dachten nicht so. Sie begannen, den Juden, politisch oder nicht, zu helfen und Komplotte zu schmieden, um den Sturz der selbst ernannten Könige herbeizuführen. In einer ganzen Reihe von Fällen waren sie erfolgreich.

In den nichtjüdischen Blocks spielte die Korruption eine viel geringere Rolle, teils weil die Politischen die Lage besser im Griff hatten, teils weil es dort weniger Geld gab. Da bei den Juden der Anteil der wohlhabenden Leute so hoch war, empfingen sie im Durchschnitt auch mehr Geld als die anderen. Hinzu kam das allgemeine Vorurteil, Juden ließen sich leichter dazu bringen, ihr Geld für Bestechungen aufzuwenden, was dazu führte, dass die Ältesten in den jüdischen Blocks auch energischer versuchten, an dieses Geld heranzukommen.

Genau das aber wollte die Lagerleitung: dass sich das übrige Lager gegen die Juden wendete, weil sie reich und korrupt waren. Dennoch geschah dies nicht in nennenswertem Umfang. Die einzigen, die sich gegen die Juden wendeten, waren entweder diejenigen, die selber die Drahtzieher der Korruption waren, oder solche unpolitischen Kapos, die vorher schon Antisemiten waren und deutsche Juden bereits verprügelt und erpresst hatten, ehe sie überhaupt wussten, wie ein österreichischer Jude aussah. Der Unterschied war nur, dass sie ihre Erpressungen nun wie Zock in großem Stil betreiben konnten.

Die Politischen fielen nicht darauf herein. In ihrer überwältigenden Mehrheit waren sie vorher keine Antisemiten gewesen und wurden es auch jetzt nicht. Wie zuvor bei den Deutschen suchten sie sich ihre politischen Freunde sorgfältig aus, wählten aus der großen Masse der anderen einige weitere aus und verachteten den Rest als Gauner und elenden Abschaum, aber ob dieser Abschaum zufällig jüdisch war, schien ihnen nicht bedeutsam, denn das waren ihre akzeptierten Freunde auch.

II

Der andere große Antagonismus, der auf die Woche nach der »österreichischen Invasion« folgte, nämlich die nationale Kluft zwischen Österreichern und Preußen, erwies sich als schwerer zu überwinden. Der preußische Nationalismus auf der einen Seite und die eher kosmopolitische Orientierung der Österreicher auf der anderen Seite, die jeweils auf unterschiedlichen historischen und kulturellen Traditionen wie auch sozialen und ökonomischen Strukturen beruhen, äußerte sich in einer offenen Feindseligkeit, die es sehr vielen dieser Männer schwer machte, miteinander auszukommen.

Der Versuch, diesen Unterschied mit Hilfe stereotyper Kurzporträts »des Österreichers« und »des Preußen« zu verdeutlichen, scheint aussichtslos. Jede Gruppe ist in sich genauso heterogen wie jede andere Nation, und die Verallgemeinerungen, zu denen sie greifen, um ihre wechselseitige Abneigung zu rechtfertigen, basieren, wie immer sie aussehen mögen, mehr auf Vorurteilen als auf Tatsachen. Doch gab es im Verhalten der Häftlinge ein paar deutliche Unterschiede, die sich durchaus auf ihre unterschiedliche Erziehung zurückführen lassen.

Preußische Schulerziehung und preußische Traditionen fördern Pflichteifer, Ehrgeiz und spartanische Tugenden, eine Rigidität im Verhalten, die es verbietet, Gefühle und Emotionen zu zeigen. Seine Pflicht zu erfüllen und stolz darauf zu sein, ohne Zeit damit zu verschwenden, nach den Gründen zu fragen, ist eine Kardinaltugend. Und diese Tugenden werden nicht als allgemein menschliche Werte gelehrt, sondern vielmehr als »deutsche« oder sogar »preußische« Tugenden. »Preußisches Pflichtbewusstsein« wird Kindern schon in der Grundschule beigebracht. »Am deutschen Wesen soll die Welt genesen«, war schon, lange bevor Hitler auf die Welt kam, ein Standardlehrsatz in deutschen Schulen.

Die österreichische Tradition fördert auf der anderen Seite Sentimentalität, »Gemütlichkeit«, Mitgefühl und Sympathie mit allem Lebendigen, ohne sich groß darum zu kümmern, welches nationale Etikett es trägt. Das Gesicht zu wahren und stumm zu leiden, spielt in ihrer Erziehung eine geringere Rolle. Sie tun ihre Pflicht so gut wie jeder Preuße, aber sie halten dies nicht für etwas spezifisch Österreichisches, sondern eher für die Pflicht eines jeden anständigen Menschen.

Die Österreicher sind auf ihre nationalen Traditionen genauso stolz wie die Preußen, aber die Punkte, die ihnen wichtig sind, sind weniger aggressiv. Sie sind nicht stolz darauf, gute Soldaten zu sein, überlegene Waffen herzustellen und Kriege zu gewinnen, sie sind noch nicht einmal stolz darauf, dass ihre großen Philosophen und Wissenschaftler die Welt gezwungen haben, auf eine Art und Weise zu denken, die gerade sie entdeckt haben. Sie dachten in der Regel, dass sie gut genug waren, um sich notfalls zu verteidigen, und sie wissen immer noch, dass sie große Denker hatten, von denen die Welt viel gelernt hat. Die Volksseele verweilt außerdem liebevoll bei der Tatsache, dass sie der Welt den Wiener Walzer und andere Tänze und Musik geschenkt haben, und dies sind Dinge, die nicht mit Gewalt verbreitet werden können. Im Vergleich zu den rauen Preußen halten sie sich selbst für gutmütig, und die Tatsache, dass sie von anderen als gutmütig behandelt werden, ermutigt sie, weiterhin Freundlichkeit als Tugend zu lehren.

Der »preußische Geist« wurde in Österreich seit Jahrhunderten verachtet. Als die Deutschen 1938 Österreich eroberten, hatte die Mehrheit der Österreicher nicht so sehr das Gefühl, ihnen sei eine Niederlage durch den Faschismus beigebracht worden – von dem sie in den letzten vier Jahre gerade eine bestimmte hausgemachte, wenn auch schwächere, Version erlebt hatten –, als vielmehr eine Niederlage durch das Preußentum. Nur die österreichischen Linken sahen darin in erster Linie einen faschistischen Sieg; für die Konservativen und die unpolitischen Teile der Bevölkerung war es vor allem ein Versuch des preußischen Erzfeindes, die österreichische Mentalität und Kultur auszulöschen.

Dass der Nazismus die ganze deutsche Nation vom Rhein bis zur Memel überzogen hatte, dass einige seiner wichtigsten Hochburgen in Bayern lagen, dass einige von Hitlers führenden Politikern keineswegs Preußen waren und dass er selbst in Österreich geboren war – nichts von alledem fand Eingang in diese Logik. Die Eroberer waren »Preußen«.

Als die österreichischen Häftlinge nach Dachau kamen, fanden sie etwas vor, das für sie höchst preußisch aussah: Die SS – obwohl alles Bayern – repräsentierte für sie den preußischen Geist in seiner äußersten Bestialität. Die alten Häftlinge, die die Lagerleitung durch harte Arbeit und peinlichste Ordnung zu überbieten versuchten, waren nichts als »gottverdammte Preußen«. Ihr Ehrgeiz war eine Verirrung der Natur. Wie kann man in einem Konzentrationslager um seiner Selbstachtung willen hart arbeiten? Welche Befriedigung kann man daraus ziehen, dass man Sklavenarbeit für Gangster verrichtet? Dies war unbegreiflich. Nun, sie sind nun einmal nicht zu verstehen, diese seltsamen Wesen. Sie sind und bleiben Preußen, selbst wenn man ihnen die Seele aus dem Leib prügelt.

Es entging ihrer Aufmerksamkeit, oder fand zumindest keinen Eingang in ihre Argumentation, dass die Politischen, die einen so auffälligen Ehrgeiz an den Tag legten, in der Mehrheit gar keine Preußen waren, sondern Bayern, Arbeiter aus Nürnberg und Augsburg und München, deren Lebens- und selbst Sprechweise den Österreichern so viel näher war als den Norddeutschen. Ich erinnere mich sogar an einen ehrgeizigen Abgeordneten aus dem Dorf gleich neben Hitlers Geburtsort.[13]

Dass dieser scheinbar sinnlose Ehrgeiz ein Kampf um die politische Selbstbehauptung war, konnten sie unmöglich begreifen. Ebenso wenig begriffen sie, in welchem Maße unpolitische Deutsche, von denen viele auch noch Preußen waren, von den herrschenden Politischen auf ihre Linie gezwungen wurden.

Unter den deutschen Juden jedoch, mit denen die Wiener Juden in engeren Kontakt kamen, waren die Preußen in der Mehrheit. Das ließ ihren Pflichteifer noch preußischer erscheinen als den der Nichtjuden. Und es kann durchaus sein, dass ihre preußische Erziehung einen gewissen Einfluss hatte: Aber solange es bloß Bayern und Preußen gab und beide das gleiche, auf der gleichen politischen Ideologie beruhende Verhalten an den Tag legten, besagte dieser Unterschied ziemlich wenig.

Aber jetzt wurden sie auf einmal von den Österreichern als Preußen beschimpft, »lausige, gottverdammte Preußen«, denen die Servilität gegenüber ihren Herren so in den Kno-

---

13 Hitlers Geburtsort, Braunau am Inn, liegt dicht an der österreichisch-bayerischen Grenze.

chen sitzt, dass sie nicht einmal im Konzentrationslager davon ablassen können; die vor lauter Pflichterfüllung so verblödet sind, dass sie selbst dann nicht damit aufhören können, wenn die Pflicht nichts weiter ist als das Diktat ihrer Erzfeinde.

Worauf die Preußen zurückschlugen: »Die Österreicher sind das fehlende Zwischenglied zwischen Affe und Bayer.«[14] Das war natürlich nicht als Beleidigung für ihre politischen Freunde aus Bayern gemeint, sondern für die SS-Leute, die ein so analphabetischer und ungebildeter Haufen waren, wie es nur bayerische Hinterwäldler sein können. Spöttisch zogen sie über die Österreicher und ihre sprichwörtliche »Gemütlichkeit« und »Schlamperei« her. Sie hänselten sie mit ihrer liebenswürdigen, von Verkleinerungsformen überfließenden Sprechweise, sie äfften sie nach mit »Bitt' schön« und »Dank' schön« und »'tschuldigen schön« und mit dem, was ein Österreicher angeblich zu einem Kapo gesagt hatte und was später, in Buchenwald, geradezu sprichwörtlich wurde: »Bittschön, Herr Kapo, a leicht's Tragerl.« Das Melodiöse, Sentimentale, Groteske dieses Satzes ist unübersetzbar. Diese völlige Verkennung der ganzen Situation, die naive Vorstellung, man könne eine solche Bestie besänftigen, indem man sie mit »Herr Kapo« anredet, das verniedlichende »Tragerl« für dieses Folterinstrument, dies alles forderte das Gelächter und den Hohn der Deutschen heraus, für die eine »Trage« ein nützliches, wenn auch verhasstes Gerät für ernsthafte Arbeit war.

Sie sahen sich in all ihren Vorurteilen gegenüber den schlampigen Österreichern bestätigt. Es kam ihnen nicht in den Sinn, dass die meisten Österreicher die Arbeit einfach nicht tun konnten, selbst wenn sie gewollt hätten, weil so viele alte Männer unter ihnen waren, und so viele, die noch

---

14 Angeblich stammt von Bismarck der Satz: »Der Bayer ist ein Zwischenglied zwischen dem Affen und dem Menschen.«

nie ein Arbeitsgerät in der Hand gehabt hatten, das schwerer war als eine Pfanne oder ein Skalpell oder eine Schere. Und es kam ihnen nicht in den Sinn, dass diese Menschen, von denen die meisten keiner irgendwie kämpferischen Ideologie anhingen, einfach nicht einsehen konnten, warum sie hart arbeiten sollten, selbst wenn sie dazu in der Lage gewesen wären.

Die Lagerleitung stand vor dem gleichen Problem, wenn auch unter einem anderen Blickwinkel: Sie gaben sich alle Mühe, die Österreicher zum selben Typ von Häftlingen zu machen wie die Deutschen: ordentlich und diszipliniert und hart arbeitend.

Die Österreicher aber waren auf diese Weise nicht umzumodeln. Sie waren vollkommen davon überzeugt, dass Ordnung und Disziplin nur gut sind, wenn man ein Ziel erreichen will. Gibt es kein Ziel, für das zu arbeiten sich lohnt, dann lässt man eben fünfe gerade sein. Der bei den Deutschen, ob SS-Leuten oder Häftlingen, so gut entwickelte Ordnungssinn um des Ordnungssinnes willen war ihnen nicht beizubringen. Massen von Österreichern beizubringen, wie wohlgenährte und gut gedrillte Soldaten zu marschieren, erwies sich als unmöglich. Eine österreichische Marschkolonne war von einer deutschen schon auf fünfhundert Meter Entfernung zu unterscheiden. Dass noch dazu viele Österreicher, die einmal Soldaten gewesen waren, andere militärische Kommandos gewöhnt waren, machte die Sache nicht leichter.

Und auch das Grundgesetz des Konzentrationslagers war ihnen nicht beizubringen: immer in Bewegung zu sein. Sie waren einfach nicht immer in Bewegung. Es gab nicht genug Aufsichtspersonal für so viele tausend Männer, und außerdem entwickelten die Österreicher eine Meisterschaft im Bummeln, die bei ihren deutschen Mithäftlingen Verachtung so gut wie Neid hervorrief.

Ich erinnere mich noch, wie mir ein österreichischer Mithäftling eines Morgens die Grundregeln des Bummelns bei-brachte. Wir arbeiteten gerade in einer Grube, als er mich plötzlich zu einem Spaziergang durchs Lager einlud. Ich dachte, er wäre verrückt geworden, aber er drängte mich immer weiter, mitzukommen. Schließlich kletterte ich aus der Grube, um mitzugehen. Er betrachtete mich von oben bis unten, kritisch, streng, schüttelte den Kopf und sagte in väterlichem Ton: »Wo ist deine Schaufel?« »Meine Schaufel?« »Mensch, bist du schwer von Begriff: Glaubst du denn wirklich, du kannst hier ohne Schaufel spazieren gehen?« Er hatte Recht. Solange wir eine Schaufel auf der Schulter hatten, stellte uns kein Mensch zur Rede. Wir gingen sicher irgendeiner wichtigen Arbeit nach.

Das Wichtigste jedoch war nicht ihr Einfallsreichtum beim Bummeln, sondern ihre Passivität gegenüber dem Lager insgesamt. Hunderte und Aberhunderte von ihnen, die zum Beispiel in einer Kiesgrube zusammen arbeiteten, schaufelten auf ihre langsame und uninteressierte Weise herum, scharrten skeptisch an der Oberfläche und waren ganz offenkundig von der absoluten Sinnlosigkeit ihrer Handlungen überzeugt. Andere, wiederum zu Hunderten, schlurften mit ihren Schubkarren des Weges, bedächtig, vorsichtig, selbst wenn die Karre leer war. Und wenn doch einmal einer rannte, dann wurde er bestimmt von einem anderen gefragt: »Wohin so eilig? Der nächste Zug nach Wien geht frühestens in einem Jahr.« Oder: »Du hast wohl Angst, du könntest nicht genug Kies geschleppt haben, ehe du ins Gras beißt?« Oder: »Du denkst wohl auch, du kannst nicht sterben, ohne dass dieser verdammte Kies ein paar Meter weiter bewegt wird?« Oder: »Herrschaften, hat der Mann es eilig! Muss sein eigener Kies sein!« Ein Mann, der etwa zu einem anderen sagte: »Wirf die Ziegel nicht so, sonst gehen sie kaputt«, wird gefragt: »Sind das deine Ziegel? Nein? Also, was soll's?«

Die SS-Wachen und ihre Offiziere hatten alle Hände voll

zu tun. Sie hetzten den ganzen Tag wie gejagte Tiere herum und versuchten, die Situation in den Griff zu bekommen. Sie schlugen und fluchten und traten die Leute und trampelten sie tot. Sie prügelten sie mit Stöcken und bewarfen sie mit Steinen. Sie schrien sich heiser, bis ihnen die Luft ausging. Die Häftlinge fürchteten sich zu Tode, wenn die Raserei über sie hereinbrach, aber sobald der Offizier um die nächste Ecke bog, stellten sie einfach das Arbeiten ein.

Die Kapos begannen zu verzweifeln. Sie schrieben eine Meldung nach der anderen, und die Österreicher wurden zu Dutzenden ausgepeitscht und an Pfähle gehängt, und sie schrien. Aber kamen sie zurück zur Arbeit, waren sie, kaum dass der Schock abgeklungen war, so faul wie zuvor.

Sie begriffen: Es lohnt sich nicht, wenn du schnell arbeitest, sie hören sowieso nicht auf, dich zu prügeln. Sie prügeln dich, weil es ihnen Spaß macht, dich zu prügeln, und alles, was du tun kannst, ist zuzusehen, dass du nicht ihre Aufmerksamkeit erregst. Wenn ein paar von uns schnell arbeiten, fallen die auf, die langsam arbeiten. Wenn wir alle dreitausend langsam arbeiten, an jeder Stelle ein paar Hundert, dann fällt einer, der langsam arbeitet, nicht mehr auf. Deshalb wird man nicht weniger misshandelt, aber auch nicht wesentlich mehr, denn der SS-Mann schlägt dich nur so viel, wie es ihm Spaß macht, und er schlägt dich auch nicht weniger, ganz egal, was du machst. Deine Arbeit hat damit nichts zu tun.

Und sie begriffen auch: Wenn sie uns alle umbringen wollen, können wir sie nicht daran hindern. Aber alles andere können sie uns nicht allen gleichzeitig antun, dazu sind wir viel zu viele. Sie können jeden Tag nicht mehr als ein Dutzend auspeitschen und nicht mehr als ein Dutzend an die Pfähle hängen, sonst kommt ihnen ihr ganzer Stundenplan durcheinander. Und ein SS-Offizier kann jeden Morgen nur soundso viele Leute prügeln, sonst ist er noch vor Mittag müde.

In den Blocks war es genauso. Sie begrüßten die Hilfe der alten politischen Häftlinge bei der Organisation ihrer Alltagsabläufe, soweit solche Routinen eine schiere Lebensnotwendigkeit waren. Aber über dieses Minimum hinaus lehnten sie sie ab. Ihnen war ganz klar, dass sie es niemals zu dem reibungslosen Funktionieren der politischen Blocks bringen würden. Jeder Versuch dazu würde sie auf Gedeih und Verderb den Hunderten von unkooperativen Männern unter ihren eigenen Leuten ausliefern, sowie jedem beliebigen SS-Mann, der sich am geringsten Anzeichen von Unordnung störte. Also versuchen sie es erst gar nicht. Und sie sagten einander: Wenn sie wollen, dass wir strafexerzieren, dann tun sie das, ob unsere Blocks wie Puppenhäuser aussehen oder nicht. Da können wir gar nichts machen.

Da ihnen die Fähigkeit zur Selbstorganisation abging, entdeckten sie die ungeheure Macht der Desorganisation. Vielen von ihnen war das völlig bewusst, und die große Masse spürte es, ohne es in Worte fassen zu können: Dass dieses Konzentrationslager, das sie bis in den hintersten Winkel mit seiner Disziplin peinigte, nur mit einer einzigen Waffe bekämpft werden konnte: der absoluten passiven Unordnung. Und sie führten dem erstaunten Lager vor, was Männer, die ihr Leben lang in Organisation und Kooperation gelebt hatten, noch nie zuvor gesehen hatten und sich niemals hätten vorstellen können: Dass eine groß angelegte, unorganisierte Unordnung eine ebenso starke und aktive Kraft ist wie die beste Organisation und Kooperation.

Sie waren keine Helden im Leiden. Wenn sie geschlagen wurden, schrien und brüllten sie und flehten: »Bitte nicht, bitte nicht«, aber sie waren Helden im Festhalten an ihrer Lebensweise. Kommunisten und Sozialisten hielten an ihrer Ideologie fest, und das machte sie unverwundbar. Die Zeugen Jehovas hielten an ihrem Jehova fest, und das machte sie unverwundbar. Und die Österreicher, denen es als Gruppe an all diesen hehren Idealen mangelte, hielten daran fest, dass sie »gemütliche Österreicher« waren, und das machte sie äußerst verwundbar. Sie wurden ausgepeitscht und verprügelt, und das Blut floss in Strömen.

Aber in Dachau im Sommer 1938 waren sie die eigentlichen Sieger. Die SS-Leute mochten sich noch so abrackern, die Kapos mochten noch so sehr wie die Gummibälle herumspringen, überall zugleich sein, drangsalieren, antreiben, bitten, flehen, fluchen, prügeln, melden, beschimpfen, verletzen: Sie waren dieser Massenpassivität gegenüber absolut hilflos. Man kann eine Qualle töten, aber man kann sie nicht durch Prügel zur Vernunft bringen.

Und langsam, langsam, aber unaufhaltsam ließ das Arbeitstempo nach. Wenn wir die Hölle, die wir im April beim Abriss des alten Bunkers durchgemacht hatten, mit dem verglichen, was sich im Juli in den Kiesgruben und auf den Kasernenhöfen abspielte, trauten wir unseren Augen nicht. Innerhalb weniger Wochen war das berühmt-berüchtigte »Dachauer Tempo« erstorben, erloschen, verschwunden unter der Massenpassivität von dreitausend Österreichern. Dachau wurde in Dachau geschlagen.

Weder ihr Sieg noch ihr Kampf waren politisch gewesen. Sie hatten sich nicht im langfristigen Kampf gegen den Faschismus engagiert, sondern nur im Kampf gegen die Arbeits- und Lebensbedingungen des konkreten Lagers, in dem sie sich gerade befanden. Sie hatten keine ideologischen Vorstellungen, außer vielleicht, dass sie keine Sklaven deutscher Machart werden wollten, denen das Gesetz der Unterwürfigkeit in jeden Gedanken eingeschrieben war. Wo der politische Häftling bereitwillig den Tod in Kauf nahm, solange es ein Tod auf dem Schlachtfeld war, hatten sie nur überleben wollen. Sie wollten nicht als Helden sterben. Alles, was sie wollten, war, noch ein paar Jahre zu leben, wenn möglich mit ihren Frauen und Kindern. Hunderte von ihnen waren genau das, was man unter dem »Wiener Kaffeehausjuden« versteht, und eine sarkastische Anspielung darauf wurde zum gängigen Spruch im Lager: »Ein Jude gehört ins Kaffeehaus und nicht ins Konzentrationslager.«

Sie hatten sich von keinem anderen Ziel leiten lassen als vom natürlichen Selbsterhaltungstrieb. Es war ein Triumph nicht des menschlichen Geistes, sondern der menschlichen Existenz als solcher.

Als schließlich nicht mehr genug Arbeit da war und jeden Tag einige Häftlinge in den Blocks zurückgelassen wurden, steigerte diese zufällige Tatsache noch ihre Freude über ihren Sieg. Sie entwickelten eine Großspurigkeit, die sie vorher nicht besessen hatten. Und als sie später mit den grauenhaften Verhältnissen in Buchenwald konfrontiert wurden, war ihre erste Reaktion: »Wir haben Dachau erledigt, wir werden auch noch Buchenwald erledigen.« Und sie gingen ans Werk, und sie schafften es. Am Tag nach unserer Ankunft wurde aus irgendwelchen technischen Gründen der Appell verschoben. Sie nahmen es als gutes Omen: »Kaum sind wir da, schon kommt das Lager aus dem Tritt.« Wieder verloren Männer ihre Gliedmaßen und ihr Leben, wurden verprügelt und bestraft, und doch veränderte die Masse der unpolitischen Österreicher den Geist von Buchenwald, wie sie den Geist von Dachau verändert hatte.

Es dauerte lange, bis die Kluft zwischen Österreichern und Deutschen überwunden war, zumindest so weit, dass von ihr nichts blieb als eine eher wohlwollende Verachtung auf beiden Seiten. Die Österreicher begannen zum Teil, die politische Sichtweise ihrer deutschen Brüder zu verstehen, sie achteten sie ihrer Aufrichtigkeit und ihres Mutes wegen, und was ihren törichten Ehrgeiz anging, so zuckten sie die Achseln: »Sind halt Preußen, was kann man da schon erwarten.«

Und die deutschen politischen Häftlinge, nachdem sich vor ihren erstaunten Augen das unglaubliche Schauspiel eines von diesen armen Ludern errungenen Sieges vollzogen hatte, die auf dem Bock schrien und an den Pfählen winselten, begannen zu verstehen, dass dies ein Kampf und eine Aktion waren, die den ihren in nichts nachstanden. Sie waren immer noch voller Verachtung für die dumpfen und wenig intelligenten Geschöpfe, die ihn errungen hatten, aber ihre Verachtung wurde gutmütig und freundlich, eine Art väterlicher Herablassung. Niemals würden sie so tief sinken, diese Passivität als ihre eigene Methode zu übernehmen, achteten sie aber als die Methode der Schwachen. Aber wenn ein deutscher Politischer einen von ihnen aufzog: »Na, Bruder Österreicher, willst ein leicht's Tragerl?« – dann war das ein Kampfruf so gut wie jeder andere unter Kämpfern auf ein und derselben Seite der Barrikade.

Politische gegen Kriminelle

Als wir in Buchenwald ankamen, war der Kampf zwischen den »Roten« und den »Grünen« bereits in vollem Gange. Die Grünen waren den Roten an Zahl weit unterlegen, saßen aber immer hoch auf den wichtigsten offiziellen Posten. Stellen wurden mit Hilfe von Intrigen, Druck, List, Betrug, Verrat und Korruption aller Art unter der Hand verschoben. Die Grünen ließen keine Gelegenheit aus, Rödl einen der verhassten Roten in die Hände zu spielen, und die Roten zögerten nicht, es ihnen mit gleicher Münze heimzuzahlen.

Hier ein Beispiel dafür, wie so etwas ablief: Der führende Mann unter den Politischen war Karl Bartel, ehemals kommunistisches Reichstagsmitglied. Er war der Blockälteste eines jüdischen Blocks und hatte in seinem Stubendienst ein paar Grüne, die von Rödl eingesetzt worden waren. Eines Morgens ließen sie es sich, ohne dass Bartels davon wusste, beim Verzehr geschmuggelter Nahrungsmittel wohlergehen. Der Lagerälteste, Hubert Richter, selber ein Grüner, sah sie, holte Rödl, zeigte ihm durch ein Fenster die essenden Männer und verlangte die Ablösung Bartels als Blockältesten. Rödl, der offenbar das Gleichgewicht der Kräfte nicht stören wollte, gab Bartel stattdessen »Fünfundzwanzig«, weil er die Sache nicht gemeldet hatte.

Was die wichtigeren Posten anging, so waren alle drei Stellen der Lagerältesten mit Kriminellen besetzt (auch wenn zwei von ihnen einen roten Winkel trugen); ebenso die Stellen der Blockältesten, der Stubenältesten und des Stubendienstes in ihren eigenen Blocks, in den meisten asozialen Blocks und in einem Teil der jüdischen Blocks sowie die Stellen der Kapos bei den meisten Kommandos für unqualifizierte Arbeit, vielen Kommandos für gering qualifizierte Arbeit und einigen Kommandos für Facharbeit.

Die politischen Häftlinge hatten etwa die Hälfte der Stellen der Ältesten und der Stubendienste, meist in politischen oder jüdischen Blocks. Sie waren Kapos bei praktisch allen Kommandos für Facharbeit und fast keinem Kommando für unqualifizierte Arbeit; und sie teilten sich mit den Grünen in die Kapostellen bei den Kommandos für gering qualifizierte Arbeit.

Die Stellen in den verschiedenen Büros, etwa Registratur, Post, Baubüro und Schreibstube, waren ungefähr gleich verteilt, ebenso die verschiedenen Facharbeiterstellen wie Klempner, Installateure, Elektriker usw. Der Krankenbau war fast ausschließlich in der Hand der Roten, desgleichen die Kleiderkammer. Die Stellen in den Reparaturwerkstätten waren aufgeteilt, wobei die Roten über die legalen Wege verfügten, jemanden über den Krankenbau dorthin zu bringen, während die Grünen die illegalen Wege der gefälschten Bescheinigungen und der Bestechungen kontrollierten.

Die Roten hatten die meisten Arbeitsplätze in den Spezialwerkstätten wie Zimmermannswerkstatt, Sägemühle, Schweinestall, Reitschule und dazu noch die allermeisten Arbeitsplätze mit qualifizierter Arbeit, während die Grünen im Verein mit den Asozialen die Schmuggelrouten im Lager selbst und in das Lager hinein sowie den Schwarzmarkt für

Kantinenwaren beherrschten. Der Lagereinkäufer, Vorgesetzter aller Blockeinkäufer, war ein Grüner.

Nach den November-Pogromen änderte sich die ganze Szenerie in Buchenwald rapide. Die 11.000 frisch verhafteten Juden wurden in fünf behelfsmäßigen Blocks zusammengepfercht, die auf dem Appellplatz errichtet und mit Stacheldraht vom übrigen Lager abgetrennt worden waren. Sie lebten unter den grauenhaftesten Bedingungen, die man sich überhaupt vorstellen kann: 2.200 Männer in einem Block, dessen ganze Einrichtung aus fünf Bretterreihen übereinander bestand, die an den Wänden entlangliefen. Der Abstand zwischen den Bretterreihen betrug etwa einen Meter, kaum Platz genug, um sich aufzusetzen. Um hineinzukommen, mussten die Männer auf dem Bauch hineinkriechen, mit dem Kopf voraus. Für die obersten Bretterreihen wurden grobe, lose zusammengenagelte Leitern benutzt. Dort lagen sie, aneinander gepresst, 440 Männer auf jeder Reihe, und versuchten, sich warm zu halten in einem Block, der außer dem Lehm, auf dem er stand, keinen Fußboden und außer ein paar aus den Wänden herausgesägten Löchern keine Fenster hatte, und in der Mitte einen kleinen Ofen, der nicht wärmte.

Es gab keine sanitären Einrichtungen. Eine hastig hinter den Blocks ausgehobene Latrine diente für 11.000 Männer. Sechs Wasserhähne, die jeden Tag ein paar Minuten lang Wasser gaben, waren die einzige Möglichkeit, sich sauber zu halten. Kein Trinkwasser. (Wir Übrigen konnten uns wenigstens illegal welches verschaffen.) Fast nichts zu essen. Dass dennoch die meisten von ihnen am Leben blieben, ist nur der erstaunlichen Fähigkeit des menschlichen Körpers zuzuschreiben, mit noch weniger Nahrung zu überleben, als selbst die Nazis ihm zuzugestehen bereit sind. Und die »Novemberjuden« bekamen keine medizinische Versorgung außer der, die zu ihnen hineingeschmuggelt wurde. Behandlung im Krankenbau war Juden nach den Pogromen verboten.

Als sie zu Tausenden ins Lager eingeliefert wurden, war nicht genug Zeit, ihre Namen zu registrieren. Männer starben zu Dutzenden, ohne dass man ihre Namen kannte; Lebende und Tote vermengten sich in einem grauenhaften Durcheinander. Männer starben auf ihren Brettern und fielen erst auf, wenn sich ihre Nachbarn über den Gestank empörten. Frauen von Männern, die schon wieder zu Hause oder noch im Lager waren, bekamen Leichname oder Asche geschickt – wer zum Teufel kam da noch nach, sie starben so schnell, dass man sie nicht einmal zählen konnte. Andere konnten nicht entlassen werden, weil sie, was das Lager betraf, in dem sie litten und starben, gar nicht existierten – es gab keine Akte über ihre Verhaftung.

Wir in unseren überfüllten Blocks, in Lumpen gekleidet, unterernährt, überarbeitet, wurden von diesen armen Teufeln beneidet, als wären wir Könige. Für alles, was überhaupt nur zu ihnen hineingeschmuggelt werden konnte, waren sie uns zutiefst dankbar: ein Glas Wasser, ein Bissen Brot konnten ein Leben retten. Desgleichen ein Stück Toilettenpapier, das als Verbandszeug diente.

Die Lagerleitung hatte keine Zeit gehabt, ihnen ihr Geld und ihre sonstigen Habseligkeiten abzunehmen. In ihrer Zivilkleidung – es gab für sie keine Uniformen – wurden sie zur späteren genaueren Musterung weggepfercht.

Hier nun aber fanden die Nazis in den Kriminellen Gangster, die ihnen ebenbürtig waren. Diese fielen wie die Geier über die Juden her und begannen, sie bei lebendigem Leibe aufzufressen. Ehe Rödl wusste, was geschah, hatten sie sie schon einer fantastischen Summe ihres Geldes beraubt.

Die Kontrolleure und die Lagerältesten hatten zum Lager hinter dem Zaun freien Zutritt und sollten eigentlich dafür sorgen, dass niemand sonst hineinkam. Sie ließen ihrerseits diejenigen Grünen durchschlüpfen, mit denen sie ihre Schieberkartelle organisierten. Sie begannen, zusätzlich zu dem

Schmuggel, der mit Hilfe der Politischen über deren eigene Kanäle erfolgte, Nahrungsmittel und Sanitätsbedarf einzuschleusen. Die Politischen und Hunderte von Unpolitischen, Juden wie Nichtjuden und selbst manche Grünen, gaben ihre Hilfe umsonst, um das bedrohte Leben der Juden zu retten. Aber die meisten Grünen verkauften ihre Waren für Beträge, die mit dem Wort »Preis« falsch bezeichnet wären. Vielen der unglücklichen Juden zog man 10-, 50-, 100- und selbst 1.000-Mark-Scheine für ein Glas Wasser, eine Tafel Schokolade, einen Verband, ein Aspirin, eine Rolle Klopapier aus der Tasche. Das Geld war nichts mehr wert. Was zählte, war die Zahl der Scheine. Willst du mir 100 Mark für eine kleine Süßigkeit und vielleicht einen Apfel geben? Tu es lieber, sonst nimmt sie dir Rödl für gar nichts ab.

Es gab so viel Geld, dass die Korruption auf einmal über den Stacheldraht hinausging. SS-Leute waren beteiligt, die hohe Bestechungsgelder für den Umtausch des Papiergeldes erhielten, das in der Kantine nicht benutzt werden konnte, weil im Lager nur Münzen bis fünf Mark als legales Zahlungsmittel galten.[15] Die fantastischsten Dinge geschahen, Dinge, die sich mit normalen Worten niemals erklären lassen. Zum Beispiel wird jeder, der seinen Block nach »Licht aus« verlässt, ohne Vorwarnung erschossen. Aber als die Herren Kapos, die echten Gangster unter ihnen, in Geräteschuppen im Wald herumsaßen und Karten spielten und jede Nacht Hunderte und Tausende von Mark gewannen und verloren, da gab es

---

15 Es lässt sich unmöglich sagen, wie viel zusammenkam, aber konservative Schätzungen von Männern, die einen gewissen Einblick in die ganze Geschichte hatten, belaufen sich auf rund 150.000 Mark. Das heißt, dass in einem Lager von 10.000 Häftlingen 150.000 Mark im Umlauf waren, die der Kontrolle der Verwaltung vollständig entzogen waren und sich zum größten Teil in den Händen von nicht mehr als 500 Männern befunden haben oder doch durch ihre Hände gegangen sein dürften.

dort Licht. Alkohol wurde ins Lager geschmuggelt. Daran waren einige der SS-Leute in der Küche und der Milchmann beteiligt, der die SS-Küche belieferte. Er fand sich als Häftling unter uns wieder. Auch Kochs berühmt-berüchtigte Nach-Sylvesterfeier mit Massenprügelstrafen gehört in diesen Zusammenhang.

Rödl kämpfte einen erbitterten Kampf um dieses Geld. Er wollte nicht, dass die Grünen es hatten, weil es die Disziplin und die Moral im Lager untergrub. Und er wollte es für sich selbst haben. Dieses Geld war nirgends registriert, es war gerade so, als hätte er es auf der Straße gefunden.

Eines Abends hielt er uns eine kleine Rede: »Es gibt jüdisches Geld in diesem Lager. Jüdisches Geld stinkt. Dieser Gestank muss aus dem Lager ausgerottet werden. Ich werde nicht ruhen, bis ich euch den letzten Groschen jüdisches Geld aus euren dreckigen Klauen gerissen habe, und wenn es Wochen dauern sollte.« Die Grünen dachten sich offenbar, dass jüdisches Geld in Rödls dreckigen Klauen nicht weniger stinken würde und insofern ebenso gut in den ihren bleiben konnte. Und dort blieb es.

Die Untersuchungen zogen sich wochenlang hin, und die Disziplin im Lager verfiel. Rödl unternahm einen verzweifelten Versuch, sie wiederherzustellen, indem er neue Strafen einführte. In diese Zeit fällt auch der Versuch, Häftlinge zu Geächteten zu erklären, sowie Hubert Richters Erfindung des schwarzen Bunkers. Für jede Art Schiebung, die aufflog, wurden Männer in diesen Bunker gesperrt. Aber das große Geld wurde nicht gefunden.

Eines Abends befahl Rödl während des Appells plötzlich: »Alle Mann Arme auf der Brust verschränken.« Eine Kompanie SS-Leute kam herein und durchsuchte jeden Einzelnen der zehntausend Männer nach Geld. Noch während der Durchsuchung wurden die ersten Sünder gemeldet, die mehr als die erlaubten 10 Mark in der Tasche hatten: Männer mit 11,25 Mark, 10,50 Mark, 12 Mark. Ärgerlich befahl Rödl über den Lautsprecher, man solle sich nicht mit Kleinkram aufhalten. Dann wurden ein paar Männer mit 20 Mark oder dergleichen gefunden, aber es stellte sich heraus, dass es nur Tischeinkäufer waren, die ihre gestrigen Einkäufe noch nicht mit ihren Kunden abgerechnet hatten. Rödl scheuchte sie zurück. Er war auf das »richtige« Geld aus. Aber als die Durchsuchung vorbei war, war kein einziger Mann mit einem nennenswerten Betrag gefunden worden. Es war ein Rätsel, wer den Grünen den Tipp gegeben hatte. Die SS-Leute, die die Durchsuchung vornahmen, wussten nichts davon, bis sie auf dem Platz waren. Der Schluss, dass einige der höheren SS-Offiziere beteiligt waren, schien fast unvermeidlich.

Schließlich löste Koch das Rätsel. Zwei Männer, die er betrunken erwischt hatte, wurden so lange ausgepeitscht, bis sie gestanden. Nun verfolgte er die Angelegenheit zurück durch das ganze Lager bis zu den Blocks der Grünen. Als er so weit gekommen war, ging es leichter: Die Grünen verrieten einander zu Dutzenden. Der ganze Block war beteiligt. Die Kontrolleure wurden als die führenden Gauner und Gangster entlarvt. Sie hatten getrunken und geschmuggelt und gestohlen und geraubt und erpresst; sie hatten jedes nur erdenkliche Verbrechen begangen und zur Vollendung gebracht und gedeckt.

Als die Ermittler den Mann in der Lagerkantine dingfest machten, wurden auch SS-Leute hineingezogen, weil über ihn die größten Summen Papiergeld aus dem Lager hinausgebracht worden waren. Eines Morgens fehlte er beim Appell. Auf den vertrauten Befehl »Stubendienst in den Wald, Vögel suchen« ging der Stubendienst der Grünen direkt zu einem der Geräteschuppen; und siehe da: Dort, in einer Hütte, kaum höher als er groß war, hing seine Leiche. Sowohl Rödl als auch das Lager nahmen selbstverständlich an, dass die Grünen ihn aufgehängt hatten, um ihn an weiteren Geständnissen zu hindern. Rödl forderte sogar eine Kommission des Weimarer Gerichts an, die in dem Mordfall ermitteln sollte. Aber es kam nie etwas dabei heraus.

Schließlich wurde auch Hubert Richter hineingezogen. Es stellte sich heraus, dass er der Obergangster von allen war. Dies war für das Lager keine Überraschung, wohl aber für Rödl. Er hatte großes Vertrauen in diesen Mann gesetzt, der bei der Misshandlung und Tötung anderer Häftlinge, insbesondere Juden, so effektiv gewesen war und Peter Forster und seinen Genossen an den Galgen gebracht hatte. Auch der zweite Henker, Osterloh, Blockältester bei den Grünen, war im Geldkartell.

Ohne Wissen Richters bekam die Lagerleitung Wind davon, wo er sein »Kabinett« hatte, und durchsuchte es. »Kabinette« an sich sind nichts Ungewöhnliches; immer wieder wird eines entdeckt. Es sind geschickt angelegte, verborgene Höhlen in den riesigen Ziegelhaufen, in die sich die Herren Kapos gelegentlich auf eine Zigarettenlänge oder zu einem Schläfchen zurückziehen. Aber Richters Kabinett war etwas Außergewöhnliches: Er hatte dort eine Badewanne! Nachdem er sich die Hände mit der Ermordung anderer Häftlinge schmutzig gemacht hatte, hatte seine Hoheit ein Bad genommen! In diesem Kabinett wurden 2.000 Mark gefunden.

Jetzt steckte die Lagerleitung Richter in den schwarzen Bunker. Von Zeit zu Zeit holten sie ihn heraus und folterten ihn. Eines Abends während des Appells bekam er die furchtbarsten »Fünfundzwanzig«, die je einem Mann verabreicht wurden. Er brüllte wie ein Ochse, als sie ihn prügelten. Er schüttelte die SS-Leute ab, die ihn schlugen, riss sich samt dem schweren hölzernen Bock, auf den er in Brusthöhe geschnallt war, hoch und torkelte über den Platz, wobei er rief: »Erschießt mich, erschießt mich!«, aber sie drückten ihn wieder hinunter und setzten die Exekution fort. Als es vorbei war, lispelte Johnny mit seiner Knabenstimme: »Das war nur die erste Rate, Richter.«

Und schließlich brach Richter zusammen. Es war einer

der erbärmlichsten Anblicke, die ich je gesehen habe, als er die Kommandanten durch das Lager zum Block 45 führte. Koch, Rödl, Johnny, alle höheren SS-Offiziere waren bei der Prozession dabei. Richter konnte kaum noch allein laufen. Aber der SS-Offizier aus dem Bunker prügelte ihn die Straße hinunter. Sein Gesicht war aschfahl, seine Augen waren eingesunken wie bei einem Totenschädel. Er sah so absolut schäbig und erbarmungswürdig aus, dieser mächtige König und Mörder.

In Block 45 zeigte er den hohen Herren das Versteck. Ein Fensterladen, ein alter Schuh, ein Tischbein, ein Strohsack, ein Glas Marmelade und ähnliche Stellen. Tausende von Mark wurden dort gefunden. Doch immer noch war es nur ein Bruchteil dessen, worauf sie aus waren.

Eines Morgens wurde Richter tot im schwarzen Bunker gefunden, seiner eigenen Erfindung. Es war ein so dramatischer Akt der ausgleichenden Gerechtigkeit, dass man ihn im Kino billig finden würde. Aber das Lager freute sich, als wäre es das wundervollste Märchen.

Das Problem jedoch war mit Richters Tod nicht gelöst. Es gab immer noch Geld und immer noch Korruption.

Die politischen Häftlinge sahen, dass die Zeit reif war. Sie hatten es sorgfältig vermieden, sich in Raub und Verbrechen verwickeln zu lassen. Sie wiesen ihre eigenen sauberen Hände vor – und dieses Mal deckten sie diejenigen ihrer eigenen Leute, deren Hände nicht ganz so sauber waren. Jetzt kam es darauf an, sich als die Ehrlichen von den Kriminellen abzuheben.

Während so die mächtigen Grünen einer nach dem anderen durch die Untersuchungen zu Fall gebracht wurden, übernahmen die Roten einen Posten nach dem anderen. Hier ein Kapo, dort ein Blockältester oder mehrere Stubenälteste. Die Grünen wagten nicht, eigene Leute einzuschleusen.

Am 30. Januar 1939 kam der große Umschwung. Er war

radikaler, als irgendjemand erwartet hatte. Alle grünen Amtsinhaber, Stuben-, Block-, Lagerälteste, Kontrolleure und alle anderen privilegierten Gruppen, wurden Mann für Mann abgesetzt und zum Arbeiten in den Steinbruch geschickt. An ihrer Stelle wurden Politische ernannt. Karl Bartel wurde der erste Lagerälteste.

Dahinter stand offensichtlich die Annahme, dass die Politischen weniger korrumpierbar wären und unter der Führung eines Mannes, auf den zu hören sie bereit waren, die Korruption im Lager ausrotten würden. Diese Spekulation erwies sich als richtig. In erstaunlich kurzer Zeit brachte Bartel die Korruption auf ihren normalen Stand herunter, unter den sie angesichts der herrschenden Lebensbedingungen durch keinen wie auch immer gearteten Einfluss gesenkt werden konnte. Aber zusätzlich schaffte er etwas, was Rödl gar nicht gewollt hatte: Er gebot dem schlimmsten Terror der Kapos Einhalt. Prügel und Misshandlungen gingen erheblich zurück. Er selbst legte niemals Hand an einen Mann. Dennoch wurde sein Wort von jedermann befolgt, und er hatte viel mehr Macht, als Richter jemals hatte erlangen können.

Und mit diesem Umschwung erfolgte noch ein weiterer, der noch viel unerwarteter und noch viel radikaler war: Damit die neue Organisation nicht wieder durch jüdisches Geld korrumpiert wurde, nahm Rödl aus den jüdischen Blocks alle nichtjüdischen Amtsinhaber heraus und setzte Juden als Älteste, Friseure, Schreiber und Einkäufer ein. Und für jedes größere Arbeitskommando wurde ein jüdischer Kapo ernannt, der für die Juden zuständig war und dem nichtjüdischen Kapo dieses Kommandos unterstand.

Da all dies am Jahrestag von Hitlers Machtergreifung stattfand, erhielt es im Lager sofort den Spitznamen »Tag der jüdischen Machtergreifung«. Dieser Spitzname brachte in einer einzigen Wendung vielleicht am besten die ganze Wucht der Veränderung zum Ausdruck. Ganze Gruppen, die Herren und Underdogs gewesen waren, wechselten die Rollen. Die inoffizielle Häftlingsgesellschaft hielt dem Großreinemachen besser stand. Schließlich hatten sehr viele Häftlinge die Politischen immer schon als ihre eigentlichen Führer und die Herrschaft der Kriminellen als ein künstlich aufrechterhaltenes Regime von Untermenschen betrachtet.

Es wurden rund 140 jüdische Kapos und Älteste ernannt. Es war keine Zeit, um nach besonders fähigen Männern zu suchen, aber auch keine Zeit, um spezielle Bluthunde aufzuspüren. Jeder, der jemals in einem Konzentrationslager oder im bürgerlichen Leben eine vergleichbare Position gehabt hatte, wurde ernannt. Viele der Neuernannten waren Unpolitische, sogar alte jüdische Kriminelle. Aber die Politischen übernahmen sofort die Führung. Ihr Führer ging noch am selben Abend von Block zu Block, rief die neuen Amtsinhaber heraus und sagte ihnen: »Wir werden keine Korruption unter den jüdischen Kapos und Ältesten dulden. Wir werden uns nicht scheuen, jeden von euch, der sich als Gauner erweist, fertig zu machen oder Koch zu übergeben.« Und das Erstaunliche geschah: Nicht ein einziger wagte zu entgegnen: »Wer bist du denn, dass du hier Befehle gibst?« Ich war gerade in dem Block zu Besuch, in dem er selbst Ältester geworden war, als er aufstand und den Kapos, die aus seinem Block ernannt worden waren, eine ähnliche Rede hielt. Ohne einen einzigen von ihnen beim Namen zu nennen, jagte er ihnen allen Angst ein. Shyftan, der Oberdrahtzieher aus Dachau, rutschte unbehaglich auf seinem Stuhl herum. Er war Kapo eines großen Kommandos geworden. Aber die Rede erwies sich als wirkungsvoll. Shyftan konnte nicht daran gehindert werden, Geld zu nehmen, aber er wurde daran gehindert, ein großes Geschäft daraus zu machen.

Die neuen jüdischen Amtsinhaber waren weniger gewalttätig als die alten Kapos. Manche wollten andere Juden nicht schlagen, andere fürchteten künftige Rache: Niemand erwartete, dass die neue Ordnung von langer Dauer sein würde. Immer wieder kamen Gerüchte auf, dass alles schon in der folgenden Woche wieder rückgängig gemacht würde. Aber als ich vier Monate später das Lager verließ, waren die Juden immer noch im Amt.

In dem Maße, wie sie sich in ihren neuen Positionen sicherer fühlten, begannen die Gauner unter ihnen, sich ihren eigentlichen Impulsen zu überlassen und ihre Untergebenen zu schlagen und zu erpressen. Aber dank der Herrschaft, die die Politischen über sie und über das gesamte Lager ausübten, hielten sich Terror und Korruption in relativ engen Grenzen.

Die Kriminellen kämpften, um ihre Macht zurückzuerlangen. Einige von ihnen, wie Berg, der Killer, waren an der Macht geblieben oder wieder eingesetzt worden, weil sie als Sklaventreiber nicht leicht zu ersetzen waren. Auch die »Kontrolle« musste mit Grünen oder ehemaligen SS-Leuten oder ähnlich gearteten Männern besetzt werden, weil die Politischen einfach keine Meldungen schrieben. Ein paar der früheren Kapos und Kontrolleure sahen ihre Chance gekommen: Sie machten Geständnisse, mit denen sie führende Rote zu belasten versuchten. Dies führte zum Sturz eines der neuen stellvertretenden Lagerältesten und eines oder zweier Kapos.

Eines Morgens wurde die frühere Kontrolle wieder eingesetzt. Ein Schauder lief durch das Lager. Wir wussten, was jetzt von ihnen zu erwarten war. An jenem Morgen arbeitete ich mit anderen Invaliden in einer Steinträgerkolonne. Langsam schleppten wir uns durch den Wald, von kaum jemandem belästigt, da unsere Verbände schon von weitem sichtbar waren. Plötzlich tauchte Rudi auf, der frühere Chef der Kontrolle. Er ließ uns anhalten und antreten und dann strafexerzieren. Nach ein paar Minuten »Auf – Nieder« und »Auf den Bauch, kriecht« hielt er uns eine kleine Rede: »Für diesmal will ich es gut sein lassen. Aber eins lasst euch gesagt sein: Von nun an haben *wir* wieder die Macht. Wir werden euch windelweich prügeln. Wir werden euch zeigen, wer der Herr in diesem Lager ist.«

Es war die eindrucksvollste Äußerung des Machtbewusstseins und des Wir-Gefühls einer Gruppe, die ich je im Lager gehört habe.

Aber die Episode war bald vorüber. Nach ein paar Tagen wurde die alte Kontrolle wieder abgesetzt, neue Männer wurden ernannt, und Rudi kam mit anderen zusammen wieder in den Bunker. Rudi selbst war in eine homosexuelle Affäre verwickelt, und um ihn unschädlich zu machen, sorgten die Politischen dafür, dass die Lagerleitung davon erfuhr. Als er den Bunker bald darauf als Leiche verließ, war die Macht der Grünen endgültig gebrochen.

Warum schlagen sie nicht zurück?

Menschen, die Berichte über die Behandlung im Konzentrationslager hören, fragen immer wieder: »Wenn ich so misshandelt würde, ich würde zurückschlagen. Lieber sterben als nicht zurückschlagen. Warum schlagen sie nicht zurück im Konzentrationslager? Sind das denn keine Männer?« Sie schlagen nicht zurück. Trotzdem sind sie Männer.

Man erwartet von einem Häftling, dass er zurückschlägt, aus Wut, aus Rache, zur Selbstverteidigung, zur Verteidigung seiner Ehre und aus einer Reihe von weiteren Gründen. Warum aber die übergroße Mehrheit nicht zurückschlägt, ist leicht zu erklären: Das Lager steht unter Kriegsrecht. Die geringste Regung des Widerstands wird auf der Stelle mit einer Kugel durch den Kopf beantwortet. Wie in vielen anderen Situationen auch ziehen die Männer es vor, leben zu bleiben, was immer sie zu erdulden haben. Dem Außenstehenden, der fragt: »Warum schlagen sie nicht zurück?«, ist das meist auch klar, und eigentlich will er damit sagen: »Gibt es denn keine Ausnahmen? Gibt es nicht wenigstens ein paar ganze Kerle, denen ihre Chancen egal sind und die zurückschlagen, obwohl sie den sicheren Tod vor Augen haben?« Solche ganzen Kerle gibt es im Konzentrationslager. Aber sie schlagen nicht zurück.

Hunderte von »Rückfälligen« waren, nachdem sie einmal durch die Hölle eines Konzentrationslagers gegangen waren, in vollem Bewusstsein dessen zu ihrer Untergrundbewegung zurückgekehrt, dass sie, sollten sie noch einmal gefasst werden, erneut ins Lager und in Verhältnisse kommen würden, unter denen einem die Kugel durch den Kopf als willkommene Erlösung erscheinen kann. Sie sind gewiss und nach jedem Maßstab »ganze Kerle«. Aber im Konzentrationslager schlagen sie nicht zurück.

Andere, Linke, Liberale und manchmal auch Konservative, haben weiter gegen das Nazi-Regime gekämpft, ständig die Drohung vor Augen, dass sie im Konzentrationslager oder unter dem Fallbeil landen könnten. Aber im Lager schlagen sie nicht zurück.

Wieder andere haben sich, wie die meisten Leute, die fragen, warum niemand zurückschlägt, nie mit Politik befasst, waren ihr Leben lang mutig und haben, ohne erst ihre Chancen abzuwägen, schwere berufliche und sonstige Gefahren bestanden. Sie haben sehr strenge Ehrvorstellungen entwickelt, und wenn irgendjemand in der Außenwelt es wagen würde, sie zu ohrfeigen, würden sie sofort und heftig zurückschlagen. Aber im Konzentrationslager tun sie dies nicht.

Auch die Kriminellen tun es nicht, von denen viele brutal und impulsiv veranlagt sind, Männer, die in Wut und Erregung Menschen umgebracht und zu Krüppeln geschlagen haben. Auch für sie gilt in ihrer Mehrheit, dass das Kriegsrecht und die Kugel durch den Kopf sie von jeder Gegenwehr abhalten. Aber die Frage bleibt: »Gibt es keine Ausnahmen?«

Mir sind keine Ausnahmen bekannt. Ich war vierzehn Monate in zwei der größten Lager. Ich habe Dutzende von Menschen kennen gelernt, die durch praktisch alle deutschen Konzentrationslager hindurchgegangen sind.

Dennoch mag es Fälle geben, von denen ich nichts weiß. Aber auch wenn sich unter den Hunderttausenden von Häftlingen, die in all diesen Jahren durch die Lager gingen, am Ende der eine oder andere fände, der erschossen wurde, weil er zurückgeschlagen hatte, wäre damit noch nicht viel bewiesen. Die allgemeine Feststellung bliebe bestehen: Im Konzentrationslager schlägt man nicht zurück.

Es sind Fälle bekannt, bei denen Männer bei ihrer Verhaftung durch SS-Leute oder während ihrer ersten Verhöre bei der SS oder in der Polizeidirektion zurückschlugen. Ich kannte in Dachau einen Mann, der im berüchtigten Berliner Sitz der SS, dem Columbiahaus, gegen SS-Leute zurückgeschlagen hatte. Er wurde fast in Stücke gerissen. Ernst Winkler schildert in seinem Buch *Four Years of Nazi Torture** seine eigenen, ähnlichen Erfahrungen, als er während seiner ersten Verhöre zurückschlug. Aber all dies geschah, ehe diese Männer ins Konzentrationslager kamen.

Nach allem, was ich von Menschen weiß, die noch bei Kriegsausbruch im Konzentrationslager waren, oder was amerikanischen Presseberichten nach der Befreiung der Häftlinge in den verschiedenen Lagern zu entnehmen ist, scheint es selbst nach Kriegsbeginn praktisch keine Fälle gegeben zu haben, in denen Häftlinge im Konzentrationslager zurückgeschlagen haben. Nicht einmal aus den schlimmsten Vernichtungslagern, in denen Menschen zu Tausenden und Zehntausenden vergast und verbrannt wurden, liegen bislang Berichte vor, die darauf hindeuten, dass sich die Opfer

---

* Ernst Winkler, *Four Years of Nazi Torture*, New York, 1942, S. 50 ff. (A. d. Hg.)

gegen den drohenden Tod oder gegen die allgemeinen Misshandlungen wehrten.

In den ausführlichen Zeitungsberichten über die Misshandlungen, denen amerikanische und britische Kriegsgefangene in deutschen Konzentrationslagern – vor allem in
Buchenwald – ausgesetzt waren, ist nirgends von irgendeinem Widerstand der verprügelten Gefangenen die Rede. Es
sieht ganz so aus, als hätten diese Männer, wenn sie ins Konzentrationslager gesteckt wurden, sich auf ähnliche Weise in
ihre Lage geschickt wie die deutschen Zivilisten, und meiner
Meinung nach aus den gleichen, hier dargestellten Gründen.

Offenbar sind die Gründe, aus denen KZ-Häftlinge nicht
zurückschlagen, nicht ganz dieselben wie die, die einen
Mann in der Außenwelt dazu bringen, Prügel hinzunehmen.
Es ist weder schlichte Feigheit noch Resignation oder
Gleichgültigkeit, und natürlich hat es nicht das Geringste
damit zu tun, dass etwa der Häftling stoisch akzeptierte, was
er als wohlverdiente Strafe betrachtete.

Die einzig mögliche Art und Weise, zu einer Erklärung
für dieses Verhalten zu gelangen, scheint zu sein, dem Häftling Schritt für Schritt auf seinem Weg von der »zivilen« Gesellschaft in die KZ-Gesellschaft zu folgen und ihm bei
seinen Metamorphosen vom »Mann« zum KZ-Häftling zuzusehen.

Der Eintritt ins Lager für einzelne Häftlinge

Einzelne Häftlinge kommen gewöhnlich aus Zuchthäusern
oder Gefängnissen oder von den Gerichten. Normalerweise
werden sie nicht direkt ins Lager eingeliefert, sondern müssen aus verwaltungstechnischen Gründen mehrere Gefängnisse durchlaufen, bis sie nach einigen Tagen, manchmal
auch zwei Wochen, in der Stadt eintreffen, bei der sich das
Lager befindet. Auf diesem Transport werden sie von nor-

malen Polizei- oder Gefängnisbeamten bewacht, deren einzige Sorge es ist, die ihnen unterstellten Männer sicher an der nächsten Station abzuliefern. Es gibt auf dem Transport praktisch kein Herumstoßen und keine Prügel.

Von dieser Stadt aus – in unserem Falle München oder Weimar – wird ein- oder zweimal in der Woche ein Gefangenentransporter ins Lager geschickt, gewöhnlich mit sechs oder acht, selten mit mehr als zehn Häftlingen aus ganz Deutschland.

Bis zu dem Augenblick, in dem sie den Transporter verlassen, waren die Häftlinge zwar rechtlich gesehen bereits Gestapo-Häftlinge, tatsächlich aber noch in den Händen ziviler Amtspersonen. Jetzt werden sie den SS-Wachen des Konzentrationslagers übergeben. Dies ist der Augenblick, in dem sie ihren Status als Mensch verlieren und zu etwas anderem werden: »Schutzhaftgefangene« oder »KZ-Häftlinge«.

Übergangslos sind sie mit einer völlig neuen Welt konfrontiert. Im Eiltempo werden sie durch eine Verwaltungsprozedur gescheucht, die trotz aller Prügel so reibungslos abläuft, als wäre dies das Natürlichste von der Welt.

Wachen schwärmen um die Häftlinge herum, schlagen sie mit Händen, Fäusten, Stöcken, brüllen, man werde ihnen schon beibringen, wie sie sich zu benehmen haben, schimpfen, fluchen, versetzen ihnen Stiefeltritte und drohen ihnen zwischendurch mit einer Kugel aus dem schussbereit getragenen Gewehr. Es ist, als würde man in einen Hexenkessel geworfen. Niemand begreift, was vor sich geht, warum er verprügelt oder angebrüllt wird, was er falsch gemacht hat oder wie er es falsch gemacht hat. Er sieht nur noch, dass jeder verprügelt wird, ganz egal, was er tut, und dass mit anderen Häftlingen, die offenbar schon länger da sind, genauso verfahren wird.

Nie kommt es während dieser ganzen Zeit vor, dass ein einzelner Häftling einer einzelnen Wache gegenübersteht.

Immer hat es die kleine Gruppe der Häftlinge mit einer Art vielköpfigem, organisiertem Mechanismus gleichzeitig zu tun, der stößt, schreit, prügelt, zuschlägt. Und nicht einen einzigen Augenblick kommt es dem Häftling in den Sinn, zurückzuschlagen. Er ist vollkommen damit beschäftigt, das Verfahren hinter sich zu bringen, und überwältigt von der Reibungslosigkeit, mit der es abläuft. Sollte er weitere Erklärungen benötigen, kann er sie jederzeit vom Gewehr des SS-Mannes haben, aber gewöhnlich begreift er die Regeln von alleine.

Nach dem Abendappell werden die Neuzugänge zu ihren Baracken geführt, wo sie in Kontakt mit den alten Häftlingen kommen. In der Nacht erholen sie sich ein wenig, und am Morgen kommt ihnen das Ganze wie ein böser Traum vor. Der Neuankömmling fühlt sich wieder als Mensch, wenn auch in einer fremdartigen Welt. Vielleicht schämt er sich, weil er sich hat prügeln und ohrfeigen lassen. Sein Wille, sich seinen Status als Mensch zu erhalten und ihn notfalls zu verteidigen, ist noch nicht völlig gebrochen.

Er muss aber gebrochen werden. Sonst könnte die Lagerleitung nicht Tausende von Häftlingen unter Bedingungen zusammen halten, die in normalen Gefängnissen jederzeit zu Unruhen und Meuterei führen würden. Der Neuankömmling muss einsehen, dass er weder entkommen noch sich wehren, noch angreifen, noch irgendeine Chance haben kann, sich als Mann zu fühlen. Diese Lektion muss er lernen: Fünfhundert Häftlinge bei der Arbeit, bewacht von zwanzig Gewehrschützen, sind nicht fünfhundert Männer gegen zwanzig Männer, mit zwanzig Gewehren als dem entscheidenden Faktor. Es sind fünfhundert Nummern, die Befehle ausführen, während die Gewehrschützen zufällig dabei sind, um darauf zu achten, dass niemand faul ist oder vielleicht verrückt genug, um davonzulaufen.

Diese Lektion bläut man ihnen ein.

Jeden Morgen, wenn das Lager zur Arbeit ausrückt, wird

der Befehl gegeben: »Neuzugänge und Rücküberstellte**
vortreten.«

Sie werden entweder zu Kapo Sterzer in die Kiesgrube geschickt, der jeden Gedanken an Widerstand verlässlich aus
ihnen herausprügelt, oder von ein paar Offizieren in die
Mangel genommen, gewöhnlich ein Offizier auf zwei oder
drei Männer.

Von diesen Offizieren werden die Neuzugänge ein paar
Tage lang systematisch misshandelt. Jeder der armen Teufel
wird während dieser Tortur viele Male zusammenbrechen. Er
wird über seiner Schubkarre ohnmächtig werden, unter der
Last schwerer Steine umkippen, unter schweren Stockhieben
zusammenbrechen, die auf seinen Schädel niedergehen. Aber
er wird nicht liegen bleiben dürften. Der Offizier wird ihn mit
Stiefeltritten wieder zum Leben erwecken, und wenn das
nichts nützt, dann nützt bestimmt ein Schwall Wasser, das
man ihm ins Gesicht schüttet. Manchmal auch nicht.

Das Schlimmste kommt, wenn der Mann sagt: »Ich kann
nicht mehr.« Dann fällt der Offizier erst richtig über ihn her
und bläut ihm die Lektion ein, derentwegen er durch das
Ganze hindurchmuss: »›Du kannst nicht‹ heißt ›du willst
nicht‹, aber du musst!« Und wieder und wieder wird auf ihm
herumgetrampelt, wird er geprügelt und gehetzt und wieder
hochgescheucht, wenn er zusammenbricht, und wieder und
wieder bekommt er zu hören: »Denk dran, ›ich kann nicht‹
heißt ›ich will nicht‹, aber du musst.«

Es war eine grauenhafte Szene, als ein Offizier einmal bei
einem Mann gar nicht mehr aufhörte, diese Lektion heraus-
zubrüllen. Der Mann stand einfach nicht auf. Der Offizier
bläute sie ihm ein, wieder und wieder, mit Flüchen und Tritten, mit Wasser und Stiefeln. Aber der Mann begriff die Lektion nicht. Er war tot.

** »Rücküberstellte« sind KZ-Häftlinge, die einige Zeit nicht im Lager
waren, beispielsweise wegen eines Gerichtstermins. (A. d. Hg.)

Nach ein paar Tagen mit den Offizieren oder mit Sterzer wird angenommen, dass die neuen Männer ihre Lektion gelernt haben. Jetzt wird erwartet, dass sie tun, was man ihnen sagt, und keinen Ärger mehr bereiten. Es wird erwartet, dass sie sich wie Nummern verhalten, denen man jede Persönlichkeit und jeden Gedanken an Widerstand ausgetrieben hat. Jetzt werden sie wie die alten Häftlinge regulären Arbeitskommandos zugewiesen. Die Initiation ist vorbei.

Der Eintritt ins Lager für große Gruppen

Als die Häftlinge schließlich zu Hunderten und zu Tausenden ankamen, ließ sich diese Methode, die Persönlichkeit und den Widerstand der Neuankömmlinge durch gezielte individuelle Misshandlung zu brechen, nicht mehr anwenden. Es musste etwas Neues gefunden werden, um keine Zeit zu verlieren und den gleichen Effekt mit einem einzigen, entscheidenden Schlag zu erzielen.

Eine Methode wurde gefunden, und der Schlag saß.

Große Häftlingstransporte werden gewöhnlich mit dem Zug direkt ins Konzentrationslager gebracht, bewacht von ein oder zwei Kompanien SS-Leuten, die zu diesem Zweck vom Lager entsandt werden. Diese SS-Leute wissen, wie sie mit künftigen KZ-Häftlingen umzugehen haben. Sie wissen, dass sie ihnen ihre Lektion in einer einzigen Nacht im Zug erteilen müssen. Und sie tun es.

*

Wir einhundertundfünfzig Häftlinge, die wir am 1. April 1938 nach Dachau kamen, waren die ersten Österreicher, die in deutsche Konzentrationslager geschickt wurden.[16] Seit-

---

16 Einige Tage zuvor waren die beiden Herzöge von Hohenberg und ein Habsburger Erzherzog eingeliefert worden.

her haben Tausende dieselbe Reise gemacht. Wir alle haben Szenen des Grauens mit angesehen und durchgemacht, bis auf den Grund der Hölle, wo der letzte Gedanke an Menschlichkeit unter den Schreien gefolterter Häftlinge und den Flüchen und Beschimpfungen ihrer Folterknechte erstirbt. Und doch sind wir uns alle einig – nichts ist mit der Nacht im Zug von Wien nach Dachau vergleichbar.

Im Polizeigefängnis hatten wir unter der Aufsicht der österreichischen Polizei gestanden. Obwohl sehr viele Polizisten schon vor dem Anschluss Österreichs Nazis waren, wurden wir mit Ausnahme einiger Häftlinge, die zu Verhören vor die deutsche Gestapo und SS gebracht wurden, nicht misshandelt. Aber diese Ausnahmen waren selten. Die meisten von uns wurden ohne jedes Verhör ins Konzentrationslager geschickt.

Eines Abends wurden einige von uns aus den Zellen geholt und in anderen Zellen zusammengesperrt. Am nächsten Abend trieb man uns hinaus und führte uns über Treppen und Gänge durch das riesige Gebäude zu einem Hinterausgang. Dort wurden wir in Gefangenentransporter verladen.

Ich war der letzte Mann in der Reihe. Vor mir ging Dr. Bick, der Generaldirektor der Österreichischen Nationalbibliothek, ein großer Mann von etwa 65 Jahren, der mit bewundernswerter Ruhe und Würde durch die Gasse der starrenden und höhnenden Polizisten schritt. Kurz ehe wir aus dem Gebäude traten, erblickte ihn ein junger Polizist und sagte: »Seht euch den an! Sieht aus wie ein Abteilungsleiter.« Und er spuckte ihm mitten ins Gesicht. Dr. Bick zuckte nicht mit der Wimper.

Wir stiegen in die Transporter, und sobald ich drin war, fuhren wir los. Da saßen wir nun im Dunkeln, zusammengepfercht, schwitzend, und wagten kaum zu reden. Wir versuchten zu erraten, wo wir hinfuhren. Durch das kleine Fenster konnten wir sehen, wie der Transporter den Ring überquerte und dann in die Mariahilfer Straße einbog. Dies ist eine von Wiens Hauptverkehrsstraßen, und sie führt zum Westbahnhof. Plötzlich begriffen wir, dass wir auf dem Weg nach Dachau waren. Alles Reden verstummte. Wir waren auf dem Weg in die Hölle.

An einem Hintereingang des Bahnhofs hielt der Transporter an. Die Tür wurde aufgerissen, jemand brüllte, wir sollten rauskommen, verdammt noch mal. Nach der Dunkelheit im Wagen halb blind, sprangen wir hinaus und wurden sofort zum Spießrutenlauf durch enge Gassen von SS-Männern gejagt. Sie schrien und fluchten, traten uns mit den Stiefeln, schlugen uns mit den Kolben ihrer Gewehre, stellten uns ein Bein, trampelten auf uns herum, brachten uns mit Tritten wieder auf die Füße und scheuchten uns zu den Eisenbahnwagen.

Und wir rannten ums nackte Leben. Keiner von uns hatte Zeit, an Gegenwehr auch nur zu denken. Wir konnten nur zusehen, dass wir ihren Gewehrkolben auswichen. Das Inferno, das sie um uns herum veranstalteten, hätte auch einen Helden in Panik versetzt. Nach Atem ringend und schlotternd vor Aufregung oder Angst kletterten wir die Stufen zu den Wagen empor. Im Gang gab es noch mehr SS-Leute, noch mehr Gebrüll und Geprügel. Jeder von uns rannte in das erstbeste Abteil mit einem leeren Platz, dicht gefolgt von dem nächsten Mann, und dem nächsten, und dem nächsten, bis acht Plätze besetzt waren.

Nach dem letzten Mann trat ein SS-Mann in die Tür, in voller Montur mit Stahlhelm, Gewehr und Bajonett. Er kommandierte: Gerade sitzen! Augen auf! Mund zu! Hände auf die Knie! Dies tun! Jenes tun! Nicht bewegen, oder ihr werdet erschossen! Nicht aus dem Fenster schauen, oder ihr werdet erschossen! Mund zu, oder ihr werdet erschossen! Dies nicht tun! Jenes nicht tun! Ihr werdet erschossen! Ihr werdet erschossen! Dies tun! Jenes tun! Ihr werdet erschossen! Dies nicht tun! Ihr werdet erschossen!

Und jeder von uns tat gehorsam, was befohlen wurde.

In diesem Augenblick verwandelte sich der Mensch in uns in einen Automaten, der Befehle ausführte.

Ich erinnere mich, dass ich mir sagte: »Wenn sie uns alle umbringen wollten, warum sollten sie uns dann in einen Zug setzen?« Ich riskierte einen Blick auf meine Nachbarn. Die meisten waren alte Männer. Ich sagte mir, dass ich in besserer körperlicher Verfassung war als die anderen und deshalb vermutlich noch am ehesten eine Chance hatte, diese Nacht zu überstehen.

Wir hörten, wie der Befehl durchgegeben wurde: »Nicht einschlafen lassen.« Man befahl uns, dem Mann gegenüber in die Augen zu schauen. Die ganze Nacht lang schaute ich Dr. Bick in die Augen. Wenn es so aussah, als würde ich einschlafen, schob er sachte seinen Fuß gegen meinen, und ich erwies ihm den gleichen Dienst.

Die Tortur ging die ganze Nacht über weiter. Turnübungen, Drill, Beschimpfungen, Ohrfeigen, Kolbenschläge, Stiefeltritte, unterbrochen von neugierigen Fragen nach unseren Berufen. Einer der jungen Rowdys schlug Dr. Bick ins Gesicht und fragte ihn dann, was er vorher gewesen wäre. Dr. Bick antwortete mit fester, furchtloser Stimme: »Geistiger Schwerarbeiter. Ich habe jeden Tag sechzehn bis achtzehn Stunden gearbeitet.« Nur wer die Verachtung der Nazis für die Intellektuellen kennt, kann den grimmigen Humor würdigen, mit dem der alte Mann sich über einen Nazi-Bengel mit einem Gewehr in der Hand lustig machte.

In einem anderen Wagen entlud sich die Gewalt vor allem bei Herrn Schmitz, dem faschistischen Bürgermeister der Stadt Wien. Ein Staatssekretär, durch Schmitz' Schicksal gewarnt, antwortete, er sei Anwalt. Er kam etwas billiger davon.

Ein Vorfall ist meiner Meinung nach charakteristisch. Ein Mann in meinem Abteil wurde gefragt: »Was bist du?« »Erster Staatsanwalt.« Umgehend bekam er eine Ohrfeige. »Du bist ein Arschloch. Was bist du?« »Staatsanwalt.« Er erhielt eine weitere Ohrfeige. »Was bist du?« Jetzt sagte er: »Ein Arschloch.«

Schritt für Schritt konnte man die Veränderung im Kopf des Mannes verfolgen, von dem Ersten Staatsanwalt, als der er sich sah und als der er seinem Feind die Stirn bot, zu einem armen Luder, das versuchte, in dieser Höllennacht am Leben zu bleiben. Er wäre es sicher nicht, hätte er darauf bestanden, dass er Erster Staatsanwalt war.

Alle zwei Stunden wurden die Wachen abgelöst. Viele von ihnen waren betrunken. Soweit ich weiß, ist der Transport von Häftlingen ins KZ die einzige Gelegenheit, bei der sich die Wachen im Dienst betrinken dürfen. Es ist Teil des Systems.

Dazwischen gab es kurze Pausen, in denen nichts Besonderes passierte. Wir schauten einfach dem Mann gegenüber in die Augen. Dann geschah es immer wieder, dass irgendein vorüberkommender SS-Mann fragte, wieso wir »bequem« säßen und ob wir meinten, wir seien auf dem Weg in ein Sanatorium; und er veranstaltete sein eigenes kleines Fest mit uns.

Es schien, als würde die Nacht niemals enden. Prügeln, Brüllen, Schauen, Prügeln, Drill, Brüllen, Schauen.

Wir hatten Wien etwa um 7 Uhr abends verlassen und kamen etwa um 6 Uhr morgens in Dachau an. Wir wurden auf Lastwagen der SS verladen und erhielten den Befehl, die Köpfe auf die Knie zu legen. Wer aufblickt, wird erschossen.

Im Lager wurden wir unter großem Geschrei und Geprügel ausgeladen. Da wir die ersten Österreicher waren und es unter uns viele bekannte Männer gab, kam Kommandant Loritz selber und hielt eine Rede. Er erklärte uns, dass es im Lager die Prügelstrafe gebe und dass wir gut daran täten, uns verdammt gut zu benehmen, da mit dem Ochsenziemer nicht zu spaßen sei. Er las unsere Namen von einer Liste ab und stellte uns seinen lieben Kameraden vor. Wer einen klangvollen Titel trug, etwa der Bürgermeister von Wien, der Finanzminister, der Polizeipräsident, ein Generalkonsul aus Wien, wurde mit Hurra begrüßt und musste gleich einen kleinen Spießrutenlauf absolvieren.

Dann mussten wir in Reih und Glied antreten und durften uns nicht rühren. Über Nacht war Schnee gefallen. Da standen wir, frierend, in strammer Habtachtstellung. Nach dieser grauenvollen Nacht genügte ein einziger Mann, um uns in Schach zu halten.

Die Sonne ging auf, stieg höher und höher, begann, auf unsere bloßen Köpfe zu brennen. Alte Männer fielen in Ohnmacht. Wir durften ihnen nicht aufhelfen. Mit Fußtritten brachte man wieder Leben in sie.

Schließlich begann die Verwaltungsprozedur. Unter Brüllen und Prügeln wurden wir durch die normale Routine gehetzt, dann mussten wir auf dem Appellplatz antreten. Den ganzen Tag über schwärmten SS-Leute um uns herum, hänselten uns, schlugen uns. Nach dem Abendappell wurden wir zu unseren Blocks geführt, und nun bekamen wir zum ersten Mal nach sechsunddreißig Stunden etwas zu essen. Dann schliefen wir auf den Strohsäcken ein, die den Boden eines ansonsten leeren Blocks bedeckten. Wir waren todmüde und schliefen den abgrundtiefen Schlaf eines überanstrengten Pferdes, das einfach nicht mehr weiterkann.

Am nächsten Morgen wurde aus uns ein Sonderarbeitskommando mit einer ungewöhnlich großen Zahl von SS-Offizieren und Kapos gebildet.[17] Wochenlang unterzog man uns der lagerüblichen »Sonderbehandlung«, bis der Terror endlich nachließ, die alten Männer und die Invaliden zu den leichteren Arbeiten geschickt und die übrigen den normalen Arbeitskommandos zugewiesen wurden. Von da an unterlagen wir »nur« noch dem »normalen« Terror dieser Hölle.

---

17 Siehe das Kapitel »Ein Tag im Konzentrationslager« zum Abriss des alten Bunkers.

Wir gingen in der großen Masse der älteren Häftlinge auf, wir passten uns ihrer Lebensweise an, die Initiation war vorbei.

Hier sei, um jeden Zweifel auszuräumen, noch hinzugefügt: Ich habe nicht versucht, das Grauen dieser Nacht im Zug als solches zu beschreiben. Ich habe alles weggelassen, was so gedeutet werden könnte, als sei es dem Einfallsreichtum der Wachen selbst entsprungen. Es gab Auswüchse von Sadismus, die ich ebenfalls als Teil des Systems betrachte, aber von anderen dem Handeln Einzelner zugeschrieben werden könnten. Ich habe nur beschrieben, was jenseits jedes Zweifels Teil eines sorgfältig geplanten Systems ist, mit dem der Widerstandsgeist der neuen Häftlinge gebrochen werden soll.

Später merkte die Lagerleitung, dass sie sich ein Gutteil der anfänglichen Abrichtungsprozedur sparen konnte, wenn sie den Terror im Zug verschärfte. Die einhundertundfünfzig Männer, die am 24. Mai ankamen, mussten die ganze Nacht mit hinter dem Kopf verschränkten Händen dasitzen und in das elektrische Licht starren. Sie wurden schwerer misshandelt als wir. Aber im Lager selbst war ihre Initiation leichter. Es ist schwer zu sagen, was vorzuziehen ist. Aber es ist wichtig, das System kenntlich zu machen.

Je größer die Transporte wurden, desto wüster wurde der Terror. Als die Wiener Juden in Gruppen von fünf- und sechshundert Mann ankamen, waren sie so misshandelt und gequält worden, dass manche den Verstand verloren hatten und durch die geschlossenen Fenster gesprungen waren. Sie wurden »beim Fluchtversuch« erschossen. Ein Transport kam mit acht Toten an. Bei einem anderen Transport verlor ein Mann während des Ausladens den Verstand und rannte in die falsche Richtung. Er wurde sofort erschossen. Andere SS-Leute wurden nervös, als sie die Schüsse hörten, und begannen ebenfalls zu schießen. Innerhalb weniger Minuten lagen fünf Häftlinge tot am Boden, andere waren verletzt.

Zufällig wurde auch ein SS-Mann durch eine Kugel verletzt.

Wenn große Gruppen eintrafen, gab es nicht genug Arbeitsgeräte, um sie zu beschäftigen. Aber sie unbeschäftigt zu lassen, bis die neuen Arbeitsgeräte kamen, hätte ihnen Zeit genug lassen können, sich von dem Schock im Zug zu erholen. Also wurde ein rotierendes System organisiert: Die Männer machten eine lange Fuhre mit der schwer beladenen Schubkarre, leerten sie aus, übergaben sie einem neuen Mann und stellten sich zur nächsten Runde an. Den ganzen Weg entlang waren SS-Offiziere postiert, die sie voranscheuchten und prügelten; so dass die Zeit an der Wartestation nur eine kurze Unterbrechung zwischen zwei langen Spannen der Todesangst wurde.

Schließlich gab es nicht einmal mehr für ein solches System genug Schubkarren. Den nächsten Schub von sechshundert Männern ließ man schwere Zementblöcke auf den Schultern etwa 750 Meter weit schleppen. Die Steine wurden nicht gebraucht, aber die Männer mussten beschäftigt werden. SS-Offiziere sorgten den ganzen Weg entlang dafür, dass die Männer mit ihren Steinen immer schneller wurden und auf dem Rückweg rannten. Sie durften nichts trinken und keine Pause machen. In der sengenden Sonne bekamen viele von ihnen einen Sonnenstich. Brachen zusammen. Wurden mit Tritten wieder auf die Beine gebracht. Brachen wieder zusammen. Wurden wieder getreten, bis sie hochkamen. Manche verloren unter der Tortur den Verstand. Dann warf jemand ganz plötzlich seinen Stein fort und rannte wild im Kreis herum, immer enger, immer enger, bis er schließlich in der Mitte zusammenbrach. Der Tod hatte seinem Lauf ein Ende gesetzt. Andere wurden auf Schubkarren zum Krankenbau gebracht und erstickten, noch ehe sie ankamen. Um den Terror zu verstärken, wurden ein paar Leute »beim Fluchtversuch« erschossen. Die Bilanz waren achtzehn Tote innerhalb von sechsunddreißig Stunden.

Aber der Zweck war erfüllt: Jeder Funken Widerstand, der in diesen sechshundert Männern nach der Nacht im Zug noch hätte lebendig sein können, wurde innerhalb von wenigen Tagen gründlich ausgetreten.

*

Die gleiche Prozedur des »Abrichtens« wurde in etwas anderer Form auch bei den dreihundert österreichischen Zigeunern angewendet. Häftlinge wie Lagerleitung schienen von diesen »Steppensöhnen«, die für ihre Unbezähmbarkeit, ihre Messerkünste und ihre Kämpfe mit der Polizei berühmt waren, ein anderes Verhalten zu erwarten. Sie könnten zurückschlagen, in erster Linie weil sie nicht verstanden, dass diese Situation grundsätzlich anders war als jede andere Situation, in der sie jemals mit der »bürgerlichen« Gesellschaft zusammengeprallt waren. Niemand glaubte, dass sie zu Arbeit und Disziplin imstande seien.

Doch alles Gerede über die »freien Steppensöhne« erwies sich als reine Romantik. Sie reagierten genauso wie wir anderen auch. Sie bekamen in der Nacht im Zug den Schock ihres Lebens, sogar noch mehr als wir übrigen, weil sie noch weniger verstanden, worum es eigentlich ging. Sie vergaßen völlig ihre berühmte Unbezähmbarkeit.

Die Lagerleitung fiel für alle Fälle noch wüster über sie her als über uns. Am ersten Tag wurden mehrere von ihnen »beim Fluchtversuch« erschossen und die übrigen damit erfolgreich terrorisiert. Dann ging Kommandant Högl daran, ihnen »geregelte Arbeit« und »Zivilisation« beizubringen. Zusammen mit Blockführer Wagner inspizierte er ihre Arbeitsstellen, griff sich ein paar von ihnen wegen Faulheit heraus und ließ Wagner an Ort und Stelle die »Fünfundzwanzig« an ihnen vollstrecken. Nachdem sich dies ein paar Tage lang wiederholt hatte, nahm man an, dass die Zigeuner ihre Lektion begriffen hatten. Und das hatten sie tatsächlich – es gab so gut wie keinen Ärger mehr mit ihnen.

Dass all dies Teil eines sorgfältig geplanten Systems und keine zufälligen Misshandlungen waren, wurde uns auf dem Weg von Dachau nach Buchenwald noch einmal deutlich bestätigt. Wieder verbrachten wir eine ganze Nacht im Zug, bewacht von Dachauer SS. Doch für die meisten von uns verlief die Fahrt relativ ruhig, nur in ein paar Wagen kam es zu irgendwelchen Aufregungen und Prügeln. Offenbar wurden wir als »alte Häftlinge« betrachtet, die sich auskannten und keiner besonderen Aufmerksamkeit bedurften.

Aber in Weimar wurden wir von der Buchenwalder SS übernommen, die meinte, uns für unsere neue Umgebung abrichten zu müssen. Sie waren sehr stolz auf die Hölle, die sie dort oben betrieben, und brüllten immer wieder, die »schönen Zeiten von Dachau« seien jetzt vorbei. Ehe wir in die SS-Lastwagen verladen wurden, mussten wir in einem Straßentunnel antreten, und dort fielen sie mit all der extremen Grausamkeit über uns her, die Neuzugängen vorbehalten war.

Später erfuhren wir, dass in Buchenwald die Attacke im Tunnel zum normalen Ablauf gehört, wenn Neulinge in so großer Zahl ankommen, dass sie nicht direkt in die Lastwagen verladen werden können. Diese Attacke erreichte ihren Höhepunkt, als während der Pogrome ein paar Wochen nach unserer Ankunft 11.000 Juden eingeliefert wurden. Viele von ihnen kamen auf Lastwagen und Autos aus verschiedenen Teilen Deutschlands und hatten noch nicht einmal die übliche Nacht im Zug durchgemacht. So musste der ganze Anfangsschlag auf die kurze Zeit im Tunnel konzentriert werden. Das Blut floss in Strömen, es gab gebrochene Gliedmaßen und eingeschlagene Schädel; sie kamen mit den grauenhaftesten Verletzungen im Lager an. Aber wieder war der Zweck erfüllt: Mit einem einzigen, entscheidenden Schlag wurde diesen Unglücklichen der bloße Gedanke an Widerstand ein für alle Mal ausgetrieben.

Wie gesagt: Die übergroße Mehrheit der Häftlinge schlägt nicht zurück, weil sie die Kugel fürchtet. Ich möchte hier nur versuchen, die Frage zu beantworten, warum es nicht mehr Ausnahmen gibt, oder doch wenigstens mehr Ausnahmen als vielleicht ein oder zwei Häftlinge unter Hunderttausenden.

So könnte man erwarten, dass Menschen zurückschlagen, weil sie den Verstand verlieren und zum Angriff übergehen, Kugel oder nicht. Es ist durchaus möglich, dass so etwas geschieht. Doch verlieren nicht viele Männer den Verstand unter den Misshandlungen, und von denen, die ihn verlieren, verfallen nicht viele in eine gewalttätige Form von Wahnsinn. Die Chance, dass gerade ein SS-Mann dabeisteht, wenn ein Mann den Verstand verliert, und dass sich der Wahnsinn dieses Mannes dann gegen den SS-Mann richtet, scheint eher gering. Und solche Fälle dürften auch kaum mit der Frage gemeint sein: »Warum schlagen sie nicht zurück?«

Doch oft meint jemand etwas Ähnliches, wenn er sagt: »Wenn man mich prügeln würde, würde ich dermaßen in Rage geraten, dass ich gar nicht mehr wüsste, was ich tue, ich würde nicht daran denken, dass ich erschossen werden könnte, ich würde einfach blindlings und ohne nachzudenken zurückschlagen. Ganz sicher.«

Das würde er nicht. Niemand tut es. Es ist auch unwahrscheinlich, dass die Menschen, die diese Frage stellen und sich denen, die nicht zurückschlagen, so haushoch überlegen fühlen, von so außergewöhnlichem Zuschnitt sein sollten, dass auf sie nicht zutrifft, was für Hunderttausende von Männern gilt, Männern, von denen so mancher einen Mut bewiesen hat, der weit über das hinausgeht, was die Pflicht von ihm gefordert hätte. Hier scheint die Annahme plausibler, dass der Mann, der die Frage stellt, ebenso wenig zurückschlagen würde wie die anderen, und aus den gleichen Gründen, welche dies auch immer sein mögen.

Gewöhnlich ist mit dieser Frage auch nicht die Selbstverteidigung gemeint – außer vielleicht die unbewusste –, weil die meisten Menschen zugestehen werden, dass ein Mann, der genug Verstand hat, um sich bewusst selbst zu verteidigen, auch genug Verstand hat, es bleiben zu lassen, wenn ihn dies ebenjenes Leben kosten könnte, das er verteidigen möchte.

Gewöhnlich ist damit gemeint, dass man erwartet, der Mann müsse sich schämen, wenn er geschlagen wird, und werde zurückschlagen, um seine Mannesehre zu verteidigen. Sagt man: »Ich würde so in Rage geraten, dass mir alles egal wäre«, so ist damit impliziert, dass man über eine Demütigung in Gestalt einer Ohrfeige wütend wird.

Um zu verstehen, warum der Häftling nicht zurückschlägt, sollten wir vielleicht erst einmal fragen: Warum schlägt ein Mann in der zivilen Gesellschaft zurück? Welche der Gründe, die ihn zurückschlagen lassen, gelten im Lager nicht? An welchem Punkt auf seinem Weg von der einen in die andere Gesellschaft begreift der Mann, dass sich die Regeln, die sein Verhalten bestimmen, geändert haben?

»Ehre« ist ein sozialer Begriff, ebenso wie die Notwendigkeit, sie zu verteidigen. Es kann nicht, wie die Notwendigkeit der Selbsterhaltung, in einem Individuum allein entstehen, sondern muss vor dem Hintergrund der sozialen Situation gesehen werden, deren Teil es ist.

Zurückzuschlagen, wenn man angegriffen wird, ist eine der grundlegenden Bezugsgrößen in unserer Gesellschaft. Nur eine kleine Minderheit hält sich im konkreten Falle einer Ohrfeige an die christliche Regel und streckt auch noch die andere Wange hin.

Wer nicht zurückschlägt, gilt als Feigling, sowohl bei anderen Menschen als auch vor sich selbst. Weil der Bezugsrahmen dieser Gesellschaft ein integraler Bestandteil seiner

Persönlichkeit geworden ist, bleibt ihm praktisch keine andere Alternative, außer wenn er so offensichtlich im Nachteil ist, dass sein Nichtzurückschlagen damit entschuldigt ist. Aber das ist selten der Fall. Der Mann, der sich auch gegen schwere Übermacht noch wehrt, wird als Held bewundert. Wenn er dafür zu leiden hat, wird er als Märtyrer für seine Ehre gerühmt. Das Mehr an Beifall ist zum Teil ein Ausgleich für seine Leiden.

Der Mann, der nicht zurückschlägt, büßt seinen Status in seiner Gemeinschaft ein. Anerkennung durch die Gemeinschaft, in der wir leben, ist eines unserer Grundbedürfnisse. Mancher Selbstmord ist ein Ausweg aus einer Gemeinschaft, in der jemand meinte nicht mit dem Statusverlust weiterleben zu können, den er erfahren hatte, weil er sich hatte schlagen lassen ohne zurückzuschlagen.

Wenn ein Land besetzt ist und ein Mann von einem Angehörigen des feindlichen Heeres beleidigt wird, hat er gewöhnlich die Wahl, wie er handeln will. Wenn er zurückschlägt und die Oberhand über den Feind gewinnt, wird er als Held bewundert. Wenn er sich noch mehr Misshandlungen zuzieht, vielleicht verhaftet und hingerichtet wird, wird er als Märtyrer betrachtet, der für sein Land gestorben ist. Er weiß, dass sein Tod für seine Freunde ein Signal ist, und er erwartet von ihnen, dass sie ihn rächen.

Der Mann, der nicht zurückschlägt, wird gewöhnlich nicht als Feigling betrachtet, sondern als Opfer der Brutalität des Feindes. Die ihm zugefügte Beleidigung wird als Märtyrertum verherrlicht. Er wird nicht an sozialem Status verlieren.

Der Mann, der im Konzentrationslager geohrfeigt wird oder über den Bock geht, hat keine andere Wahl, als dies durchzustehen, wenn er nicht Selbstmord begehen will. Der eigentliche Unterschied zum zivilen Leben aber ist: Hier erwartet niemand von ihm, dass er zurückschlägt. Sollte er dennoch zurückschlagen und umstandslos erschossen werden, wird ihn niemand als Held oder Märtyrer verherrlichen. Der einzige Kommentar, den er von seinen Mithäftlingen zu erwarten hat, wäre: »Verdammter Idiot«, dem sie allenfalls noch anfügen: »Was denkt er denn, wer er ist? Ist sich zu gut für etwas, das wir jeden Tag aushalten müssen? Zur Hölle mit ihm!«

Dagegen wirkt sich die Art und Weise, wie er die Prügel durchsteht, durchaus auf seinen Status aus. Schreit und heult er, wird er als Schwächling betrachtet. Fleht er um Gnade (die ohnehin nie gewährt wird), verachtet man ihn.

Hinzuzufügen wäre, dass Männer, die unter der Prügel oder am »Baum« flehen und schreien, in der Regel noch mehr Schläge erhalten oder länger hängen müssen. Denn die Wachen denken im Grunde genauso: Es ist ehrenrührig, wenn ein Mann unter der Tortur schreit. Für den Mann, der sie auf die richtige Weise durchsteht, bringen sie ein wenig (wenn auch nicht viel) Achtung auf.

Bei den Wachen ist dies nur das teutonische Bild von der Rothaut am Marterpfahl, wie sie es von ihrer Karl-May-Lektüre her kennen.[18] Aber bei den Häftlingen ist es schlicht und einfach Selbsterhaltung, weitab von jedem Rothaut-Image. Sie stehen vor folgendem Konflikt: Auf der einen Seite ist ihnen der gewöhnliche Weg des Statusgewinns und -erhalts, nämlich zurückzuschlagen, wegen seiner absolut selbstmörderischen Folgen praktisch versperrt. Wenn nicht eine ganze Gesellschaft aufgrund von Vorgängen Selbstmord begehen will, die keineswegs eine äußerste Beleidigung darstellen, sondern Alltag sind, muss sie ihre Begriffe von Ehre und sozialem Status diesem Alltag anpassen.

Diese Anpassung wird bewerkstelligt, indem man nicht zulässt, dass eine Beleidigung dem Status eines Mannes abträglich ist. Es wird kein sozialer Druck auf ihn ausgeübt,

---

18 Karl May ist der Autor von zahlreichen Indianergeschichten, die ein bei deutschen Jugendlichen weit verbreiteter Lesestoff sind.

zurückschlagen zu müssen. Andererseits aber wird gewaltiger sozialer Druck auf ihn ausgeübt, die Kränkung auf die richtige Weise durchzustehen, nämlich schweigend und stoisch, vor, während und nach den Schlägen.

Die Prügel selbst werden zu etwas vollkommen Unpersönlichem wie das Wetter oder ein Unfall. Wenn die Sonne heiß brennt oder wenn Regen und Hagel auf ihn niedergehen, gefällt das dem Häftling nicht. Aber es wirkt sich nicht auf seinen Status aus. Wenn sich ein Arbeiter an seiner Maschine verletzt, dann ist das sein Berufsrisiko, und niemand verachtet ihn deswegen – allenfalls äußern seine Kollegen Zweifel an seiner fachlichen Eignung. Geohrfeigt und verprügelt zu werden, ist eines der Berufsrisiken des Mannes, der zufällig den Beruf des »KZ-Häftlings« hat. Sagt man von einem Mann: »Er hat ›Fünfundzwanzig‹ bekommen«, ist das eine rein sachliche, von jedem Werturteil freie Feststellung. Sagt man: »Keine Ahnung, was mit dem Kerl los ist. Der kriegt immer wieder ›Fünfundzwanzig‹«, ist das eine abfällige Bemerkung, denn sie impliziert, dass dieser Mann aufgrund seiner Unvorsichtigkeit überdurchschnittlich häufig erwischt und verprügelt wird.

So wird das Prügeln aus einer Angelegenheit von Mann zu Mann zu einer Angelegenheit von Gruppe zu Gruppe. Hier sind wehrlose Häftlinge. Dort sind Wachen mit Pistolen und Maschinengewehren. Ein Einzelner kann da gar nichts machen.

Für den Häftling ist die SS-Wache oder der Offizier, der ihn ohrfeigt, nicht so sehr ein Mann, der ihn mit einer Beleidigung demütigt, als vielmehr eine Art niederes Tier, unangenehm und gefährlich. Der Biss einer Schlange oder eines tollwütigen Hundes hat viele unangenehme Folgen. Man kann daran sogar sterben. Aber gewiss erregt er bei den Mitmenschen keine Verachtung.

Es gibt eine Reihe von Parallelen, Situationen, in denen Menschen »in Rage geraten« und zurückschlagen, obwohl sie es nicht tun sollten. Kinder schlagen manchmal gegen ihre Eltern zurück, Schüler gegen ihre Lehrer und mitunter auch Häftlinge in einem normalen Gefängnis gegen ihre Aufseher oder Zivilisten auf der Straße gegen einen Polizisten, der sie verhaftet. All diesen Situationen ist zweierlei gemeinsam: Zurückschlagen ist dabei nicht identisch mit Selbstmord, und der Begriff der Ehre und der Verteidigung dieser Ehre ist ein von beiden Parteien akzeptierter Sachverhalt. Das betreffende Individuum mag bestraft werden, weil es gegen das Gesetz verstoßen und in einer Situation zurückgeschlagen hat, in der dies ausdrücklich verboten ist, aber diejenigen, die ihn bestrafen, betrachten ihn immer noch als jemanden, für den normalerweise gilt, dass man bei einem Angriff zurückschlägt.

Der Bürger, der von einem Polizisten geschlagen wird, befindet sich in einem Konflikt zwischen dem Grundprinzip einerseits, das lautet: schlag zurück, und der Ausnahme andererseits: aber niemals bei einem Polizisten – bei einem Polizisten kannst du nur hingehen und Beschwerde einlegen. Manchmal werden Menschen so wütend, dass sie den Polizisten schlagen. Dann werden sie vor Gericht gestellt und verurteilt, nicht weil der Polizist im Recht war, sondern weil der Polizist die Staatsgewalt repräsentiert und als solcher geschützt werden muss. Der jeweilige Polizist aber wird vielleicht verurteilt, weil er einen Bürger geschlagen hat. Gelegentlich mag ein Beschuldigter plädieren: »Es ging um meine Ehre. Ich bin so wütend geworden, dass ich gar nicht mehr wusste, was ich tat. Ich bin sicher, dass Euer Ehren an meiner Stelle genauso gehandelt hätte.« Manchmal erweist sich diese Art der Verteidigung als erfolgreich.

Unsere zivile Gesellschaft kann sich eine Ausnahme von der Regel, dass der Polizist sakrosankt ist, gelegentlich leisten. Das Konzentrationslager kann sich in Bezug auf seine SS-Leute nicht eine einzige Ausnahme leisten – die Existenz des Lagers selbst wäre sofort bedroht.

Der Mann, der den Polizisten geschlagen hat, wird von seinen Mitbürgern nach seinen Motiven beurteilt. Bei Menschen, die lange Gefängnisstrafen erhalten, weil sie bei politischen Auseinandersetzungen gegen Polizisten zurückgeschlagen haben, hat das fast nie einen Statusverlust und gewöhnlich sogar einen Statusgewinn zur Folge.

In Situationen »in Rage« zu geraten, in denen man dies nicht sollte, wird von der Gemeinschaft als eine mögliche, wenn auch vielleicht strafbare Form des Verhaltens anerkannt: Der edle Gesetzlose, der den Reichen beraubt und die Armen beschenkt, wird vom Volk in Legenden verherrlicht, obwohl man ihn hängt, wenn er erwischt wird, und obwohl man dies auch gerecht findet. Liefert er der Polizei eine gewaltige letzte Schlacht, steigert das nur seinen Ruhm. Selbst der Kinogangster, der um sein Leben kämpft, heimst dafür eine Menge Bewunderung ein, obwohl am Ende der Triumph der Gerechtigkeit fast schon notwendig ist, um der Gesellschaft für diese Billigung seiner Gegenwehr Absolution zu erteilen.

Dem Häftling in einem normalen Gefängnis ist es natürlich verboten, gegen den Aufseher zurückzuschlagen. Aber in allererster Linie ist es dem Aufseher verboten, den Häftling zu schlagen, es sei denn zu seiner eigenen Verteidigung. Die Beziehungen zwischen Häftling und Aufseher sind durch schriftlich niedergelegte, von der Rechtsordnung garantierte Gesetze abgedeckt. Diese Regeln behandeln den Häftling als Menschen, als ein Mitglied der menschlichen Gesellschaft, das gerade im Gefängnis ist und dessen Rechte für die Zeit seines dortigen Aufenthalts zum Teil beschnitten oder ausgesetzt sind. Doch er so gut wie der Aufseher und bei einem Gerichtsverfahren auch der Richter wissen, dass er nach Verbüßung seiner Haftstrafe in seine Gemeinschaft zurückkehren wird.

So beeinflusst der Bezugsrahmen der zivilen Gesellschaft, deren Mitglied der Aufseher in seinem außerdienstlichen

Leben ist und in die der Häftling einmal zurückkehrt, nachhaltig ihre Beziehungen zueinander. Sie mögen Feinde sein, aber in ihren speziellen Beziehungen sind sie ein Mann, der zufällig Häftling ist, und ein Mann, der zufällig Aufseher ist. Und zwischen ihnen hat immer noch der Grundsatz Gültigkeit, dass eine Ohrfeige eine Beleidigung und das Zurückschlagen die richtige Reaktion darauf ist, auch wenn es vielleicht mit einer Woche Dunkelzelle bestraft wird. Für seinen Mithäftling ist der andere, der zurückgeschlagen hat, ein ganzer Mann, der »diese Aufseher« nicht so mit sich umspringen lässt, und die Tatsache, dass er dafür schwer bestraft und zuvor vielleicht auch noch inoffiziell von den Aufsehern schwer verprügelt wird, ist seinem Status in keiner Weise abträglich.

Der Häftling in einem Konzentrationslager ist nicht wegen eines bestimmten Vergehens dort, für das er eine bestimmte Strafe verbüßt, sondern wegen seiner Einstellung zum Nazi-Staat oder weil er zu einer Kategorie von Menschen gehört, deren sich der Nazi-Staat entledigen möchte. Weil er Jude, Zeuge Jehovas, Kommunist ist, hat er seine Mitgliedschaft in dieser Nazi-Gesellschaft verwirkt. Er wird ausgestoßen und geächtet.

Der Dauer seiner Ächtung ist keine zeitliche Grenze gesetzt. Während der ersten paar Jahre, als sich das Muster der Beziehungen zwischen Häftling und Wachen herausbildete, gab es so wenige Entlassungen, dass man davon wie von einem Wunder sprach. Und selbst als im Herbst 1938 begonnen wurde, massenhaft Juden unter der Bedingung zu entlassen, dass sie außer Landes gingen, und als 1939 an Hitlers Geburtstag allein aus Buchenwald 1.100 Nichtjuden freikamen, stellte die Entlassung nicht den logischen Schlusspunkt der Inhaftierung dar, sondern blieb so etwas wie ein Zufall oder ein Geschenk des Himmels.

Damit werden die Beziehungen zwischen Wachen und Häftling erheblich weniger von den Begriffen der Außenwelt beeinflusst, als dies in einem normalen Gefängnis der Fall ist. Beide Seiten wissen, dass die bürgerlichen Rechte des Häftlings nicht ausgesetzt, sondern aberkannt sind. Für seine Aufseher ist der Häftling nicht mehr ein Mann, dessen Persönlichkeit irgendeine Bedeutung hätte. Er hat keine »Ehre« mehr, die zu respektieren wäre. Und für den Häftling ist die Wache ein Teil einer Maschine oder ein gefährliches Tier, dessen leiseste Regung er beobachtet und sorgfältig studiert, um so wenig wie möglich zu Schaden zu kommen, auf das jedoch irgendwelche Ehrbegriffe schlicht nicht anwendbar sind.

Und also schlägt der normale Bürger zurück, um seine Ehre – das heißt seinen sozialen Status unter seinen Mitmenschen – zu verteidigen, während der KZ-Häftling aus ebendiesem Grund, nämlich um sich die Anerkennung seiner Mithäftlinge zu erhalten, seine Prügel stoisch hinnimmt. Wo die Logik des Bürgers lautet: »Wenn mir irgendjemand eine solche Ohrfeige zu versetzen wagte, würde ich ihm ganz sicher eins über den Schädel geben« (was eigentlich heißt: »Ich lebe in einer Gesellschaft, in der das Zurückschlagen notwendig ist, um meinen Status zu wahren – und das will ich in der Tat«), lautet die Logik des Häftlings in Bezug auf den Mann, der über den Bock geht: »Heute du, morgen vielleicht ich. Aber ich würde bestimmt nicht laut schreien« (was eigentlich heißt: »Wenn das in dieser Gesellschaft so gemacht wird, dann werde ich es ganz sicher auch so machen, ich will doch nicht meinen Status unter den einzigen Menschen verlieren, an deren Urteil mir gelegen sein muss, vielleicht für den Rest meines Lebens.«).

Der Unterschied zwischen den beiden Gesellschaften, der Gesellschaft außerhalb und der Gesellschaft innerhalb des Lagers, scheint in diesem Punkt eher ein Unterschied der Verhaltensregeln zu sein als ein Unterschied der grundlegenden Ideen.

In einer Situation, in der es kein Ziel gibt, für das sich das

Opfer des eigenen Lebens lohnte, und niemanden, der dieses Opfer, sollte man es bringen, anerkennen würde, verliert es seinen Wert und seinen Sinn. »Opfer« ist genauso ein sozialer Begriff wie »Ehre«, und wo die Gesellschaft eine Handlung nicht als höchstes Opfer anerkennt, kann diese Handlung, was die Opferbereitschaft betrifft, ebenso gut unterbleiben. Und aus diesem Grund opfert man im Konzentrationslager nicht um des bloßen Zurückschlagens willen sein Leben.

Außenstehende stellen oft die Frage: »Aber wenn sie doch wissen, dass so viele von ihnen ohnehin im Lager sterben werden, wenn so viele von ihnen die Hoffnung aufgegeben haben, jemals wieder entlassen zu werden, warum fallen sie nicht einfach über einen dieser SS-Männer her, entreißen ihm vielleicht sein Gewehr, erschießen einen oder zwei dieser Verbrecher und setzen ihrem eigenen Leben ein rascheres und würdigeres und vielleicht nützlicheres Ende?« Diese Frage richtet sich vor allem an die politischen Häftlinge gleich welcher Parteizugehörigkeit.

Die Antwort ist: Sähen sie auch nur den geringsten Sinn darin, würden sie es wahrscheinlich auch tun. Es gibt unter ihnen genug Männer, die bereit wären, ihr Leben hinzugeben, wenn es ihrer Sache diente. Aber es hat eben nicht den geringsten Sinn: Die Außenwelt, für die es ein Symbol für den ungebrochenen Kampfgeist ihrer Genossen sein könnte, würde nie etwas davon erfahren, weil nichts geschehen würde, das spektakulär genug wäre, um erzählt zu werden. Der Mann würde noch während des unspektakulären Akts des Armhebens erschossen. Seine Mithäftlinge würden nicht viel Befriedigung daraus ziehen, weil das Einzige, was sie tun könnten, um seine Revolte weiterzutragen, wieder nur wäre, den Arm zu heben – und wegen dieser unspektakulären Bewegung, noch ehe sie überhaupt zuschlagen könnten, ebenfalls erschossen zu werden. Es würde auch die SS nicht beeindrucken, weil für sie das Erschießen von wehrlosen

Häftlingen ohnehin keine seltene Sensation ist. Sie würden dem Häftling sein Leben nicht als höchstes Opfer nehmen – sie würden ihn ebenso beiläufig erschießen, wie sie ihn ohrfeigen. Und auch seine Mithäftlinge, zutiefst davon überzeugt, dass er nicht die geringste Aussicht auf Erfolg hatte, würden kein höchstes Opfer darin sehen. Sie würden es als ein absolut törichtes Unterfangen verurteilen.

Zu alledem kommt für den politischen Häftling noch die politische Isolierung der Lager hinzu. Es bestehen keine regelmäßigen Kontakte zur Untergrundbewegung. Die Häftlinge erfahren von der Fortexistenz der Bewegung über die frisch Verhafteten, und die Bewegung ihrerseits erfährt von ihren eingekerkerten Genossen über die wenigen, die entlassen werden. Es gehen keine Botschaften hin und her, keine Ermutigung und kein Hilfeversprechen. Die politischen Häftlinge in den Lagern sind zwar darüber informiert, dass ihre Bewegungen immer noch existieren, aber sie wissen auch, dass diese zu schwach sind, um sie bei einem Aufstandsversuch zu unterstützen.

Würde wirklich einmal ein Mann unter hunderttausend einen SS-Mann ernsthaft angreifen, weil er aufgrund irgendwelcher äußeren Umstände meinte, er könne dieses eine Mal wenigstens diesen einen Schlag landen, würde die Lagerleitung höchstwahrscheinlich die nötigen Vorsichtsmaßnahmen ergreifen, damit sich diese äußeren Umstände nie wieder ergeben. Ein gutes Beispiel ist der Fall der beiden Männer, die aus Buchenwald flohen und dabei einen SS-Mann umbrachten. Am Tag danach wurden in allen Konzentrationslagern neue Dienstvorschriften für die Bewachung der Häftlinge ausgegeben: Die Wachen trugen von nun an das Gewehr nicht über die Schulter gehängt, sondern schussbereit und mit aufgepflanztem Bajonett unter dem Arm. Es wurde sorgfältig darauf geachtet, dass eine Wache niemals allein mit einem Häftling war, nicht einmal bei einem Sonderauftrag, etwa um ein bestimmtes Arbeitsgerät aus einem weiter entfernt gelegenen Schuppen zu holen. Die Entfernung, auf die sich ein Häftling einem Wachposten nähern konnte, ohne sofort erschossen zu werden, wurde von drei auf sechs Meter erhöht, mit Ausnahme der Postenkette, wo die Wachen so dicht beieinander stehen, dass die Nachbarn zur Rechten und zur Linken den Häftling noch während seines Annäherungsversuchs an einen bestimmten Posten erschießen können.

Bleibt die Frage: Wann und wie begreift der Häftling, dass die alten Gesetze nicht mehr gelten, dass diese Gesellschaft andere Regeln hat und dass hier ein Zurückschlagen nicht von ihm erwartet wird? Warum gibt es nicht wenigstens unter den Neuankömmlingen Ausnahmen, wenigstens am allerersten Tag, ehe sie noch mit irgendjemandem geredet haben? Meiner Meinung nach ist dies auf den Schock zurückzuführen, den sie im Augenblick ihrer Übernahme durch die SS bekommen.

Bis zu dem Augenblick, in dem sie den Gefangenentransporter verlassen, hatten die Häftlinge keine Gelegenheit, ihre alte Regel anzuwenden: Schlag zurück, wenn du geschlagen wirst. Sie waren in den Händen von Zivilbehörden, vielleicht der zivilen Polizei, oder von Gefängnisbeamten, von denen sie normalerweise überhaupt nicht geschlagen werden. Der Wechsel von einer Gesellschaft in die andere erfolgt praktisch übergangslos.

Kaum verlassen sie den dunklen Gefangenentransporter, sind sie schon mittendrin in dieser Maschine, die schlägt, prügelt, schreit, brüllt, trampelt, aus keinem begreifbaren Grund, und alles in einem solchen Tempo, dass der Häftling keine Gelegenheit hat, auch nur einen Augenblick innezuhalten oder darüber nachzudenken, was als Nächstes zu tun wäre. Er wird in den Hexenkessel hineingezogen wie in einen Strudel, der so unverhältnismäßig viel stärker ist als er selbst, dass er nichts tun kann, als stillzuhalten und abzuwarten, ob dieser ihn nicht wieder ausspuckt. Er sieht, wie andere genau wie er geschlagen werden und nichts dagegen tun. Wenn er zum ersten Mal mit alten Insassen in Kontakt kommt, wird ihm gesagt, dass es nur zu Anfang so schlimm ist, dass es nach ein paar Tagen ein wenig nachlässt, dass man ihn weniger schlagen wird, als es auf den ersten Blick scheint. Was das Beschämende des Geschlagenwerdens angeht – der Veteran wird darüber bloß lachen oder die Achseln zucken. Nimm es dir nicht so zu Herzen, nimm es nicht allzu ernst, es zählt nicht. Das ist hier nicht so wie da, wo du herkommst. Hier ist es anders. Uns macht das nichts.

Hat er seine Initiation hinter sich gebracht, hat er bereits durch eigene Erfahrung gelernt, dass man es überlebt, geohrfeigt zu werden und nicht zurückzuschlagen. Und er hat gelernt, dass er nicht vor Scham sterben musste, denn für die Dauer seines Aufenthalts im Lager nimmt niemand Notiz davon.

Die erste Ahnung davon, dass eine Ohrfeige im Lager nicht dasselbe ist wie eine Ohrfeige außerhalb des Lagers, bekam ich auf denkwürdige Weise im Zug von Wien nach Dachau. Irgendwann nachts übernahm ein junger Bursche von etwa 17 oder 18 Jahren unser Abteil. Eine Weile blieb er still und tat gar nichts. Dann erkundigte er sich leise nach unseren Berufen. Ein Mann antwortete: »Ich bin österreichischer General.« Der Bursche salutierte militärisch und sagte: »Jawohl, Herr General, ich weiß, was das bedeutet, Herr General.« Der letzte war »Major des österreichischen Heeres, Kriegsteilnehmer«. Der Bursche salutierte wieder: »Jawohl, Herr Major«, und begann eine leise Unterhaltung mit dem Mann. Nach einer kleinen Weile sagte er: »Wer schlafen will, soll schlafen.« Wir sahen einander erstaunt an. Ein Wunder. Unter lauter Teufeln ein Mensch. Er unterhielt sich weiter mit leiser Stimme mit dem Major. Ich saß direkt daneben und konnte ihre Unterhaltung mit anhören. Der Bursche fragte den Major über seine Erfahrungen im Ersten Weltkrieg aus. Plötzlich sagte er: »Eines will ich Ihnen sagen,

Herr Major. Wenn irgendjemand Sie schlagen sollte, wenn er Ihnen vielleicht eine Ohrfeige gibt, nehmen Sie das nicht so, wie wenn Sie frei wären und der Major wären. Hier ist das anders. Kümmern Sie sich einfach nicht darum.«

Das ganze Zwischenspiel dauerte nur ein paar Minuten. Einer von uns schlief tatsächlich eine Minute lang ein. Es war der Rektor der Wiener Hochschule für Welthandel, ein Mann von fast siebzig Jahren. Eine andere Wache, die zufällig vorbeikam, sah den schlafenden Mann und fragte den Burschen, ob er verrückt geworden wäre, uns schlafen zu lassen. Er holte einen weiteren SS-Mann herbei und zeigte ihm den Anblick eines Mannes, der in dieser Nacht schlafen konnte. Sie begannen, uns zu schlagen. Irgendwann während dieser Szene verschwand der Bursche.

Nachdem ich mein Teil Ohrfeigen und Prügel im Zug und während der ersten Wochen des speziellen Terrors abbekommen hatte, fragte ich mich immer noch, ob es irgendwie anders wäre, wenn ich einem SS-Mann von Angesicht zu Angesicht gegenüberstünde und dann von ihm geschlagen würde. Diese Situation ergab sich bald darauf. An einem schönen Frühlingstag arbeitete ich mit einem anderen Mann in einer Seitenstraße des Lagers. Wir waren an einer abgelegenen Stelle, und also begannen wir uns zu unterhalten. Plötzlich tauchte ein SS-Offizier auf. Er brüllte uns an, ging aber bald wieder weg. Lächelnd sagte ich zu meinem Gefährten: »Glück gehabt, was?« In diesem Moment drehte sich der Offizier noch einmal um: »Was hast denn du zu lachen? Machst du dich etwa über mich lustig?« Wie hätte ich das wagen können? Ich bestritt es. Er kam dichter heran. Wir standen uns im Abstand von wenigen Zentimetern gegenüber. »Du bist ein verdammter Lügner!« – und Krach! landete ein Schlag in meinem Gesicht.

Natürlich hatte ich keine Wahl zwischen Zurückschlagen und nicht Zurückschlagen. Ich hatte einzig die Wahl, mich den Schlägen zu stellen oder mich fallen zu lassen. Lässt man sich fallen, besteht immer die Chance, dass vielleicht nichts weiter folgt als ein zusätzlicher Stiefeltritt. Stellt man sich, spürt der Wachposten vielleicht den Widerstand und schlägt weiter, bis einem nichts mehr übrig bleibt, als zu Boden zu gehen.

Der Vorfall ereignete sich zufällig vor meinem Block, in den ich erst ein paar Tage zuvor verlegt worden war. Der Blockälteste und mein Stubenältester sahen aus dem Fenster und waren gespannt, wie sich der neue Mitbewohner wohl verhalten würde. Außerdem war da auch noch der Mann, mit dem ich arbeitete und den ich aus Wien kannte.

Ich beschloss, mich den Schlägen zu stellen. Ich stand stramm und schaute dem Offizier in die Augen. Sie sind feige. Sie ertragen es nicht, wenn man ihnen in die Augen schaut. Man schaue einem SS-Mann in die Augen, und er wird sich benehmen wie ein Hund, dem man in die Augen starrt. Der Hund wird einen beißen oder anjaulen oder den Schwanz einziehen und sich davonmachen. Der SS-Mann wird einen, nur um den Blick loszuwerden, entweder mit Fußtritten und Faustschlägen traktieren oder einen anbrüllen: »Schau mich ja nicht an! Schau mich ja nicht an!« Dieser hier zum Beispiel biss noch einmal zu. Ich rührte mich nicht, sondern schaute ihm weiter in die Augen. Auch eine dritte Ohrfeige ertrug ich auf die gleiche Weise. Dann zog der Hund den Schwanz ein und ging weg.

An diesen einen Vorfall erinnere ich mich besser als an irgendwelche Schläge, die ich davor oder danach bekam, weil ich mir meiner Umgebung so vollkommen bewusst war – tatsächlich fühlte ich mich eher wie der Beobachter bei einem psychologischen Experiment als wie ein Opfer in den Händen seiner Peiniger. Nicht einen Augenblick lang dachte ich an die Schande, dass ich geohrfeigt wurde. Ich beobachtete nur mich selbst und war gespannt, ob ich imstande wäre, es durchzustehen und dem Teufel zu zeigen, dass er mir nichts anhaben konnte.

Als wir auf der Fahrt von Dachau nach Buchenwald in Weimar auf die SS-Lastwagen verladen wurden, blickte ich aus dem Wagen, um zu sehen, von welchem Schlage hier die Polizisten auf den Straßen waren. Einer von ihnen sah, wie ich ihn anblickte, und brüllte sofort: »Schau mich ja nicht an!« Da war es wieder. Ich drehte den Kopf und schaute wieder in den Wagen. Ein SS-Mann, der gesehen hatte, wie ich aus dem Wagen blickte, was verboten war, begann mich mit überschnappender Stimme anzubrüllen. Das erinnerte mich an meine Theorie mit den Hunden. Ich sah ihm starr in die Augen. Meine Theorie erwies sich als richtig. Dieser hier biss. Um meine Augen loszuwerden, versetzte er mir einen schweren Kolbenhieb auf den Kopf. Da ließ ich meinen Kopf unten, wie befohlen.

In Buchenwald war ich einmal mit immer noch verbundener Hand damit beschäftigt, zusammen mit zwei alten Männern, beide um die siebzig, Wasser aus einer Garage herauszutragen. Die beiden wollten in der Garage immer Pause machen. Ich warnte sie immer wieder vor SS-Offizier Becker und Kapo Azzoni.

Die beiden alten Männer drängten weiter, schließlich könne Becker »doch nicht überall zugleich sein«. Endlich willigte ich in eine kleine Rast ein. Kaum hatten wir unsere Eimer abgestellt, als die Tür aufgerissen wurde – und Becker und Azzoni eintraten. Becker gab ein gespielt überraschtes »Ahhh?!?« von sich und grinste wie ein Junge, der sich auf einen Streich freut. In der Hand hielt er einen Stock. Er ließ den ersten der beiden alten Männer vortreten. »Bück dich.« Der Mann beugte sich vor. Becker ging langsam von hinten an ihn heran, hob weit ausholend den Stock und ließ ihn niedersausen. Der alte Mann verlor das Gleichgewicht und taumelte ein paar Schritte nach vorn. Als er wieder am alten Platz war, erhielt er den nächsten Schlag. Er stöhnte ein wenig. Alles in allem erhielt er fünf Schläge und kam damit sehr billig davon. Der nächste Mann erhielt seine fünf Schläge auf die gleiche Weise. Während Becker mit dem alten Mann beschäftigt war, war ich nur wütend auf den Burschen, weil er diese Männer schlug, von denen jeder sein Großvater hätte sein können. Aber jetzt, als die Reihe an mir war, empfand ich tiefe Scham – nicht weil ich geschlagen wurde, obwohl ich zugeben muss, dass die ausgefeilte Prozedur mich ein wenig schlucken ließ –, sondern weil ich mich auf so kindische Weise hatte erwischen lassen. Es war unter meiner Würde als politischer Häftling, für etwas so Blödsinniges Prügel zu beziehen wie das Erwischtwerden bei einer Pause in einer dunklen Garage mit nur einem Ausgang.

Aber so war es, und ich konnte nur noch das Beste daraus machen und die Prügel so gut wie möglich durchstehen. Ich grinste Becker an, bückte mich und blieb fest stehen, während Schlag auf Schlag fiel. Becker, der im Rahmen seiner eigenen Maßstäbe ein relativ anständiger Mann war, unterschied durchaus zwischen den beiden alten Männern und dem jungen Mann. Ich bekam erheblich mehr und härtere Schläge. Aber es war bald vorbei, und Becker und Azzoni verließen den Schauplatz.

Meine Vorstellung und mein Gefühl der Scham hatten mich nicht getäuscht. Als ich Walter die Geschichte erzählte, nannte er mich einen kleinen Jungen, den die Mama nicht einmal allein durch ein Konzentrationslager laufen lassen konnte, ohne dass er in Schwierigkeiten geriet. Jackie schob noch ein paar Sticheleien nach, und dann redeten wir nicht mehr darüber. Aber keiner von ihnen sah die Prügel selbst als etwas an, wofür man sich schämen musste. Das war ein unglücklicher Zufall. Aufgezogen wurde ich, weil ich so blöd gewesen war, mich erwischen zu lassen.

Ein anschauliches Beispiel dafür, dass Prügel dem Status eines Mannes nicht abträglich sind, war ein Abend in Buchenwald, an dem alle 37 Blockältesten »über den Bock gingen«. Die Disziplin im Lager hatte sich gelockert, das Verhältnis zwischen den Ältesten und den ihnen unterstellten

Männern war sehr eng geworden. Um sie in ihrem laxen Gebaren ein wenig aufzuscheuchen, hielt Rödl ihnen erst eine Rede, in der er ihnen wiederholte »Fünfundzwanzig« androhte, wenn sie keine Meldungen schrieben, ließ dann jedem einzelnen von ihnen zehn schwere Hiebe verabreichen und versprach ihnen, dass die fehlenden fünfzehn bald folgen würden, wenn die Disziplin im Lager nicht umgehend wieder gestrafft würde.

Jeder einzelne Blockälteste ging über den Bock. Die Schläge hallten über den Platz. Nicht einer der Männer gab einen Laut von sich. Und ein Gefühl der Bewunderung lief durch die zehntausend Mann: Sind sie nicht großartig, unsere Ältesten! Wenn natürlich gerade irgendein Satan von Ältestem an die Reihe kam, grinsten die Männer aus seinem Block: Warum nicht, uns hat er oft genug dazu verholfen.

Der Kommandant jedoch dürfte kaum erreicht haben, was er wollte. Wo das Verhältnis zwischen dem Ältesten und seinem Block schlecht gewesen war, wurde es noch schlechter. Aber wo es vorher schon gut gewesen war, wurde es jetzt noch besser. Als der Älteste vom Bock nach Hause kam, wurde er mit größtem Respekt behandelt, seine Freunde munterten ihn auf, schafften Fett und warmes Wasser herbei, die guten alten Hausmittel, und taten ihr Bestes, um ihn wieder in Form zu bringen.

Ein weiterer Effekt war, dass der Korpsgeist der Ältesten gestärkt wurde. Sie wurden an unsere gemeinsame Feindschaft gegenüber der Lagerleitung erinnert und fühlten sich selbst wieder mehr als zuvor als Teil der Gemeinschaft. Und was die Schande des Geprügeltwerdens anging – niemand sah es als Schande an.

Die Verbindung von Angst und sozialer Gewohnheit bildet eine starke Barriere gegen jeden bewussten Versuch zurückzuschlagen, sei es zur Selbstvereidigung, sei es zur Verteidigung der Ehre und des sozialen Status.

Der Lagerleitung sind diese sozialen Implikationen vielleicht gar nicht bewusst, sie führt das Ganze womöglich allein auf die Angst zurück. Und in Einklang damit arrangiert sie die entsetzliche Initiation im Zug und während der ersten Zeit nach der Ankunft. Ihre Maxime scheint zu sein: Will man jeglichen Aufruhr vermeiden, muss man die Persönlichkeit der Häftlinge brechen und ihnen sofort beim Eintritt ins Lager den letzten Funken Widerstand austreiben. Gelingt es, sie gleich zu Anfang mit einem einzigen, entscheidenden Schlag zu zerschmettern, werden sie sich nie mehr davon erholen.

Dieses Muster wurde in Konzentrationslagern überall in Deutschland über Jahre hinweg genauestens befolgt. Es ist so sorgfältig und bis ins letzte Detail geplant und wird so exakt umgesetzt, dass auch nicht der leiseste Verdacht möglich ist, hier handle es sich etwa um zufällige sadistische Ausschreitungen einzelner Lagerkommandanten.

Nachtrag

Paul Martin Neurath
Erklärung zur Validität von Beobachtungen,
die der Dissertation Die Gesellschaft des Terrors.
Innenansichten der Konzentrationslager Dachau
und Buchenwald *zugrunde liegen*

Dieser Dissertation liegen fast ausschließlich Erinnerungen des Autors zugrunde. Zusätzliches Material stammt aus Diskussionen mit vielleicht zehn früheren Mithäftlingen. Sie alle leben in den Vereinigten Staaten, sie alle haben das Buch noch während der Niederschrift ganz oder teilweise gesehen, sie alle haben wertvolle Kritik beigesteuert. Es gab jedoch nicht viel Kritik. Wir waren fast nie unterschiedlicher Meinung. Wenn wir uns über Fakten nicht einig waren, dann ging es dabei um Kleinigkeiten, etwa ob wir in Buchenwald mehr oder weniger oft die Schuhe ausziehen mussten und ob uns der Wolf, den wir bezahlen mussten, 7.000 oder 12.000 Mark gekostet hatte. Und wenn wir uns über Interpretationen nicht einig waren, gelangten wir gewöhnlich sehr rasch zu einer Übereinkunft oder einem Kompromiss. Einige meiner Freunde warfen mir vor, ich hätte die Österreicher in zu freundlichen Farben geschildert; andere fanden mein Bild von den Preußen zu freundlich. Aber wieder andere meinten, bei mir kämen die Preußen zu schlecht weg, und noch andere sagten, ich hätte mit den Wiener Juden schonender umgehen können. Alles in allem war es eine Kritik, deren Umfang offensichtlich nicht über das hinausgeht, womit jeder Autor rechnen muss, der sich mit komplizierten gesellschaftlichen Phänomenen befasst und Aussagen wie »Die meisten ›Asozialen‹ haben einen sehr niedrigen Bildungsstand« oder »Die politischen Häftlinge sind die am wenigsten korrumpierbare Gruppe im KZ« nicht mit Zahlen belegen kann. Diese Aussagen können von jedermann kritisiert werden, der kommt und sagt: »Ich kenne aber einen früheren Bankdirektor, der trug einen schwarzen Winkel, aber er hatte zwei Doktortitel« (den kannte ich auch), oder: »Ich hatte einen Stubenältesten, der Kommunist war und schon vier Jahre im KZ, aber das war vielleicht ein Gauner! Das Schieberkartell, das der aufgezogen hat, war eines der übelsten im Lager.« Das ist richtig. Auch ich habe solche Männer gekannt.

Aber zwischen dieser Art Kritik und der Dissertation, wie ich sie geschrieben habe, besteht ein wichtiger Unterschied, nämlich dass ich fast nie über Einzelpersonen spreche oder, wenn doch, dann nur zur Verdeutlichung einer Aussage über eine Gruppe. Die gleichen Leute, die sich sofort an den Bankdirektor mit dem doppelten Doktortitel und den Kommunisten mit seinen erpresserischen Machenschaften erinnern, brauchen sehr viel länger, bis ihnen ein SS-Mann einfällt, der die Häftlinge nicht prügelte, oder ein Krimineller, der während der November-Pogrome einem jüdischen Block die Hälfte seiner Würste brachte, ohne einen Pfennig dafür zu verlangen. Ich aber erwähne, wenn ich ganze Gruppen beschreibe, auch diese Fälle.

Hier jedoch liegt eine der größten Schwierigkeiten der ganzen Dissertation. Unter den gegebenen Umständen steht einem Autor, der sich in einer Gesellschaft von 10.000 oder 20.000 Menschen nicht als wissenschaftlicher Beobachter aufhält, sondern als leidender Beteiligter, keines der üblichen Instrumente der sozialwissenschaftlichen Forschung zur Verfügung. Keine Aufzeichnungen, keine Interviews, keine Fragebögen, keine Dokumente, keine Zahlen, keine Korrelationen. Die Frage, die mir von Akademikern immer wieder gestellt wird: »Konnten Sie sich Notizen machen?«, ist gleichbedeutend mit der Frage: »Wollten Sie nicht Selbstmord begehen und sich totschlagen lassen?« Aber wie unmöglich es auch war, sich Notizen zu machen, noch viel unmöglicher wäre es gewesen, diese Notizen aus dem Lager

hinauszuschmuggeln. Der Mann, der entlassen wird, durch-
läuft eine Verwaltungsroutine, bei der er zu einem bestimmten Zeitpunkt seine Kleider ablegt und, von einem SS-Offizier beobachtet, vollkommen nackt eine Holzschranke passiert, dann einen großen Raum durchquert und schließlich
seine Zivilkleidung erhält. Von diesem Augenblick an hat er
keinen Kontakt mehr mit anderen, im Lager zurückbleiben-
den Häftlingen. Es gibt keine Möglichkeit, »Notizen« zu
schmuggeln. Allenfalls werden gelegentlich kleine Gegenstände wie eine Börse oder eine Pfeife hinausgeschmuggelt,
die ein Mann in der Hand haben kann, während er den Offizier ablenkt. Bemerkt der Offizier sie, kann der Mann immer noch ganz unschuldig fragen, ob er sie als Andenken
behalten darf.

Was der Häftling nicht im Kopf hat, kann er nicht mitneh-
men.

Meiner Meinung nach lassen sich unter solchen Umständen zwei unterschiedliche Arten von Fragen in Bezug auf
die Validität von Beobachtungen und Interpretationen stellen. Die eine Art betrifft die Fakten als solche. Es ist die einfache Frage: Wie weit sagt der Mann die Wahrheit, wie weit
lügt er, bewusst oder unbewusst? Die andere Art betrifft die
Interpretationen: Wie weit war der Mann in der Lage, seine
Beobachtungen zu systematisieren? Bis zu welchem Grade
kann sein Bild der Gesellschaft im KZ korrekt sein?

Die Frage nach der Wahrheit oder Unwahrheit von Fakten lässt sich relativ leicht klären. Auch andere Menschen,
die in Konzentrationslagern waren, haben Bücher geschrieben. Ich werde im Folgenden nur Bücher von Menschen
anführen, die Dachau und Buchenwald erlebt haben, die beiden Lager, in denen ich selbst war. Bruno Heilig (*Man Crucified*, London, 1941) war mit mir im Zug von Wien nach
Dachau, und wir waren dreizehn Monate zusammen in beiden Lagern. Er wurde einen Monat vor mir entlassen. Er war
einer von Österreichs führenden liberalen Journalisten. Ich

hatte im Lager viele interessante Diskussionen mit ihm. Peter Wallner (*By Order of the Gestapo*, London, 1941) schreibt unter einem Pseudonym, und ich weiß deshalb nicht, ob ich ihn persönlich kenne oder nicht. Er kam 1938 in den ersten Junitagen nach Dachau – das heißt mit einem der großen Massentransporte der Wiener Juden. Er verließ Buchenwald etwa zur gleichen Zeit wie Heilig, im April 1939. Wallner sagt von sich, er sei früher Geschäftsmann gewesen. Seine Identität und Glaubwürdigkeit sind durch Lord Davies verbürgt, der zu seinem Buch ein Vorwort schrieb.

George M. Karst (*The Beasts of the Earth*, New York, 1942) kam im Oktober oder November 1938 nach Dachau und verließ es im März oder April 1939. Er schreibt unter einem Pseudonym, gibt aber an, er habe unter Schuschnigg ein hohes Regierungsamt gehabt und sei davor bei der *Reichspost* beschäftigt gewesen, der offiziellen Parteizeitung der Dollfuß- und Schuschnigg-Partei. Seine Identität und Glaubwürdigkeit sind durch eine Einführung von George N. Schuster beglaubigt, dem Präsidenten des Hunter College, New York.

Die Fakten in diesen drei Büchern stimmen mit meinen in so vielen Hunderten und Tausenden von Details überein, dass ein Versuch, in Fußnoten auf sie zu verweisen, in der Überfülle des Materials stecken blieb.

(...)

Anderer Leute Bücher zu Fußnoten zu zerstückeln, ist meiner Meinung nach ein nicht nur hoffnungsloses, sondern auch fruchtloses Unterfangen. Die Lektüre der unzusammenhängenden Fußnoten würde länger dauern als die Lektüre des ganzen Buches. Insbesondere Wallners Buch, das beste, das ich bisher über die Konzentrationslager gelesen habe, müsste in mindestens tausend Fußnoten zerlegt werden. Das wäre nicht nur eine ungeheure Arbeit, sondern würde auch den Gesamteindruck seines wie meines Buches zerstören.

Ich nehme mir daher die Freiheit, die Frage nach der Wahrheit der in meinem Buch geschilderten Fakten als erledigt zu betrachten. Ich weiß, dass es immer die Frage geben kann, ob nicht vielleicht die ganze Geschichte von dem ersten Mann erfunden und von allen anderen nur noch abgeschrieben wurde. Ja, diese Frage kann man stellen, und sie ist durch nichts zu widerlegen. Denn jeder der Tausenden von Zeugen, die jetzt in Amerika sind, kann ein Lügner sein. Anfang des achtzehnten Jahrhunderts erwarb ein Mann in Mailand seinen Doktortitel, indem er bewies, dass Torricellis Vakuum ein reines Fantasiegebilde sei: In Wahrheit, sagte er, sei Torricellis Quecksilber von unsichtbaren, an einer Wolke befestigten Fäden nach oben gezogen worden. Torricelli musste sich darüber keine Sorgen mehr machen, denn er war schon lange tot, und seine Anhänger konnten dem nichts entgegenhalten. Gegen unsichtbare Fäden gibt es keinen Beweis. Wenn die Behauptung aufgestellt wird, dass alle Menschen, die berichten, was sie durchgemacht haben, Mitglieder eines unsichtbaren Netzwerks von Lügnern und Betrügern sind, dann gibt es meinetwegen ein solches Netzwerk. Es steht nicht in unserer Macht, die Zweifler nach Dachau zu schicken, damit sie sich selbst überzeugen. Selbst wenn sie dort geprügelt würden, könnten sie immer noch sagen, wir hätten das alles in Absprache mit der SS arrangiert, um unsere Lügen zu beweisen. Soweit ich weiß, wird Torricellis Vakuum heute als Tatbestand akzeptiert und die Dissertation des Doktors aus Mailand als Kuriosum angeführt.

Komplizierter wird die Frage nach der Wahrheit von Fakten, wenn diese nicht so offenkundig sind wie die Misshandlungen oder die Anlage und die verwaltungstechnische Organisation des KZ, sondern die Untergrundorganisation der Häftlinge und die soziale Struktur des Lagers betreffen. Selbst wenn außer Frage steht, dass ein Autor ehrlich und wahrhaftig ist, bleibt immer noch die Frage, ob er in seiner Position als leidender Beteiligter überhaupt die Möglichkeit hatte, genug vom Lager zu sehen, um zu einem umfassenden Verständnis der Situation zu gelangen, insbesondere was Machtverhältnisse und Machtkämpfe sowie den Kampf zwischen ideologischen Weltanschauungen angeht.

In diesem Zusammenhang muss ich über meine eigene Rolle im Lager sprechen. Ein Häftling bekommt niemals von irgendjemandem gesagt, warum er ins Lager geschickt wird, aber viele von uns haben definitive Theorien zum System der Verhaftungen und zu den Gründen, aus denen bestimmte Leute verhaftet wurden. Die zweitausend Wiener Juden wurden offensichtlich verhaftet, um die anderen 200.000 zu terrorisieren und in die Emigration zu zwingen. Ich wurde als Name auf einer Schwarzen Liste verhaftet, die die Nazis schon lange vor der Machtübernahme in Österreich angelegt hatten. Sie scheinen mich als einen jener jungen Intellektuellen mit einem in Wien einigermaßen bekannten Namen betrachtet zu haben, die zu Kristallisationspunkten eines künftigen Widerstands hätten werden können. Sie wussten, dass ich seit 1930 ziemlich aktiv an der nazifeindlichen Propaganda beteiligt war, und sie scheinen außerdem gewusst zu haben, was Schuschniggs Polizei über mich wusste: nämlich dass ich im Untergrund sowohl gegen unseren hausgemachten Faschismus als auch gegen die ausländische Spielart arbeitete. Sie kannten keine Einzelheiten, weil auch Schuschniggs Polizei keine kannte, obwohl sie sich von 1934 bis 1938 bei zahlreichen Wohnungsdurchsuchungen alle Mühe gab, mich auf frischer Tat zu ertappen. Diese schwächere Spielart des Faschismus verfolgte mich, soweit sie das angesichts der Tatsache, dass sie keine Beweise gegen mich hatte, überhaupt konnte. Also lag den Nazis mindestens das ganze Material vor, das Schuschniggs Polizei gegen mich gesammelt hatte. Aber da die Nazis politisch viel stärker waren als die Schuschnigg-Faschisten, brauchten sie sowieso keine Beweise in der Hand zu haben. Um einen Mann ins Konzentrationslager zu schicken, genügte der Verdacht.

Als ich mit dem ersten Transport handverlesener politischer Fälle nach Dachau kam, war ich einer der Ersten, die von den deutschen Politischen akzeptiert wurden. Ich bin kein Jude, sondern Protestant, habe zehn Jahre in einem protestantischen Kinderheim verbracht und hatte niemals irgendwelche Kontakte zu einer jüdischen Gemeinschaft. Einige meiner Großeltern jedoch waren nicht ganz so protestantisch, und ich bekam den Judenstern. Das versetzte mich nebenbei in eine Position, in der ich beobachten konnte, wie man sich fühlt, wenn man als Jude verfolgt wird, ohne mit dieser Gruppe irgendetwas gemeinsam zu haben außer einem gelben Abzeichen. Bis zur Zeit Schuschniggs und später Hitlers hatte das Rassenproblem in meinem Leben nie eine Rolle gespielt. Ich lebte in einem Milieu gemischter Ehen zwischen Juden und Nichtjuden; ein Großteil meiner Verwandten waren Wissenschaftler, Professoren an der Wiener Universität, Künstler und so weiter.

Vom ersten Tag an spielte ich unter den neuen österreichischen Häftlingen eine führende Rolle. Ich war der inoffizielle Führer der dreiundsechzig Juden in unserem Transport; das heißt, ich organisierte sie als kooperierende Gruppe, da unser nichtjüdischer Ältester, ein deutscher Kommunist, der vier Jahre in Dachau verbracht hatte, völlig unfähig war, mit der Situation fertig zu werden. Als wir auf die alten Blocks verteilt wurden, behielt ich diese führende Rolle bis zu einem gewissen Grade bei. Zusammen mit drei anderen war ich einer der ersten Österreicher, die von unseren deutschen politischen Freunden als Arbeiter für einen Moorexpress ausgewählt wurden. Als später die meisten langjährigen deutschen Häftlinge aus den Moorexpressmannschaften abgezogen wurden, war ich einer der ersten Österreicher, die inoffizieller Führer eines Moorexpresses wurden. Wenn ich beschreibe, wie wir versuchten, unsere politischen Freunde an die Wagen zu bringen und alle loszuwerden, die, wenn sie schon keine Politischen waren, nicht wenigstens unseren Standards von Kooperation und Kameradschaft genügten, dann beschreibe ich nicht nur, was andere taten, sondern auch meine eigenen Aktivitäten.

Sowohl in Dachau als auch in Buchenwald hatte ich vom allerersten Tag an tieferen Einblick in die Machtstrukturen und den Machtkampf, weil ich in diesem Kampf die meiste Zeit über eine aktive Rolle spielte. In den Stuben, in denen ich in Dachau und in Buchenwald lebte, war ich der Führer der politischen Clique, die die Stube beherrschte.

Zusätzlich hatte ich den Vorteil, dass ich bis zu der Zeit, als mir die Hand erfror, in sehr guter körperlicher Verfassung war. Ich bin körperlich kräftiger, als es Intellektuelle gewöhnlich sind, und ich hatte sehr harte Jahre hinter mir, ehe ich nach Dachau kam. Deshalb konnte ich die mit dieser Situation verbundene körperliche Belastung einigermaßen gut verkraften, was zur Folge hatte, dass ich sie auch psychologisch besser verkraftete. Ich konnte immer noch einen Trost darin finden, mir zu sagen: »Ich werde das länger durchhalten als alle anderen – solange überhaupt noch ein paar von uns am Leben sind, werde ich dazugehören, wenn mich nicht gerade ein Unfall trifft.« (Eine Kugel ist natürlich ein Unfall.) Meine politische Position und meine gute körperliche Verfassung machten es möglich, dass ich, gemessen am Umfang der Misshandlungen, die der durchschnittliche Häftling zu erdulden hatte, einigermaßen gut durch das KZ kam. Das verschaffte mir die Möglichkeit, mit mehr Ruhe zu studieren, was um mich herum vorging. Ich entwickelte eine gewisse Gelassenheit, selbst in sehr erregenden Situationen, und behielt die allgemeinen Entwicklungen gewöhnlich scharf im Auge. Schließlich hatte ich vom ersten Tag an die Idee, ein Buch zu schreiben, als ich sah, dass ständig Dinge geschahen, über die noch nie berichtet worden war, trotz all der Bücher, die geschrieben wurden – und ich war darauf aus, so viele Informationen wie möglich über die Machtstrukturen im Lager zu bekommen, damit das Buch möglichst vollständig würde.

Ich spreche ein ausgeprägtes Wienerisch, ausgeprägter als bei Intellektuellen sonst üblich, und hatte dadurch die Möglichkeit, viel mit Leuten umzugehen, die Intellektuelle sonst kaum kennen lernen, weil sie fast schon unterschiedliche Sprachen sprechen. Ich ermutigte die Leute, über ihren Erfahrungshintergrund und ihre Aktivitäten innerhalb und außerhalb des Lagers zu sprechen. Ich tat es systematisch und bewusst. Hätte ich mir Notizen machen können, hätte man dies fast schon »Interviews« nennen können. Ich machte mir ein Gedankenspiel daraus, die Leute kurze Zeit zu beobachten und ihnen dann zu sagen, was ihr Hintergrund gewesen war. Ich konnte es fast schon an der Art und Weise erkennen, wie sie ihre Arbeitsgeräte handhaben, wie sie gingen und wie sie über das Wetter redeten.

Im Buch habe ich es durchweg vermieden, meine eigene Rolle hervorzuheben, denn ich wollte nicht, dass es zu einem Bericht über meine eigenen Leiden und Erfahrungen würde. Ich habe meinen eigenen Anteil weggelassen, wo er ohne weiteres weggelassen werden konnte, ohne der Geschichte ihren Wert zu nehmen. Ich habe vom Moorexpress berichtet, ohne zu sagen, dass ich einer der Führer war, weil das, was ich beschreibe, absolut typisch für jeden Moorexpress ist. Ich war genauso Teil eines bestimmten Musters wie irgendein anderer dieser Führer. Und in anderen Geschichten, wo ich Prügel und Misshandlungen beschreibe, schien es mir unnötig zu erzählen, wann der Stock mich traf und wann jemand anderen – über uns allen schwebte der gleiche Stock. Ich hätte erzählen können, wie ich vom Steinwurf eines SS-Manns am Kopf verletzt wurde und wie mir das Blut über die Schultern lief – aber das hätte die Geschichte ihrer Eigenschaft als Teil eines Musters beraubt.

Ich habe es als meine Aufgabe betrachtet, nicht zu schildern, was ich durchgemacht habe, sondern was für die Behandlung im Lager typisch ist. Aus dem gleichen Grund habe ich es so weit wie möglich vermieden, Menschen namentlich zu nennen, die ich ohne weiteres hätte nennen können. Ich habe im Großen und Ganzen nur solche Personen mit Namen genannt, die eine ganz besondere Rolle spielten, etwa Karl Bartel und Hubert Richter, die Lagerältesten in Buchenwald, oder die vier herausragenden Killer unter den Kapos, Sterzer, Bock, Berg und Azzoni (die alle außer Azzoni auch von den anderen Autoren ausführlich beschrieben werden).

Was meine Fähigkeit angeht, komplizierte soziale Phänomene auf eine Weise zu beobachten, die es mir ermöglicht, sie in soziologischer Begrifflichkeit zu erfassen, so kann ich noch die folgenden Informationen nachtragen. Als ich nach Dachau kam, hatte ich bereits ein sechsjähriges Jurastudium an der Wiener Universität absolviert. (Ich hatte Weihnachten 1937 meinen Doktor gemacht.) Zum Jurastudium gehörten eine ganze Reihe von Fächern, die an der Columbia University an der Fakultät für politische Wissenschaften gelehrt werden, etwa Staatsrecht, Rechtsphilosophie, allgemeine Soziologie, Arbeitsrecht und so weiter (auch Grundlagen der Statistik). Über dieses von der Studienordnung geforderte Minimum hinaus besuchte ich viele Vorlesungen und Seminare zu wirtschaftswissenschaftlichen und soziologischen Themen, da ich mich schon lange für diese Gebiete interessierte. Unter meinen Lehrern in der Soziologie gab es zwei ausgesprochene Antipoden: Othmar Spann und Max Adler, von denen der erste »Universalismus« und der zweite »Sozialismus« lehrte. Auch unter meinen Lehrern in den Wirtschaftswissenschaften waren zwei Antipoden: Othmar Spann mit seinem Universalismus und Hans Mayer, der Vertreter der »Österreichischen Schule« der Grenznutzentheorie. Sozialpolitik (wozu auch sehr viel Arbeitsrecht, Wirtschaftsrechnung usw. gehörte) studierte ich bei Degenfeld-Schonburg.

Neben meiner wissenschaftlichen Ausbildung machte ich eine vielseitige Schulung im Umgang mit Gruppen und in der Beobachtung von Gruppen in unterschiedlichen sozialen Milieus durch. Ich ging (parallel zu meinem Jurastudium) auf die Handelsakademie, wo ich unpolitische Menschen aus der Mittelklasse kennen lernte; und ich besuchte zwei Jahre lang Abendkurse in Elektrotechnik und Maschinenbau, in denen ich der einzige Student unter hundert meist arbeitslosen Arbeitern war. Politisch waren die meisten von ihnen Radikale. Aber in derselben Zeit lernte ich auch Azetylenschweißen in Kursen mit Fabrikarbeitern, die von ihren Betrieben entsandt worden waren, und in Kursen, an denen nur Ingenieure teilnahmen. In all diesen Kursen war ich immer der einzige Student.

Die meisten meiner politischen Aktivitäten fanden unter Arbeitern und unter Menschen aus der unteren Mittelschicht statt, sowohl in Jugendgruppen und Studentengruppen als auch im Parteileben. Ich war Mitglied der Sozialdemokratischen Partei. Fünf Jahre lang (1926-1931) war ich ein Funktionär bei den Roten Falken. Die meisten Gruppen hatte ich selbst aufgebaut, indem ich auf Schulhöfe oder in Parks und auf Spielplätze ging und dort Kinder zusammenholte. Nachdem ich auf diese Weise meine dritte Gruppe organisiert und dabei beobachtet hatte, wie eine solche Gruppe in erstaunlich kurzer Zeit ihre Form findet, begann mir zu dämmern, dass es Muster gab, nach denen sich Gruppen bilden. Zu diesem Zeitpunkt war ich etwa 17 Jahre alt und wissenschaftlich noch nicht ausreichend geschult, um meine Beobachtungen zu verallgemeinern. Aber ich behielt sie im Kopf.

Während der Jahre in den Jugendgruppen war ich häufig in Sommerlagern, meist als einer der Führer des Lagers, in dem ich gerade war, und hatte wiederum Gelegenheit zu beobachten, wie sich Gruppen bildeten und ganze Machtsysteme entstanden. In diesen Sommerlagern waren gewöhnlich Jugendliche aus verschiedenen Wiener Bezirken. Dadurch unterschieden sich die Gruppen in hohem Maße nach ihrem Hintergrund – und entsprechend gestalteten sie die inoffizielle Machtstruktur des Lagers. Die Gruppen aus den intellektuellen Bezirken versuchten, sich als Führer aufzubauen, aber die Arbeiterkinder ließen dies nicht zu, weil sie bereits das Klassenbewusstsein und den Klassenstolz ihrer Väter übernommen hatten, der in Österreich nach dem Weltkrieg eine erheblich größere Rolle spielte als zum Beispiel in den Vereinigten Staaten.

Nach der Zeit bei den Roten Falken war ich Mitglied von politischen Jugend- und Erwachsenengruppen und hatte Gelegenheit, die Entstehung von Cliquen und Gruppen und ihren Kampf um Macht und Führungspositionen zu beobachten. Je älter ich wurde, desto häufiger stellte ich fest, dass für die Art und Weise, wie die Menschen Gruppen bildeten, ihr Erfahrungshintergrund eine entscheidende Rolle spielte. Selbst innerhalb ein und derselben politischen Gruppe bildeten die Intellektuellen Cliquen gegen die Nichtintellektuellen, und so weiter. Mir schien immer, dass die persönlichen Beziehungen und Rollen die Entscheidungen der Menschen nur wenig beeinflussten. Sie schlossen sich den Cliquen an, die am ehesten ihrem Hintergrund entsprachen.

Von 1931 bis 1937, das heißt während meines Hochschulstudiums, war ich insgesamt fast ein Jahr lang per Anhalter auf europäischen Landstraßen unterwegs. Zu Fuß und in anderer Leute Autos legte ich fast 25.000 km zurück, von Stockholm bis Sizilien und durch die meisten Länder Mitteleuropas. Ich reiste allein, während meiner Sommerferien, und jeweils zwei oder drei Monate hintereinander. Ich lernte Hunderte von Menschen kennen, die damals die Landstraßen bevölkerten, Landstreicher, fahrendes Volk, Arbeitslose, Handwerksgesellen, Studenten in den Ferien, Abenteurer, Ausreißer, gebrochene Menschen und mächtige Gangster, Jungen, die sehen wollten, wie es zugeht in der Welt, und grauhaarige alte Männer, die das schon lange vergessen hatten. Und wieder studierte ich ihren Hintergrund.

Ähnlich wie später in Dachau machte ich ein Spiel daraus, Menschen kurze Zeit zu beobachten und dann zu raten, aus welchem Land sie kamen und was sie wohl von Beruf waren. Ich hatte natürlich nicht immer Recht, aber doch überraschend oft, und wenn ich nach den Gründen suchte, dann stellte ich fest, dass das Verhalten der Menschen offenbar in einem so hohen Maße von ihrem Erfahrungshintergrund bestimmt wird, dass es ziemlich leicht ist, diesen Hintergrund aus ihrem Verhalten zu erschließen. Als ich 1933 auf meiner dritten Reise per Anhalter von Wien nach Sizilien und wieder zurück war, begann ich, eine Soziologie der Landstraße zu schreiben. Mit diesem einigermaßen anspruchsvollen Titel wollte ich zum Ausdruck bringen, dass ich an der Universität gelernt hatte zu systematisieren, was ich mit eigenen Augen auf den Landstraßen sah. Diese Arbeit kam nie bis zur Veröffentlichungsreife. 1938 begann ich erneut daran zu arbeiten, wobei ich als Aufzeichnungen die Hunderte von Briefen benutzte, die ich während dieser Reisen an Freunde geschrieben hatte, Briefe, die in Tagebuchform gehalten waren. Aber Hitler unterbrach das ebenso wie meine anderen Aktivitäten. Das Manuskript ging in Wien verloren.

Auch in der Untergrundbewegung hatte ich von 1934 bis 1938 recht gut Gelegenheit, die Gruppenbildung zu beobachten. Vor allem konnte ich sehen, wie sich unter diesen besonderen Umständen eine völlig andere Form von Führung herausbildete als in einer demokratischen Bewegung. Aber ich brauchte nicht die Idee zu ändern, die ich zu dieser Zeit bereits einigermaßen weit entwickelt hatte, nämlich dass der Erfahrungshintergrund bestimmt, welchen Cliquen sich die Menschen anschließen, selbst innerhalb von Gruppen mit ein und derselben Ideologie.

Eine gewisse Erfahrung in der Beobachtung von menschlichen Beziehungen erwarb ich außerdem als Sekretär am Wiener Handelsgericht, einer Stelle, die ich bis zum Tag meiner Inhaftierung innehatte.

Aber auch wenn man jemandem die Fähigkeit zur Interpretation sozialer Phänomene zugesteht, ist es immer noch möglich, dass unterschiedliche Menschen an ein und dieselbe Situation mit unterschiedlichen Begriffen und Ideen herangehen. Das ist unvermeidlich. Einige Differenzen habe ich oben bereits angedeutet. Manche Leute meinten, ich sollte die Österreicher besser und die Preußen schlechter behandeln, andere fanden, die Preußen müssten positiver und die Österreicher weniger positiv dargestellt werden, und jeder von ihnen führte viele Beispiele an, um seine Argumente zu belegen. Ich habe sogar einen Freund, der ernsthaft Einwände gegen meine Behandlung der Gruppen nach ihrem sozialen Hintergrund erhebt und jederzeit bereit ist, mit vielen Beispielen zu belegen, dass man jedes Wort, das ich sage, auch anders interpretieren oder sogar beweisen kann, dass es falsch ist. Er behauptet, die Politischen seien Gangster gewesen und die »Grünen« seien Gangster gewesen, und räumt allenfalls ein, dass die »Grünen« noch üblere Gangster waren als die »Roten«. Derselbe Mann behauptet auch, meine Unterscheidung zwischen Politischen und Unpolitischen sei Unsinn, und es gebe nur die Unterscheidung zwischen Österreichern und Preußen. Als ich ihn daran erinnerte (er war ein Mithäftling), dass fast alle nichtjüdischen Politischen in Dachau Bayern waren, sagte er: »Ja, aber die waren doch alle ›verpreußt‹.« Dies scheint mir etwa so logisch wie das Argument der Nazis, wenn man ihnen sagt, auch unter den Ariern gebe es ganz üble Gauner, und die dann entgegnen: »Ja, aber das sind ›weiße‹ Juden, die haben sich selber aus der Ariergemeinschaft ausgeschlossen.« Unser Argument gegen die Nazis wäre in diesem Falle: Offenbar ist die Klassifikation Juden – Arier nicht allzu brauchbar, um das Phänomen des Betrugs in unserer Gesellschaft zu beschreiben. Dementsprechend würde ich hier antworten: Wenn eine ganze Gruppe für »verpreußt« erklärt werden kann, ohne dass sich ein einziger Preuße unter ihnen befindet, sollten wir lieber nach einer brauchbareren Aufteilung suchen, die die Tatsache, dass es Häftlinge mit und Häftlinge ohne Ambitionen gibt, besser beschreibt. Die Aufteilung in Politische und Unpolitische erklärt meiner Ansicht nach rund 70 bis 80 Prozent aller Fälle, die Aufteilung in Preußen und Österreicher dagegen vielleicht nur 40 Prozent oder weniger. (Ich nenne diese Zahlen nur als Beispiel. Ich weiß natürlich nicht, wie das Zahlenverhältnis wirklich aussieht.)

(. . .)

Nachwort

Der hier erstmals vollständig veröffentlichte Text ist die deutsche Übersetzung der Dissertation von Paul Martin Neurath, mit der er im Juni 1943 an der Columbia University in New York promoviert wurde. In diesem Nachwort wollen wir den Autor vorstellen, die Umstände des ungewöhnlichen Zustandekommens der Dissertation aufklären, das Werk in den Kontext der Literatur über Konzentrationslager stellen und schließlich den weiteren Lebensweg Neuraths schildern, der ihn immer wieder in seine Geburtsstadt Wien zurückführte.

Paul Martin Neurath wurde am 12. September 1911 geboren. Sein Vater war der damals 29-jährige Otto Neurath; seine Mutter Anna Schapire starb im Alter von 34 Jahren, zwei Monate nach der Geburt des Sohnes. Paul wuchs aus diesem Grund in einem Kinderheim auf, das er erst mit zehn Jahren verlassen sollte. Seiner erblindeten Stiefmutter, die der Vater 1912 geheiratet hatte, war nach herrschender Ansicht die Betreuung des kleinen Kindes nicht zumutbar. Viele Jahre lang hat Paul die zweite Frau seines Vaters, Olga Hahn, für seine natürliche Mutter gehalten. Die Familie Neurath gehörte zum assimilierten jüdischen Wiener Bürgertum. Pauls Großvater, Wilhelm, lehrte als Professor Volkswirtschaftslehre an der Hochschule für Bodenkultur. Dessen älterer Sohn Otto unterrichtete nach dem 1906 erfolgten Abschluss seines Studiums an der Friedrich-Wilhelm-Universität zu Berlin und der Ableistung des Militärdienstes an der Wiener Handelsakademie, einer Sekundarschule. Pauls Mutter Anna Schapire hatte, da für Frauen in Österreich Universitätsstudien damals nur eingeschränkt möglich waren, ihr Studium an der Universität Zürich beendet. Sie trat als Übersetzerin, Frauenrechtlerin und Dichterin hervor und scheute nicht die polemische Auseinandersetzung mit den akademischen Mandarinen ihrer Zeit: Als

24-Jährige schrieb sie eine Replik auf Werner Sombart, der gegen das Frauenstudium eingewandt hatte, dass »die Frau von ihrem zwanzigsten bis zu ihrem vierzigsten Jahre in Intervallen von je 12 Monaten sich der Bürde der Schwangerschaft auszusetzen gewillt und im Stande sein müsse«. Anna Schapire rechnete ihm vor, dass die von ihm behaupteten 11 Schwangerschaften Fiktion seien.[1] Die Stiefmutter Olga Hahn absolvierte, obgleich schon erblindet, ein Mathematikstudium an der Universität Wien und veröffentlichte gemeinsam mit Otto Neurath einige Aufsätze zur Logik. Dieser profilierte sich neben seiner Lehrertätigkeit als Verfasser volkswirtschaftlicher Studien und scharte jene Wissenschaftler und Philosophen um sich, die man später als ersten Wiener Kreis bezeichnet hat.[2] Otto Neurath spielte später in ganz unterschiedlichen Feldern eine Rolle: Während des Ersten Weltkrieges habilitierte er sich in Heidelberg, publizierte kriegswirtschaftliche Abhandlungen und wurde während der bayerischen Räterepublik als Experte für Sozialisierungsfragen dorthin berufen, was ihm nach der Niederschlagung der Räterepublik Haft, Verurteilung, Ausweisung und den Verlust der Heidelberger Dozentur eintrug. Max Weber trat als Entlastungszeuge vor Gericht auf, und Otto Bauer, der damalige Außenminister der ersten Regierung der jungen Republik Österreich, intervenierte schriftlich zu seinen Gunsten. Während der 1920er-Jahre leitete Otto Neurath in Wien das von ihm gegründete Gesellschafts- und Wirtschaftsmuseum, in dessen Rahmen es auch zur Entwicklung der Bildstatistik kam.[3] Daneben war er der unermüdliche Organisator des Philosophenkreises der Logischen Empiristen. Versuche, eine universitäre Position zu erlangen, scheiterten mehrfach. Politisch betätigte sich Otto

---

1 Schapire 1902.
2 Haller 1985; Haller 1993.
3 Stadler 1982; Hartmann und Bauer 2000.

Neurath in der Sozialdemokratischen Arbeiterpartei Österreichs.[4]

Im Milieu des »Roten Wien« erfuhr auch Paul Neurath seine politische Sozialisation, anfangs als Teilnehmer so genannter Sommerkolonien,[5] als Mitglied der Roten Falken, später dann als Mitglied sozialdemokratischer Vorfeldorganisationen. Er nahm aber zu keinem Zeitpunkt eine führende Rolle ein. Auf dringenden Rat seines Vaters entschied er sich nach Ablegung der Matura am Humanistischen Gymnasium Wien V. für ein Studium der Rechtswissenschaften.[6] Mit Wintersemester 1931/32 begann Neurath an der Wiener Universität zu studieren. Er absolvierte die vorgeschriebenen Studien in den vorgesehenen acht Semestern und schrieb sich im Sommersemester 1935 zum letzten Mal ein. Wie andere aus der kleinen Gruppe linker Studenten belegte er zusätzlich zum juristischen Normalcurriculum Lehrveranstaltungen in Soziologie, Psychologie, Ökonomie und Geschichte. Schon im ersten Semester studierte er »Politische Probleme des Marxismus« beim Austromarxisten Max Adler sowie vier Wochenstunden »Psychologie« bei Karl Bühler. Im zweiten Semester hörte er »Geschichte des Sozialismus seit 1889« bei Adler, im dritten und vierten Semester absolvierte er »Soziologische Übungen« ebenfalls bei Adler. Die an der Wiener Universität ohnehin marginalisierte austromarxistische Position wurde seit 1933 allerdings vollkommen zurückgedrängt. Manche linke Studenten hörten nun Vorträge der Austroliberalen. Im fünften Semester besuchte Neurath bei Hans Mayer Lehrveranstaltungen aus dem Fach Ökonomie, im siebenten Semester ein Seminar, das von Richard Strigl und Oskar Morgenstern geleitet wurde. Mit Neuraths zukünftiger Karriere als Spezialist für

4 Cartwright et al. 1996.
5 Scheu 1985.
6 Neurath 1987.

Statistik steht der Besuch von Wilhelm Winklers »Allgemeine vergleichende und österreichische Statistik« in Zusammenhang. Lehrveranstaltungen aus Kunstgeschichte und Wirtschaftsgeschichte zeigen die breiten Interessen des Studenten ebenso wie der Besuch einer Veranstaltung über die Geschichte der Vereinigten Staaten und eines Kurses »Russisch für Anfänger«.[7]

1935 erhielt Neurath das »Absolutorium«, einen Studienabschluss ohne akademischen Grad. Wie er selbst später darlegte, sah er in einer juristischen Karriere keine große Zukunft und bemühte sich intensiv um Zusatzausbildungen. Unter den Bedingungen des Austrofaschismus war dies zweifellos eine gerechtfertigte Strategie. 1937, nachdem er sich rund zwei Jahre mit verschiedenen Tätigkeiten »durchgeschlagen« hatte, legte er doch noch die für das juristische Doktorat notwendigen Rigorosen ab. Bei Othmar Spann, dem Theoretiker des »Ständestaates«, fiel Neurath durch: Er erhielt ein »Ungenügend«, die Mehrheit der Professoren votierte jedoch für einen positiven Abschluss des staatswissenschaftlichen Rigorosums.[8]

Die Liste der Zusatzqualifikationen, die Paul Neurath in dieser Zeit erwarb, ist erstaunlich. Neben der Absolvierung des Abiturientenkurses der Wiener Handelsakademie, der ihm kaufmännische Grundkenntnisse vermittelte, absolvierte er einen zweijährigen Werkmeisterkurs in Elektrotechnik und Maschinenbau an der Maschinenfachschule Arsenal. In den Sommerferien verbrachte er viele Wochen »auf der Walz«. Sich auf die traditionelle Gesellenwanderung zu begeben war in den 1930er-Jahren eine gängige Strategie jugendlicher Arbeitsloser, der erzwungenen Untätigkeit zu

---

7 Diese Daten wurden aus den im Archiv der Universität Wien aufbewahrten Inskriptionsscheinen, den »Nationalen«, zusammengestellt.
8 Archiv der Universität Wien, Juridische Fakultät, Rigorosenprotokoll 1937.

entgehen. Die »Walz« führte Neurath durch Deutschland, die Schweiz und Italien. In Briefen erwähnte Neurath mehrmals, dass er diese Erfahrungen gerne zu einem soziologischen Buch verarbeitet hätte. In der letzten Februarwoche des Jahres 1938 begann er beim Wiener Gewerbegericht sein Gerichtsjahr, das zur Vervollständigung der Ausbildung zum Juristen notwendig war. Nach nur drei Wochen beendete der Einmarsch der deutschen Truppen und die Übergabe der Regierungsgewalt an die Nazis seine Tätigkeit als Rechtspraktikant. Zwei Tage nach dem »Anschluss« stand die Gestapo auf der Suche nach einem vermeintlichen Propagandaleiter, »Neumann oder so ähnlich heißt er«, vor seiner Haustür. Neurath konnte sich mit Mühe der Verhaftung entziehen; »a Doktor soll er sein« sagte die ›hilfsbereite‹ Frau Nachbarin zur Gestapo.[9]

In den folgenden Tagen versuchte Neurath, illegal in die Tschechoslowakei zu gelangen. Wenige Kilometer vor der Grenze wurde er verhaftet. Nach einigen Tagen in Einzelhaft außerhalb Wiens wurde er ins Wiener Polizeigefängnis Rossauerlände überstellt und kam mit dem ersten Transport von 150 Österreichern am 1. April 1938 in das Konzentrationslager Dachau, wo er die Häftlingsnummer 13.868 erhielt. Der Magistrat der Stadt Wien kündigte zum 1. Juli 1939 seine Wiener Wohnung in der Penzingerstraße.

In diesem so genannten Prominententransport befanden sich führende Repräsentanten des Ständestaats und jene Sozialdemokraten, denen es nicht gelungen war, sich dem Zugriff der Gestapo zu entziehen. Dazu kamen unpolitische, aber wohlhabende Juden, deren Verwandte zu Zahlungen erpresst werden sollten. Dass Paul Neurath auch zu diesem Transport gehörte, überrascht ein wenig. Prominent war er jedenfalls nicht, was zur Vermutung Anlass gibt, dass sowohl seine Verhaftung wie auch die frühe Verbringung in ein

---

9 Neurath 1987, S. 515.

KZ entweder auf einer Verwechslung mit seinem Vater beruhte oder dazu hätte dienen sollen, ihn an dessen Stelle,
gleichsam als Geisel, in Gewahrsam zu nehmen (Otto Neurath lebte seit 1934 in Den Haag im Exil). Ab dem Moment
der Ankunft in Dachau spielte es allerdings kaum noch eine
Rolle, warum jemand dorthin gekommen war.

Das Konzentrationslager Dachau in der Nähe von München wurde bereits 1933 eingerichtet. Im April 1933 ersetz-
ten Einheiten der SS die Münchner Polizei als Wachpersonal.
Ende März befanden sich 151 Häftlinge in Dachau. Die Zahl
der Häftlinge wuchs kontinuierlich. Ende Juli 1933 befanden sich schon 2.038 Gefangene in Dachau. Die von der SS
oktroyierte Lagerordnung in Dachau wurde bald zum Vor-
bild für andere frühe Lager und ging als »Modell Dachau« in
die Literatur ein.[10] Das Konzentrationslager Dachau wurde
1937/1938 durch Häftlingsarbeit erheblich ausgeweitet und
ausgebaut. Insgesamt waren im KZ Dachau über 200.000
Menschen inhaftiert.[11] Im Zuge einer vorübergehenden
Evakuierung des KZ Dachau (wahrscheinlich in Vorbereitung der geplanten Aufnahme von 10.000 Juden nach der
Pogromnacht sechs Wochen später) und der damit verbundenen Verlegung der jüdischen Häftlinge aus Dachau nach
Buchenwald kam Paul Neurath am 24. September 1938 zusammen mit 1.082 anderen Dachauer Häftlingen in Buchenwald an. Seine erste Häftlingsnummer war 9.506, die zweite
2.086; Kategorie: Politischer Jude.

Das zunächst »K.L. Ettersberg« genannte Konzentrationslager Buchenwald in der Nähe von Weimar wurde im
Juli 1937 mit 149 Häftlingen eröffnet. Proteste aus Weimar
führten schon im Juli 1937 zur Umbenennung. Die NS-Kul-
turgemeinde in der Stadt erhob Einspruch gegen die Benen-
nung, weil »der Ettersberg mit Goethes Leben in Verbin-

---

10 Orth 1999, S. 26-33; Tuchel 1994.
11 Marcuse 2001.

dung gestanden habe«.[12] Ab Mitte Juli kamen die ersten Häftlingstransporte. Zwischen Mitte 1937 und 1945 wurden circa 240.000 Menschen eingeliefert. Davon sind etwa 34.000 in das Sterberegister des Lagers eingetragen. Tausende der Buchenwalder KZ-Häftlinge starben in anderen Konzentrationslagern und auf Evakuierungsmärschen. Das Lager sollte durchschnittlich zwischen 6.000 und 8.000 Häftlinge umfassen. Am 10. November 1944 waren es einschließlich der Außenlager 59.267 Insassen; am 10. April 1945 wurden 80.900 Häftlinge gezählt.[13]

Man kann die Geschichte des Lagers Buchenwald in zwei Abschnitte unterteilen. Paul Neuraths Erinnerungen beziehen sich auf einen Teil der ersten Lagerphase von Buchenwald zwischen 1937 und 1942. Ab 1942 kam es zu einer Funktionserweiterung der Lager. Bedeutend war nun auch die kriegsrelevante Zwangsarbeit der Häftlinge, zum Beispiel die V-Waffen-Produktion im berüchtigten Lager Mittelbau-Dora und die Gründung einer Vielzahl weiterer Außenlager. Außerdem ändert sich die Zusammensetzung und die Zahl der Häftlinge.[14]

Neurath gehörte im Lager jener Gruppe politischer jüdischer Häftlinge an, die es zum Zeitpunkt seiner Überstellung besonders schwer hatten. Dies hing allerdings nicht damit zusammen, dass sie als politische Juden eingestuft wurden, sondern mit der großen Zahl an Neuankömmlingen. Mit Sicherheit zu Neuraths Überleben beigetragen haben sein noch jugendliches Alter – er war noch keine 27 Jahre alt – sowie seine gute körperliche Verfassung und Bedürfnislosigkeit, die er sich »auf der Walz« und als handwerklich Arbeitender erworben hatte. Neurath hatte zudem »Glück«, denn er wurde aus dem Lager Buchenwald am 27. Mai

---

12 Drobisch und Wieland 1993, S. 269.
13 Schwarz 1990.
14 Siehe die ausführliche Dokumentation von Stein 1998.

1939 – also noch vor Kriegsausbruch – entlassen, wohl weil er über ein Ausreisevisum verfügte. Seine Freundin Lucie hatte in Wien alles getan, um seine Entlassung zu erwirken.

Nach wenigen Tagen in Wien reiste Neurath Mitte Juni 1939 nach Schweden aus. In den folgenden beiden Jahren absolvierte er zunächst eine einjährige Umschulung zum Metallarbeiter in Stockholm. Danach arbeitete er als Dreher an einer Karusselldrehbank auf einer Schiffswerft in Göteborg. Seine Emigration in die USA ergab sich aus Zufällen und einer überraschenden Wende bei der Handhabung der amerikanischen Bestimmungen über die nationalen Immigrationsquoten. Nach dem Überfall des Deutschen Reiches auf Dänemark und Norwegen transferierte die amerikanische Einwanderungsbehörde die dort wertlos gewordenen Einwanderungskontingente nach Schweden, und so erhielt Neurath plötzlich grünes Licht für die Einreise in die USA. Unter den wenigen Mitreisenden auf dem schwedischen Handelsschiff befanden sich auch der Philosoph Ernst Cassirer und der Linguist Roman Jakobson. Das Schiff landete am 3. Juni 1941 im Hafen von New York – ein halbes Jahr später traten die USA nach dem japanischen Überfall auf Pearl Harbor in den Zweiten Weltkrieg ein.

In New York wandte sich Paul Neurath an den Cousin seines Vaters, Waldemar Kaempffert, der als Wissenschaftsredakteur der *New York Times* in der Lage war, dem Neuankömmling dabei zu helfen, sich zurechtzufinden. Kaempffert sei hoch erfreut gewesen, dass ihn der ihm persönlich unbekannte junge Mann nicht um Geld, sondern nur um Rat bat, den er freizügig gewährte. Neurath eröffnete seinem Onkel, er wolle nun »endlich Soziologie studieren«,[15] woraufhin Kaempffert eine Liste mit Namen von Professoren zusammenstellte, bei denen er vorstellig werden solle. Auf dieser Liste stand auch Paul Lazarsfeld, den Neurath aus

15 Neurath 1987, S. 521; Neurath 1982.

Wiener Tagen kannte. Wenige Tage später begann Neurath als »Strichler« mit statistischen Auszählungen und Berechnungen in Lazarsfelds Office of Radio Research, wofür sich seine in Schweden erworbene Fertigkeit in der Handhabung eines Rechenschiebers als sehr nützlich erwies. Von dieser Arbeit wurde er zwar nicht reich, konnte aber davon leben, wie er in einem ausführlichen Brief darlegte, den er wenige Monate nach seiner Ankunft an einen Freund in Schweden, Rudolf Pass, schrieb.[16]

Neben der Anstellung im Office of Radio Research erkundete Paul Neurath die Möglichkeiten, einen Studienabschluss an der Columbia University zu erwerben. Sein Wiener Studium der Rechte wurde ihm als Äquivalent eines M. A. anerkannt. Damit war ein Abschluss innerhalb von nur zwei Jahren möglich. Beginnend mit dem *summer term* des Jahres 1941 absolvierte Neurath zügig die Pflichtkurse eines Graduiertenstudiums.

Die sich ihm nun bietende Möglichkeit, »unter Beweis stellen zu können, dass ich was tauge«, ergriff er mit beiden Händen. Im Oktober 1942 berichtet er in geradezu überschwänglichem Ton über seine Erfolge: »Jetzt bin ich also 16 Monate in diesem gesegneten Land, vor 16 Monaten habe ich noch keine Ahnung gehabt, was Statistik ist, und momentan bin ich bereits seit einem Monat Assistent bei meinem früheren Statistiklehrer an der Columbia University. [. . .] [Ich] habe ein University Fellowship [. . .], das sind die höchsten Fellowships, die vergeben werden, die gelten als große Auszeichnungen. Jedes Department hat nur ein solches, und ich hab also das im Soziologie Department.«[17]

---

16 Neurath an Rudolf Pass, 22. 10. 1941, Nachlass Paul Neurath, Institut für Soziologie, Universität Wien. Die Briefe Neuraths werden hier und im Folgenden originalgetreu wiedergegeben, weil Stil und syntaktische Besonderheiten seinen Akkulturationsprozess zu illustrieren vermögen.
17 Neurath an Pass, 30. 10. 1942.

Nach Neuraths eigenem Bekunden hatte er schon während des Aufenthalts in den KZs von Dachau und Buchenwald daran gedacht, nach der Entlassung seine Erlebnisse und Erfahrungen zu einem Buch zu verarbeiten: »I had the concept of this book in my head when I was still in camp. I always knew that it has to be written, because I know what people usually write about. In most of the books we get transmitted only the high spots, like e.g. when they hanged a man on 21. Dec. 1938 on a gallow and 20.000 prisoners looked at it in attention.«[18]

In New York bot sich Neurath nun die Möglichkeit, mit diesem Projekt ein weiteres Doktorat zu erwerben. Im Oktober 1942 teilte er Rudolf Pass mit, er »habe schon 200 Maschinenseiten« der Dissertation fertig gestellt. »Es [das Manuskript] ist eine soziologische Arbeit über meine Lagererfahrungen. [. . .] Ich schreibe als, was sie hier mit dem terminus technicus bezeichnen: ›participant observer‹.«[19] Letztere Bemerkung ist wohl nur teilweise zutreffend, da Neurath, bevor er in die USA gekommen war, diese Methode sozialwissenschaftlicher Datenerhebung sicherlich nicht kannte. Zudem wäre er kaum in der Lage gewesen, im Konzentrationslager als teilnehmender Beobachter tätig zu werden. Mangels einer besseren Bezeichnung ging es aber wohl in Ordnung, dass Neurath oder einer seiner Lehrer seine Vorgehensweise mit diesem Etikett versah. Die Methode der teilnehmenden Beobachtung genoss unter Columbias Soziologen allerdings weniger Ansehen als in anderen Soziologiedepartments der USA.

In Chicago, das als die Heimstadt der offenen, qualitativen Verfahren galt, hätte ein Neoimmigrant mit einer Arbeit über nahezu ausschließlich Selbsterlebtes eine wahrscheinlich weitaus freundlichere Aufnahme und anregendere Re-

18 Neurath an Robert MacIver, 29. 3. 1942.
19 Neurath an Pass, 30. 10. 1942.

aktionen erfahren. Beispielsweise reichte William F. Whyte
seine Neuraths Dissertationsprojekt in methodischer Hinsicht durchaus vergleichbare *Street Corner Society*[20] als Dissertation nicht an jener Universität ein, an der und mit deren
finanzieller Hilfe sie entstanden war, nämlich an der Harvard University, sondern wechselte pro forma nach Chicago, wo er seinen Studienabschluss ohne Probleme erwerben konnte. Die von Robert Park dirigierte Schar junger
Soziologen, die Dissertationen verfassten, in denen oft die
eigene Lebensgeschichte verarbeitet wurde, hatte zu dieser
Zeit bereits einige Gesellenstücke produziert, die derart
starke Resonanz gefunden hatten, dass das amerikanische
Social Science Research Council sich veranlasst sah, eine methodologische Debatte über diese Art von Sozialforschung
zu initiieren.[21] Dieser Dachverband der professionellen Organisationen der Sozialwissenschaften beauftragte 1937
Herbert Blumer, eine kritische Würdigung des Klassikers
der Verwendung persönlicher Dokumente, die von William
I. Thomas und Florian Znaniecki erstmals 1918 veröffentlichte monumentale Untersuchung über *The Polish Peasant
in Poland and America,* zu verfassen. Blumer, der später als
Namenspatron des symbolischen Interaktionismus hervor-
treten sollte,[22] äußerte sich in seinem Beitrag sehr kritisch
über die Methodologie von Thomas und Znaniecki, ging
aber nicht so weit, die Verwendung persönlicher Dokumente, wie Briefe, Tagebücher oder selbst verfasste Lebens-
berichte, rundweg abzulehnen. Blumers zentraler Einwand
nährte sich aus der damals gerade zu hohem Ansehen gelangten Auffassung einer am naturwissenschaftlichen Vor-
bild orientierten szientifischen Sozialwissenschaft. Ihr ging
es um kausale Erklärung und strikte Prognosefähigkeit.

---

20 Whyte 1943.
21 Vgl. Dollard 1935.
22 Blumer 1969.

Diese hohe Hürde konnten weder *The Polish Peasant* noch die vielen Chicagoer Dissertationen nehmen, die unter Parks Regie verfasst und bei Chicago University Press in einer eigenen Reihe veröffentlicht wurden. Nels Anderson verarbeitete in seiner schon 1923 erschienenen Studie über *The Hobo: The Sociology of the Homeless Man*[23] seine eigenen Erfahrungen als Wanderarbeiter, und Clifford R. Shaw promovierte mit einer Studie, die großteils aus der Wiedergabe der autobiografischen Aufzeichnungen eines Taschendiebs bestand.[24] Diese und andere Chicagoer Arbeiten fanden in weiteren, vom Social Science Research Council initiierten methodologischen Studien über die Verwendung persönlicher Dokumente in den Sozialwissenschaften ein kritisches Echo.[25]

Neuraths Behauptung, er müsse für seine Dissertation wenigstens keine Bücher lesen, ist also nur die halbe Wahrheit, denn tatsächlich gab es bereits eine Reihe von Texten über das Leben in deutschen Konzentrationslagern. Diese Veröffentlichungen, zu deren Autoren auch Sozialwissenschaftler wie Karl August Wittfogel[26] zählten, waren im Stil des Augenzeugenberichts und nicht als sozialwissenschaftliche Analyseversuche geschrieben. Daneben gab es methodologische Abhandlungen über Fragen im Zusammenhang mit Augenzeugenberichten, Autobiografien, persönlichen Dokumenten im Allgemeinen, die in der zeitgenössischen Debatte der amerikanischen Sozialwissenschaften eine so prominente Rolle spielten, dass manche Interpreten zu der Auffassung gelangten, Blumers Kritik und die Kritik anderer an dem, was später qualitative Sozialforschung genannt

---

23 Anderson 1923.
24 Shaw 1930.
25 Gottschalk, Kluckhohn und Angell 1945.
26 Unter dem Pseudonym Hinrichs 1936.

werden sollte, hätte deren weitere Entfaltung nachhaltig beschädigt.[27]

Neuraths Interpretationen seiner Lagererfahrungen genügen durchaus dem Kriterium der »kommunikativen Validierung«, das in dieser Form erst später formuliert werden sollte. Umso erstaunlicher ist, dass im ursprünglichen Text der Dissertation keinerlei Ausführungen über die Methode zu finden sind. Deren Fehlen sollte ihn nach der offiziellen Vorlage des Manuskripts als Dissertation dann nötigen, noch jenen Anhang zu schreiben, der hier abgedruckt ist. Darin finden sich all jene Einwände behandelt, die Neurath hätte vorhersehen können, hätte er die methodologischen Veröffentlichungen dieser Zeit studiert.

Die Mitglieder des Soziologie-Departments der Columbia University, an dem Neurath den Bericht über sein Leben als Insasse zweier deutscher KZs schließlich als Dissertation einreichte, verhielten sich gegenüber dem Neuling gleichwohl freundlich und zuvorkommend, einige scheinen sich auch für seinen Bericht interessiert zu haben. Ein intellektuell förderliches Umfeld, in dem seine Arbeit an der Dissertation spezifische Anregungen erfahren hätte, wurde Neurath allerdings nicht geboten. Dazu war die Fakultät zu sehr an anderen Themen interessiert und mit Arbeiten befasst, zu denen Neuraths Projekt nicht wirklich passte. Aber auch er selbst war ja nicht ausschließlich am Thema seiner Dissertation interessiert. Sehr rasch hatte Neurath Gefallen an Statistik gefunden, worin er sich bald als Experte profilierte und womit er zunehmend seinen Lebensunterhalt bestreiten konnte. Diese Seite seines Könnens fand wohl ungeteilte Zustimmung und offene Aufnahme; die Arbeit an der Dissertation stieß hingegen auf geringeres Interesse.

Von den beiden ›Senioren‹ des Departments, Robert MacIver und Robert Lynd – die allerdings dauerhaft zer-

---

27 Paul 1979; Platt 1996.

stritten waren – nahm sich aus nicht weiter bekannten Gründen MacIver Neuraths an. Das allein dürfte schon ausgereicht haben, dass dessen Antipode Lynd ein besonders kritisches Auge auf das Werk eines Schülers des anderen werfen würde. Nach Fakultätsseniorität wäre an dritter Stelle Theodore Abel zu nennen, der aber von den beiden 1940 ernannten Newcomern Paul F. Lazarsfeld und Robert K. Merton zunehmend an den Rand gedrängt wurde und es schließlich vorzog, Columbia zu verlassen.[28] Der aus Polen stammende Abel war nun aber derjenige, dessen Arbeit über die frühe Gefolgschaft der Nazis, die unter dem Titel *Why Hitler came into power: An answer based on the original life stories of six hundred of his followers* 1938 erschienen war, die stärkste inhaltliche Affinität zu Neuraths Projekt aufwies.[29] Abels vielbändiges Tagebuch, dem er den Titel *Journal of Thoughts and Events*[30] gab, zeigt, dass mit zunehmender Dauer des Krieges in Europa sein Interesse an spezialistischen soziologischen Fragen in den Hintergrund trat. Ab 1940 findet man in dem Tagebuch nur noch vereinzelt Einträge zu soziologischen Themen, während er sich über Monate hinweg mit der Frage quälte, worin sein Beitrag im Kampf gegen die Nazi-Diktatur bestehen könnte. Die zukünftigen Titanen der Columbia-Tradition der Soziologie, Lazarsfeld und Merton, waren wiederum zu dem Zeitpunkt, als Neurath über seiner Dissertation saß, wohl allzu sehr mit ihren eigenen Arbeiten beschäftigt, um jemandem, der um einiges älter als die üblichen Studenten war, weitergehende Unterstützung zu offerieren.

Im März 1942 stellte Neurath ein Probekapitel fertig, das er seinem Betreuer MacIver zur Entscheidung, ob er als Doktorand angenommen werden könne, vorlegte. Außer

---

28 Abel 2001.
29 Abel 1938.
30 Auszugsweise in Abel 2001.

diesem Kapitel hatte er bereits zwei weitere geschrieben. Zugleich begann er diese Texte mit ehemaligen Lagerhäftlingen, aber auch anderen, außenstehenden Personen zu diskutieren. Neurath ging es von Beginn an darum, zwei Dinge sicherzustellen: die Genauigkeit seiner Beschreibung und die Akzeptanz seiner Erläuterungen und Erklärungen bei einem breiteren, nicht unbedingt wissenschaftlichen Publikum.[31] Dazu kam noch das selbst gewählte Kriterium allgemeiner Verständlichkeit (ein Erbe der Bildungspolitik des »Roten Wien«?). »Ich schreibe so simple [sic!] und einfach als möglich, und bringe alle soziologischen Erwägungen absolut in die Sprache des Nichtakademikers, gerade zu dem Zweck, um die Sache womöglich doch an einen größeren Leserkreis zu bringen.«[32]

Anfang des Jahres 1943 hatte Neurath – neben Studium und Arbeit – einen längeren Entwurf seiner Arbeit fertig gestellt und suchte nun, noch bevor er diesen seinem Dissertationsbetreuer vorlegte, systematisch Kontakt zu anderen Personen, die mit ihm im Lager waren und die ebenfalls in die USA emigriert und dort erreichbar waren. Zu den ersten gehörte Felix Reichmann, ein Kunsthistoriker und Buchhändler aus Wien, der wie Neurath Häftling in Dachau und Buchenwald gewesen war und nach 1945 Professor und Bibliotheksdirektor an der Cornell University wurde. Reichmann begegnete Neurath wohlwollend und skeptisch zugleich: Er hielt die Arbeit zwar für wichtig, nicht aber für eine soziologische Arbeit. In seinen Formulierungen sprach Reichmann das Grunddilemma von Neuraths Arbeit, die den Spagat zwischen persönlicher Aufarbeitung und der erstrebten Anerkennung im akademischen Milieu versuchte, sehr direkt an: »Von einem nüchternen und pedantischen Standpunkt aus hat Deine Arbeit einen grossen Fehler, der

---

31 Neurath an Whiteman, 1942.
32 Neurath an Willy Ernst, 23.1.1943.

aber unvermeidlich ist. Sie beruht auf Selbsterlebniss [sic!]
(including einige Selbsterlebnisse von Gefährten). Auch
wenn hunderte alte Dachauer Dir kritisches Material brächten,
es werden nie reliable sociologische data daraus. Der Patient
kann seinen Zustand nie so beschreiben, wie der Arzt.
Nicht bloss weil er die Zusammenhänge nicht sieht, das
würde in Deinem Fall nicht zutreffen, sondern einfach weil
der Arzt keine Schmerzen hat«.[33] Dass aus einem Patienten
ein Arzt werden könne, schien Reichmann wohl undenkbar
zu sein.

Ungefähr zur gleichen Zeit nahm Neurath Kontakt mit
dem nun in San Francisco lebenden Willy Ernst auf. Ernst
war wie Neurath bei den Roten Falken gewesen. Ernst begrüßte
Neuraths Projekt und konnte zudem auf der sachlichen
Ebene ergänzende Details beisteuern und kleine Fehler
korrigieren. Außerdem war er in der Lage, weitere Adressen
von ehemaligen Häftlingen, die nun in den USA wohnten, zu
nennen. Gegenüber Neuraths erstem Entwurf nahm Ernst
geradezu die Rezipientenhaltung eines Repräsentanten der
Lagergemeinschaft ein: »Für *uns* [Hervorh. durch die Verf.]
ist es von aeusserster Wichtigkeit, einen so streng wissenschaftlichen,
fast leidenschaftslosen Tatsachenbericht zu haben.«[34]

Paul Neurath fand auch eine ›Lektorin‹ für seinen Text,
mit der er intensiv korrespondierte. Die aus Wien stammende
Trautl Aull, die außerhalb New Yorks wohnte, ging
nicht nur auf den Inhalt, sondern auch auf alle möglichen
sprachlichen Unebenheiten und Irrtümer mit großer Genauigkeit
ein. Mehrfach forderte Neurath von Aull scharfe
Kritik, und zwar in schriftlicher Form: »Wenn mich jemand
im Gespräch angreift, verteidige ich *mich*, wenn er mich im
geschrieben Wort angreift, verteidige ich die *Sache*.« Unter

---

33 Felix Reichmann an Neurath, 12.4.1943.
34 William Ernst an Neurath, 12. 2. 1943.

diesen interessanten psychologischen Prämissen kam es zu einer engagierten Auseinandersetzung über den Text. Zwischen Neurath und Aull entwickelte sich ein enges Vertrauensverhältnis, und die Korrespondenz wurde immer mehr zu einer Art Hintergrundgespräch über seinen Text, in dem Neurath auch über seine impliziten Motive Auskunft gab.[35] Zudem spiegelt sich in diesem Briefwechsel ein zentrales Problem vieler emigrierter Intellektueller wider: die Notwendigkeit, sich in einer noch ungewohnten Sprache adäquat auszudrücken. Neurath thematisierte dies folgendermaßen: »Die deutsche Sprache beherrsche ich für den Laiengebrauch nicht schlecht, soll heissen, ich kann mit ihr umgehen, spielen, in Nuancen reden, Gleichnisse machen, komplizierte Phrasen bauen, die gleichwohl klar sein mögen. Einen deutschen Satz, den ich über zehn Zeilen ausdehne, kann man immer noch gut lesen, weil er schon so geformt ist, dass die darin verborgenen drei verschiedenen Sätze voneinander unterscheidbar sind. Auf englisch kann ich das alles nicht. Auf englisch habe ich mir vorläufig von allen Köchen, die den Brei verderben, einen kurzen, abgehackten Stil aufzwingen lassen, der hauptsächlich aus primitiven unkomplizierten direkten Sätzen besteht, ohne die geringsten intellectuellen Ansprüche an den Leser.« Neuraths Ausweg aus dem Dilemma, in der neuen Sprache erst eine geringe Stufe der Komplexität erreicht zu haben, bestand darin, »dass ich aus den abgehackten Sätzen so was wie einen persönlichen Stil mache«.[36]

Die Diskussionen um den Text fanden unter hohem Arbeitsdruck statt. Am 25. April 1943 schrieb Neurath, er habe

---

35 Der komplexe Motivhintergrund und wissenschafts- wie zeitgeschichtliche Kontext von Neuraths Dissertation wird von Christian Fleck und Albert Müller demnächst in einer Abhandlung eingehender beleuchtet werden.

36 Neurath an Trautl Aull, 19. 4. 1943.

270 Seiten verfasst, rund 150 Seiten blieben ihm noch – bald aber wäre die Arbeit abzugeben.

Während Neuraths informelle Betreuerinnen und Betreuer seine Arbeit entweder akklamierten oder kritisch begleiteten, kam es – knapp vor Abschluss seines PhD-Studiums – dennoch zu Problemen mit den Hütern der »Academia«. Lynd sandte am 3. Mai 1943 ein Memorandum an MacIver, das mit dem Satz begann: »I do not think Neurath's dissertation should be accepted in its present form.« Für einen Doktoranden, der sich in der Endphase seiner Arbeit und kurz vor den abschließenden Prüfungen befindet, kann es kaum ein schlimmeres Urteil geben. Den Text selbst verwarf Lynd zwar nicht: »It is a fascinating book for *popular* consumption«, aber genau daran knüpfte sich der Vorwurf der Unwissenschaftlichkeit und der mangelnden systematischen Analyse. Lynd betonte in seinem Memorandum zwei Mal, dass es ihm nicht genüge, wenn dem Text bloß ein weiteres Kapitel hinzugefügt werden würde, sondern verlangte nachdrücklich, dass der Text vollständig neu geschrieben werden müsse, um als Dissertation bestehen zu können. Auf vier Seiten entwarf Lynd eine detaillierte Gliederung, die der Neufassung der Arbeit zugrunde zu legen sei. Da das Lager in seiner Gesamtheit ja nicht überblickt werden könne, verlangte er vom Doktoranden, er solle – angelehnt an die Soziometrie Jacob L. Morenos – Gruppenprozesse am Beispiel seiner Baracke oder eines Teils seiner Baracke beschreiben und analysieren. Der Ton, in dem das Memorandum abgefasst ist, erscheint durchaus wohlwollend; Lynd wollte offenkundig helfen, wenngleich seine Vorschläge keineswegs adäquat waren. Obwohl einiges an seiner Kritik auf einem Missverständnis zu beruhen scheint – ein späterer handschriftlicher Vermerk Neuraths erläutert, dass Lynd nur den ersten Teil des Manuskripts kannte, nicht aber den zweiten »Die Gesellschaft« –, traf er einen Punkt, den Neurath schon mit einigen seiner Korrespondenzpartner zuvor diskutiert hatte. Diese Arbeit war keine soziologische Arbeit im akademischen Sinn. Neurath hat dies jedenfalls gewusst. Noch 1946 schrieb er an Rudolf Pass: »Eigentlich kann man es gar nicht einen soziologischen Bericht nennen: es ist einfach ein Bericht über gewisse Erscheinungen, die jemand mit soziologischem Interesse besser sieht und besser berichtet als jemand ohne das.«

Aber es gab noch eine weitere Irritation: Neurath war der Ansicht, seine Arbeit würde den Ansprüchen wissenschaftlicher Originalität genügen. Ende Oktober 1942 meinte er, über sein Dissertationsprojekt berichtend: »Sie [die Dissertation] findet ungemein guten Anklang, es scheint dass etwas derartiges noch nie versucht wurde.«[37] Im Oktober 1943 wurde Bruno Bettelheims im Jahr davor abgeschlossene Arbeit »Individual and Mass Behavior in Extreme Situations« im *Journal of Abnormal and Social Psychology* publiziert.[38] Bettelheim war Lagerhäftling mit einem dem Neuraths durchaus vergleichbaren Lebensweg gewesen. Aus Wien stammend, war er zunächst nach Dachau eingeliefert und später nach Buchenwald überstellt worden. Mit Bettelheims Publikation schien die Exklusivität von Neuraths Dissertationsthema angetastet. In Neuraths Umfeld glaubten manche, er selbst hätte einen Artikel über Dachau und Buchenwald unter dem Pseudonym Bruno Bettelheim vorgelegt. Neurath berichtete darüber viel später: »Ich habe an der Columbia an meiner Doktordissertation über das Konzentrationslager gearbeitet, und komme eines Abends zu einer Veranstaltung des Graduate Sociology Clubs, und es ist Professor Abel dabei, und ich komme bei der Tür herein und der ruft mir schon durch den ganzen ziemlich großen Raum zu: ›Hello Mister Bettelheim, hello Mister Bettelheim!‹ Und ich schaue den blöd an, keine Ahnung, wovon der redet, [. . .] ja,

---

37 Neurath an Pass, 30. 10. 1942.
38 Bettelheim 1943.

sage ich, ich verstehe wirklich nicht – also bis sich schließlich herausgestellt hat, daß dieser Artikel von Bettelheim [...] erschienen ist. [...] Die haben, weil ja bekannt war, daß ich meine Dissertation über das KZ schreibe und zwar hauptsächlich auf Veranlassung von Abel, [...] geglaubt, daß das ein Artikel von mir unter dem Pseudonym Bettelheim ist. Ich habe noch gesagt, hört's, ein bißl ein komisches Pseudonym in Amerika, wenn ich mir eines aussuche.«[39] Bettelheims und Neuraths Interpretationen unterschieden sich deutlich. Während Neurath versuchte, durchgängig die Differenziertheit von Verhaltensweisen zu beschreiben und signifikante Unterschiede lediglich durch Gruppenzugehörigkeit und -hintergrund zu erklären, zielte Bettelheim auf psychoanalytisch inspirierte Verallgemeinerungen und unterstellte den »älteren Häftlingen« eine Identifizierung mit dem Aggressor. Neurath bemerkte diese Differenzen sofort; er war jedoch, so erläuterte er retrospektiv, noch zu wenig in das Wissenschaftssystem sozialisiert, um eine entsprechende Replik zu verfassen. Zudem wollte er die Situation vermeiden, dass sich zwei ehemalige KZ-Häftlinge einen Schlagabtausch in der Öffentlichkeit liefern.[40]

Da amerikanische Universitäten nur rudimentäre Aufzeichnungen über Promotionsverfahren führen, lassen sich Neuraths Schwierigkeiten, seinen »Erlebnisbericht« als soziologische Qualifikationsarbeit anerkannt zu bekommen, nur näherungsweise rekonstruieren. In den Nachlässen von Abel, Lazarsfeld, Lynd, MacIver und Merton fanden sich dazu ebenso wenig Hinweise wie in den Tagebüchern Abels und der Autobiografie MacIvers.[41] Neuraths *Addendum* zur Dissertation, seine »Erklärung zur Validität von Beobachtungen, die der Dissertation zugrunde liegen«, zeigt

---

39 Neurath 1989.
40 Vgl. Fleck und Müller 1997.
41 MacIver 1968.

allerdings, welche Punkte es waren, die seiner Arbeit kritisch entgegengehalten wurden – und im Interesse der Sicherung der disziplinären Identität des noch jungen Faches »Soziologie« durchaus entgegengehalten werden konnten. Neuraths heute befremdlich klingende Erklärung über die Unmöglichkeit, Notizen aus dem Lager herausschmuggeln zu können, war zweifellos die Antwort auf einen diesbezüglichen Vorhalt, dem er allerdings nicht allein ausgesetzt war. Auch Bruno Bettelheim berichtete, mit derartigen Einwänden konfrontiert worden zu sein.[42]

Im »Dissertation and Defense and Deposit Office« der Columbia University befindet sich eine Aufstellung der Namen jener Personen, die Neuraths Prüfungskomitee angehörten. Ungewöhnlicherweise umfasste dieses Gremium zehn Prüfer (während es üblicherweise drei bis fünf waren). Die Liste der Prüfer umfasste praktisch das ganze Soziologie-Department mit Ausnahme von Paul Lazarsfeld. Unter dem Vorsitz Professor Robert S. Lynds gehörten dem Prüfungsausschuss unter anderem an: die Soziologen Theodore Abel (associate professor), Robert MacIver (Lieber professor of Political Philosophy and Sociology), Robert K. Merton (assistant professor) und Willard W. Waller (associate professor) sowie William S. Robinson (lecturer in statistics and sociology), Nathaniel Peffer (professor for international relations) und Abraham Wald (assistant professor in economics).[43] Die Größe des Prüfungskomitees ließe sich damit erklären, dass die mündliche Studienabschlussprüfung und die Verteidigung der Dissertation in einem erfolgten, sie könnte aber auch ein Indiz für einen konfliktträchtigen Vorgang sein. Jedenfalls schilderte Paul Neurath später seine Abschlussprüfung so: »Und an einem schönen Tag im Monat Mai 1943 bestand ich zwischen 9 und 11 meine ›orals‹,

---

42 Bettelheim 1960, S. 118; Bettelheim 1979, S 14f.
43 Die Namen zweier weiterer Prüfer konnten nicht entziffert werden.

verteidigte anschließend gleich vor derselben Kommission die Dissertation und war Mittag um 12 fertig mit dem Doktorat – nicht ganz zwei Jahre nachdem ich in New York angekommen war.«[44]

Damit hatte Paul Neurath zwar nach nur zwei Jahren ein Zweitstudium absolviert, einen Anspruch auf den Doktortitel konnte er allerdings noch nicht erheben. Die Faculty of Political Science der Columbia University verlangte damals von jedem Doktoranden die Ablieferung von 75 Exemplaren[45] seiner Arbeit. In einer Zeit, in der es noch keine Fotokopierer gab, bedeutete das, dass die Dissertation entweder von einem Verlag angenommen werden musste, der die Arbeit regulär veröffentlichen würde – noch im Januar hatte sich Neurath Hoffnungen auf Columbia University Press gemacht –, oder man selbst tief in die Tasche greifen musste, um den Druck der Belegexemplare zu finanzieren.

In einem Brief resümierte Neurath – selbstironisch – die enorme Arbeitsbelastung, unter der er seine Arbeit fertig gestellt hat: »Ich bringe etwas Statistic on the record: Etwa am 15. März hab ich mit der jetzigen Fassung des Buches angefangen. Es hat 465 Seiten (ohne Vorwort, das ich gerade in der Maschine habe) das heisst ich habe in 55 Tagen, rain or shine, täglich 8 Seiten gemacht. Dieses however ist eine verzerrte Darstellung, denn am Anfang hab ich viel Zeit verplempert. Der zweite, das heisst der sociologische Teil hat 190 Seiten [. . .]. Diese 190 Seiten habe ich in der Zeit vom 28. April bis zum 9. Mai gemacht, das heisst in 12 Tagen. Das sind etwa 16 Seiten täglich, rain or shine. Und auch das ist nicht ganz richtig. Denn ich habe in Wahrheit die ersten paar Tage noch verplempert. Von diesem zweiten Teil sind mindestens 100 Seiten erster Draft, das heisst vorher nie ge-

---

44 Neurath 1987, S. 524.
45 Neurath nannte in seiner Korrespondenz mehrfach irrtümlich die Zahl 125.

schrieben gewesen. Und sind doch das beste vom ganzen Buch.«[46]

Im Entstehungsprozess der Arbeit war es für Neurath nicht einfach, sein Buch- und Dissertationsprojekt eindeutig zu situieren, war es doch zum einen ein politisches Projekt, zum anderen aber auch der Versuch, die eigene Geschichte und die Gruppengeschichte aufzuarbeiten; zudem wollte Neurath mit der Studie als Autor berühmt werden, und nicht zuletzt sollte die Arbeit den Maßstäben jener akademischen Kultur genügen, der er sich angeschlossen hatte. Dieses Tetralemma mit seinen divergierenden Anforderungen konnte von Neurath nicht aufgelöst werden. Er selbst war sich der Inkonsistenzen seines Projektes jedenfalls bewusst, denn er begann Rechtfertigungsstrategien zu entwickeln. Seinem ehemaligen Mithäftling Willy Ernst erläuterte er die Politikferne des Buchprojekts wie folgt: »Ich möchte ein paar Dinge der Kritik vorwegnehmen: Wenn Du das Ding liest, vergiss bitte nicht, dass es eine Doktorsdissertation ist, geplant für Columbia University, die zwar nicht eine von den reaktionärsten amerikanischen Universitäten ist, aber eine von den vornehmsten, und daher etwas vorsichtig zu sein hat, mit politischen Äusserungen, die unter ihrem Namen [in] Druck gehen. Ferner: Es scheint mir wenig gewonnen, wenn die Sache politisch schärfer geschrieben ist und sie dann niemand liest, weil sie als ›red stuff‹ classifiziert ist.«[47] Auch gegenüber seinem ehemaligen Mithäftling Ponger äußerte sich Neurath ähnlich. Nachdem er »ein paar Hauptthesen« seiner Arbeit aufgelistet hatte, gab er folgenden Hinweis: »Ausserdem ist das ganze geschrieben in einer durchaus unakademischen Sprache, weil ich will, dass es gelesen wird. Ich halte es für eine politische Aufgabe, das Buch so zu schreiben, dass der Leser sich klar wird über die Hal-

46 Neurath an Aull, 20.5.1943.
47 Neurath an Ernst, 23.1.1943.

tung und Funktion der politischen Gefangenen. Das allerdings muss gemacht werden in einer möglichst allgemeinen Form, sodass es generell acceptiert werden kann und nicht gleich als rote Propaganda verschrien wird.«[48] Nicht als »red stuff« und »rote Propaganda« klassifiziert zu werden musste mit einem politischen Ziel, der Darstellung der eigenen Gruppe, verknüpft werden. Auch gegenüber dem Dissertationsbetreuer MacIver wurde dieses Problem zumindest indirekt angesprochen, als Neurath über seine Lektüre des Buches von Karst berichtete: »Karst for example writes that he as a catholic is a sworn enemy of the communists but still has to admit that they were the most comradelike and helpful men he met in camps. I think it might be worthwhile to bring a few quotations like that in order to prove that my high esteem for the political prisoners is not an unjustified bias. Because I am expecting criticism in that direction.«[49]

Ein weiterer, entscheidender Punkt war der soziologische Status der Arbeit. Neurath wurde diesbezüglich gegenüber Reichmann, der mehrfach auf den mangelnden soziologischen Charakter der Arbeit hingewiesen hatte (»Weil man society 10 mal wiederholt und einem rule of game spricht, ist man noch nicht Soziologe. Du verzeihst die Bosheit . . .«[50]), besonders ausführlich und begründete, warum er sich in seiner Arbeit nicht auf soziologische Literatur stützte: »Ich hatte [. . .] die soziologische Seite stark ausser acht gelassen, soll heissen, ich habe ein Buch geschrieben unter soziologischen Gesichtspunkten, ohne Betonung auf die Methode zu legen. So wie immer ich mich geweigert habe Leuten Bücher über materialistische Geschichtsauffassung zu empfehlen, weil ich immer gefunden habe, sie sollen lieber gleich Geschichtswerke lesen, die in selbiger geschrieben sind (Franz

---

48 Neurath an Ponger, 2.3.1943.
49 Neurath an MacIver, 15.2.1943; Karst 1942.
50 Reichmann an Neurath, 21.4.1942.

Mehring). [. . .] Ich verspreche nicht nur, das Verhalten von Menschen und Menschengruppen in der neuen Gesellschaft aus ihrem früheren Milieu, background etc. abzuleiten, was zum Beispiel Donal[d] Clemmer, *Prison Community*[51] verspricht. Sondern ich führe es durch, ziemlich konsistent, soweit ich beurteilen kann. Das scheint selten. Ich wäre froh, wenn ich herausfinden könnte, woher ich das hab. Ich kann leider keinen grossen Soziologen zitieren, der gesagt hat, man soll es so machen, oder der es selbst gemacht hat – und ich kann auch keinen kleinen zitieren, von dem ich es hinterrücks gestohlen hätte. [. . .] Der Grund, warum ich keinen unter den Erzvätern angeben kann, den ich beraubt, bestohlen oder beobachtet oder nachgefolgt habe, scheint mir zu sein, dass die grossen Meister, inclusive die Anthropologen, sich mit Original Kulturen beschäftigen, während ich mich mit einer abgeleiteten Kultur beschäftige. Scheinbar gibt's nicht viele, vielleicht sogar beinahe keine Berichte über abgeleitete Kulturen, die von Soziologen geschrieben sind. Kinderheime, Internate, Klöster, Armeeabteilungen, müssten ja ein reiches Feld bieten, aber scheinbar sind die Soziologen, die Bücher schreiben, weder Kinder noch Studenten noch Nonnen noch Soldaten. Momentan werden ja sicherlich ein paar Soziologen als Soldaten dienen und ich hoffe die daraus ergebenden Bücher werden zeigen wie die Soldatengesellschaft wirklich funktioniert. Ich würde wohl ein derartiges Ding schreiben, aber ich bin wieder kein Soldat – vorläufig wenigstens noch nicht.«[52]

Die zitierte Passage ist insofern sehr aufschlussreich, als Neurath hier eine generelle Skepsis gegenüber der soziologischen Arbeit, eine Skepsis gegenüber der soziologischen Tradition und ihren »Klassikern« und eine Skepsis gegenüber den Methoden zeigt. Zugleich besteht er allerdings da-

---

51 Clemmer 1940.
52 Neurath an Reichmann, 22.3.1943.

rauf, selbst eine originelle soziologische Arbeit geschrieben zu haben, die allerdings nur darauf beruhen könne, dass er »dort« gewesen sei – so wie seiner Meinung nach jede gute Arbeit nur darauf beruhen könne, dass man »dort« gewesen ist. Soziologen müssten eben Nonnen werden – so eine ironische Schlussfolgerung aus Neuraths Darlegungen.

In der Diskussion mit seiner ›Lektorin‹ wurde er in seiner Distanz zur Soziologie noch deutlicher: »Momentan arbeite ich an einem Vorwort. Erst gedachte ich nur ein ganz kurzes solches fors [sic!] Department zu schreiben, aber irgendwie geht das nicht. Es ist schon zwei mal die ganze Wut von 10 Jahren politischem Schweigen aus mir herausgebrochen, und es wird nichts anderes übrig bleiben als entweder kein Vorwort abgeben zur Prüfung [. . .] oder aber das wirkliche Vorwort zu schreiben, das zum Buch gehört. Und verlassen Sie sich, wenn das wirkliche Vorwort da ist, dann wird auch noch das Nachwort heran müssen, das mir seit Jahren in der Kehle sitzt. Ich hab schon gewusst, warum ich mich auf Statistik geschmissen habe und nicht Sociologie unterrichten wollte. Es wird mir manchmal selbst unheimlich vor dem Mass an socialer Satire, das ich in das Buch hineingeschmuggelt habe. [. . .] Aber wie ich bei dieser politischen Unbeherrschtheit Sociologie in einem amerikanischen College unterrichten soll, ist mir ein vollkommenes Rätsel. Das wird eine Katastrophe geben.«[53]

Gleichwohl war Paul Neurath mit dem Ergebnis all seiner Schreibanstrengungen nicht zufrieden. Für den Sommer 1943 plante er weitere Umarbeitungen und Kürzungen. Dazu kam es – auch aufgrund seiner beruflichen Karriere – nur teilweise. 1946 schließlich zog Neurath folgendes Resümee: »Mit der Dissertation bin ich leider stecken geblieben. Ich hätte sie im Jahre 43, nach ihrer Annahme durch die Fakultät, drucken lassen sollen. Ich hatte mir aber in den Kopf

---

53 Neurath an Aull, 10.5.1943.

gesetzt, sie aus literarischen Gründen nochmals umzu-
schreiben, und das war erst im Frühjahr 1945 getan. Da wars
schon zu spät für [eine] kommerzielle Publication. Verlage
wollten nichts mehr drucken über Konzentrationslager
ohne Gaskammern. Wer will das hören. Das Publikum ist
verwöhnt. Dass unsere Leute im Schneesturm an den Bäumen gehängt sind an ihren Handgelenken und dabei nach
Vater und Mutter geschrien haben, wen lockt das noch im
Zeitalter der Verbrennungsöfen und des Millionen-Mordes.
[. . .] ja, ja, ›we greatly appreciate your objectivity, and the
clarity of your analysis, but the readers want to have more
sensational accounts‹.«[54]

Neuraths Selbstdiagnose ist von einiger Plausibilität. Tatsächlich hatte die Entwicklung der Lager selbst seine Darstellung in gewisser Weise »überrollt«. Zur Errichtung von
Vernichtungslagern kam es erst nach Neuraths Entlassung.
Bei Kriegsende stand das Publikum aber vor allem unter
dem Eindruck der Gaskammern und Schornsteine der Kre-
matorien, sah Bilder von den Bergen mit Leichen, Brillen,
Koffern und Habseligkeiten der Ermordeten. Die schließlich mit dem Datum 1951 versehene Version der Dissertation nimmt zwar an manchen Stellen auf die Shoah Bezug;
diese Ergänzungen wirken allerdings aufgesetzt. Es gelang
Neurath zwar, die eigenen Erlebnisse – und die seiner Be-
zugsgruppe – darzustellen, zu analysieren und zu verarbeiten, die anderen, späteren Entwicklungen entziehen sich der
Präsentation. Das ist allerdings nicht weiter verwunderlich.
Andere Autoren, wie etwa Benedikt Kautsky, die alle Phasen der Lagerentwicklung miterlebt haben – einschließlich
jener der Massenvernichtung durch Giftgas – hatten ebenfalls große Mühen, diese verschiedenen Phasen in eine Darstellung zu integrieren.

Auf die Ambivalenzen, denen Neurath bei der Abfassung

---

54 Neurath an Pass, 26.9.1946.

seiner Dissertation ausgesetzt war, wurde bereits hingewiesen; ebenso auf die Schwierigkeiten, die er bei der sprachlichen Realisierung seines Werkes hatte. Diese Schwierigkeiten müssen auch im Zusammenhang mit Neuraths hohen Ansprüchen bezüglich der sprachlichen Präsentation seiner Beobachtungen gesehen werden. Zeitgenössische Doktorarbeiten waren in dieser Hinsicht gewöhnlich nicht besonders anspruchsvoll. Auf die Festlegung und Begründung einer Forschungsfrage folgte die empirische Durchführung des Themas, abgeschlossen von einem kurzen Resümee. Neurath hingegen verfährt nicht nach diesem simplen Muster, sondern seine Arbeit folgt einer vollkommen anderen Dramaturgie, der ›kreative Devianz‹ bescheinigt werden kann. Wer sich zunächst das Inhaltsverzeichnis ansieht, bemerkt sogleich die Zweiteilung: Im ersten Teil stellt der Autor seine Akteure – die Häftlinge und ihre Unterdrücker – auf die ›Vorderbühne‹ (signifikant ist hier die Überschrift »Die Szenerie«), im zweiten beleuchtet er die ›Hinterbühne‹ der Funktionsweisen, Balancen und Machtverhältnisse im sozialen Leben[55] der Lager (»Die Gesellschaft«). Die tatsächlichen Arrangements des Textes selbst gehen über diese Basisarchitektur jedoch weit hinaus.

Beginnen wir mit den »Paratexten«, ein seit Gérard Genette[56] geläufig gewordener Terminus zur Beschreibung des literarischen »Beiwerks« eines Buches, mit dessen Hilfe Autoren und Autorinnen explizit oder implizit auf die Intentionen ihrer Arbeit verweisen und das Werk in verschiedener Hinsicht »situieren«. Das Neuraths Buch einleitende Zitat spricht den Gegenstand – die Konzentrationslager – direkt an. Der zitierte Sprecher, der ehemalige Kommandant von Dachau, weist auf die Differenz von Gefängnis und Zucht-

---

55 Vgl. den Originaltitel der Dissertation Neuraths *Social Life in the German Concentration Camps Dachau and Buchenwald*.
56 Genette 1989.

haus einerseits und Konzentrationslager andererseits hin: »Das ist ein Unterschied. Ihr werdet den Unterschied bald merken.« Dies ist eine Information nicht nur für die ins Lager aufgenommenen Häftlinge, sondern auch für die intendierten Leserinnen und Leser des Textes. Der Autor unterstreicht mit dem Zitat nicht nur die Besonderheit der Lager und seiner Erfahrungen als ihr Insasse, sondern auch die Besonderheit des Textes. Die strukturale Textanalyse spricht von semantischer Homologie: Die Häftlinge werden mit diesen Sätzen ins Lager initiiert, die Leser ins Buch.

Auch das Widmungsblatt unterstreicht die Besonderheit des Textes. Der Autor widmet sein Werk drei Personen. Die erste Person ist eine Frau, Lucie. Ihr Nachname wird nicht genannt. Der Autor bedankt sich bei Lucie für die Befreiung aus dem Lager, »durch die Hölle und hinaus« habe sie ihn begleitet. Wahrscheinlich schulde er ihr sein Leben. Lucie war die Freundin Neuraths. Die Beziehung endete allerdings nach seiner Entlassung, der Kontakt brach im Streit ab. Neurath erwähnt in seinen Briefen, dass er mit dieser Widmung nicht nur seiner Dankesschuld Ausdruck verleihen, sondern auch die Kommunikation mit Lucie wieder ermöglichen wollte.

Die beiden anderen Widmungsträger sind Männer, sie tragen einen Nachnamen und sie sind beide schon gestorben. Der Rechtsanwalt Oswald Richter, ein Freund der Familie Neurath, ertrug das Lager nicht und starb. Dem Autor ging es um seine Ehrenrettung. Franz Steinberg war eine Lagerbekanntschaft Neuraths. Der in der Widmung wiedergegebene Dialog, der am Tag vor Steinbergs Tod stattfand, spricht die Autorintention an: Gerechtigkeit, Gedächtnis und – Rache.

Neuraths Text selbst beginnt keineswegs mit einer gewöhnlichen wissenschaftlichen Rechtfertigung seines Themas. Sein »Vorspiel« erzählt vielmehr die dramatische Geschichte seiner Verhaftung. Obwohl die Akteure charakterisiert werden, die Gestapo-Leute, die Nachbarn im Wiener Gemeindebau, die verräterischen Bauern an der Grenze, der Autor selbst als Antifaschist, bleibt dennoch die Situation, in die der Leser gleichsam gestürzt wird, so gut wie ungeklärt. Eine Motivierung der Situation erfolgt nicht, auch wenn die Handlungsabfolge eine interne Plausibilität zu besitzen scheint. Es handelt sich um eine Situation, die landläufig als »kafkaesk« bezeichnet wird.

Der Abschnitt »Die Szenerie« beginnt – wie viele andere Darstellungen der Lager übrigens auch – damit, »Standardsituationen« der Konzentrationslager zu beschreiben. Neuraths Text bedient sich dabei einer Rhetorik der Deskription. Zwar bleibt auch hier der Erzähler Teil des erzählten Geschehens, Teil der präsentierten Situationen; der Duktus bewegt sich aber im Bereich konventioneller Augenzeugenschaft, die vor allem »Objektivität« signalisieren soll. Die in die Darstellung eingeflochtene direkte Rede unterstreicht hier das Moment der Authentizität, das im englischen Original manchmal noch durch die Nutzung der deutschen Sprache zusätzlich hervorgehoben wird. Im letzten Abschnitt des Teils »Die Szenerie«, der die Überschrift »Kaleidoskop« trägt, ändert sich die Dramaturgie des Textes. Unter Zuhilfenahme einer der Kinematographie entlehnten »Schnitt-Technik« werden Szenen ganz unterschiedlicher Signifikanz aneinander gereiht. Die einzelnen »Schnitte« sind jeweils durch ein Etikett, das auf Ort und Zeit verweist, überschrieben: »Buchenwald, Winter 1938«, »Buchenwald, 4. Januar 1939«, »Dachau, Sommer 1938«, »Buchenwald, Frühjahr 1939«, »Buchenwald«, »Buchenwald, 20. April 1939«, »Dachau, April 1938« . . . diese Reihe wird fortgesetzt. Es ist klar, dass hier weder einem chronologischen Prinzip noch einem Prinzip räumlicher oder sachlicher Einheit gefolgt wird. Wir haben es vielmehr mit »Flashlights« zu tun. Der letzte Eintrag ins »Kaleidoskop« trägt die Überschrift »Buchenwald, 21. Dezember 1938« und liefert so etwas wie eine inhaltliche Zuspitzung: Beschrieben wird die Hinrichtung von Peter Forster, ein Ereignis, das zu den *lieux de mémoire* der Lagergeschichtsschreibung gehört. Forster war aus dem Lager geflohen und wieder in die Hände der Nazis gelangt. Vor 20.000 Buchenwaldhäftlingen wurde er gehenkt. Damit endet Teil I »Die Szenerie« abrupt. Die Funktion dieses letzten Abschnitts besteht offensichtlich darin, eine Art Kontrapunkt zu den vorausgehenden typisierenden und strukturanalytischen Abschnitten zu setzen. Die Leser sollen nicht der Illusion verfallen, beim präsentierten Thema handele es sich um einen Gegenstand, den man durch bloße disziplinierte Beschreibung in den Griff bekommen könnte.

Teil II »Die Gesellschaft« nimmt den deskriptiven Duktus des Textes wieder auf. Aber auch hier tritt der Erzähler abermals als Zeuge in Erscheinung: Mit: »Im Winter 1938-39 hatte ich Erfrierungen an der Hand« wird die Erzählung über den legendären Buchenwaldhäftling Rudi Arndt eingeleitet. Im zweiten Abschnitt werden die soziologischen Analysen, die schon im ersten Abschnitt eingesetzt hatten, intensiviert. Unter Überschriften wie »Macht«, »Kooperation« oder »Konflikt« werden zentrale ›soziale Tatbestände‹ analysiert. Die rhetorische Form ist die der dritten Person und die des Präsentischen: »In Buchenwald ist es viel einfacher, den Arbeitsplatz zu wechseln.« Der Abschnitt über den Moorexpress (mit seinen sozialen Besonderheiten und seiner Bedeutung für Elitenbildung) gerät zur »klassischen« Einzelfallstudie, die den deutenden Beobachter involviert.

Zahlreiche von Häftlingen verfasste Berichte über Konzentrationslager enden damit, dass das Lager befreit oder der Erzähler entlassen wird. Damit werden die Berichte über die Konzentrationslager in die westliche Tradition der »Höllenfahrt« eingereiht, ein zentrales literarisches Genre, das so bedeutende Vertreter wie den Orpheusmythos oder Dantes *Divina Comedia* aufweist. Neuraths Text fügt sich nicht in diese literarische Tradition ein, ein Umstand, der auch so gedeutet werden kann, dass sein Verfasser die Thematisierung der Konzentrationslager für nicht abgeschlossen oder für nicht abschließbar hält. Ans Ende des Textes wird die Frage gestellt: »Warum schlagen sie nicht zurück?« – ebenfalls im Präsens. Dieser zugleich politisch wie moralisch brisanten Frage widmet sich der Text in aller Ausführlichkeit. Hier und nicht etwa in Fragen nach der – angeblich – maßlosen Anti-Humanität der Lager, im damit – angeblich – verbundenen »Zivilisationsbruch« liegt das zentrale Erkenntnisinteresse des Textes. Und es wird versucht, eine Antwort zu geben. Auf dem Transport in die Lager als eine Art »Proto-Initiierung« werden die zukünftigen Häftlinge mit Methoden absoluten Terrors gleichsam »gebrochen«. Um dieses Argument zu sichern, greift der Text auf jene Episode zurück, die zunächst – im Übergang von »Vorspiel«, der Geschichte der Verhaftung, zu »Die Szenerie«, der (Struktur-) Beschreibung des Lagers als solches – eine Leerstelle, ein Minus-Prijom, gebildet hat: die Episode des Transports in all seiner Dramatik. Ganz ohne prätendierte Analyse und ohne den Versuch einer soziologischen Einordnung wird mit größter Eindringlichkeit berichtet, was Neurath und seinen Gefährten an jenem 1. April 1938 und in der darauf folgenden Nacht geschah. Im Anschluss an diese Schilderung des Selbsterlebten wird dargestellt, dass andere Gruppen und Individuen direkt Vergleichbares erfuhren. Die Coda, die den Titel des Abschnittes (»Warum schlagen sie nicht zurück?«) wieder aufnimmt, unterstreicht noch einmal das zentrale (und ungelöste) Problem: »Warum schlagen sie nicht zurück?« Der Text resümiert die bereits vorgebrachten Argumente – und fügt ein neues hinzu: In jenen (seltenen) Fällen, in denen es den Häftlingen gelänge, den Konflikt zwischen ihnen und den SS-Wachen zu einem gewissermaßen persönlichen Konflikt zu machen, nur dort bestünden die Chancen auf Abwehr und Widerstand. Dies wüssten auch die SS-Wachen, weshalb sie sich systematisch der per-

sönlichen Involvierung entzögen: »Schau mich ja nicht an!«
lautet der Imperativ, den der Text als durchgängige Maxime
der SS unterstellt.

*

Ein Angebot, an der Business School des City College von
New York Statistikvorlesungen aushilfsweise zu übernehmen, entschied schließlich über Neuraths weitere Karriere –
und damit auch über das Schicksal seines Buches. Jemand,
dessen intellektuelles Portfolio mehr als nur eine Spezialität
aufweist, ist in der glücklichen Lage, sich lange Zeit nicht
entscheiden zu müssen, was er eigentlich tun möchte. Wird
so jemandem ein Job offeriert, rücken die anderen Interessen
oft in den Hintergrund. Bei Neurath dürfte sich Ähnliches
in den Jahren ab 1943 abgespielt haben. Während er anfangs
wohl noch an seinem Buch weiterarbeitete, scheint in den
folgenden Jahren das Interesse daran immer geringer geworden zu sein; und als ihm 1946 eine Stelle am Queens College
angeboten wurde, nahm er diese an. Die folgenden drei Jahrzehnte lehrte Neurath dort Statistik und Soziologie. Nachdem an der Columbia University die Bestimmungen über
die Abgabe von Belegexemplaren geändert wurden, reichte
Neurath 1951 seine Dissertation offiziell noch einmal ein
und erhielt seinen Doktortitel. Die Pläne, sich mit einem
Buch über seine Lagererfahrungen als Autor und Soziologe
einen Namen zu machen, gab Neurath auf. In späteren Jahren lehnte er wiederholt an ihn herangetragene Angebote zu
einer Veröffentlichung seiner Dissertation standhaft, aber in
für ihn untypisch wortkarger Weise ab. Zu Lebzeiten Neuraths gelang es nur Jack Kamerman, die Zustimmung zur
Veröffentlichung des Neurath selbst so wichtigen Schlusskapitels seiner Arbeit in einem Sammelband mit kriminologischen Abhandlungen zu erhalten.[57]

*

---

57 Kamerman 1998.

Dies ist auch die Gelegenheit, Neuraths weitere Karriere als Soziologe kurz zu skizzieren. 1946 erhielt Neurath die Staatsbürgerschaft der Vereinigten Staaten und wurde im selben Jahr – wie schon erwähnt – Professor am New Yorker Queens College; 1949 bekam er dort eine Lebenszeitstelle, die er bis zu seiner Emeritierung 1977 innehatte. Zugleich arbeitete Neurath ein Jahrzehnt lang für eine Wirtschaftsberatungsfirma, für die er statistische Analysen durchführte, und unterrichtete zudem von 1949 bis Ende der 1960er-Jahre als Gastprofessor der Graduate Faculty der New School of Social Research, und zwar wiederum Statistik und sozialwissenschaftliche Methoden.

Im Frühjahr 1946 gelang es Neurath, den Kontakt zu seinem Onkel, der die Nazizeit in Graz überlebt hatte, wieder aufzunehmen. Dieser Kontakt wurde nach dem Tod des Onkels von dessen Tochter fortgesetzt, die von Paul regelmäßig mit Berichten über sein Leben in den Vereinigten Staaten versorgt wurde. Einen schon für 1947 geplanten Besuch in Österreich musste Neurath kurzfristig verschieben, aber im Sommer 1949 fuhr Neurath das erste Mal wieder nach Österreich.

Sein erstes *Sabbatical* führte Neurath 1955 nach Indien, nicht nur, um als Fulbright Professor dort zu unterrichten, sondern auch, um im Auftrag der UNESCO in Bombay eine groß angelegte Radiostudie durchzuführen, über die er dann auch in amerikanischen Zeitschriften berichtete. Auch in den 1960er-Jahren sollte Neurath nochmals an zwei vergleichbaren Media-Research-Projekten in Indien arbeiten. 1959 ergab sich dann die Möglichkeit, für ein Jahr als Fulbright Professor nach Köln zu gehen, wo er René König kennen lernte, der sich nachhaltig um die Etablierung der empirischen Sozialforschung in der Bundesrepublik bemühte. König lud Neurath ein, einen Artikel für das von ihm herausgegebene *Handbuch der empirischen Sozialforschung* zu verfassen. Dieser 1962 erstmals erschienene Beitrag sollte Neuraths Namen dauerhaft in der deutschsprachigen Soziologie verankern. Wenig später brachte Neurath eine erweiterte Fassung als Buch heraus, das nur auf Deutsch erschien. 1961 unterrichtete Neurath zum ersten Mal in Wien und leistete dort maßgebliche Hilfe bei der Etablierung der empirischen Sozialforschung und Statistik. Zugleich wurde damit der Grundstein für eine dauerhafte Zusammenarbeit mit der Wiener Soziologie gelegt. Während der 1960er-Jahre lehrte Neurath nicht nur mehrmals während ein- bis zweimonatiger Gastprofessuren an der Wiener Universität, sondern 1965 auch am neu gegründeten Institut für Höhere Studien. 1971/72 trat er eine abermalige Gastprofessur an, mit Erlass vom 13. April 1973 erfolgte Neuraths Ernennung zum Honorarprofessor für Soziologie an der Universität Wien. Im selben Jahr verhandelte Neurath auch um eine ordentliche Professur in Wien. Die positiv verlaufenden Verhandlungen »scheiterten schließlich an einer Komplikation, die außerhalb unser aller [i. e. der Fakultät, des Ministeriums und Neuraths] Einflußbereich lag«.[58] Es ließ sich nicht genau eruieren, worin diese von Neurath nicht näher bezeichnete Komplikation bestand. Neuraths charakteristisch zurückhaltende Darstellung des Nichtzustandekommens einer ordentlichen Berufung nach Wien konnte dennoch nicht verhindern, dass später allerlei Deutungen über die Gründe und Ursachen in Umlauf gebracht wurden, die jedoch zumeist einer Überprüfung nicht standhalten. Die Themen, zu denen Neurath während seiner bis in die 1990er-Jahre nicht abreißenden Kette von Gastprofessuren vortrug, waren vor allem statistische Methoden und Probleme der Demographie. Ab 1978 baute Neurath am soziologischen Institut in Wien das Paul-Lazarsfeld-Archiv auf. Damit würdigte er nicht nur diesen Pionier auf dem Gebiet sozialwissenschaftlicher Methoden, mit dem er sich zu-

---

58 Neurath 1987, S. 536.

dem biographisch beschäftigte, sondern rückte auch die Geschichte der empirischen Sozialforschung insgesamt ins Bewusstsein.

Paul Neurath starb am 3. September 2001. Er blieb bis zu seinem Lebensende mit dem Wiener Institut für Soziologie verbunden und pflegte zugleich seine New Yorker Kontakte. Seinen Nachlass vermachte er dem Wiener Institut.

*

Die Geschichte der Auseinandersetzung mit dem System der deutschen Konzentrationslager begann nicht erst nach dem Ende des Nazi-Systems. Vor 1945 erschienen vor allem Berichte einzelner Entlassener, die als Augenzeugen Zeugnis ablegten.[59] Unmittelbar nach dem Ende der Nazi-Diktatur erschütterten die Filmdokumente über die Befreiung der Lager das Publikum der Siegernationen, aber wohl auch jenes in den Nachfolgestaaten des Deutschen Reiches.[60] In Wien zog eine Ausstellung, die auf Veranlassung des früheren Dachauhäftlings Viktor Matejka im Rathaus gezeigt wurde, viele Besucher an. Weltweit berichteten Journalisten über die Lager, brachten Zeitungen Erlebnisberichte von Überlebenden, und alsbald erschienen erste mehr theoretisch orientierte Untersuchungen über den Nazi-Terror, beispielsweise aus der Feder eines der Dissertationsbetreuer von Neurath, Theodore Abel.[61] In der Zeitschrift *Jewish Social Studies* erschien eine Reihe von Artikeln zu den Konzentrationslagern und zur Shoah – darunter auch Hannah Arendts methodologischer Artikel »Social science techniques and the study of concentration camps«.[62] Jüdische Gruppen wie die Conference on Jewish Relations finanzier-

---

59 Siehe aber Koestler [1944] 1950.
60 *Die Todesmühlen/Death Mills*, Regie: Hanuš Burger, Deutschland/ USA, 1945.
61 Abel 1945 und Abel 1951.
62 Arendt 1950.

ten Reihenuntersuchungen an Lagerhäftlingen, deren Ergebnisse allerdings erst sehr viel später publiziert werden konnten.[63] Zu den frühen Autoren, die über die Lager nicht bloß als Augenzeugen, sondern als Wissenschaftler schrieben, gehörten bemerkenswerterweise viele Österreicher: Eugen Kogon, der bis zu seiner Inhaftierung in Wien tätig war, unternahm unmittelbar nach seiner Befreiung aus dem Lager Buchenwald im Auftrag der amerikanischen Besatzungsarmee den Versuch einer ersten Darstellung. *Der SS-Staat*[64] wurde bald zum Standardwerk. Kogons Bericht basierte auf seinen eigenen Erfahrungen in den Lagern Dachau und Buchenwald sowie auf Berichten von annähernd 150 nach der Befreiung im Jahr 1945 befragten Mithäftlingen.[65] Viktor Frankl unternahm aus eigenem Antrieb den Versuch, als Psychologe über seine Haft in Auschwitz zu schreiben,[66] und Benedikt Kautsky, der ebenfalls Dachau, Buchenwald und Auschwitz überlebt hatte, schrieb während seines Erholungsaufenthalts in der Schweiz seine soziologische Untersuchung *Teufel und Verdammte*.[67] In den ersten Prozessen gegen Kriegsverbrecher spielten Zeugenaussagen über die Lager eine prominente Rolle. Doch bald sollte das Interesse an den Lagern abnehmen, wofür nicht zuletzt die neue weltpolitische Konstellation des Kalten Krieges verantwortlich war.[68] Vom Ende der 1940er-Jahre bis zu den Prozessen gegen Adolf Eichmann in Jerusalem und den deutschen Auschwitz-Prozessen Anfang der 1960er-Jahre schien es dann, dass Berichte und Schilderungen aus Konzentrationslagern in der deutschen Öffentlichkeit bewusstes Wegsehen, Skepsis, ungläubiges Kopfschütteln, asymmetrisches Auf-

---

63 Goldstein, Lukoff und Strauss 1991.
64 Kogon 1946.
65 Hackett 1996.
66 Frankl 1946.
67 Kautsky 1946; vgl. auch: Poller 1946; Rousset 1946.
68 Vgl. Novick 1991.

rechnen und oft auch entschiedenen Widerstand hervorrie-
fen. Man wollte in Ruhe gelassen werden, und die Politik
und die öffentliche Meinung steuerten dem nicht entgegen.
Verstärkt und untermauert durch den Kalten Krieg, änderte
sich in den folgenden Jahren daran kaum etwas.[69]

Andererseits waren die Konzentrationslager als Ort der
Unterdrückung, der Tragödie, der Zwangsarbeit und der
Vernichtung schon zu Beginn des nationalsozialistischen
Herrschaftssystems nicht nur kontinuierlicher Bestandteil
von Machtausübung, sondern in vieler Hinsicht durchaus
auch öffentlich sichtbar.[70] Die Grenzen der Gesellschaft des
Terrors endeten nicht an den Toren und Stacheldrahtver-
hauen der Konzentrationslager.[71] Aber wie Hannah Arendt
in einem frühen Essay zur Gesellschaft des Terrors unterstreicht: »[E]s gibt keine Parallele zu dem Leben *in* Konzentrationslagern.«[72]

So wie sich das Regime, die Struktur und die Funktion der
einzelnen Lager im Verlauf der Herrschaft der Nationalsozialisten geändert hatten, durchlief auch die historische Analyse der Lager Zyklen wechselnder Aufmerksamkeit. Auf
diese Entwicklung und auf Formen der Erinnerung an die
Konzentrationslager soll im Folgenden kurz eingegangen
werden. Die Darstellung kann dabei eine systematische, detaillierte und theoretisch umfassende Bestimmung der Vor-
stufen, der Geschichte, der unterschiedlichen zeitlichen
Abschnitte und der sich verändernden Bereitschaft zur Re-
flexion über nationalsozialistische Konzentrationslager keineswegs ersetzen.[73] Die Verweise auf die weiterhin wachsende Literatur zu diesem Thema können nur eine Richtung
anzeigen.

---

69 Klüger 1992.
70 Milton 1998.
71 Sofsky 1996, S. 7.
72 Arendt 1948, S. 314.
73 Vgl. z. B. Pollak 1988; Pollak 1990; Novick 2001.

Neuraths Innenansichten von Dachau und Buchenwald in den Jahren 1938 und 1939 machen uns das soziale Leben in den Lagern aus der Sicht des Häftlings verständlich. Die *Gesellschaft des Terrors* ermöglicht uns einen Blick auf das Leiden der Häftlinge, auf ihren eingeschränkten gesellschaftlichen Kosmos, auf die soziale Stratifikation der Häftlingsgesellschaft, aber auch auf das brutale Verhalten der KZ-Wächter und auf deren Macht- und Unterdrückungsapparat.

Die Arbeit Neuraths entstand vor Bekanntwerden der schockierenden Fotos, die bei der Befreiung der Lager 1945, zum Beispiel in Bergen-Belsen, gemacht wurden. Neuraths Sicht ist aber auch noch nicht von den später etablierten, scheinbar unverrückbaren Strukturen der Erinnerung der Mithäftlinge und der Historiker geprägt. Im Bewusstsein der Nachkommen sind die Bilder von den Konzentrationslagern der Naziherrschaft stark stilisiert. Sie sind mit Recht besonders von den Gräueln der Vernichtungslager durchdrungen.[74]

Es gibt jedoch bemerkenswerte Unterschiede in der Erinnerungsarbeit.[75] So war man etwa in der DDR weniger an Leichenbergen interessiert als am (kommunistischen) Widerstand. Die subjektiven Erfahrungen der Lagerinsassen wurden ausgeblendet. An ihre Stelle tritt die »antifaschistische Legende [der Widerstandsthematik], die [in Abgrenzung zur Bundesrepublik] zum Gründungsmythos der DDR wurde.«[76] Buchenwald wurde in der DDR zum zentralen Ort und symbolischen Kern des heroisierenden Umgangs mit der Vergangenheit.[77]

Das System der Konzentrationslager entwickelte sich über eine Reihe von Zwischenstufen hin zu den Vernich-

---

74 Brink 1998; Knoch 2001.
75 Siehe Herf 1997.
76 Niethammer 1994, S. 16.
77 Siehe auch Apitz 1958.

tungslagern. Geformt und entscheidend mitgeprägt wurden die Lagererfahrungen der Häftlinge durch die Zeit und die Umstände der Verhaftung, durch die eigene Persönlichkeit, die verschiedenen Häftlingsgruppen, denen man angehörte, die Zustände der jeweiligen Lager, die Funktion der unterschiedlichen Lager sowie die politischen Außenentwicklungen, auf die die Häftlinge jeweils anders reagieren konnten und mussten. Beispielsweise war das Lager Dachau anfangs vor allem ein Ort der Kasernierung von politischen Gegnern, die man durch sinnlose Arbeit auszuzehren und zu vernichten versuchte; später wurden Häftlinge wie etwa im Lager Mauthausen oder Mittelbau-Dora, durch »produktive« Arbeit vernichtet. Beide Lagerformen verbindet allerdings die Tatsache, dass Arbeit ein zentrales Instrument der Gesellschaft des Terrors war.

Die ersten Lager wurden im März 1933 unmittelbar nach dem Reichstagsbrand eingerichtet. Sie waren Teil eines brutalen Machtergreifungs- und Machtsicherungsterrors. Zunächst wurden fast ausschließlich politische Gegner eingeliefert. Die Jahre 1936 und 1937 bilden eine Zäsur in der Entwicklung der Konzentrationslager. Die Nürnberger Rassengesetze traten Mitte September 1935 in Kraft. Neben dem Machtergreifungs- und Machtsicherungsterror kam es nun zum Rassenterror. Neue Gegner wurden identifiziert, zum Beispiel die Zeugen Jehovas. Noch folgenreicher waren kategoriale Klassifikationen, die von da ab systematisch durchgesetzt wurden. Man kann aus dieser Entwicklung den Übergang von einer politischen Prävention zu einer rassistischen »Generalprävention« des nationalsozialistischen Regimes ablesen.[78] In diesen Zeitabschnitt fällt auch die Entscheidung, ein allein von der SS beherrschtes Lagersystem zu realisieren.[79] In den Jahren 1938 und 1939 kamen politische

---

78 Herbert 1998.
79 Siehe Tuchel 1998; Orth 1999.

Häftlinge aus Österreich und dem Sudetenland hinzu. Im November 1938, unmittelbar nach dem Novemberpogrom, wurden 30.000 Juden in die Konzentrationslager eingeliefert. Neurath behandelt diesen Zeitabschnitt der Entwicklung der Konzentrationslager mit einem scharfen Auge für Details. Bei Kriegsbeginn befanden sich 21.000 KZ-Häftlinge in den neu eingerichteten bzw. ausgebauten Konzentrationslagern Dachau, Buchenwald, Sachsenhausen, Flossenbürg, Mauthausen und Ravensbrück. In die Jahre 1941 und 1942 fiel die Einrichtung der eigentlichen Vernichtungslager, insbesondere Birkenau, Majdanek und Treblinka; einige dieser Lager blieben bis zur Befreiung durch die Rote Armee bestehen.

Trotz der hier angedeuteten Entwicklung der Konzentrationslager kann man von einer gewissen Kontinuität der Ordnung innerhalb der Lager ausgehen, die es rechtfertigt, allgemein von einem System des Terrors in den Lagern zu sprechen. Vorläufer der Konzentrationslager Dachau und Buchenwald waren Lager für »Schutzhäftlinge«, wobei der Begriff der »Schutzhaft« in Deutschland zum ersten Mal in einem preußischen Gesetz von 1848 auftaucht. Die Nazis konnten also auf »beträchtliche Erfahrungen zurückgreifen, die vorangegangene Regierungen mit Schutzhaft und Konzentrationslagern gesammelt hatten«.[80]

Es lassen sich, grob unterteilt, zwei schriftliche Genres der Darstellung der Konzentrationslager unterscheiden: die reine Erinnerungsliteratur von ehemaligen Häftlingen und die verwissenschaftlichte Beobachtung des Systems des Terrors in den Lagern. Diese kategoriale Trennung schließt aber nicht aus, dass es besonders wertvolle, einfühlsame und peinigende schriftliche Beobachtungen gibt, die sowohl Elemente der Erinnerungsliteratur als auch verwissenschaft-

---

80 Drobisch und Weiland 1993, S. 21. Siehe auch Tuchel 1991; Tuchel 1998; Drobisch 1996.

lichte Sichtweisen vereinigen. Dazu zählt vor allem die hier vorgelegte Studie von Paul Neurath und, neben dem *SS-Staat* von Kogon, Ernst Federns Aufsatz »Terror as a system«, Viktor Frankls *Ein Psychologe erlebt das Konzentrationslager*, Bettelheims bereits erwähnte Abhandlung »Individual and mass behavior in extreme situations« sowie *Prisoners of fear* der sozialwissenschaftlich geschulten Wiener Ärztin Ella Lingens.[81] Die Erinnerungen der Überlebenden gehören zu den wichtigsten Zeugnissen.[82]

In den vergangenen Jahrzehnten ist der Umfang der Erinnerungsschriften unterschiedlichster Art an die Konzentrationslagerhaft in den verschiedenen Abschnitten der Entwicklung des Naziterrors weiter gewachsen. Kogon nennt sein Werk nicht eine Geschichte der deutschen Konzentrationslager, sondern »ein vorwiegend soziologisches Werk«.[83] Deshalb ist es gerechtfertigt, Kogons und Neuraths Werk sowohl als Berichte von Zeugen als auch als »Sachberichte« zu verstehen, die die Grenzen von Erinnerungsliteratur und verwissenschaftlichter Darstellung unbeachtet lassen. Eine weitere Phase der Erinnerungsliteratur wird mit dem Eichmannprozess eingeläutet. Zu nennen sind hier die Aufzeichnungen von Primo Levi, Jean Améry sowie später dann die besonders für das KZ Buchenwald bedeutende Erinnerungsverarbeitung von Jorge Semprun.[84]

Die wissenschaftliche Erforschung der Konzentrationslager machte über Jahrzehnte nur geringe Fortschritte. Das »Dilemma zwischen Emotionalität und Sachlichkeit« im Umgang mit der nationalsozialistischen Vergangenheit, ins-

---

81 Kogon 1946; Federn 1946; Frankl 1946; Bettelheim 1943; Lingens 1948.
82 Siehe auch Levi 1990, S. 12; Young 1988; vgl. aber auch Hilberg 2002.
83 Kogon [1946] 2003, S. 11.
84 Levi [1958] 1988, Améry 1966; Semprun 1984 und 1995.

besondere der Shoah,[85] ist auch Merkmal der in der Nachkriegszeit entstandenen wissenschaftlichen Arbeiten über Konzentrationslager, von denen hier kurz die Rede sein soll. Erst in neuester Zeit arbeiten auf diesem Gebiet nicht mehr Wissenschaftler, deren Einstellungen entscheidend von unmittelbaren Erfahrungen und Verstrickungen mit dem NS-Regime geprägt sind.

Zu den einflussreichsten Veröffentlichungen der verwissenschaftlichten Erinnerung an den Herrschaftsvollzug der Nazis gehören wie bereits erwähnt die Beiträge Bruno Bettelheims. Er rechtfertigt seine Zugangs- und Sichtweise der Aufarbeitung der eigenen Erlebnisse der Konzentrationslagerhaft, indem er unterstreicht, dass die totale »Ordnung« der Lager nur verstanden werden kann, wenn man nicht nur über Gräueltaten und über das Schicksal einzelner Häftlinge berichtet: »[E]rst die soziologische Bedeutung der Lager macht sie zu einem wichtigen Beispiel für das Wesen des Zwangs- und Massenstaates.«[86] Bettelheims verallgemeinernde Schlüsse über die Lebensweisen der Häftlinge in Konzentrationslagern finden ihren besonders prägnanten Ausdruck in der Formulierung, dass die Anpassung der Häftlinge an die Ausnahmesituation des Lagers häufig eine Persönlichkeitsstruktur erzeugte, die »bereit und willens war, sich die Werte und Verhaltensweise der SS anzueignen.«[87] Diese Analyse fand eine weite Rezeption.[88]

Die verwissenschaftlichte Perspektive macht die Einmaligkeit der Gräueltaten und des Terrors zu einem Paradebeispiel für die Funktion und die Folgen der Herrschaft einer unterdrückenden Massengesellschaft mittels eines massiven Eingriffs in die Persönlichkeit des Einzelnen. Die Häftlinge

---

85 Siehe Arendt 1948.
86 Bettelheim [1960] 1964, S. 119. Vgl. Bettelheim 1943 und 1980.
87 Bettelheim [1960] 1964, S. 186.
88 Siehe Fleck und Müller 1997, S. 22-28.

selbst sollen Teil einer folgsamen Masse werden. In der Au-
ßensicht sollen die Erniedrigungen der Häftlinge Abschre-
ckung erzeugen und jeden Widerstand ersticken. Die Lager
selbst werden in dieser Sicht eine Art Versuchsanordnung,
ein Labor, »in dem erforscht wurde, mit welchen Mitteln die
[. . .] genannten Zwecke am besten erreicht werden konnten«.[89] Noch allgemeiner formuliert: eine wissenschaftliche
Untersuchung darüber, wie eine politisch besonders erfolg-
reiche Herrschaft organisiert sein muss, um die Persönlichkeit der Individuen derart zu verwandeln, dass sie »zu
nützlichen Untertanen des totalen Staates«[90] werden. Das
Schicksal der Häftlinge wird somit zu einer nackten Tatsache.[91] Damit verblassen die Wucht des Terrors und das Leiden der extremen Ausnahmesituation. Statistiken über die
Zahl der Häftlinge oder der Toten sagen uns wenig über die
Praxis des alltäglichen Terrors, des Leids, der Demütigung,
der Quälerei oder die Art des Tötens und des Sterbens in den
Konzentrationslagern. Allerdings spricht etwa Bettelheim
selbstreflexiv davon, dass es nicht distanzierte Neugier gewesen sei, die ihn veranlasste, seine Mithäftlinge zu beobachten und zu befragen, sondern sein Selbsterhaltungstrieb.[92] Zu den frühen wissenschaftlichen Arbeiten zur Gesellschaft des Terrors gehören auch die jener amerikanischen
Wissenschaftler, die in der unmittelbaren Nachkriegszeit als
Soldaten Erfahrungen mit den Häftlingen der Konzentrationslager gemacht haben.[93] Die ersten wichtigen systematischen wissenschaftlichen Arbeiten, sieht man einmal von
Aufsätzen und Büchern ab, die sich aus der biografischen
Distanz mit der nationalsozialistischen Terrorherrschaft be-
fassten, sind die Forschungsarbeiten des Soziologen Wolf-

---

89 Bettelheim [1960] 1964, S. 121.
90 Bettelheim [1960] 1964, S. 122; vgl. Sutton 1996, S. 133-182.
91 Siehe Klüger 1996, S. 35-36.
92 Bettelheim [1960] 1964, S. 123.
93 Zum Beispiel Bloch 1947.

gang Sofsky aus den 1990er-Jahren sowie in jüngster Zeit die Studie der Historikerin Karin Orth zur politischen Organisationsgeschichte der Konzentrationslager. In einem Sammelband von Ulrich Herbert, Karin Orth und Christoph Dieckmann finden sich Arbeiten einer Vielzahl deutscher Wissenschaftler, die sich mit unterschiedlichen Fragen der Konzentrationslagerforschung auseinander setzen.[94]

Neuraths unpubliziert gebliebene Dissertation war der Forschung lange unbekannt und wurde erst relativ spät wieder entdeckt;[95] mittlerweile wird sie aber vermehrt rezipiert[96] und in jüngster Zeit extensiv genutzt.[97] Mit der hier vorgelegten späten Publikation hoffen wir, Neuraths bedeutenden Beitrag zur Geschichte der Lager noch weiter bekannt zu machen.

*

Abschließend möchten wir auf die Prinzipien dieser Edition aufmerksam machen. Zugrunde gelegt wurde die 1951 eingereichte Version der Dissertation von 1943 (an der Neurath noch bis wenigstens 1945 kleinere Änderungen vorgenommen hatte), ergänzt durch das *Addendum*, das von Neurath im Zuge seines Prüfungsverfahrens 1943 angefertigt worden war, das aber nicht Teil der Dissertation war. Der Text wurde im Wesentlichen unverändert gelassen, lediglich kleine Detailfehler – wie einzelne Fehlschreibungen von Namen – wurden, soweit sie von uns erkennbar waren, stillschweigend richtig gestellt.

Unser besonderer Dank gilt Margarete Neurath, der Witwe Paul Neuraths. Sie hat die Veröffentlichung der Arbeit ermöglicht. Wir danken Hans Benninghaus, Bernd Florath, Albert Knoll, Reinhold Knoll, Volker Meja, Irene Mül-

---

94 Sofsky 1990, 1993a und 1993b; Orth 1999; Herbert, Orth und Dieckmann 1998.

95 Pingel 1978; Fleck und Müller 1997.

96 Z. B. Daxelmüller 1998.

97 Kuschey 2003.

ler, Birgitta Nedelmann, Reinhard Rürup, Harry Stein und Hermann Strasser für ihre freundlichen Hinweise und die kritische Lektüre früherer Versionen dieses Nachworts. Unser besonderer Dank gilt Hella Beister für die Übersetzung des Manuskripts ins Deutsche – eine Arbeit, die nur selten angemessen gewürdigt wird. Wir danken Anton Amann vom Institut für Soziologie der Universität Wien für die großzügig gewährte Einsichtnahme in den noch ungeordneten Nachlass Paul Neuraths, Thomas Maisel für die Unterstützung von Recherchen am Archiv der Universität Wien, und Dekanatsdirektor Heinz Achtsnit von der Fakultät für Wirtschaftswissenschaften und Informatik der Universität Wien für die Unterstützung bei der Suche nach Paul Neuraths Personalakte und weiterer Materialien. Den beiden Herausgebern ist es ein großes Anliegen, den Anteil, den Albert Müller am Zustandekommen des vorliegenden Bandes hatte, dankbar hervorzuheben; ohne seine Hilfe wäre das vorliegende Nachwort inhaltlich um einiges ärmer ausgefallen, weil es ihm zu verdanken ist, dass im Nachlass von Paul Neurath verborgene Bestände aufgefunden und Akten aus dem Bestand der Universität Wien zutage gefördert wurden. Darüber hinaus half er tatkräftig bei der Redaktion der Übersetzung. Ebenfalls Dank schulden wir Harriet Zuckerman für die Einsichtnahme in den Nachlass von Robert K. Merton, Jack Kamerman für Hilfe bei den Recherchen in New York, Bernard R. Crystal von der Rare Book and Manuscript Library der Columbia University und Abby M. Lester von den Columbia University Archives-Columbiana Library.

Die Herausgebertätigkeit wurde freundlicherweise von der Paul-Lazarsfeld-Gesellschaft (Deutschland) und dem Nationalfonds der Republik Österreich für Opfer des Nationalsozialismus unterstützt. Wir danken diesen Organisationen für Ihre Hilfe.

Christian Fleck
Albert Müller
Nico Stehr

Literatur

Abel, Theodore F. (1938), *Why Hitler came into power: An answer based on the original life stories of six hundred of his followers.* New York: Prentice-Hall.

Abel, Theodore F. (1945), »Is a psychiatric interpretation of the German enigma necessary?«, *American Sociological Review* 10 (4), S. 457-464.

Abel, Theodore F. (1951), »The sociology of concentration camps«, *Social Forces* 30 (2), S. 150-155.

Abel, Theodore F. (2001), *The Columbia circle of scholars. Selections from the journal (1830-1957).* Ed. Elzbieta Halas. Frankfurt am Main, New York: P. Lang.

Améry, Jean (1966), *Jenseits von Schuld und Sühne. Bewältigungsversuche eines Überwältigten.* München: Szczesny.

Anderson, Nels (1923), *The Hobo: The sociology of the homeless man.* Chicago, Illinois: University of Chicago Press.

Apitz, Bruno (1958), *Nackt unter Wölfen.* Halle (Saale): Mitteldeutscher Verlag.

Arendt, Hannah (1948), »Konzentrationslager«, *Die Wandlung* 3, S. 309-330.

Arendt, Hannah (1950), »Social science techniques and the study of concentration camps«, *Jewish Social Studies* 12 (1), S. 49-64.

Bettelheim, Bruno (1943), »Individual and mass behavior in extreme situations«, *Journal of Abnormal and Social Psychology* 38, S. 417-452.

Bettelheim, Bruno ([1960] 1964), *Aufstand gegen die Masse. Die Chance des Individuums in der modernen Gesellschaft.* München: Szczesny.

Bettelheim, Bruno ([1979] 1980), *Erziehung zum Überleben. Zur Psychologie von Extremsituationen.* Stuttgart: DVA.

Bloch, Herbert A. (1947), »The personality of inmates of

concentrations camps«, *American Journal of Sociology* 52, S. 335-341.

Blumer, Herbert (1969), *Symbolic interactionism: Perspective and method.* Englewood Cliffs, New Jersey: Prentice-Hall.

Brink, Cornelia (1998), *Ikonen der Vernichtung. Öffentlicher Gebrauch von Fotografien aus nationalsozialistischen Konzentrationslagern nach 1945.* Berlin: Akademie Verlag.

Cartwright, Nancy, Jordi Cat, Lola Fleck und Thomas E. Uebel (1996), *Otto Neurath: Philosophy between science and politics.* Cambridge: Cambridge University Press.

Clemmer, Donald (1940), *The prison community.* Boston: Christopher Publishing House.

Daxelmüller, Christoph (1998), »Kulturelle Formen und Aktivitäten als Teil der Überlebens- und Vernichtungsstrategie in den Konzentrationslagern«, in: Herbert, Ulrich, Karin Orth und Christoph Dieckmann (Hrsg.) (1998), S. 983-1005.

Dollard, John (1935), *Criteria for the life history.* New Haven (published for the Institute of Human Relations): Yale University Press.

Drobisch, Klaus (1996), »Frühe Konzentrationslager«, in: Karl Giebeler, Thomas Lutz und Silvester Lechner (Hrsg.), *Die frühen Konzentrationslager in Deutschland. Austausch zum Forschungsgegenstand und zur pädagogischen Praxis in Gedenkstätten.* Bad Boll, S. 41-60.

Drobisch, Klaus und Günther Wieland (1993), *System der NS-Konzentrationslager 1933-1939.* Berlin: Akademie Verlag.

Federn, Ernst (1948), »Terror as a system: The concentration camps«, *Psychiatric Quarterly Supplements* 22, S. 52-58.

Fleck, Christian und Albert Müller (1997), »Bruno Bettelheim and the concentration camps«, *Journal of the History of the Behavioral Sciences* 33, S. 1-37.

Frankl, Victor E. ([1946] 2002), *... trotzdem Ja zum Leben sagen. Ein Psychologe erlebt das Konzentrationslager.* München: dtv.

Genette, Gérard (1989), *Paratexte. Das Buch vom Beiwerk des Buches.* Frankfurt am Main: Campus.

Goldstein, Jacob, Irving F. Lukoff und Herbert A. Strauss (1991), *Individuelles und kollektives Verhalten in Nazi-Konzentrationslagern.* Frankfurt: Campus.

Gottschalk, Louis R., Clyde Kluckhohn und Robert C. Angell (1945), *The use of personal documents in history, anthropology, and sociology.* New York: Social Science Research Council.

Hackett, David A. ([1995] 1996), *Der Buchenwald Report. Bericht über das Konzentrationslager Buchenwald bei Weimar.* München: Beck.

Haller, Rudolf (1985), »Der erste Wiener Kreis«, *Erkenntnis: An International Journal of Analytic Philosophy* 22, S. 341-58.

Haller, Rudolf (1993), *Neopositivismus.* Darmstadt: Wissenschaftliche Buchgesellschaft.

Hartmann, Frank und Erwin K. Bauer (2000), *Bildersprache. Otto Neuraths Visualisierungen.* Wien: WUV.

Heilig, Bruno (pseud.) (1941), *Men crucified.* London: Eyre & Spottiswoode.

Herbert, Ulrich (1998), »Von der Gegnerbekämpfung zur ›rassistischen Generalprävention‹. ›Schutzhaft‹ und Konzentrationslager in der Konzeption der Gestapo-Führung 1933-1939«, in: Herbert, Ulrich, Karin Orth und Christoph Dieckmann (Hrsg.) (1998), S. 60-86.

Herbert, Ulrich, Karin Orth und Christoph Dieckmann (Hrsg.) (1998), *Die nationalsozialistischen Konzentrationslager.* Zwei Bände. Göttingen: Wallstein.

Herf, Jeffrey (1997), *Divided memory. The Nazi past in the two Germanys.* Cambridge, Massachusetts: Harvard University Press.

Hinrichs, Klaus (= Karl August Wittfogel) (1936), *Staatliches Konzentrationslager VII. Eine »Erziehungsanstalt« im Dritten Reich*. London: Malik Verlag.

Hilberg, Raul (2002), *Die Quellen des Holocaust. Entschlüsseln und Interpretieren*. Frankfurt am Main: S. Fischer

Kamerman, Jack B. (Hg.) (1998), *Negotiating responsibility in the criminal justice system*. Carbondale, Illinois: Southern Illinois University Press.

Karst, Georg M. (pseud.) (1942), *The beasts of the earth*, translated by Emil Lengyel. New York: A. Unger.

Kautsky, Benedikt (1946), *Teufel und Verdammte. Erfahrungen und Erkenntnisse aus sieben Jahren in deutschen Konzentrationslagern*. Zürich: Büchergilde Gutenberg.

Koestler, Arthur ([1944] 1950), »Warum Greueltaten nicht geglaubt werden«, in: Arthur Koestler, *Der Yogi und der Kommissar*. Esslingen: Bechtle.

Klüger, Ruth (1992), *Weiter leben. Eine Jugend*. Göttingen: Wallstein.

Klüger, Ruth (1996), *Von hoher und niedriger Literatur*. Göttingen: Wallstein.

Knoch, Habbo (2001), *Die Tat als Bild*. Fotografien des Holocaust in der deutschen Erinnerungskultur. Hamburg: Hamburger Edition.

Kogon, Eugen ([1946] 2003), *Der SS-Staat. Das System der deutschen Konzentrationslager*. München: Heyne.

Kuschey, Bernhard (2003), *Die Ausnahme des Überlebens. Ernst und Hilde Federn*. Zwei Bände. Gießen: Psychosozial-Verlag.

Levi, Primo ([1958] 1988), *Ist das ein Mensch?*. München: Hanser.

Levi, Primo ([1986] 1990), *Die Untergegangenen und die Geretteten*. München: Hanser.

Lingens, Ella (1948), *Prisoners of fear*. London: Gollancz.

MacIver, Robert M. (1968), *As a tale that is told: The auto-biography of R. M. MacIver.* Chicago: University of Chicago Press.

Marcuse, Harold (2001), *Legacies of Dachau. The uses and abuses of a concentration camp, 1933-2001.* Cambridge: Cambridge University Press.

Milton, Sybil (1998), »Die Konzentrationslager der dreißiger Jahre im Bild der in- und ausländischen Presse«, in: Herbert, Ulrich, Karin Orth und Christoph Dieckmann (Hrsg.) (1998), S. 111-134.

Neurath, Paul (1982), »Otto Neurath und die Soziologie«, *Grazer Philosophische Studien* 16/17, S. 223-40.

Neurath, Paul (1987), »Wissenschaftliche Emigration und Remigration«, in: Friedrich Stadler (Hg.), *Vertriebene Vernunft I: Emigration und Exil österreichischer Wissenschaft 1930-1940.* Wien: Jugend & Volk, S. 513-37.

Neurath, Paul (1989), *Interview am 12. Juli 1989 in Wien*, Interviewer: Christian Fleck und Albert Müller. Tonband und Transkript im Archiv für die Geschichte der Soziologie in Österreich, Graz.

Niethammer, Lutz (Hrsg.) (1994), *Der ›gesäuberte‹ Antifaschismus. Die SED und die roten Kapos von Buchenwald.* Dokumente. Berlin: Akademie Verlag.

Novick, Peter (2001), *Nach dem Holocaust. Der Umgang mit dem Massenmord.* Stuttgart: DVA.

Orth, Karin (1999), *Das System der nationalsozialistischen Konzentrationslager. Eine politische Organisationsgeschichte.* Hamburg: Hamburger Edition.

Paul, Sigrid (1979), *Begegnungen. Zur Geschichte persönlicher Dokumente in Ethnologie, Soziologie und Psychologie.* Hohenschäftlarn: Renner.

Platt, Jennifer (1996), *A history of sociological research methods in America 1920-1960.* Cambridge: Cambridge University Press.

Pingel, Falk (1978), *Häftlinge unter SS-Herrschaft. Wider-*

stand, Selbstbehauptung und Vernichtung im Konzentrationslager. Hamburg: Hoffmann und Campe.

Pollak, Michael ([1985] 1988), *Die Grenzen des Sagbaren. Lebensgeschichten von KZ-Überlebenden als Augenzeugenberichte und als Identitätsarbeit*. Frankfurt am Main: Campus.

Pollak, Michael (1990), *L'Expérience concentrationnaire. Essai sur le maintien de l'identité sociale*. Paris: Métailié.

Poller, Walter (1946), *Arztschreiber in Buchenwald. Bericht des Häftling 996 aus Block 39*. Hamburg: Phönix Verlag.

Rousset, David (1946), *L'univers concentrationnaire*. Paris: Éditions du Pavois.

Schapire, Anna (1902), »Eine Antwort von Anna Schapire«, *Dokumente der Frauen* 40-45.

Scheu, Friedrich (1985), *Ein Band der Freundschaft: Schwarzwald-Kreis und die Entstehung der Vereinigung Sozialistischer Mittelschüler*. Wien: Böhlau.

Schwarz, Gudrun (1990), *Die nationalsozialistischen Lager*. Frankfurt am Main: Campus.

Semprun, Jorge ([1984] 1984), *Was für ein schöner Sonntag!*. Frankfurt am Main: Suhrkamp.

Semprun, Jorge (1995), *Schreiben oder Leben?*. Frankfurt am Main: Suhrkamp.

Shaw, Clifford R. (1930), *The Jack-Roller: A delinquent boy's own story*. Chicago, Illinois: University of Chicago Press.

Sofsky, Wolfgang (1990), »Absolute Macht. Zur Soziologie des Konzentrationslagers«, *Leviathan* 18, S. 518-535.

Sofsky, Wolfgang (1993a), *Die Ordnung des Terrors. Das Konzentrationslager*. Frankfurt am Main: S. Fischer.

Sofsky, Wolfgang (1993b), »Die Perfektion der Vernichtung«, *Neue Rundschau* 104, S. 152-158.

Sofsky, Wolfgang (1996), »Eugen Kogons ›SS-Staat‹ und die Perspektive der KZ-Forschung«, *Polis* 15, S. 2-8.

Stadler, Friedrich (Hrsg.) (1982), *Arbeiterbildung in der*

Zwischenkriegszeit. Otto Neurath, Gerd Arntz. Wien: Löcker.

Stein, Harry (1998), »Funktionswandel des Konzentrationslagers Buchenwald im Spiegel der Lagerstatistiken«, in: Herbert, Ulrich, Karin Orth und Christoph Dieckmann (Hrsg.) (1998), S. 167-192.

Sutton, Nina (1996), *Bettelheim. A life and a legacy.* Boulder, Colorado: Westview Press.

Tuchel, Johannes (1998), »Planung und Realität des Systems der Konzentrationslager 1934-1938«, in: Herbert, Ulrich, Karin Orth und Christoph Dieckmann (Hrsg.) (1998), S. 43-59.

Tuchel, Johannes (1991), *Konzentrationslager: Organisationsgeschichte und Funktion der ›Inspektion der Konzentrationslager‹ 1934-1938.* Boppard: Boldt.

Tuchel, Johannes (1994), »Die Kommandanten des Konzentrationslagers Dachau«, *Dachauer Hefte* 10, S. 69-90.

Wallner, Peter (1941), *By order of the Gestapo: A record of life in Dachau and Buchenwald concentration camps,* translated by Lawrence Wolfe. London: J. Murray.

Whyte, William Foote (1943), *Street corner society: The social structure of an Italian slum.* Chicago, Illinois: University of Chicago Press.

Winkler, Ernst (pseud.) (1942), *Four years of Nazi torture.* New York: D. Appleton-Century.

Young, James E. (1988), *Writing and rewriting the Holocaust: Narrative and the consequences of interpretation.* Bloomington: Indiana University Press.